复旦国际关系评论

FUDAN INTERNATIONAL STUDIES REVIEW
Vol. 32/2023

《复旦国际关系评论》第三十二辑／2023 年

FUDAN INTERNATIONAL STUDIES REVIEW Vol.32 / 2023

主办单位：复旦大学国际关系与公共事务学院

主 编： 陈 拯 郑 宇

学术委员会（以姓氏拼音或字母排序）

编辑委员会（以姓氏拼音排序）

国际关系理论的发展创新

复旦国际关系评论

第三十二辑

上海人民出版社

目 录

笔谈

编前语　国际关系理论的发展创新

陈　拯　郑　宇

　　理论的创新发展意味着将知识的碎片有机组合在一起,为解释历史、指引当下、谋划未来。进入新世纪以来,世界政治变革加剧,国际关系理论创新也进入了新的阶段。一方面,主流国际关系理论探索进入了"常规科学阶段",范式辩论沉寂,议题中心、问题导向、关注机制的中层理论研究兴起;另一方面,对于以西方特别是美国为中心学术格局的反思和挑战日渐明显,以中国学者的努力为代表,非西方世界学者也在努力寻求国际关系理论的自主发展与创新,全球国际关系学的构建开始兴起。就中国国际关系学科而言,世界百年未有之大变局加速演进的时代形势,中国式现代化道路在人类历史上已经和即将取得的发展成就,更刺激和推动着中国学者为国际关系理论创新和建构中国自主知识体系做出自己的努力。秦亚青、阎学通、唐世平等学者已取得的成果,标志着现有的中国国际关系知识体系建设的进步。同时,应该看到,仍然存在部分国家研究知识不全面,部分领域知识缺共识,系统理论创新存在诸多困惑和障碍的问题。推动中国发展,促进世界进步,我们有必要加快构建国际关系学科的自主知识体系,而接力棒正在传递到青年学者手上。为梳理相关探索的脉络,总结经验,发现问题,探索方向,推进学术界关于相关话题的思考和讨论,复旦大学国际关系与公共事务学院和《复旦国际关系评论》编辑部于2022年6月25日举行了复旦国际关系论坛,以"自主知识体系与国际关系理论发展创新"为主题,汇集了来自国内多所高校的青年学者,就中国国际关系理论发展的当前进展与未来方向,世界各区域的国际关系理论创新努力等进行了研讨。基于此次研讨会,我们编了这一专辑,由10篇研究论文、4组笔谈文章和1篇书评组成。

本辑推出十篇有关国际关系理论发展创新和学科建设的专题研究论文。首先是对理论前沿问题的思考。认识到"结构理性"难以适应秩序变革期国际关系理论知识创新的需要,**周灏堃和邢瑞磊**在引介国际关系的实践理论基础上,进一步提炼了有别于"结构理性"的"实践理性"意涵,认为实践在结构—行为体二重性中发挥中介作用,并且这种作用会随着时间的推移而发生变化。在实践中展现出行为体对特定问题的正常胜任状态下,结构通过实践对后来的行为体加以结构化;而在面临不确定性的特殊时间节点下,行为体常会通过实践推动结构转型。以此为基础,作者通过对比"实践理性"和历史制度主义在国际秩序的定义、形成、再生产、转型以及未来发展方向上的细微差异,凸显前者在秩序变迁方面独特的解释力。对地缘政治中层理论与研究方法的创新,是弥合地缘政治学与主流国际关系理论分歧的关键。**秦立志**以崛起国战略取向的形成机制这一理论议题入手,指出崛起国的战略取向可分为海权与陆权的战略选项、战略推进速率的快慢两个层面,通过对时空维度探究的方法论思考,实现地缘政治视角与新古典现实主义的结合,提出地缘政治学的五大基本命题假设,提炼了具备有限普适性的地缘政治分析变量与解释机制,认为地缘属性(自变量)会通过地位诉求(中介变量)的过滤机制,对崛起国的战略取向产生系统影响。战略取向一旦形成具有惯性,在历史上通常只有出现地缘政治的反作用力压倒国家向外扩张的作用力时,才能让大国主动或被动地选择战略收缩。

针对全球国际关系学问题,**孟维瞻**关注到了近十几年非西方国际关系学和全球国际关系学在欧美国家和第三世界国家的兴起。作者以经济基础、社会存在、价值结构和知识权力作为自变量,从社会存在对社会意识的影响、政治权力与知识权力的互动、西方国家对非西方国家的文化支配权,以及各国学术群体内部的知识权力状况四个具体维度考察了韩国、印度、俄罗斯、日本和非洲五个国家和地区的国际关系理论的产生与发展情况。非西方国家集体合作推动国际关系学的去殖民化是一种非常重要的创新路径,这是联系中国和其他非西方国家学者的共同兴趣的一个领域。中国国际关系理论的重要任务是为非西方国家贡献与西方现代性不同的普遍性知识。**冯帅**以知识社会学视角梳理了英国学派（即英格兰学派）东亚国际关系研究，发现其在冷战后发生了明显的"知识转向"。英国学派愈来愈关注与东亚国际关系直接相关的各类议题，试图为欧洲国际社会的存在提供参照。同时，社会学方法在英国学派东亚国际关系研究中的占比不断上升，近二十年业已涌现不少成果。转向后的英国学派在历史向度上重点探讨中日融入欧洲国际社会问题，基于当下视角则主要关注中国和平崛起问题。

　　俞佳儒和王广涛在对"京都学派"集大成者西田几多郎的国际关系理论主张及其哲学体系进行了探讨，着重指出西田在试图超越近代性时对国家进行了道德判断，而这种道德判断的危险在于其绝对性和历史性，而此特征来源于知识生产过程中政治性与地方性知识的融合，地方性知识转化为了国家性知识，而西田的哲学与日本的扩张政策产生了天然的潜在关联。作者由此强调了这一事例对当今非西方国际关系理论和全球国际关系学构建的警示意义。同样从思想史的视角，**王紫珠**试图跳出伦纳德·伍尔夫从属于"理想主义"阵营的主流叙事，从英美左翼政治思想的独特性入手，从三方面分析其如何在国际政府的主张中体现出改良主义的倾向：首先，伍尔夫试图将资本主义国家内部的政治制度类比到国际政府中；其次，他倾向于在国际政府中应用既有国际组织的行政框架；最后，他的思想中还隐晦地呈现出帝国对殖民地的道德责任感。

　　学科发展与理论建构需要回应重大现实变化。西方主导的所谓"自由国际秩序"正陷入危机。**王梓元**指出，既有研究声称该秩序被认为"容易加入而难以颠覆"，却忽视了自由国际秩序带有"地位共同体"的属性。民主政体这一身份特质一方面界定了该秩序的成员资格，另一方面也为秩序内的地位等级提供了正当性。然而，这一身份特质会刺激秩序外（或处于秩序边缘）的大国的地位焦虑和挫败感，加剧秩序内（西方）国家对非西方大国的不信任，以及促使双方的政治精英利用身份政治来动员国内的支持者，从而激化新的国际矛盾。当前，网络空间全球治理呈现各类国际关系行为体共同参与的态势。以 ICANN 为代表的非政府国际组织掌握核心基础资源，在网络空间全球治理进程中扮演重要角色。**耿召**通过梳理 ICANN 网络空间治理历程，分析 ICANN 等非政府国际组织在网络空间治理中的作用及行为特征，阐明既有多利益攸关方模式的理论架构与实践操作,为未来非政府国际组织的发展、多利益攸关方治理模式的走向以及各行为体之间良好关系的建立提供观察和思考。武器扩散、恐怖主义、生态环境安全危机与疾病蔓延等非传统安全危机以及局部战争频繁出现,使得全球安全治理体系的构建与完善面临越来越多的新问题及挑战。**马忠法和王悦玥**指出构建人类命运共同体理念中蕴含着和平、安全的法治元素,其法治核心与联合国的和平安全法治体系改革的宗旨、原则相一致,强调在未来的和平安全法治体系的完善中,应当以构建人类命运共同体理念为指引,坚持法治路径,以《联合国宪章》和国际法为基础,实现多边框架下的全球共治。**祁怀高**对四所"双一流"高校的国际关系青年学者的科研发展情况进行了总结和比较,提出四校国关青年教师的未来成长,需要处理好国际培养和国内培养、学科建设和支撑平台、学科边界和学科融合、代际差异和代际传承、学术研究和政策研究、校际竞争和校际合作的六对关系。

基于与会学者在"自主知识体系与国际关系理论发展创新"研讨会上的发言,我们编辑整理了四组笔谈文章,从以下几个方面展示了青年学者对于国际关系理论发展与中国自主知识体系建设的思考。

一是当前学科发展与理论研究动向

尹继武介绍了国际政治心理学的理论创新从微观基础出发带来宏观效应的思路,认为微观理论的创新不能追求决定论,而应关注条件,解释不确定性和差异性的来源,并且将本体论和工具论结合起来,具有重要的创新意义。**聂文娟**探讨了国际关系理论建构国际体系结构演变的问题,提出以变化为导向展开理论研究,从而克服现在关于国际体系理论过于静态的缺憾。**张发林**认为传统意义的理论定义在国际关系学中存在诸多例外和反常,在继续鼓励和推动理论创新之前,有必要提出一个更加符合国际关系学学科属性,且有利于创新的"理论"定义。**张昕**讨论了社科研究中的空间转向及其理论和实证意义,认为国家和资本的不同社会权力伸展的空间性存在差异,造成了空间重置的可能性,使国家的复杂性形成领土、地方和网络的共同维度。**林民旺**认为区域国别国际关系理论需要通过发展中层理论,积极克服国别研究和国关理论结合过程中的知识分裂现象,推进政策研究和学理研究路径的融合。**左希迎**提出了大国竞争理论创新的五个关键议题,包括关注竞争形态的变化、战略评估、创新和有效性问题以及大国战略竞争的策略选择问题,提出了中国学者可以努力的方向。**节大磊**从全球发展倡议出发,讨论了安全与发展之间的三种可能的关系类型:相互增强、相互取舍、非静态关系,并提出国家的安全目标可能随着发展水平的提升而改变。

二是中国知识体系建设的成绩和方向

王义桅认为应该突破以西方国际关系理论为参照系,走出国际关系理论的中国特色、中国学派和全球国际关系学的三大迷思,开启主场国际关系理论,创立人本主义国际关系理论的中华学派。**黄琪轩**指出广阔的受众让中国国际政治经济学研究"观者如云"。不同理论抱负和研究方法的共存共生影响着中国国际政治经济学自主知识的积累与发展,逐渐形成有自身特色的知识体系。**陈沐阳**展示了在解释中国的发展问题上既有的西方政治经济学理论所面临的逻辑上困境,而这种逻辑困境也是理论创新非常重要的来源。**陈兆源**讨论了中国对外投资合作中本土知识的国际表达以及本土起源,指出我们应该在研究中更多挖掘本土知识和学科融合的资源。**魏志江**聚焦东亚的古典国际体系,使用宗藩体系的概念并将其与其他易混淆的术语做了区分,诠释了体系中的国家权力与义务关系、驱动因素和形成机制等。**赵思洋**讨论了近代中国国际政治思想史研究的新视角和新方法,主要包括学科史研究、概念史研究、空间、媒介等方面的路径转向,强调近代中国国际政治思想史值得政治思想史的研究者与国际关系学者进一步共同挖掘。

三是全球国际关系与区域国际关系的建设

孙德刚对西方国际关系、东亚古代国际关系和伊斯兰国际关系作了对比,认为伊斯兰国际关系理论的发展应打破社会和人文科学的界限,突破西方中心主义的叙事,才能有进一步的发展。**曹廷**认为近年来随着拉美左翼力量的再度崛起、地区一体化进程获得新的动力,政界学界对依附论的思考又呈现兴起趋势,拉美国际关系理论也会有进一步发展。**马国林**介绍了英格兰学派的人权研究,揭示了从冷战期间的概念和框架研究到冷战后的多元学派互动等两个阶段的进展,指出了英格兰学派经验实证研究细化和逐步超越西方视角的趋向。**郑先武**认为,区域已经成为了大国竞争的核心舞台,不仅全球大国逐渐在回归区域,而且区域大国的地位也越来越突出,因而出现了竞争性主要区域的态势,特别是中国周边逐渐成为了大国竞争的一个焦点。**简军波**分析了冷战后欧盟的出现和身份转向,包括欧洲追求防务一体化、欧盟东扩和自我认同陈述等方面的具体内容,探讨了这一转向给欧洲带来的挑战。**吴澄秋**通过中国对太平洋岛国的援助和贸易往来等指标对中国和太平洋岛国的关系进行了解读。

四是国际关系理论研究中的新兴议题

研究方法是理论创新的工具。每一种方法既有优势,也有适用的限制条件。刘丰以联盟理论的前沿进展为例,讨论了理论创新与方法的关系,指出案例研究方法有较好的内部有效性和经验有效性,通过事实细节呈现因果机制,从而提升研究的可靠性。**宋伟**阐释了其所提出的"位置现实主义"视角下的国际战略分析框架,指出霸权国、争霸国、潜在争霸国与非争霸国的主要对手与优先盟友各自存在差异,进一步对这几类国家的未知性利益和国际战略选择进行了探讨。**陈冲**重点解读了空间在国际关系和国际安全当中的重大作用,说明了什么是空间依赖,空间依赖如何影响安全理论的创新,并探讨了该研究存在的挑战和展望。**苏若林**关注国内冲突/危机如何影响国际冲突/危机,以及国际冲突/危机如何影响国内冲突/危机,提出希望能够打破国际冲突研究和国内内战研究的壁垒,在内外关联方面有所突破。**杨原**提出了选择效应问题与国际冲突结果再认识的必要性,强调在研究危机管控时需要针对和平时期以及危机发生后的危机管控作分别讨论,而非将两者混合一谈。**任琳**使用"经济安全化"、"网络性权力"和"相互依赖的武器化"的概念讨论霸权国的经济制裁行为,着重分析了此次俄乌冲突中西方对俄经济制裁的三个突出特点及其影响。**毛维准**回顾了苏珊·斯特兰奇结构性权力这一 IPE 的研究范式,并对现行的政治经济体系下议题政治的困境、特征,以及影响因素做了思考。**刘宏松**讨论国际行政机构如何基于技术性专业知识和程序性专业知识对国际组织的规则制定产生影响。

最后,本专辑还包含了一篇书评。**张淦**系统概括了阿查亚和布赞合著的《全球国际关系学的构建》该书在学科史叙事框架、历史材料、"深度多元主义"概念方面的创新,对构建全球国际关系存在的诸多障碍进行了阐释。

国际关系理论的发展正越来越成为全球参与,共同努力的知识生产过程。中国自主知识体系是中国学者发展构建且经过验证的有关物质和精神世界的系统而完整的知识体系。有关国际关系理论创新与中国国际关系自主知识体系建设,有太多有待探索的领域与课题,期待本辑能够推动相关思考研究和交流讨论。

专题研究论文

从"结构理性"到"实践理性"

——重新挖掘国际关系理论的实践意涵*

周灏堃　邢瑞磊**

【内容提要】 本文在引介国际关系的实践理论基础上,进一步提炼有别于"结构理性"的"实践理性"意涵,认为实践在结构—行为体二重性中发挥中介作用,这种作用还会随着时间的推移而发生变化。在实践展现出行为体对特定问题的正常胜任状态下,结构通过实践对后来的行为体加以结构化;而在面临不确定性的特殊时间节点下,行为体常会通过实践推动结构转型。以此为基础,本文通过对比"实践理性"和历史制度主义在国际秩序的定义、形成、再生产、转型以及未来发展方向上的细微差异,凸显前者在秩序变迁方面独特的解释力。

【关键词】 秩序变迁,结构理性,实践理性,历史制度主义

【Abstract】 Based on international practice theory, this article redefines the meaning of "practical rationality", which is different from "structural rationality" and enables practice to play mediating role in the duality of structure-agent debate. Undoubtedly, this mediating role will change over time. When an agent demonstrates high level of competence in tackling a specific problem through his practice, other people' performance will be structured by structure through routinized practice; while facing uncertainty, the agent often promotes the transformation of structure through improvised practice. To highlight the unique explanatory power of "practical rationality", this article compares it with historical institutionalism in the definition, creation, reproduction, transformation and future development of international order.

【Key Words】 Transformation of Order, Structural Rationality, Practical Rationality, Historical Institutionalism

---

* 本文系 2020 年国家社会科学基金重大项目"百年变局下的全球治理与'一带一路'关系研究"(项目编号:20&ZD147)和 2020 年湖北省思想库课题"中国国际关系学话语体系建设研究"(项目编号:2019HY015)的阶段性研究成果。

** 周灏堃,北京大学国际关系学院博士研究生、武汉大学经济外交研究中心研究助理;邢瑞磊,武汉大学政治与公共管理学院副教授,武汉大学经济外交研究中心执行主任。

一、导　　论

长期以来,秩序变迁是包括国际关系在内所有社会科学研究的核心问题之一。然而主流国际关系理论并未对变迁的本质、动因及其后果达成明确共识。对于占据学科主导地位的现实主义国际关系理论来说,国际体系的无政府状态从古至今未曾发生根本改变,而单元或跨国层面的变化则被现实主义理论有意忽视。相比而言,自由主义和建构主义强调国家利益的可变性和政策制定者的学习能力,在一定程度上为摆脱现实主义的安全困境提供了可能性。然而,既有理论在面对国际秩序变革期和转型期的复杂性和不确定性时,仍显得解释力有所不足。在新冠肺炎疫情全球蔓延的大背景下,国际体系和国际秩序正经历着自冷战结束以来一次极其深刻的变革。易变性、模糊性、不确定性与复杂化、分散化以及去中心化——"乌卡时代"——成为人们描述当今世界政治经济特点时反复使用的词汇。这意味着我们不仅需要对旧秩序面临的挑战与威胁保持敏感,还要时刻关注各种变革机会和替代方案。

现实和理论的"脱节"为国际关系理论创新提供了现实动力,而强调"动态性"和"复杂性"的理论诉求也带来了知识创新挑战。本文尝试从理论建构的角度回答如下两个问题:第一,西方主流国际关系理论在讨论有关秩序变迁问题时面临着怎样的困境以及其原因是为何? 第二,21 世纪以来国际关系领域兴起的"实践转向"及其背后的"实践理性"取向如何在吸取学术界既有研究的基础上,帮助人们克服"结构理性"困境?

二、结构现实主义的困境及其超越

自社会科学诞生伊始,人们围绕行为体(agent)与社会结构(structure)

之间关系的争论一直以来经久不衰。[①]在相当长一段时间里,结构主义与其背后的"结构理性"支配了我们对这一问题的理解。[②]在认识论和方法论层面,出于简约与实现社会科学研究科学性与普遍有效性的要求,"结构理性"将那些作为少数几种人类共有特征,超越于具体人类存在之外的"潜藏"结构作为我们建立一般性法则的核心支柱:相比于多样、独特且可变的人类实践及其暗含的意义、目标与信仰,结构无疑具有统一性、普遍性、客观性和确定性。[③]在本体论层面,"结构理性"与结构主义类似,强调社会基本结构在很大程度上制约和决定人类行动与思想,进而贬低行动和事件的流动性,并将后者视为前者的简单派生或被动反应。[④]

---

① 已经有研究提出应当用更为宽泛的"系统"(system)取代为人们普遍使用的"结构"一词,本文承认这一区分有助于深化我们对该问题的理解,但这并非本文要讨论的方面。相关研究可参看 Tang Shiping, "International System, not International Structure: Against the Agent-Structure Problématique in IR," *The Chinese Journal of International Politics*, Vol.7, No.4, 2014. 相比之下,无论是结构还是系统,它们都是具备约束力的整体,其与行为体之间的互动关系才是本文要关注的重点。因此本文将继续使用"结构—行为体"这样的术语。

② 本文使用的"结构主义"与"结构理性"主要是指那些(过度)强调结构性约束条件的理论,而与受索绪尔影响的结构主义流派有所不同。事实上,本文认为后者对结构主义的阐发在一定程度上更接近下文提到的"实践理性"立场。

③ Steve Smith, "Positivism and Beyond," in Steve Smith, Ken Booth and Marysia Zalewski, eds., *International Theory: Positivism and Beyond*, Cambridge: Cambridge University Press, 1996, p.16; Harold Kincaid, "Introduction: Doing Philosophy of Social Science," in *The Oxford Handbook of Philosophy of Social Science*, Oxford: Oxford University Press, 2012, pp.3—17;汉斯·约阿斯、沃尔夫冈·克诺伯:《社会理论二十讲》,郑作彧译,上海人民出版社 2021 年版,第 316 页。

④ Patrick Baert and Filipe Carreira da Silva, *Social Theory in the Twentieth Century and Beyond*, Cambridge: Polity Press, 2010, pp.13—14. Richard K. Ashely, "The Poverty of Neorealism," in Robert O. Keohane, ed., *Neorealism and Its Critics*, New York: Columbia University Press, 1986, p. 286; Kenneth N. Waltz, "Evaluating Theories," *American Political Science Review*, Vol.91, No.4, 1997, p.915;秦亚青:《权力政治与结构选择——现实主义与新现实主义评析》,载《权力·制度·文化:国际关系理论与方法研究文集》(第二版),北京大学出版社 2016 年版,第 39—40 页。不难看出,"结构理性"从认识论和方法论的角度进一步解释了结构主义为何采取结构先于行为体的本体论立场,因此下文的分析将围绕"结构理性"这个涵盖面更广的概念展开。至于这种客观结构是否可被经验到的对象,"结构理性"显得有点语焉不详。在下文提到的科学实在主义看来,即便这些结构超越了人类的经验维度,它也具有无可争议的真实性;但对于实证主义来说,超出人类经验范围之外的结构就不是其要考察的对象。

（一）"结构理性"制约之下的沃尔兹

"结构理性"于第二次世界大战结束后在国际关系以及整个社会科学领域的蔓延与实证主义的强大影响紧密相连。实证主义最初发轫于启蒙运动时期，并逐步发展成为一个对于本体论、认识论和方法论有着特殊承诺的哲学立场。在本体论方面，实证主义认为存在一个独立于人类的外部客观世界，但其涵盖的范围仅限于可被人类经验观察到的事物，并且坚持"事实"与"价值"的绝对二分。[1]在认识论方面，实证主义采用休谟式的普遍因果立场，认为知识就是利用各种概念/范畴对外部世界中各种可观察现象之间稳定的共变关系进行准确描述，从而建立起稳固且普遍的法则和规律。[2]最后，实证主义还秉承自然主义的方法论，即社会科学必须与自然科学一样，都采用经验的方式对假说和理论进行验证。[3]

在国际关系研究当中，肯尼斯·沃尔兹的结构现实主义被认为是承袭"结构理性"的典范。[4]在沃尔兹笔下，结构是一种由可分离的单元通过"外在方式"相联在一起的"聚合物"（assemblage），并且由系统的排列原则、不同单元的特定功能以及单元间能力的分配这三个要素加以界定。[5]

---

① Colin Wight, *Agents, Structures and International Relations: Politics as Ontology*, Cambridge: Cambridge University Press, 2006, p.21; Patrick Thaddeus Jackson, *The Conduct of Inquiry in International Relations: Philosophy of Science and Its Implications for the Study of World Politics*, 2nd ed, Abingdon: Routledge, 2016, p.59.

② Milja Kurki, *Causation in International Relations: Reclaiming Causal Analysis*, Cambridge: Cambridge University Press, 2008, p.6; James Mahoney, *The Logic of Social Science*, Princeton: Princeton University Press, 2021.在此基础上，我们对事件进行解释就是说明它是如何作为某个既有一般模式的例子而存在的，即所谓的"演绎—法则模式"（deductive-nomological model, 或简称"D-N 模式"）。

③ Harold Kincaid, *Philosophical Foundations of the Social Sciences: Analyzing Controversies in Social Research*, Cambridge: Cambridge University Press, 1996, p.3; Fred Chernoff, "Scientific Realism as a Meta-Theory of International Politics," *International Studies Quarterly*, Vol.46, No.2, 2002, p.194.

④ 虽然后来罗伯特·基欧汉的制度主义有所改进，但学术界大体上也都认为其与结构现实主义在许多核心假定方面并无二致。因此由于篇幅所限，本文主要选取沃尔兹的相关研究进行分析而略去了对制度主义的讨论。

⑤ Kenneth Waltz, *Theory of International Politics*, Long Grove: Waveland Press, 1979, pp.100—101; Jack Donnelly, "Systems, Levels, and Structural Theory: Waltz's Theory Is not a Systemic Theory(and Why That Matters for International Relations Today)," *European Journal of International Relations*, Vol.25, No.3, 2019, pp.906—907.

随后,这种对结构的界定方式成为国际关系学的经典定义,被新古典现实主义和新自由主义继承,而建构主义对规范和身份的强调往往作为一种例外或是临时方案而没有被充分整合进这一框架之中。①与此同时,沃尔兹反复强调对结构的定义必须从单元行为体的特征及其行为与互动中抽离出来,而关注它们在彼此联系中的所处地位(即如何排列和定位),以便明确区分单元层次和系统层次的变量。②在亚历山大·温特看来,这种做法在当时有着时代特殊性,因为沃尔兹之前的国际关系理论,例如列宁的帝国主义论,在对国家外交政策进行分析时大多是在国家层面寻找原因,忽视国际体系结构在将国内要素转换为外交政策行为方面起到的干预作用。③

杰克·唐纳利(Jack Donnelly)批评沃尔兹对结构的强调使得结构成为可与构成要素相分离的物质实体,但事实却是只有各个部分而非作为整体的结构才能够独立存在。④受此影响,沃尔兹将国际结构作为自变量,强调结构不能被还原为组成要素或行为体的属性,并将国家的行为视为对外部物质结构作用的简单反应,以此来对纷繁复杂的国际事务作出简洁的解释和有效的预测。⑤但在工具主义(instrumentalism)的影响下,沃尔兹认为结构并不存在于客观世界之中,而只是在理论模型之中用来"解释"国家行为的一种工具,是大脑对彼此相连的现实事物进行提取与分离而形成的特定图式,目的是帮助我们对特定的现象和事件进行解释、

---

① Jack Donnelly, "The Elements of the Structures of International Systems," *International Organization*, Vol.66, No.4, 2012, p.617.

② Kenneth Waltz, *Theory of International Politics*, Long Grove: Waveland Press, 1979, p.80; Adam R. C. Humphreys, "Another Waltz? Methodological Rhetoric and Practice in Theory of International Politics," *International Relations*, Vol.26, No.4, 2012, p.397.

③ Alexander E. Wendt, "The Agent-structure Problem in International Relations Theory," *International Organization*, Vol.41, No.3, 1987, p.341.

④ Jack Donnelly, "Systems, Levels, and Structural Theory: Waltz's Theory Is not a Systemic Theory(and Why That Matters for International Relations Today)," *European Journal of International Relations*, Vol.25, No.3, 2019, p.913.

⑤ 朱立群、聂文娟:《社会结构的实践演变模式——理解中国与国际体系互动的另一种思路》,《世界经济与政治》2012年第1期,第6页;聂文娟:《实践理论》,载陈岳、田野主编:《国际政治学学科地图》(第二版),北京大学出版社2021年版,第136—137页。

预测和控制。①

受到"结构理性"的影响,沃尔兹的理论陷入了以下三个方面的困境。第一,作为整体的结构与单元行为体之间截然对立,并且前者在本体论层次获得优先于后者的地位。虽然沃尔兹承认结构最早是行为体之间协同活动的意外产物,是自发形成而非人为有意创建的结果,可它一旦形成,任何行为体都无法对其施加控制、推动其改变或是逃避其影响,而结构反倒会奖励那些使其得以延续的行为并惩罚另外那些越轨行径。②但是诚如后来温特所言,从结构作用到国家行为之间的逻辑链条不仅包括排序原则、单元功能以及实力分配这三个要素,还要考虑系统内行为体身份与利益的主体间知识,而后者只会通过行为体之间的互动与实践加以形成,否则单凭沃尔兹的三要素无法告诉我们有关无政府结构的任何实质内容与动态变化。③不仅如此,只有当国家之间的生存竞争压力成为迫使各国采取特定制衡行为模式的唯一原因时,结构现实主义方才具备最大的解释力,而当这种竞争压力并不显著之时,结构现实主义的缺陷就会暴露无遗。④

第二,随着结构本质地位的确立,结构现实主义对于秩序如何随时间推移而发生变迁的问题缺乏更加细致的讨论:要么像沃尔兹一样将对变化的分析置于自己理论的讨论范围之外,要么就像罗伯特·吉尔平那样将变化理解为不同均衡状态之间的循环摇摆。对于前者,理查德·勒博(Richard Lebow)坦承"结构理性"主导下的分析框架具有过于严苛的因

① Kenneth Waltz, "Evaluating Theories," *American Political Science Review*, Vol.91, No.4, 1997, p.913; Nicholas Onuf, "Structure? What Structure?" *International Relations*, Vol. 23, No.2, 2009, p.186; Jonathan Joseph, "Is Waltz a Realist?" *International Relations*, Vol.24, No.4, 2010, pp.486—487.因此沃尔兹才会说理论无所谓真假,而只存在是否有用的理论。

② Kenneth Waltz, *Theory of International Politics*, Long Grove: Waveland Press, 1979, pp.90—91; David Dessler, "What's at Stake in the Agent-Structure Debate?" *International Organization*, Vol.43, No.3, 1989, p.450.

③ Alexander Wendt, "Anarchy Is What States Make of It: The Social Construction of Power Politics," *International Organization*, Vol.46, No.2, 1992, pp.396—401.

④ Georg Sørensen "'Big and Important Things' in IR: Structural Realism and the Neglect of Changes in Statehood," in Ken Booth ed., *Realism and World Politics*, Abingdon: Routledge, 2011, p.110.

果决定论取向,因为结构一词就蕴含着一种对稳定的隐喻,所以它只能回答为何在国际事务的不同领域和不同时间节点都存在着始终如一的行动模式。①在这背后隐藏的是结构现实主义对于当时美苏两极格局现状的偏好,认为这两个国家会像明智的双头垄断者那样行事——缓和彼此激烈的竞争,为了共同利益合作但仍对对方保持高度警惕。②除此之外,同样奉行"结构理性"立场的吉尔平以国家对推动变革的成本—收益分析为出发点,阐明了结构的变化无非通过战争实现"均衡—失衡—再均衡"的循环,即从一开始没有国家认为改变国际体系是有利可图的均衡状态,到体系内现有统治方式与权力分配之间发生断裂、个别国家希望以增进本国利益的方式推动国际体系变革,最后再到推动扩张和变革的边际成本大于或等于边际收益时实现新的均衡。③

第三,结构现实主义对结构三要素的界定明显带有"威斯特伐利亚式偏见"。首先,在对系统的排列原则进行界定时,沃尔兹将等级制与无政府状态看作非此即彼的互斥关系,并且无论何时何地后者都是世界政治最主要的特征。④但是约翰·霍布森(John M. Hobson)等人则发现在1648年至20世纪中叶期间,现代世界政治体系的无政府状态总是与多种等级制安排——欧洲大国与世界其余地区的殖民体系——共存,并且这种等级关系在第二次世界大战之后又以苏联对东欧地区的"非正式帝国"和欧盟的形式得以延续。⑤除此之外,在1648年以前的非欧洲地区(例如东亚地区),战争、结盟、外交和贸易等行为模式都与历史上的欧洲以及沃尔兹笔下的"威斯特伐利亚世界"完全不同,同时等级制而非无政府状态也普

---

① Richard Ned Lebow, *A Cultural Theory of International Relations*, Cambridge: Cambridge University Press, 2008, p.96.

② Kenneth Waltz, *Theory of International Politics*, Long Grove: Waveland Press, 1979, pp.202—204; William C. Wohlforth, "Gilpinian Realism and International Relations," *International Relations*, Vol.25, No.4, 2011, pp.504—506.

③ Robert Gilpin, *War and Change in World Politics*, Cambridge: Cambridge University Press, 1981, pp.10—14.

④ Kenneth Waltz, *Theory of International Politics*, Long Grove: Waveland Press, 1979, pp.114—116.

⑤ John M. Hobson and J. C. Sharman, "The Enduring Place of Hierarchy in World Politics: Tracing the Social Logics of Hierarchy and Political Change," *European Journal of International Relations*, Vol.11, No.1, 2005, pp.70—80.

遍存在。①其次,约翰·鲁杰(John Ruggie)对沃尔兹的相似单元假定产生了质疑。他认为中世纪国际体系与现代国际体系的区别在于单元的分异而非组织原则(同属无政府状态)和能力分配的不同。②巴里·布赞等人以此为基础指出,以单元在内部结构和功能上的差异为标准能够得出四种对应于不同历史时期的无政府状态形式,但沃尔兹却认为有且只有一种占据主导地位的无政府状态(单元在内部结构和功能上都不存在任何差别)。③最后,在讨论单元间的能力分配格局时,沃尔兹表现出对实力强大单元的明显偏好,忽视了东方国家等权力较为弱小行为体的能动性,而这些次要行为体(例如阿富汗和越南)恰恰会对美苏的行为产生重要影响。④

(二)超越"结构理性"的努力及其不足

1. 建构主义对结构现实主义的超越

进入 20 世纪 90 年代,温特的温和建构主义批评"结构理性"对结构的过分强调赋予结构以完全压倒性优势并将其"物化",从而忽视行为体对结构的反作用。⑤为此,温特利用安东尼·吉登斯(Anthony Giddens)的结

① David C. Kang, "International Order in Historical East Asia: Tribute and Hierarchy beyond Sinocentrism and Eurocentrism," *International Organization*, Vol.74, No.1, 2020, p.70.

② John Ruggie, "Continuity and Transformation in the World Polity: Towards a Neorealist Synthesis," in Robert O. Keohane, ed., *Neorealism and Its Critics*, New York: Columbia University Press, 1986, pp.141—145.

③ Barry Buzan and Richard Little, "Reconceptualizing Anarchy: Structural Realism Meets World History," *European Journal of International Relations*, Vol.2, No.4, 1996, pp.428—430.

④ John M. Hobson, *The Eurocentric Conception of World Politics: Western International Theory, 1760—2010*, Cambridge: Cambridge University Press, 2012, pp.208—210.

⑤ Alexander Wendt, *Social Theory of International Politics*, Cambridge: Cambridge University Press, 1999, p.12.由于篇幅所限,本文对建构主义的讨论仅限于温特的相关论述。事实上,国际关系领域的建构主义与社会学以及社会理论领域的建构主义存在很大的差异,后者可以被认为是一种在本体论、认识论和方法论方面都与实证主义和科学实在主义存在根本差异的社会科学哲学立场。认为没有独立于人类而存在的客观事实,语言和社会背景会建构我们所处的世界,因而也不存在普遍的规律和法则。相关讨论可参看 Nuno P. Monteiro and Keven G. Ruby, "IR and the False Promise of Philosophical Foundations," *International Theory*, Vol.1, No.1, 2009. 在国际关系研究中,相较于温特版的建构主义,尼古拉斯·奥努夫(Nicholas Onuf)、弗雷德里克·克拉托奇维尔(Friedrich Kratochwil)和迈克·巴尼特(Michael Barnett)等人的建构主义理论表现出来的"结构理性"色彩要淡化得多。

构二重性来代替结构—行为体的二元性对立,并主张两者基于互构的一体两面性。但是,这种做法与温特援引的科学实在主义(scientific realism)存在矛盾之处。

对于温特来说,引入科学实在主义是为了调和主流国际关系理论与非主流理论(批判理论以及后现代主义等)之间的矛盾和张力。①与实证主义特别是工具主义不同的是,温特并不想回避理论的真值性问题(理论是否向我们提供有关外部客观世界的事实真相),尤其是无法被经验观察到事物的真实性问题,因为对于他来说,包括理念原则、共有知识以及制度规范在内的各种"社会类别"虽然无法被人类的经验直接捕捉,但确实会对人类生活产生切实的影响,因此同样具有真实性并且独立于行为体存在,而成熟的科学理论就应该指涉这些实体。②这事实上就暗示了科学实在主义认为结构与行为体之间的关系是对立而非吉登斯笔下的互构,更何况结构的运作受制于自然法则而非人类的实践与观念认知。③不仅如此,温特还明确表示,自己的核心研究问题是国际结构的本质和作用,即关注以共同知识和集体知识的形式呈现出来的国际观念/文化结构如何对国家的身份和利益产生因果效力和建构作用,而后者在当时的研究中被认为是更多地依赖于国内结构而非国际结构。④

正是这个原因,杰弗里·切克尔(Jeffrey T. Checkel)才批评以行为体与结构互构为核心的温特将规范、文化以及身份本质化,并将其视为先于(和解释)实践的实体(至多是用多重角色的概念代替单个身份),导致其在更进一步的经验研究中滑向"结构理性"的立场,从而无法把握行为体身

---

① 邢瑞磊、周灏堃:《身份认同与社会性存在:中国国家本体安全的寻求与调适》,《国际安全研究》2022年第4期。

② Silviya Lechner and Mervyn Frost, *Practice Theory and International Relations*, Cambridge: Cambridge University Press, 2018, p.207.

③ Roxanne Lynn Doty, "Aporia: A Critical Exploration of the Agent-Structure Problematique in International Relations Theory," *European Journal of International Relations*, Vol.3, No.3, 1997, pp.369—370; Roy Bhaskar, *A Realist Theory of Science*, Abingdon: Routledge, 2008, p.37.

④ Alexander Wendt, *Social Theory of International Politics*, Cambridge: Cambridge University Press, 1999, pp.27—28.

份与宏观社会安排之间具有的建构关系。[①]不仅如此,彼得·伯格(Peter L. Berger)等人批评科学实在主义在本质上秉持一种去人性的立场,即把人类社会中所使用的概念当成一种具有某种非人或超人本质的产品——可以是物理事实、自然因果机制乃至是神意的体现,但唯独不是人类自己的产物。[②]

2. "关系理性"对本质主义的挑战

由于对主体间性的忽视和对本质主义的顽固坚持,包括结构现实主义在内的西方主流国际关系理论显得日益难以适应全球化时代下彼此互系的国际现实,由此在国际关系领域引发了以"关系理性"为核心的"关系转向"。[③]帕特里克·杰克逊(Patrick Jackson)与丹尼尔·内克松(Daniel H. Nexon)认为本质主义假定实体先于互动,或者实体在与其他实体建立社会关系之前便已是自为的实体,而实体一般由内层不可变的本质与外层可变的属性构成。[④]我们一旦想要描述实体本身的变化就会迅速面临逻辑矛盾:实体本身的变化只能来源于内层本质,但它却被认为不可改变,从而与对实体的先前定义产生矛盾,导致变化只能被认为是非此即彼的

---

① Jeffrey T. Checkel, "The Constructive Turn in International Relations Theory," *World Politics*, Vol.50, No.2, 1998, p.342; Bernd Bucher and Ursula Jasper, "Revisiting 'Identity' in International Relations: From Identity as Substance to Identifications in Action," *European Journal of International Relations*, Vol.23, No.2, 2017, p.394.值得一提的是,近年来以阿米塔·阿查亚(Amitav Acharya)为代表的相关研究开始关注世界政治中的弱小行为体如何在观念和规范的接受过程中发挥自身的能动性和主动性,以突破传统的主流建构主义对结构的侧重和偏好。相关研究可参看 Amitav Acharya, *Constructing Global Order: Agency and Change in World Politics*, Cambridge: Cambridge University Press, 2018。

② Peter L. Berger and Thomas Luckmann, *The Social Construction of Reality: A Treatise in the Sociology of Knowledge*, London: Penguin Group, 1966, p.106; Patrick Baert, *Philosophy of the Social Sciences: Towards Pragmatism*, Cambridge: Polity Press, 2005, p.23.

③ 陈纳慧:《国际关系学的"关系转向":本体论的演进与方法论意义》,《国际政治研究》2022 年第 1 期。

④ Patrick Thaddeus Jackson and Daniel H. Nexon, "Relations before States: Substance, Process and the Study of World Politics," *European Journal of International Relations*, Vol.5, No.3, 1999, pp.293—297.这也解释了为何结构现实主义要么是将变化问题置于一旁不理,要么就是在不同均衡状态之间的摇摆。

选择(过去是 A,现在只能是非 A)。①季玲等人在回顾最近二十年来"关系理性"的发展成果时指出,与秉持本体论本质主义的"结构理性"相对,"关系理性"坚持本体论过程主义,即行为体和结构都不具有预先给定的本质属性,而是在与他人和环境的互动关联中不断形成和重塑自我,同时也对关系中的他者和总体关系环境产生影响。②

然而诚如大卫·麦考特(David M. McCourt)所言,关系中的位置与过程只有通过个体从事具有协调性的实践活动时方才具备因果效力。③与此同时,实践显然就是过程本身,即行为体的所作所为。可如果将实践作为主要的分析单元,我们不得不将其与行为体相分离,因为实践产生于两个或多个社会位置之间,并且也只有在这些位置中才具备特定的意义。④除此之外,"关系理性"对过程的理解缺乏时间维度,因此在解释变迁发生方面仍然存在不足。小威廉·休厄尔(William H. Sewell Jr.)认为,社会生活具有时间性意味着任何行动、事件或者趋势的结果可能都是偶然的,其效应取决于它所处的特定时机与时间序列。⑤历史上的日常发生是无法通过普遍的法则加以预测的。

3. "全球国际关系学"对"威斯特伐利亚式偏见"的质疑

在进行"关系转向"的同时,国际关系研究还出现了由阿米塔·阿查

---

① Patrick Thaddeus Jackson and Daniel H. Nexon, "Relations before States: Substance, Process and the Study of World Politics," *European Journal of International Relations*, Vol.5, No.3, 1999.

② 贺来:《"关系理性"与真实的"共同体"》,《中国社会科学》2015 年第 6 期,第 30 页;季玲:《论"关系转向"的本体论自觉》,《世界经济与政治》2019 年第 1 期,第 86—88 页;Astrid H. M. Nordin et al., "Towards Global Relational Theorizing: A Dialogue between Sinophone and Anglophone Scholarship on Relationalism," *Cambridge Review of International Affairs*, Vol.32, No.5, 2019, pp.572—573;季玲:《关系性安全与东盟的实践》,《世界经济与政治》2020 年第 9 期,第 108 页。

③ David M. McCourt, *The New Constructivism in International Relations Theory*, Bristol: Bristol University Press, 2022, p.40.

④ Patrick Thaddeus Jackson and Daniel H. Nexon, "Reclaiming the Social: Relationalism in Anglophone International Studies," *Cambridge Review of International Affairs*, Vol.32, No.5, 2019.

⑤ 小威廉·休厄尔:《历史的逻辑:社会理论与社会转型》,朱联璧、费滢译,上海人民出版社 2021 年版,第 6—7 页;周灏塑:《20 世纪日韩国家—社会关系转型比较》,《当代韩国》2021 年第 4 期,第 92—93 页。

亚推动建立根植于全球历史的"全球国际关系学"。①相关研究鼓励我们承认世界上不同地区及其人民（包括西方在内）的诉求、经验和价值都具有平等的正当性，以揭示隐藏在"威斯特伐利亚式偏见"背后的虚假普遍主义和被其掩盖的替代性概念与方法。②秦亚青提出，全球化促使更深层次的多元性状态向我们不断展现开来，知识生产日益呈现动态多样性，国际关系理论的发展舞台变得日益广阔，非西方世界尤其是全球南方国家的能动性应该得到承认。③在这样一个大背景下，阿琳·蒂克纳（Arlene B. Tickner）认为我们应当重新反思特定地域对于科学知识的生产究竟发挥了怎样的作用；本土化的经验如何被转化为共有的普遍概括，反之亦然；以及本土学者如何受到来自国际力量的影响和塑造。④在此基础上，麦肯·格拉迪（Maiken Gelardi）提出了走进世界历史，尤其是全球南方国家既往经验的三种路径：转用，即根据当地的情境条件来使用现有概念与理论；修正，即主动调整现有的国际关系理论使其更加适用于所研究地区的特殊性；本土创造，即立足本土实践进行概括以建构全新知识框架。⑤

但是，杨恩泳（Yong-Soo Eun）批评全球国际关系学在很大程度上只是希望从地理和历史多元化的角度来突破西方中心主义视角，而作为后者霸权根基的认识论与方法论承诺——实证主义——却并没有受到动摇。⑥不仅如此，与"结构理性"类似，全球国际关系学对行为体进行了非情境化的处理。但是后者始终要在各种不同结构层次（全球—地区—特定国家）、不同结构（经济、政治、军事、文化等）以及同一结构的不同位置之间

① Amitav Acharya, "Global International Relations(IR) and Regional Worlds: A New Agenda for International Studies," *International Studies Quarterly*, Vol.58, No.4, 2014.

② Amitav Acharya and Barry Buzan, *The Making of Global International Relations: Origins and Evolution of IR at its Centenary*, Cambridge: Cambridge University Press, 2019, pp.302—303.

③ Qin Yaqing, "Introduction: The Global Turn in IR and Non-Western IR Theory," in *Globalizing IR Theory*, Abingdon: Routledge, 2020, p.1；高鹏、朱翊民：《全球国际关系学：国际关系研究认识论的发展与创新》，《国际政治研究》2022 年第 1 期，第 70—76 页。

④ Arlene B. Tickner, "Core, Periphery and(Neo) Imperialist International Relations," *European Journal of International Relations*, Vol.19, No.3, 2013, p.628.

⑤ Maiken Gelardi, "Moving Global IR Forward—A Road Map," *International Studies Review*, Vol.22, No.4 2020, pp.839—841.

⑥ Yong-Soo Eun, *What Is at Stake in Building "Non-Western" International Relations Theory?* Abingdon: Routledge, 2018, pp.17—18.

来回穿梭,因为行动的发生不可能自始至终处在同一个情境中。①例如,身处国际舞台上的国家同时要受限于全球压力、本土规范诉求以及各种互嵌的国际制度,而这些影响因素之间就存在着非常复杂的关联,由此就对行为体在采取行动时提出非常严苛的情境化要求。

总而言之,经过最近三十余年的发展,建构主义、关系理性以及全球国际关系学对国际关系领域盛行已久的"结构理性"进行了各式各样的反思与批评。但是,这些努力都存在着如下缺陷:它们未能从时间的维度对结构与行为体之间的互构关系选择给予充分关照;没能对推动秩序稳定与变迁的动力机制进行充分的阐述。这是因为"结构理性"没有给予作为结构与行为体之间中介的实践以充分的讨论。就此而言,下文将在 21 世纪兴起的实践理论基础上提炼"实践理性"的核心内涵,提供一个与"结构理性"存在明显差异的分析路径,为我们深入理解处于"晚期现代性"和全球化下的秩序变迁提供独特理论视角。

三、国际关系的"实践理性":一个理论定位

在一般意义上,国际关系乃至整个社会科学的解释应该指向行为体及其实践,关注他们做了什么、说了什么、相信什么以及欲求什么,因为只有在实践活动之中并通过实践活动,世界政治和人类活动才能得以存在。②但由于我们难以对具体实践过程进行准确的信息收集,社会科学家长期将他们关注的重心置于超越行为体的结构之上,并赋予结构以优先于行为体及其实践的实体地位。③进入 21 世纪,国际关系的"实践转向"和

① Colin Wight, *Agents, Structures and International Relations: Politics as Ontology*, Cambridge: Cambridge University Press, 2006, p.213.

② 李晓燕:《东亚地区合作进程:一种"实践理性"的解释》,《世界经济与政治论坛》2017年第 3 期,第 31 页;Friedrich Kratochwil, *Praxis: On Acting and Knowing*, Cambridge: Cambridge University Press, 2018, p.1。

③ William H. Sewell Jr., "A Theory of Structure: Duality, Agency, and Transformation," *American Journal of Sociology*, Vol.98, No.1, 1992, p.2; Jon Elster, *Explaining Social Behavior: More Nuts and Bolts for the Social Sciences*, Cambridge: Cambridge University Press, 2007, p.12.

实践理论就结构—行为体关系为我们提供了一条有别于"结构理性"的思考方式：它重新挖掘过去被认为是平庸且流于表面的实践（与深层的"结构"相比）在国际关系研究中的独特性，为我们进一步发展国际关系理论提供了新的指引。①当然，实践理论内部仍然存在模糊、分歧乃至矛盾之处，本部分以既有的实践理论研究为出发点，进一步提炼作为该理论基础的"实践理性"概念，从而尝试对这些模糊与分歧进行一个初步的澄清。

（一）实践理论与"实践理性"的兴起与发展

最早让"实践理性"变得家喻户晓无疑要归功于康德的贡献。在 19 世纪，马克思进一步凸显了"实践"概念的重要性。进入 20 世纪，实践理论的完善得益于海德格尔以及维特根斯坦的哲学理论，以及吉登斯、安·斯威德勒（Ann Swidler）和西奥多·沙茨基（Theodor Schatzki）等人有关结构—行为体、文化转向和复杂本体论的社会理论，而布迪厄和福柯的相关论述则为"实践理性"概念提供了最为直接的思想启发。②以此为基础，《千禧年》杂志于 2002 年组织特刊，专门讨论实践理论对国际关系研究的重要借鉴意义。实践理论的代表人物文森特·波略特（Vincent Pouliot）于 2008 年在《国际组织》（*International Organization*）杂志上发表《实践的逻辑》(The Logic of Practicality：A Theory of Practice of Security Communities)一文，正式将实践与实践理论引入国际关系研究。

波略特在批评西方主流国际关系理论"表征性偏见"（representational bias)的基础上提出，实践理论要解决的一个重大问题就是传统理论研究中观察者与实际行动相脱节造成的一系列问题。③具体来说，表征性偏见来源于西方知识谱系中强大的理性主义与实证主义传统，即利用形式逻辑的同一律、矛盾律和排中律来对事物的本质进行研究，并且以语言的方式加以传授和表达，从而让人们无需事事亲历就可以迅速掌握关于实践

---

① Jorg Kustermans, "Parsing the Practice Turn：Practice, Practical Knowledge, Practices," *Millennium*, Vol.44, No.2, 2016, p.177.

② Jérémie Cornut, "The Practice Turn in International Relations Theory," *Oxford Research Encyclopedia of International Studies*, November 30, 2017, https：//doi.org/10.1093/acrefore/9780190846626.013.113.

③ Vincent Pouliot, "The Logic of Practicality：A Theory of Practice of Security Communities," *International Organization*, Vol.62, No.2, 2008, pp.260—265.

和世间万物的一般性知识。①与之相反,"实践理性"坚持实用主义的认识论立场,拒绝将知识与实践二分对立,认为包括知识本身在内的一切都要在实践中得到理解。②不仅如此,虽然知识涵盖了主体的意义与意向性,并且帮助我们诠释和理解周遭的政治现实,但这一作用的彰显必须通过实践活动才能得以实现。③在这个意义上,知识的目的不是单纯发掘世界的潜在规律或本质,而在于界定人们在社会世界中的所处方位,帮助我们理解复杂的社会现象和解释所观察到的社会规律,从而为我们在日常生活中解决各种实际问题提供智力支持。④

随后,波略特与伊曼纽尔·阿德勒(Emanuel Adler)合作编撰了《国际实践》(*International Practices*)一书,为国际关系的实践理论确立基本路径。在此基础上,实践理论在实证领域的应用取得显著进展,最为典型的案例就是针对联合国、北约以及欧盟这些多边国际组织中各国外交实践的讨论和分析。这些研究大多着眼于这些组织中各国外交官对外交往过程中的具体行为,以此来体现在整体性的结构框架下,个性化、具体化的活动如何对世界政治产生影响。⑤在理论和实证研究取得快速进展的前提

① 李滨、陈子烨:《实践逻辑视野下的新型国际关系建构》,《世界经济与政治》2018 年第 11 期,第 41—45 页;R. Jay Wallace, "Practical Reason," in Edward N. Zalta, ed., *The Stanford Encyclopedia of Philosophy*, Stanford: Metaphysics Research Lab, 2020, https://plato.stanford.edu/archives/spr2020/entries/practical-reason;唐士其:《理性主义的政治学:流变、困境与超越》,北京大学出版社 2021 年版,第 13、26 页。

② 秦亚青:《行动的逻辑:西方国际关系理论"知识转向"的意义》,《中国社会科学》2013 年第 12 期,第 189—190 页;郑永流、陈鲁夏:《实践哲学与实践理论》,《华东师范大学学报》(哲学社会科学版)2021 年第 6 期,第 36 页。

③ Molly Patterson and Kristen R. Monroe, "Narrative in Political Science," *Annual Review of Political Science*, Vol.1, 1998, p.321.

④ Jörg Friedrichs and Friedrich Kratochwil, "On Acting and Knowing: How Pragmatism Can Advance International Relations Research and Methodology," *International Organization*, Vol.63, No.4, 2009, p.706.

⑤ Rebecca Adler-Nissen and Vincent Pouliot, "Power in Practice: Negotiating the International Intervention in Libya," *European Journal of International Relations*, Vol.20, No.4, 2014; Vincent Pouliot and Jérémie Cornut, "Practice Theory and the Study of Diplomacy: A Research Agenda," *Cooperation and Conflict*, Vol.50, No.3, 2015; Jérémie Cornut, "Diplomacy, Agency, and the Logic of Improvisation and Virtuosity in Practice," *European Journal of International Relations*, Vol.24, No.3, 2018; Olivier Schmitt, "How to Challenge an International Order: Russian Diplomatic Practices in Multilateral Security Organizations," *European Journal of International Relations*, Vol.26, No.3, 2020.

下,2018 年出版的《国际实践理论》(*International Practice Theory*)一书详细地总结了 21 世纪以来实践理论在国际关系领域的发展状况。该书指出实践理论内部存在七个不同的分支流派,包括基于布迪厄实践社会学的路径,基于福柯的治理、问题化(problematisation)以及谱系学的路径,重视实践共同体的理解,强调实践是有组织行为和话语的路径,分析话语叙事如何帮助行为体理解世界并发起行动的路径,基于行动者网络理论(actor-network theory)的路径以及基于实用主义社会学的路径。[1]虽然各种不同的理论流派在一定程度上为实践理论的发展提供了较为丰富的探索空间,但同时也可能导致实践理论因缺乏核心概念与分析框架的支撑而陷入过于零散的困境。不仅如此,这七个分支流派之间的关系并非彼此全然对立,而是存在相互融合、借鉴与补充的可能性。因此,下文将根据这些流派中的不同论述提炼出实践理论背后的核心概念——"实践理性"及其分析框架。

(二)"实践理性"的内涵

作为"实践理性"的核心要素,本文在吸收既有实践理论研究的基础上,将"实践"定义为具有社会意义且组织化的活动模式,是行为体在时间维度上按照社会认可的方式与他者进行互动交往的过程。[2]通过继承惯习和在实践中生成的背景知识,行为体在实践中对现实作出务实的判断并对未来进行可能的想象,从而表现出对于解决当前情境中特定问题的胜任(competence)与精通(mastery)。[3]据此,社会世界由行为体的实践所生成,而不是一个外在于人类实践的客观实体。行为体的目标偏好乃至行为体本身、结构规范以及整个物质环境都因实践而产生与变化,并且只有

---

① Christian Bueger and Frank Gadinger, *International Practice Theory*, Cham: Palgrave Macmillan, 2018, pp.9—12.

② Vincent Pouliot, *International Pecking Orders: The Politics and Practice of Multilateral Diplomacy*, Cambridge: Cambridge University Press, 2016, p.49;郑永流、陈鲁夏:《实践哲学与实践理论》,《华东师范大学学报》(哲学社会科学版)2021 年第 6 期,第 42—43 页。

③ Mustafa Emirbayer and Ann Mische, "What Is Agency?" *American Journal of Sociology*, Vol.103, No.4, 1998, p.970; Vincent Pouliot, *International Pecking Orders: The Politics and Practice of Multilateral Diplomacy*, Cambridge: Cambridge University Press, 2016, pp. 56—58; Emanuel Adler, *World Ordering: A Social Theory of Cognitive Evolution*, Cambridge: Cambridge University Press, 2019, p.212.

通过洞悉彼此间的实践过程,我们才能具体地把握社会世界的样貌。在这个意义上,结构既是行为体实践的结果,也是使人类实践成为可能的媒介。[1]因此,与"结构理性"强调结构的约束性并将其视为聚合物的定义所不同的是,"实践理性"框架之下的"结构"是指一套相互交叉且相互支持的规则、符号与资源,它既能赋权并约束社会实践,也往往被同一社会实践再生产出来。[2]

在这个意义上,本文认为"实践理性"赋予实践以中介的角色,作为沟通具有本体地位的结构和行为体之间的媒介而存在。[3]正是通过行为体的实践,结构在不断再生产的同时蕴含着可能发生变革的空间。然而,实践具有的再生产与革新功能则因为时间节点的不同而存在明显的差异。

1. 秩序稳定时期的实践

社会秩序的稳定得益于实践中对于胜任与精通的体现。一旦社会生活趋于常态化,行为体就会通过实践中的学习与模仿机制,强化倾向于维持秩序稳定的背景知识与惯习,从而体现实践具有的"类结构"能力。

如图1所示,当行为体在特定问题领域的所作所为表现出对问题解决的精通时,相关实践策略就会被转化为得到社会承认的结构规则,从而促使社会生活趋于稳定。不仅如此,任何一个结构都不是单独存在的,而是内嵌在一个更广泛的环境中——通过共享的纽带将其他结构与这个结构相联结,由此对特定结构下的参与者行动造成限制或提供机会。[4]在此状态下,结构(无论是物质结构还是观念结构)为后来人们的实践划定了可能的范围,人们的实践策略只需在结构提供的工具箱中进行选择。[5]在这种情境下,实践的开展无需行为体发挥能动性或是主动性,而只要对结构

---

[1] 安东尼·吉登斯:《社会学方法的新准则》(第二版),徐法寅译,郭忠华校,商务印书馆 2021 年版,第 145 页。

[2] William H. Sewell Jr., "A Theory of Structure: Duality, Agency, and Transformation," *American Journal of Sociology*, Vol.98, No.1, 1992, p.19.

[3] "实践理性"不在本体论层次赋予结构和行为体之间的一方具有相较于另外一方的优先性。

[4] Lei Yawen, "Freeing the Press: How Field Environment Explains Critical News Reporting in China," *American Journal of Sociology*, Vol.122, No.1, 2016, p.7.

[5] Ann Swidler, "Culture in Action: Symbols and Strategies," *American Sociological Review*, Vol.51, No.2, 1986, p.284.

提供的选项进行不断学习与模仿以形成不假思索的"惯习",后者是一种被情境信号自动并重复激活的反应倾向（response disposition），并且在很少或几乎不进行有意控制的条件下触发思考与行动。①对于学习这一机制来说，负面学习和正面学习的过程往往同时存在：前者意味着行为体从自己或他人违背结构提供选项而招致惩罚的经历中习得顺从结构的必要性，而后者则挖掘结构提供的机遇和收益来习得"成功"的行动模式。②在阿德勒的认知演化理论（cognitive evolution theory）看来，学习过程使得行为体能够对现实中的集体意义进行有选择的保留，以帮助其在处理国际问题时习得更加符合特定集体预期的实践方式。③

进行模仿的意义则在于行为体通过实践对结构全盘接受以及内化，并将其视作具有合法性的适当规则与规范。④但无论是学习与模仿，行为体都会借此机会逐步形成适应于该结构的"背景知识"，以帮助自己理解该结构场域内的权力关系、运作规则以及共有的集体行动目标。⑤在维维恩·施密特（Vivien A. Schmidt）看来，背景知识具体包括以下三个方面的内容：第一，供人们进行辩论和采用的各种行为方式和问题解决策略；第二，在这些具体内容背后为其提供支撑的普遍化纲领，它界定了实践要考虑并解决的问题、要实现的目标和理想以及需要采用的方法和手段；第三，将前两者充分结合起来的"深层核心"或世界观，包括各种观念、价值以

---

① Beth A. Simmons, Frank Dobbin and Geoffrey Garrett, "Introduction: The International Diffusion of Liberalism," *International Organization*, Vol.60, No.4, 2006, pp.795—801;马克斯·韦伯：《经济与社会》（第一卷），阎克文译，上海人民出版社 2009 年版，第 121—123 页;Mariano E. Bertucci, "Habits and Policy: The Social Construction of Foreign Policymaking Processes," *International Studies Review*, Vol.23, No.4, 2021, p.1254。

② 唐世平：《国际政治的社会演化：从公元前 8000 年到未来》，董杰旻、朱鸣译，中信出版集团 2017 年版，第 274—275 页。

③ Emanuel Adler, *World Ordering: A Social Theory of Cognitive Evolution*, Cambridge: Cambridge University Press, 2019, pp.168—170.

④ Chin-Hao Huang and David C. Kang, "State Formation in Korea and Japan, 400—800 CE: Emulation and Learning, Not Bellicist Competition," *International Organization*, Vol. 76, No.1, 2022, pp.7—8.

⑤ John Levi Martin, "What Is Field Theory?" *American Journal of Sociology*, Vol.109, No.1, 2003, p.23;David M. Mccourt, "Practice Theory and Relationalism as the New Constructivism," *International Studies Quarterly*, Vol.60, No.3, 2016, p.478.

及知识与社会的原则。①

随着时间的推移与实践的重复,这种背景知识就会逐渐固定下来,而这对于实践共同体——在学习和运用共同实践的过程中被共同利益联系在一起的成员所组成的共同体——的形成至关重要。②通过学习与模仿所习得的背景知识以及随后形成的惯习,实践共同体中的行为体会为共同事业采取一致的实践方式,分享相似的知识储备并且试图将这些行动策略与惯习知识常规化与合法化。③总而言之,结构的再生产需要通过行为体对结构提供的实践策略选项进行持续学习与模仿,并在此基础上形成稳固的背景知识与惯习,使行为体生活于实践共同体中,在实践中占有结构,从而消除个体的理性、能动性以及可能面临的不确定性。④

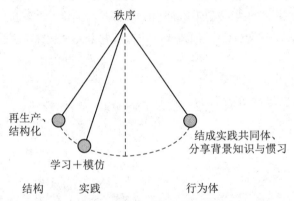

图1 稳定时期下的实践与结构—行为体二重性

资料来源:作者自制。

① Vivien A. Schmidt, "The Roots of Neo-Liberal Resilience: Explaining Continuity and Change in Background Ideas in Europe's Political Economy," *The British Journal of Politics and International Relations*, Vol.18, No.2, 2016, p.322.

② Emanuel Adler, *Communitarian International Relations: The Epistemic Foundations of International Relations*, Abingdon: Routledge, 2005, p.14.

③ Olivier Schmitt, "How to Challenge an International Order: Russian Diplomatic Practices in Multilateral Security Organisations," *European Journal of International Relations*, Vol.26, No.3, 2020, p.927;赵洋:《规范倡导与危机应对:世界卫生组织在全球卫生治理中的效用》,《国际论坛》2022年第3期,第92—93页。

④ 皮埃尔·布迪厄:《实践感》,蒋梓骅译,译林出版社2012年版,第81页。

2. 非稳定时期的实践

当既有的成功实践策略以及为其提供支持的背景知识与惯习难以继续支撑行为体维持对于绩效的胜任时,结构的再生产就会面临不稳定状态,因为其所能提供的指令和资源显得非常模糊或是不适用于新情况的出现。

如图 2 所示,存在外生和内生两条路径导致结构经历不稳定状态。外生路径主要侧重于突发外部决策或事件的启动,如战争、革命、经济危机等一些偶然和不可预测的重大事件动摇了原有结构的合法性或适应性。[①]不仅如此,由于人类社会中结构的多样性,不同结构之间的遭遇、碰撞、交流以及互动是推动各结构背离既定发展路径的重要推手。[②]在"实践理性"的框架下,国际社会和政治秩序的生成是"主体"与"主体间性"生成和再现的复合过程。以近代东亚秩序的转型为例,该地区自 19 世纪中叶以后便因与西方国家的遭遇而从朝贡等级结构逐步向威斯特伐利亚式的水平结构方向转型,即便该地区的旧式规范与价值并未完全被抹除。[③]

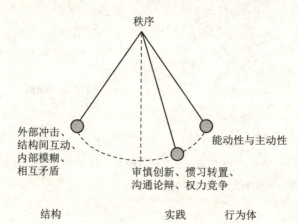

图 2　非稳定时期下的实践与结构—行为体二重性

资料来源:作者自制。

---

① 刘宏松、吴桐:《国家间论辩、关键节点与国际制度改革》,《世界经济与政治》2021 年第 9 期,第 10 页。

② 彼得·伯克:《历史学与社会理论》(第二版),李康译,上海人民出版社 2021 年版,第 239 页。

③ David C. Kang, "International Order in Historical East Asia: Tribute and Hierarchy beyond Sinocentrism and Eurocentrism," *International Organization*, Vol.74, No.1, 2020, pp.84—86.

　　相比之下，内生路径则着眼于行为体实践具有的能动性维度展开。上文着重强调惯习具有的重复性对结构再生产的重要意义，但根据布迪厄对这一概念的界定，惯习还具有"可转置性"的特征：相较于无限丰富的具体情境，惯习的数量往往非常有限，并且分散在社会生活的不同领域之中，因此当我们遭遇陌生情境时，我们对于实现目标的手段以及目标本身的认知都极其模糊，往往就会通过类比的方式将过去其他某个为我们熟知领域的惯习转置（或创造性运用）于该领域，以实现所谓的"审慎创新"（deliberative innovation）。①但是，这种转置并不总是奏效，如果转置后的惯习依旧难以为新的情境提供有效的实践策略时，这些本属历史的遗留之物就会让位于行为体的自主选择和主动创造，从而为当下与未来的实践轨迹提供可靠且稳定的务实选择。②不仅如此，惯习还是能动性得以有效发挥的前提。正是因为许多日常生活的领域受制于惯习的运作而变得循规蹈矩，我们才避免不得不在那些本无必要的领域进行反思与创造，从而将能动性的发挥留给那些更加需要的领域。③

　　在历史上，当美国在接替欧洲成为波黑战争的调停方时，它继承了欧洲过去重视种族统治（ethnocracy）而忽视个体政治权利、公民国家身份以及包容性制度的惯习，并将之应用于随后《代顿和平协定》的达成和伊拉克战争后的早期重建过程之中。但是这种继承而来的惯习在面对伊拉克的新形势下难以奏效。在内外交困的局面（尤其是共和党在当时中期选举落败）下，自 2007 年起，小布什政府不得不放弃在伊拉克实行种族统治的惯习，并且借用推广民主这一在其他领域业已被证明有效的惯习：重新

---

　　①　William H. Sewell Jr., "A Theory of Structure: Duality, Agency, and Transformation," *American Journal of Sociology*, Vol.98, No.1, 1992, p.17; Sebastian Schmidt, "Foreign Military Presence and the Changing Practice of Sovereignty: A Pragmatist Explanation of Norm Change," *American Political Science Review*, Vol.108, No.4, 2014, pp.820—821.

　　②　Sherry B. Ortner, "Theory in Anthropology since the Sixties," *Comparative Studies in Society and History*, Vol.26, No.1, 1984, pp.155—156; Sebastian Schindler and Tobias Wille, "Change in and through Practice: Pierre Bourdieu, Vincent Pouliot, and the End of the Cold War," *International Theory*, Vol.7, No.2, 2015, pp.346—350; Felix Berenskötter, "Anxiety, Time, and Agency," *International Theory*, Vol.12, No.2, 2020, p.282.

　　③　Ted Hopf, "The Logic of Habit in International Relations," *European Journal of International Relations*, Vol.16, No.4, 2010, p.546.

在伊拉克建立具有种族—教派包容性和宽容度的选举制度,从而跨越严苛身份群体的界限实现伊拉克民众普遍的公民政治参与权。[1]

实践的能动性除了体现为惯习的转置或是替代,还表现为日常生活中的"即兴行为"。事实上,吉登斯、阿德勒以及波略特都曾明确地指出,虽然结构能够对行为体施加明确的约束和限制,但结构却充满了空隙和模棱两可,而且会经常遭受模糊的"阐释",因此对它们的运用或使用是充满协商、争议和竞争的过程。[2]这意味着结构会丧失其权威的吸引力和对行为体的支配能力,而身处结构之中的行为体会去质疑什么是好的、什么是正义、什么是正确的以及什么是恰当的等诸多既有认知,由此就为可能的社会变迁开辟了重要空间。[3]

身处于不确定性环境中的政治行为体事实上处于紧张和焦虑之中,而作为实践共同体的成员,他们需要通过即兴的方式不断地对这种模棱两可的情况作出辩解和澄清。这既有可能促使他们按照所谓的"沟通逻辑"(logic of communication)行事,也有可能让其发起政治动员以进行权力争夺。前者是各方以通情达理的方式共同参与一个消除歧义与模糊、寻求真相的过程,为此人们会以达成彼此间相互理解为目标,并且愿意被证据确凿的论点说服,进而建立起一个基于包容、开放和信任的互动共识。[4]后者

---

① Lise Morjé Howard, "US Foreign Policy Habits in Ethnic Conflict," *International Studies Quarterly*, Vol.59, No.4, 2015, pp.726—731.

② Emanuel Adler, *World Ordering: A Social Theory of Cognitive Evolution*, Cambridge: Cambridge University Press, 2019, p.181; Vincent Pouliot, "Historical Institutionalism Meets Practice Theory: Renewing the Selection Process of the United Nations Secretary-General," *International Organization*, Vol.74, No.4, 2020, pp.750—751;安东尼·吉登斯:《社会学方法的新准则》(第二版),徐法寅译,郭忠华校,商务印书馆 2021 年版,第 146 页。

③ Luc Boltanski and Laurent Thévenot, *On Justification: Economies of Worth*. Princeton: Princeton University Press, 2006, p.226. Vincent Pouliot, *International Security in Practice: The Politics of NATO-Russia Diplomacy*, Cambridge: Cambridge University Press, 2010, pp.48—49.

④ Thomas Risse, "'Let's Argue!': Communicative Action in World Politics," *International Organization*, Vol.54, No.1, 2000, pp.6—11; Vivien A. Schmidt, "Taking Ideas and Discourse Seriously: Explaining Change through Discursive Institutionalism as the Fourth 'New Institutionalism'," *European Political Science Review*, Vol.2, No.1, 2010, pp.15—20;郭树勇、于阳:《全球秩序观的理性转向与"新理性"——人类命运共同体的理性基础》,《世界经济与政治》2021 年第 4 期,第 16—17 页。

则是不同的实践共同体借助权力关系的冲突与变动重新界定恰当的实践方式与背景知识,抑或规避乃至颠覆与其利益相冲突的规则,追求自己的目标,并希望后来的参与者能够完全地继承与延续自己的所作所为。①例如,第二次世界大战结束后的中东地区就日后国家的经济发展方式大致形成两种实践共同体,一种是回避土地改革、长期坚持进口替代战略以及依赖石油出口的内向型共同体,另外一种则是重视自由贸易与出口导向,力图实现国家经济结构多元化以摆脱石油依赖的外向型共同体。但随着1952年埃及的自由军官组织(Free Officers Organization)发起革命,中东国家的政治精英、国有企业以及自然资源的垄断者之间从这种封闭的内向型制度实践中不断获益,从而赋予上述群体以强大的否决权去推翻任何可能转向外向型发展的选择。②

总而言之,"实践理性"的理论框架在本体论和认识论方面都呈现出与"结构理性"及其背后的实证主义非常明显的不同。③这种差异为我们解释国际秩序的转型提供了一个与西方主流国际关系理论有所不同的分析思路。以此为基础,下文将以国际关系领域中的历史制度主义研究为参照对象,分析两者在界定国际秩序,解释秩序生成、维持与转型方面存在的相同与不同之处。

---

① Paul Pierson, "Power in Historical Institutionalism," in Orfeo Fioretos, Tulia G. Falleti and Adam Sheingate, eds., *The Oxford Handbook of Historical Institutionalism*, Oxford: Oxford University Press, 2016, pp.130—131;吴畏:《作为治理哲学的话语制度主义》,《江苏行政学院学报》2021年第3期,第77—78页。

② Etel Solingen and Wilfred Wan, "International Security: Critical Junctures, Developmental Pathways, and Institutional Change," in Orfeo Fioretos, ed., *International Politics and Institutions in Time*, Oxford: Oxford University Press, 2017, p.171.

③ 事实上,"实践理性"在方法论方面也与"结构理性"存在非常明显的不同,但受限于文章篇幅,本文对这方面的内容就不做讨论。相关研究可参看 Vincent Pouliot, "'Sobjectivism': Toward a Constructivist Methodology," *International Studies Quarterly*, Vol.51, No.2, 2007; Rebecca Adler-Nissen, ed., *Bourdieu in International Relations: Rethinking Key Concepts in IR*. Abingdon: Routledge, 2012; Jérémie Cornut and Nicolas de Zamaróczy, "How Can Documents Speak about Practices? Practice Tracing, the Wikileaks Cables, and Diplomatic Culture," *Cooperation and Conflict*, Vol.56, No.3, 2021.

四、解释秩序变迁：历史制度主义与
"实践理性"的比较

国际关系领域近年来围绕秩序转型发生了数次激烈的辩论，其中既涉及美国领导下自由国际秩序面临的危机与挑战，也与中国等非西方国家崛起并试图获取权威和话语权以推进秩序改革有关。[①]然而规则、制度与秩序并不能在短时间完全适应国际体系中实力与利益分布的快速革新，根深蒂固的"旧秩序"不会在一夜之间土崩瓦解。对于秩序变迁过程中的波折与反复，历史制度主义的相关研究已经给出相关的分析与解释。据此，本文将以历史制度主义为主要参照对象，阐明其与"实践理性"在秩序变迁方面的异同点。[②]

（一）何为国际秩序？

与其他主流国际关系研究者相类似，伊肯伯里认为国际秩序就是用以指导国家间关系的"控制性"安排，包括明确且稳固的规则、原则和制度。[③]不仅如此，人们可以在任何给定的时刻确认何为稳定的游戏规则，因

---

① Trine Flockhart, "Is This the End? Resilience, Ontological Security, and the Crisis of the Liberal International Order," *Contemporary Security Policy*, Vol.41, No.2, 2020; David A. Lake, Lisa L. Martin and Thomas Risse, "Challenges to the Liberal Order: Reflections on International Organization," *International Organization*, Vol.75, No.2, 2021; 魏冰:《国际制度竞争、利益分配与国际秩序转型》,《国际展望》2022 年第 2 期。

② 由于篇幅所限,本文对国际关系中历史制度主义研究的讨论主要着眼于约翰·伊肯伯里(G. John Ikenberry)的相关论述展开。考虑到伊肯伯里在这一领域的突破性贡献,本文认为这种适当的简化具有合理性,尽管其他学者对该领域的贡献也不可小觑。有关历史制度主义在国际关系领域的学术史发展历程,可参见 Thomas Rixen and Lora Anne Viola, "Historical Institutionalism and International Relations: Towards Explaining Change and Stability in International Institutions," in Thomas Rixen, Lora Anne Viola and Michael Zürn, eds., *Historical Institutionalism and International Relations: Explaining Institutional Development in World Politics*, Oxford: Oxford University Press, 2016。

③ G. John Ikenberry, *After Victory: Institutions, Strategic Restraint, and the Rebuilding of Order after Major Wars*, Princeton: Princeton University Press, 2001, p.23; G. John Ikenberry, *Liberal Leviathan: The Origins, Crisis, and Transformation of the American World Order*. Princeton: Princeton University Press, 2011.

为它要得到相关行为体的认可和护持。与之相反,"实践理性"对秩序的关注则从正式的规则(条约以及书面程序等)转向了非正式的行动模式,因为正式安排中的模棱两可或是相互矛盾使得行为体必须通过试验和即兴的实践方式来解决实际问题。①在阿德勒看来,世界秩序或全球秩序由遍布于各种国际社会秩序(international social orders)的主导性实践(anchoring practices)构成,其中国际社会秩序是实践与实践共同体的结构状态(configuration),并且这些国际社会秩序在时间、空间与功能上相互重叠,而主导性实践以及背后暗示的背景知识和实践共同体则介于自由国际主义的相互关联(interconnectedness)与民族民粹主义的相互分离(disassociation)之间。②据此,波略特认为社会群体围绕着一套做事的方式结合在一起,从而稳定行为体彼此之间的关系和预期,促使行为体选择被他者认可的实践策略。③

换句话说,"实践理性"将秩序与流动性和动态性相联,而历史制度主义则更加偏好稳定的正式制度与规则。对于后者,定义秩序基于功能主义的逻辑,即解决合作问题的均衡方案;而对于前者,国际秩序永远处于一种非均衡状态之中——两个或多个在时空中共存的实践共同体就维持秩序的行为和话语展开持续的争夺。④不仅如此,如果秩序是实践的过程,那么秩序的多样性将不可避免,所以总会出现彼此相互重叠、相互矛盾或者相互强化的秩序安排。事实上,维持跨大西洋关系的北约就同时存在两套安全秩序的建构模式:一种是以均势为基础的制衡与威慑逻辑(主要针对与俄罗斯的关系),另外一种则是发展制度化的安全共同体(美国与

① Vincent Pouliot and Jean-Philippe Thérien, "Global Governance in Practice," *Global Policy*, Vol.9, No.2, 2018, p.164.

② Emanuel Adler, *World Ordering: A Social Theory of Cognitive Evolution*, Cambridge: Cambridge University Press, 2019, pp.22—23, p.137, p.141, pp.152—154.全球秩序、主导性实践与国际社会秩序的关系恰好对应于计算机整体、windows 操作系统以及计算机中各个软件生态之间的联系。

③ Vincent Pouliot, "Historical Institutionalism Meets Practice Theory: Renewing the Selection Process of the United Nations Secretary-General," *International Organization*, Vol.74, No.4, 2020, pp.748—749.

④ Emanuel Adler, *World Ordering: A Social Theory of Cognitive Evolution*, Cambridge: Cambridge University Press, 2019, p.32.

欧洲大国之间不再将彼此视为生存上的威胁)。①相反,如果秩序只是给定的规则与制度,那么就只会存在一种占据主导地位的秩序安排,而其他的行为体与实践基本上只能以"非主流"或者"他者"的边缘方式存在。

(二)国际秩序如何产生?

在历史制度主义的理论框架中,秩序的产生遵循"关键节点"(critical juncture)的逻辑。特定时机的到来——往往是大国战争的结束之际(1648年、1713年、1815年、1919年,以及1945年)——时常让大国的领导人意识到自己的国家正处于异乎寻常的有利地位,从而为本国设定国家间关系的运行轨道提供了非比寻常的机会。②根据霸权稳定论和制度主义的研究,大国创设国际秩序的目的既有可能是为了促进和巩固自己的霸权利益,锁定自身在"大战胜利之后"的压倒性优势,同时也需要为其他国家提供解决集体行动困境的国际制度,以换取这些国家对秩序的认可和接受。③但无论如何,国际秩序的产生总是主导大国明确欲求、刻意选择和有意为之的结果。

但对于"实践理性"而言,没有任何一个行为体能够单独塑造秩序本身,因为社会秩序的形成基于社会涌现机制,即通过实践的聚合效应和社会关系中持续的争斗,秩序具备了创设者此前未曾设想的性质与特征(与复杂系统论的"非预期效应"类似),但这并不阻碍有关行为体在此基础上进行学习并改善自己在秩序的所处地位。④换句话说,秩序的遵守者而非

---

① Emanuel Adler and Patricia Greve, "When Security Community Meets Balance of Power: Overlapping Regional Mechanisms of Security Governance," *Review of International Studies*, Vol.35, S.1, 2009.

② G. John Ikenberry, "The Rise, Character, and Evolution of International Order," in Orfeo Fioretos, ed., *International Politics and Institutions in Time*, Oxford: Oxford University Press, 2017, p.62.

③ Robert Gilpin, *War and Change in World Politics*, Cambridge: Cambridge University Press, 1981; Robert O. Keohane, *After Hegemony: Cooperation and Discord in the World Political Economy*, Princeton: Princeton University Press, 1984; Robert W. Cox, "Social Forces, States, and World Orders: Beyond International Relations Theory," in Robert O. Keohane, ed., *Neorealism and Its Critics*, New York: Columbia University Press, 1986, pp.204—254.

④ Margaret S. Archer, *Realist Social Theory: The Morphogenetic Approach*, Cambridge: Cambridge University Press, 1995, pp.165—170; Robert Jervis, *System Effects: Complexity in Political and Social Life*, Princeton: Princeton University Press, 1997, pp.61—67; Vincent Pouliot, *International Pecking Orders: The Politics and Practice of Multilateral Diplomacy*, Cambridge: Cambridge University Press, 2016, p.54.

秩序的创设者应当得到更多的关注,因为前者往往会在秩序形成后以一种令后者意想不到的方式去理解、激活以及践行秩序。①相比之下,历史制度主义以及其他主流国际关系理论总是假定秩序的形成是大国理性设计的产物——它们基于长远考虑而预判了所有可能遇到的麻烦及其应对之策,因而只需要秩序的遵守者被动遵守即可。但是真实世界中并不存在这种洞察一切的理性设计者,所有的行为体(无论是秩序的创设者还是遵守者)都必须根据"摸着石头过河"的即兴实验与创造,找到不同情境下可行的实践策略,而不是只会"照葫芦画瓢"照搬既有规则。②以此为基础,这种情境化的实践互动随时间逐步累积的过程正是"实践理性"框架下国际秩序得以形成的方式。

(三)国际秩序如何实现自我强化与再生产?

根据历史制度主义的论述,一旦秩序得以形成,就会在统治者与被统治者、主导国与从属国之间达成某种谁也不愿改变的均衡:所有行为体都会将秩序视为当然给定的规则,并据此调整他们的行为和对秩序维持的投入,从而实现秩序的稳定、延续与再生产。③罗伯特·基欧汉认为历史制度主义的独特贡献正是它成功地识别出秩序的持续性这一反常现象,而其他的国际关系理论大多无法解释为何当秩序产生的特定条件消失以后,初始的秩序安排依旧能够保持较强的稳定性。④历史制度主义之所以能够做到这一点,与其所使用的路径依赖框架不无关联。⑤基于詹姆斯·

---

① Zoltán I Búzás and Erin R Graham, "Emergent Flexibility in Institutional Development: How International Rules Really Change," *International Studies Quarterly*, Vol.64, No.4, 2020, pp.822—825.

② Jérémie Cornut, "Diplomacy, Agency, and the Logic of Improvisation and Virtuosity in Practice." *European Journal of International Relations*, Vol.24, No.3, 2018.

③ David A. Lake, "Dominance and Subordination in World Politics: Authority, Liberalism, and Stability in the Modern International Order," in G. John Ikenberry, ed., *Power, Order, and Change in World Politics*, Cambridge: Cambridge University Press, 2014, p.64.

④ Robert Keohane, "Observations on the Promise and Pitfalls of Historical Institutionalism in International Relations," in Orfeo Fioretos, ed., *International Politics and Institutions in Time*, Oxford: Oxford University Press, 2017, p.322.

⑤ 路径依赖指的是特定时刻所做选择在随后制度发展过程中占据支配地位的情形,这一机制的存在使得采用替代方案推动变革的可能性大大降低——哪怕后者的效率要比前者更高——的同时维持了既有安排的持久性。详情可参看 Orfeo Fioretos, "Historical Institutionalism in International Relations," *International Organization*, Vol.65, No.2, 2011。

马奥尼(James Mahoney)的相关研究,我们可以为当前自由国际秩序具有的路径依赖效应提供以下四种解释方式。一是功利主义解释,即该秩序在避免冲突爆发和国际减贫方面取得卓越的成就;二是功能解释,即该秩序之中的国际组织、国际机制以及国际条约有助于维持国际体系的正常运转;三是权力解释,即该秩序为部分行为体提供了可观的既得利益,促使秩序的支持者在危机时甘愿保卫该秩序;四是合法性解释,即该秩序已被视为具有道德正当性与合理性。①

与之相对的是,"实践理性"的分析框架认为秩序的维持主要借助实践共同体内的学习与模仿机制得以实现,行为体也由此获得有关秩序内权力关系、规则制度以及集体目标的背景知识和惯习。例如在同属一个安全共同体中,成员通过外交手段解决彼此间纠纷被认为是值得鼓励的实践模式,而采用武力对抗乃至发动战争的方式则可能得不偿失。不仅如此,一项针对中国外交制度的研究表明,新任的中国外交官反复需要学习其前任留下来的一系列发言要点、工作记录以及优秀事迹,因为这些东西在时刻提醒着这些外交新人若要成为一个合格的中国外交官究竟应该如何行事。②随着时间的推移,支持现有中国外交制度以及国家身份得以稳定的实践在这样的背景知识影响下不断地进行再生产,从而最终固化为稳定的惯习并塑造了这套结构的合法性与自明性。

(四)国际秩序如何实现变迁与转型?

秩序的再生产并非简单的重复与复制,而是在其中蕴含着变革发生的潜力。在解释秩序转型方面,早期的历史制度主义研究主要关注外部冲击引发的"间断均衡",强调特定历史事件产生的失位与断裂效应。然而,这些颠覆性事件的出现以及随后人们对未来方案的选择往往具有高度偶然性,无法在原有的秩序框架中对其发生进行有效解释。③更为关键

---

① James Mahoney, "Path Dependence in Historical Sociology," *Theory and Society*, Vol.29, No.4, 2000, pp.517—525; David A. Lake, Lisa L. Martin and Thomas Risse, "Challenges to the Liberal Order: Reflections on International Organization," *International Organization*, Vol.75, No.2, 2021, pp.245—246.

② Dylan M. H. Loh, "Institutional Habitus, State identity, and China's Ministry of Foreign Affairs," *International Studies Review*, Vol.22, No.4, 2020, pp.887—890.

③ James Mahoney, "Path Dependence in Historical Sociology," *Theory and Society*, Vol.29, No.4, 2000, p.513.

的是,秩序变迁不仅发生在少数几个特定的重大历史节点,也同样潜藏在看似稳定时期背后的冲突与讨价还价之中,即所谓的"渐进式变革"(incremental change)。①对此,马洪尼和凯瑟琳·西伦(Kathleen Thelen)就指出,相比于特定历史事件突然爆发所体现出来的戏剧化程度,这种通过更替、层叠、漂移和转换而发生的变化无疑显得缓慢且零碎,但它们对于塑造人类行为模式和实质性政治后果来说同样具有非常重要的意义,因此秩序变迁不仅仅发生在几个不可预料的特殊时间节点。②尽管如此,话语制度主义的代表人物维维恩·施密特仍然批评这种改良版的历史制度主义仍不过是在描述而非解释变迁本身,并且仍然停留在一个只能机械地从宏观抽象水平来讨论制度变迁的层次上。③

　　相比之下,"实践理性"下的秩序的转型是一个较为复杂动态过程。显然,国际关系并不是一个行为体完全被支配、只会无意识地服从制度、结构和秩序的领域,而更像是一个充满各种争端、批评、分歧以及所达成的局部共识相互交织在一起的场域。④由于为实践共同体公认的实践策略与背景知识并不总是能够满足每个行为体面对实际情境时的特殊需要,所以能动性与创造性在日常生活中就显得尤为重要。但是这种创新并不是完全从零起步,而是首先会参考其他领域既有的惯习与物质资源——审慎创新。⑤我们需要让历史上继承而来的惯习适应于当下情境的需要,但

---

① Wolfgang Streeck and Kathleen Thelen, "Introduction: Institutional Change in Advanced Political Economics," in *Beyond Continuity: Institutional Change in Advanced Political Economies*, Oxford: Oxford University Press, 2005;马得勇:《历史制度主义的渐进性制度变迁理论——兼论其在中国的适用性》,《经济社会体制比较》2018年第5期。

② James Mahoney and Kathleen Thelen, "A Theory of Gradual Institutional Change," in *Explaining Institutional Change: Ambiguity, Agency, and Power*, Cambridge: Cambridge University Press, 2010, p.1;刘城晨:《论历史制度主义的前途》,《国际观察》2019年第5期,第107—108页。

③ Vivien A. Schmidt, "Interpretivism in Motion: Discursive Institutionalism as the Fourth 'New' Institutionalism," in John Echeverri-Gent and Kamal Sadiqp, eds., *Interpreting Politics: Situated Knowledge, India, and the Rudolph Legacy*, New Delhi: Oxford University Press, 2020, pp.74—75.

④ Søren Jagd, "Pragmatic Sociology and Competing Orders of Worth in Organizations," *European Journal of Social Theory*, Vol.14, No.3, 2011, pp.345—346.

⑤ 余博闻:《认知演化与全球气候治理的变革》,《世界经济与政治》2019年第12期,第114页。

如果这种转置与适应难以奏效时,实践共同体之间的论辩说服以及权力竞争将会不可避免地发生,由此推动国际秩序发生变革与转型。在当今世界政治事务中,全球治理需求与能力的赤字问题经常来源于正式制度规则的模糊或相互矛盾,实践者一方面挪用其他问题领域的成熟解决方案,一方面依靠即兴试验、协商论辩以及竞争博弈的方式去填补明文规定之间的空白。更重要的是,在这个实践过程中会逐渐出现一种发挥着结构效应的实践网络,成为全球治理的新平台。①

（五）国际秩序的未来何在?

当前的自由国际秩序因霸权斗争、权力转移、对安全和势力范围的竞争以及民族主义的回潮而陷入危机之中。然而得益于强大路径依赖效应的存在、大国战争爆发可能性的显著降低以及各国在管理因相互依赖而带来的全球性问题时存在的利益交汇与重叠,伊肯伯里依旧对当前自由国际秩序的韧性和未来前景保持积极乐观的心态。②

相比之下,“实践理性”则拒绝只存在单一国际秩序的假设。事实上,自由国际秩序并没有在第二次世界大战后的亚太地区完全建立起来,取而代之是基于旧金山体制形成的跨太平洋双边同盟体系。③换句话说,自由国际秩序从来没有实现对其他替代选项的完全取代。因此波略特等人就指出,决定多边主义与自由贸易未来命运的关键并非对自由国际秩序的修补与完善,而是行为体实践所产生的效果以及各种实践共同体之间的竞争。④事实上,对于不同的实践共同体,其对于利益诉求和美好生活的认知存在着显著差异,而其开展实践的目的正是将共同体内部认知维度

---

① Vincent Pouliot and Jean-Philippe Thérien, "Global Governance in Practice," *Global Policy*, Vol.9, No.2, 2018, pp.164—165.

② G. John Ikenberry, *Liberal Leviathan: The Origins, Crisis, and Transformation of the American World Order*. Princeton: Princeton University Press, 2011, ch.8; G. John Ikenberry, "The Next Liberal Order," *Foreign Affairs*, Vol.99, No.4, 2020.

③ Christian Wirth and Nicole Jenne, "Filling the Void: The Asia-Pacific Problem of Order and Emerging Indo-Pacific Regional Multilateralism," *Contemporary Security Policy*, Vol.43, No.2, 2022, pp.215—217.

④ Vincent Pouliot, Markus Kornprobst and Piki Ish-Shalom, "Cognitive Evolution and World Ordering: Opening New Vistas," in Piki Ish-Shalom, Markus Kornprobst and Vincent Pouliot, eds., *Theorizing World Orders: Cognitive Evolution and Beyond*, Cambridge: Cambridge University Press, 2021, p.11.

的背景知识与惯习转换为具体、可行且有效的秩序安排。在这一过程中，地区这一特殊实践共同体的重要性应当得到充分的关注与重视。①在这个意义上，"实践理性"的意义在于加深我们对演化过程的理解而非对演化方向的预测。

表1　历史制度主义与"实践理性"对国际秩序变迁的解释

	历史制度主义	"实践理性"
国际秩序的定义	单一的正式制度与规则	主导性实践的结构状态
国际秩序的形成	秩序创设者(大国)的有意设计	秩序遵守者的涌现属性
国际秩序的再生产	优势所在:路径依赖的自我强化	背景知识、惯习与实践共同体的生成
国际秩序的转型	解释力有所不足:间断均衡与渐进式变革	外部冲击、审慎创新、惯习转置、论辩沟通、权力竞争
国际秩序的未来	自由国际秩序的完善	只能理解演化的过程而无法预测演化的方向

资料来源:作者自制。

表1总结了"实践理性"在解释国际秩序变迁时与历史制度主义的差异。但我们不应该就此无视两者之间的类似之处。无论是历史制度主义还是"实践理性"，两者都希望对秩序与秩序内的实践进行一个更加全面的解释。在历史制度主义看来，对人类政治互动的理解应该将其置于规则结构的背景之下，而这些规则结构本就是由人类自己创造的社会进程，并且随着生活的不断延续，我们没有理由只从一个时间点孤立地截取这些政治互动，并且将其与更大的规则结构(制度)隔绝开来。②特别地，历史制度主义是在反对理性选择制度主义的基础上应运而生的:行为体不是

① Trine Flockhart，"The Coming Multi-Order World，" *Contemporary Security Policy*，Vol.37，No.1，2016.

② Elizabeth Sanders，"Historical Institutionalism，" in Rod A.W. Rhodes，Sarah A. Binder and Bert A. Rockman，eds.，*The Oxford Handbook of Political Institutions*. Oxford：Oxford University Press，2008，p.39；马得勇：《历史制度主义的渐进性制度变迁理论——兼论其在中国的适用性》，《经济社会体制比较》2018年第5期，第159页。

理性最大化的全知全能者,不会总是在进行有意识地理性反思与评估,并且其偏好与目标并非事先给定,而是特定制度背景下的具体产物。①对应于实践理论而言,历史制度主义的这些观点正呼应了上文提到的惯习、背景知识以及实践共同体,所有这些都意味着实践绝不只是简单的个体意向性或是理性选择,而是特定情境下参与世界的过程。不仅如此,两者还在解释秩序再生产方面存在一定的耦合和相似。就这个意义来说,实践是更加细小的分析单元,并且实践指向了秩序的动态表现——一组实践构成秩序本身,推动秩序运转,并在行动层面维持秩序存续。②

五、结　语

西方主流国际关系理论在讨论有关秩序变迁时面临着怎样的困境以及其原因是为何? 21 世纪以来国际关系领域兴起的"实践转向"及其背后的"实践理性"取向如何在吸取学术界既有研究的基础上,帮助人们克服"结构理性"困境? 这是两个具有重要现实和理论意义的研究问题。本文发现"结构理性"盛行于国际关系领域的原因与实证主义之间存在紧密的关系,它使得研究者沉迷于对于某种抽象本质或真理的追求。结果就是人们对共时性结构稳定与再生产的偏爱胜过了对历时性实践过程与动态性的关注。不仅如此,将结构本质化、实体化的"结构理性"使得西方主流国际关系理论陷入"威斯特伐利亚式偏见"之中。

针对上述理论缺陷,以建构主义、"关系理性"和"全球国际关系学"为代表,国际关系学界开启了对于"结构理性"的系统性反思与批判。但这三者都未能充分理解行为体实践的重要性,因此它们相较于本文所提出的

---

① Kathleen Thelen and Sven Steinmo, "Historical Institutionalism in Comparative Politics," in Sven Steinmo, Kathleen Thelen and Frank Longstreth, eds., *Structuring Politics: Historical Institutionalism in Comparative Analysis*, Cambridge: Cambridge University Press, 1992, p.8; Alexander Wendt, "Driving with the Rearview Mirror: On the Rational Science of Institutional Design," *International Organization*, Vol.55, No.4, 2001, p.1036.

② Vincent Pouliot, "Historical Institutionalism Meets Practice Theory: Renewing the Selection Process of the United Nations Secretary-General," *International Organization*, Vol.74, No.4, 2020, p.745.

"实践理性"而言,在一定程度上都缺乏对于秩序变迁的有效解释。在 21
世纪国际关系实践理论的基础上,本文提炼了"实践理性"概念,从而将实
践这一动态过程定位于结构—行为体二重性的中介,并以时间划分为基
础,讨论了行为体在面对不同胜任情境之下实践的不同作用功效:在问题
得以成功解决的状态下,先前的实践策略会被转化为社会认可的结构,并
且通过后来行为体的再实践对其进行结构化,即行为体通过学习与模仿
接受实践共同体共享的实践策略与背景知识。但在结构提供的选项难以
再保证行为体的胜任时,行为体以及实践共同体将通过实践推动结构自
身的转型,而这往往借助于审慎创新、惯习转置、开放的沟通与辩论以及
权力竞争加以实现。在此基础上,本文以历史制度主义的既有研究为出
发点,通过对比前者与"实践理性"在国际秩序的定义、形成、再生产、转型
以及未来发展方向上存在的差异凸显了"实践理性"在解释秩序变迁方面
的独特优越性。

在"实践理性"和历史制度主义的启发下,本文最后为中国国际关系理
论未来的探索勾画一些可能的方向。具体而言,我们可以结合新时代中国
多边、多形式的具体外交实践,结合"实践理性"和历史制度主义有关制度变
迁的内生/外生机制,在推动区域秩序、国际制度乃至全球治理体系的改革
和创新过程中,在理论上建构中国特色的大国外交和世界秩序转型的内在
关联。这意味着在未来中国国际关系理论发展的过程中,有必要对实践这
一非正式进程及其政治活动的要素进行深入分析,但这并不意味着要取代
国际关系理论中对行为体(大国)、制度规则(国际制度和机制)以及理念规
范等传统分析单元,而是作为既有理论的中介,从而将大国关系、区域秩
序以及全球治理动态地连接起来。具体来说,内嵌于实践中的胜任与否
是大国政治中权力较量的关键,[1]而以举办全球会议、委任非政府组织、授
权专家组和建立多方参与的伙伴关系为代表的国际实践为当下全球治理
中以制度规则为导向的治理模式提供了重要补充和启发。[2]

---

[1] Rebecca Adler-Nissen and Vincent Pouliot, "Power in Practice: Negotiating the International Intervention in Libya," *European Journal of International Relations*, Vol.20, No.4, 2014.

[2] Vincent Pouliot and Jean-Philippe Thérien, "Global Governance in Practice," *Global Policy*, Vol.9, No.2, 2018.

地缘政治的时空维度探究
——以崛起国的战略取向研究为例*

秦立志**

【内容提要】 本文从崛起国战略取向的形成机制这一理论议题入手，通过对时空维度探究的方法论思考，实现地缘政治视角与新古典现实主义的结合，提出地缘政治学的五大基本命题假设，提炼具备有限普适性的地缘政治分析变量与解释机制，认为地缘属性（自变量）会通过地位诉求（中介变量）的过滤机制，对崛起国的战略取向产生系统影响。战略取向一旦形成具有惯性，在历史上通常只有出现地缘政治的反作用力压倒国家向外扩张的作用力时，才能让大国主动或被动地选择战略收缩。文章设定了过程追踪法的因果机制框架，对大国战略的历史案例与当代参照提供了一项研究议程。

【关键词】 权力转移，地缘属性，地位诉求，战略取向，时空维度

【Abstract】 This paper starts with the theoretical issue of the formation mechanism of the strategic orientation of rising states. Through methodological thinking about the Spatial-temporal dimension of inquiry, combining a geopolitical perspective with neoclassical realism, proposing five basic hypotheses of geopolitics, the geopolitical analysis variables and explanatory mechanisms with limited universality are refined. This paper argues that geographical attributes(independent variables) have a systematic impact on the strategic orientation of rising states through the filtering mechanism of status claims (mediating variables). Once the strategic orientation is formed, it has inertia. In history, only when the geopolitical reaction force overwhelms the outward expansion force, can the great powers choose the strategic contraction actively or passively. This paper sets the causal mechanism framework of process tracing method and provides a research agenda for historical cases and contemporary references of great power strategy.

【Key Words】 Power Transition, Geographical Attribute, Status Claims, Strategic Orientation, the Spatial-temporal Dimension

---

* 本文系 2021 年国家社科基金一般项目"两极竞争背景下新兴崛起国'反遏制战略'研究"（项目编号：21BGJ068）的阶段性研究成果。
** 秦立志，中国海洋大学国际事务与公共管理学院副教授。

一、问题的提出：影响崛起国战略取向的 地缘政治机理是什么？

在英法百年战争之后，虽然英国逐渐以海上事业为重点，但却为"谁失去了欧洲"这样的地缘政治议题而掀起了国内的大战略辩论，成为辉格党与托利党彼此攻击的竞选工具，英国对收复欧洲失地的野心不断涌现，1519 年，英王亨利八世与查理五世、弗朗索瓦一世同时角逐皇位，英国非常渴望神圣罗马帝国的皇位，背后的地缘政治逻辑是英国试图在法国重建大英帝国和在欧陆扩张的野心。[①]这似乎与近代英国追求海上优势来维持欧陆均势的离岸平衡战略有些不符。德国（普鲁士）作为传统的欧陆体系中心国家，是自哈布斯堡帝国在欧洲崛起以来，诸多列强争霸的地缘政治焦点。作为欧洲大陆的兵家必争之地，其战略文化传统也是以大陆性特征为主，但却为何在 1883 年以后逐步转向海上殖民扩张，并在威廉二世时期陷入与英国的海军竞赛中？

德意志第二帝国的提尔皮茨等人试图重塑本国的地缘文化，考虑到当时德国尚未真正彻底解决欧陆的两线作战困境，就更加产生问题的困惑。俄国这样的心脏地带强国，对陆上领土的征服和出海口的获取是彼得大帝以来的首要战略任务，陆主海从是俄国历史的主旋律，但却在 19 世纪和 20 世纪分别陷入与英国和美国的海洋争霸中。尤其在"二战"爆发前夕，苏联选择与纳粹德国形成陆上联盟、实现祸水西引、对抗英国海权。日本作为东亚岛国，在明治维新以后却推进大陆政策，意图实现"大东亚共荣圈"。1867 年到 1945 年，日本虽然在地缘属性上是岛国，并且拥有一支强大的海军，却没有满足于只是一个海权国家，日本还专注于征服东亚大陆；海军是用来确保它与朝鲜、中国东北和中国内陆腹地之间的军事交通的；在"二战"战败后，日本才逐渐形成岛屿身份认知的海洋文化主导。

---

① 布伦丹·西姆斯：《欧洲：1453 年以来的争霸之途》，孟维瞻译，中信出版社 2016 年版，第 11—12 页。

大国在什么条件下会选择陆权战略/海权战略作为重点,以及什么情况下会在执行地缘战略进程中选择风险规避/风险承担?对处于体系中心位置的陆权国家而言,能否避免两线或多线地缘政治威胁的挤压困境?国家的中心位置/边缘位置是固定不变还是存在战略动态性?陆权大国选择海上战略扩展是否必然意味着与海权强国的结构性对抗升级?分析大国崛起进程中的战略取向及其效果的研判,进行理论推演与历史案例佐证,可以揭示地缘政治研究的核心机理。对大国战略取向研究的必要性在于,历史上很多国家的战略取向的延续性和变化性既不是完全受到权力结构变量的影响,也不是根植于地理因素的决定论。从历史研究中我们发现,在时间和空间上相隔甚远的人们,彼此之间却具有诸多极其相似的性格特点,因此极其相似的事件有可能发生在世界上差异巨大的地区。发生于某一特定地点或某个特定地区之内的事件,彼此之间往往也具有一种明确的关联性。它们通常都以某种方式彼此相关,而与外部地点的关联性则没么密切,因此人们才会把一系列这样的事件,看成是某些地点或地区的历史。即发生在特定地区的地缘政治现象,它对本地区造成的影响通常都高于其他地区。①

本研究论及的"地缘政治",不只是空间层面的"欧亚""印太""中东"等地理空间存在,而是基于空间存在与时间维度的战略动态互动的考察,而非静止的地理决定论。笔者考察的"崛起国",是在权力提升的同时伴随地缘战略方向的扩展或变革,比如从大陆走向海洋、从海洋走向大陆,或者从原有的维持大陆与海洋地位现状到打破现状。综合运用时间维度与空间维度作为地缘政治理论的坐标系,借助新古典现实主义的学术成果,提出了关于大国战略取向的解释机制:地缘属性(基础条件)→地位诉求(塑造作用)→战略取向(非线性效果)。这项研究的理论意义在于为地缘政治研究提供过程追踪方法视角,提升地缘政治研究的科学方法性,在地缘政治研究中注重时空变量的交互作用,弥补国际关系理论研究中超越时空的过度普适性倾向。揭示陆权强国与海洋强国有区别的地缘特征,批判将单元行为体同类化分析的一般性战略理论,在避免"地理环境决定论"

①　詹姆斯·菲尔格里夫:《地理与世界霸权》,欧阳瑾译,台海出版社 2019 年版,第 2—7 页。

的同时保持对地缘政治视野的战略研究弹性。现实意义是有助于分析对海权与陆权的战略选项关系到国家的整体战略重心和资源倾斜,对战略风险的态度则事关崛起的外部环境塑造,中国崛起与中国走向海洋的战略取向是并进的,如何实现海权与陆权的战略平衡,既避免风险承担带来的战略透支风险,也要防止风险规避引发的安全利益减损,这些都需要对地缘政治现象的时空维度探究来获得启发意义。本文意在设置一项开放性的研究议程,实现不同理论学说的对话,对一些佐证的历史案例都以插叙的方式融合到理论框架中,以便保持理论架构的完整性,具有综述性文章特征,而非实证检验。对具体个案的过程追踪可由笔者和相关领域学者在后续开展的研究中不断精进。

二、文 献 述 评

对崛起国战略取向这一地缘政治现象的研究,不能认为新的研究代表着比以往研究更进一步,阐述问题必须依据该学科的经典表述而不是盲从近期文献。关于崛起国的战略取向的文献分析,可以分为两个层面:大陆与海洋的地缘重点选择,以及在海权/陆权战略的推进过程中面对地缘政治风险的决策偏好。

（一）大国选择大陆/海洋地缘方向的战略动因

第一,经济动力论。美国与德国的海权扩展根源是:快速的工业化以及随之而来的对海外市场、殖民地和国际权力政治的兴趣。[①]第二,战略需求论。有学者认为,雅典、迦太基、威尼斯、荷兰和英国,自然地理上的需要迫使它们建立海权。另外一些国家,如罗马、奥斯曼土耳其和西班牙,则是源于统治者自觉的深思熟虑的决策而建立了海权。甚至一些放弃海权的国家,如阿兹特克、印度和中国,都依然实现了繁荣。[②]大多数大陆强国的海军都会不断审视自己的海上战略,关注其他国家海军的技术进步是否

---

① 保罗·肯尼迪:《英国海上主导权的兴衰》,沈志雄译,人民出版社 2014 年版,第231 页。

② 杰弗里·蒂尔:《海上战略与核时代》,史常勇译,济南出版社 2021 年版,第5—6 页。

会使本国在控制战场空间时处于不利地位。国家安全主要取决于陆上威胁,当他们与其他国家结盟时,会兼顾海上威胁,有关威胁的判断更多是出于地缘政治而不是地缘经济的考虑。①第三,地理禀赋论。影响国家海上权力崛起的六个必要条件:地理位置;自然结构,其中包括与此相连的天然生产力与气候;领土范围;人口数量;民族特点;政府特征,包括国家机构的性质与政策。②海权论并不认为国家可以超越这些要素限制盲目扩张海上权力,如果试图挑战地理限制,则通常会招致战略失败。长周期理论强调海权国比陆权国有更大的战略回旋空间与安全盈余。③第四,国内政治动力论。揭示海军扩张、帝国主义政策与德国的社会经济状况、阶级结构、利益集团和政党政治之间的紧密联系。政府中心型现实主义认为,当政治家察觉到政府力量而不是国家力量的相对增长时,他们将对外扩张国家的政治利益④,以此解释美国从大陆强国走向海洋的国内政治动力。

(二)大国应对地缘政治风险的偏好分析

第一,权力转移理论。崛起中的国家为了改变现有的现状,变得更有野心并挑起冲突;衰落的国家害怕崛起的力量,发动预防性战争以阻止其崛起;均势的易变性使潜在对手更难衡量力量平衡,并增加了误判的风险。⑤权力转移理论没有考虑到主导国也会在崛起国尚未完成崛起前发动预防性战争的战略逻辑。⑥长周期理论认为大陆国家要比海洋国家更容易陷入风险承担。在强调领导权合法性的同时,相对忽略了获取和维持领导权背后的霸权属性。对海洋国家的殖民扩张和地缘争霸的很多历史负

① 拉贾·梅农:《海上战略与大陆性战争》,朱丹等译,济南出版社 2021 年版,第196 页。

② 阿尔弗雷德·塞耶·马汉:《海权对历史的影响:1660—1783 年》,李少彦等译,海洋出版社 2013 年版,第 21 页。

③ George Modelski, "Is World Politics Evolutionary Learning?" *International Organization*, Vol.44, No.1, Winter 1990, p.11.

④ 法利德·扎卡利亚:《从财富到权力》,门洪华等译,新华出版社 2001 年版,第50 页。

⑤ A.F.K. Organski, *World Politics*, New York: Knopf, 1958, pp.315—316.

⑥ 正如 1905 年以前,德意志第二帝国在扩张海军军备时,一直担心英国对德国弱小的海军进行先发制人的打击。

面印象避而不谈。①

第二,进攻性现实主义的权力最大化逻辑。②在平衡的多极体系中,国家对邻近的陆上大国会采取相对冒险的制衡行动,而对遥远的陆上大国和离岸平衡大国则会选择风险规避偏好的推诿战略。但在不平衡的多极体系与两极体系中,国家对以上国家类型都会选择制衡行为。虽然用到了地理因素与地缘政治逻辑,但进攻性现实主义却是静态的、缺乏对国家不同历史时期的动态变化的战略解释。③

第三,动态差异理论。在多极中比在两极中更严重,因为两极化只需要打败一个正在崛起的大国,但是一个正在衰落的多极化国家必须相信自己足够强大,能够同时应付这个崛起的大国及其潜在的大国盟友。④一国在激进与温和的大战略之间选择时,不能只考虑其依赖程度,而是必须计算和平贸易直到未来的总体预期价值,与选择战争或冲突的价值相比较。⑤"修昔底德陷阱"是一个大国冲突的简化命题,对于大国为什么会在上升期发动攻击缺乏逻辑上的动因和一致性,而且只能适用于体系中最强大的两个国家,即原有霸主和正在崛起的挑战者。⑥

第四,战略动机论。由于傲慢地、不知足地追求荣誉,路易十四坚持要完全征服荷兰,发起军事冒险,并与英国开展大规模的海上战略竞争,

---

① 英国的目标就是防止出现一个整合了欧亚大陆军事—工业潜力的大国,后者会对世界岛屿和大陆其他国家构成重大威胁。参见 W.H. Parker, *Mackinder: Geography as an aid to statecraft*, Oxford: Clarendon Press, 1982, p.192。

② 一些大国之所以没有在崛起进程中时刻采取风险承担的行为,并非不符合进攻性现实主义战略预期,而是随着时间推移迟早会出现地区霸权的冒险扩张,这就意味着期待时间变量与空间变量在不确定的未来发生复杂影响,进攻性现实主义解释了陆权扩张与海权扩张的地缘政治挑战程度有本质不同,因而跨越水体阻遏的全球霸权难以实现,国家安全最好的方式是获取地区霸权。参见 Peter Toft, "John J. Mearsheimer: an offensive realist between geopolitics and power," *Journal of International Relations and Development*, Vol.8, No.4, 2005, p.403。

③ Peter Toft, "John J. Mearsheimer: an offensive realist between geopolitics and power," *Journal of International Relations and Development*, Vol.8, No.4, 2005, p.386.

④ Dale C. Copeland, *The Origins of Major War*, Ithaca: Cornell University Press, 2000.

⑤ Dale C. Copeland, *Economic Interdependence and War*, Princeton: Princeton University Press, 2015, pp.34—35.

⑥ Dale C. Copeland, *The Origins of Major War*, Ithaca: Cornell University Press, 2000, pp.12—13.

使海外殖民利益受到巨大损失。①日本对美国的贸易禁运的预期，以及日本愿意拿本土安全区冒巨大风险的意愿，只能用日本武士道激情来理解。②日本对现状大国充满敌意，试图获取更高的国际地位来实现帝国的荣耀。

第五，军备动力论。军备因素是崛起国在地缘战略进程中的冒险行动的关键③，一国追求军事安全或军事优势的政策产生了违背初衷的效果，可能会由于行动—反应模型导致挑衅与过火反应的周期不断升级。当崛起国推进海权/陆权战略是由国家内部因素大力推动的，那么要使它减弱下来就困难多了。④有观点认为：国家能力的迅速而重大的改变导致两阶段博弈，在其中和平互动并不总是理性的选择，因为在一些情况下预防性战争对一个国家是有利的。⑤

（三）前期研究成果的不足

上述文献对大国缘何选定战略取向及其效果进行了多维度的评估，但解释力仍有不足，例如，尚不能解释一些国家在外部环境有利条件下却选择守成战略，以及在地缘属性和战略文化不变的情况下，却出现了地缘战略调整的案例。对地缘政治现象的结构主义解释有助于把握宏大的历史背景与核心规律，缺陷是难以解释差异性，比如为何面临相似的战略环境，崛起国的战略取向和后果有重大差别？而且很容易陷入类似"修昔底德陷阱"的宿命论观点，认为崛起国的战略进取必然是为了制衡霸权守成

---

① 理查德·勒博：《国家为何而战？：过去与未来的战争动机》，陈定定等译，上海人民出版社 2014 年版，第 67—127 页。

② 同上书，第 178 页。

③ 还有学者认为，如果资源具有累积性、自卫更加困难、国家更期待战争、战争的初期阶段更具有决定意义、国家把用于防御的军事资源转为用于进攻、国家更严格保守军事机密、国家间达成的军备控制协议更少，那么国家就更容易陷入地缘竞争升级的风险承担决心。参见斯蒂芬·范·埃弗拉：《战争的原因》，何曜译，上海人民出版社 2014 年版，第 162—163 页。

④ 巴里·布赞：《世界政治中的军备动力》，薛立涛等译，吉林人民出版社 2001 年版，第 93—102 页。

⑤ 考虑到军事准备的成本，如果持续追求对于长期威慑反对现状的军事攻击而言是必要的武力的长期成本，比试图消除威胁的预期成本更高时，国家可能会更偏爱战争。参见理查德·内德·勒博：《国家为何而战？：过去与未来的战争动机》，陈定定等译，上海人民出版社 2014 年版，第 51 页。

国。注重国家单元层面和战略决策的视角能够提高对案例特殊性的解释力,但对体系结构层面和战略互动的分析相对不足,使个案研究更多是以国别战略史的叙事方式写作,缺乏普遍的指导意义。在某些国别研究或涉及具体国防问题的历史与政策研究中,不乏对某国某时期在某区域的战略成因、演变和发展的讨论。但往往就事论事,缺乏多个案例的适用性解释机制。好的理论不仅应解释世界如何运行,也要关注应该如何运行,地缘政治学既提供了结构性的环境分析,也涉及可能性的艺术。

三、地缘政治学的理论假设与方法论探究

地缘政治学的思想传统可以分为三类:经典地理政治学、德国地缘政治学、法国维达尔传统。①约翰·柯林斯将地缘政治学分成三种战略思想:海洋学派、大陆学派、航天学派。②索尔·科恩对现代地缘政治学的演化阶段作了分类:第一阶段主要论述帝国争霸,包括拉采尔的"国家有机体论"、马汉的"海权论"、麦金德的"陆权心脏地带论"等;第二阶段是德国地缘政治学,以豪斯霍弗的"生存空间论"、"泛大陆主义"等为代表;第三阶段是美国地缘政治,以斯拜克曼的"边缘地带论"等学说为标志;第四阶段是冷战地缘政治,例如:凯南的遏制战略和沃勒斯坦的"世界体系论"等;第五阶段是后冷战时期:涉及布热津斯基的"大棋局"、亨廷顿的"文明冲突论"等。③如何实现地缘政治理论的创新和与其他理论学说的对话? 笔者试图通过对崛起国战略取向的学理探讨,形成对地缘政治中层理论的创新性扩展。

对时空维度的关注是地缘政治学的传统,在新近的国际关系理论中则较少受到重视。地缘政治学说是考虑到时空条件的限定与国家战略的克制逻辑,但在实际操作过程中却容易出现地缘政治思维的滥用:对特定技术的迷恋、对偶然性事件的相对忽略、对地理决定论的偏好、对权力扩

---

① Ladia K.D. Kristof, "The Origins and Evolution of Geopolitics," *Journal of Conflict Resolution*, Vol.4, No.1, 1960, p.36.

② 约翰·柯林斯:《大战略》,中国人民解放军军事科学院译,战士出版社 1978 年版,第313—317 页。

③ 索尔·科恩:《地缘政治学:国际关系的地理学》,严春松译,2011 年版,第 15—33 页。

张的推崇,都可能导致让应用该地缘政治学说的国家陷入战略上的四面出击,不应让地缘政治学说沦落为鼓励军国主义和帝国主义的工具,军备竞赛和联盟政治这样典型的地缘政治内容应该在学理和操作上得到更谨慎的对待。地缘政治首先应该是关于如何实现战略守成的学问,当扩张到一个临界点,就会让国家权力和安全失去增量空间,进而导致实力存量受到威胁。陆权论思想虽然强调扩张对国家生存维系的重要性,但他认为扩张的方式随着内外战略环境的差异而有所区别,扩张的渠道可以分为移民、建立贸易文化集散地、战争等,扩张的目标可以表现为利益范围、势力范围、殖民地等。[1]麦金德的理论研究目的在于制止战争的爆发,在他看来,要想避免战争,就必须了解客观的地缘政治现实。[2]

地缘政治学对国家战略实践的指导作用不应高估。麦金德将枢纽地带更正为心脏地带是由于俄国在日俄战争的惨败和德国的崛起,二战的进程表明,欧洲的势力均衡对世界的重要性。麦金德亦对心脏地带概念作了修改,承认边缘地区的重要性,承认英、美、俄为防止德国扩张而进行合作的必要性。心脏地带也就变得不那么重要了,而能够控制欧洲及左右世界未来和平的只有英、美、俄三国形成的海陆势力的联合。[3]麦金德认为海洋国家代表民主、陆上国家代表专制的观点,过于绝对,完全站在英国视角看待国家制度的地理界限,这是不符合历史发展脉络的。马汉的海权思想对美国海洋霸权的战略操作影响也被夸大。[4]

---

① Charles B. Hagan, "Geopolitics," *The Journal of Politics*, 1942, Vol.4, No.4, pp.478—479.

② Lucian M. Ashworth, "Realism and the spirit of 1919: Halford Mackinder, geopolitics and the reality of the League of Nations," *European Journal of International Relations*, Vol.17, No.2, 2011, p.288.

③ Frederick J. Teggart, "In Memoriam: Nicholas John Spykman, 1893—1943," *American Journal of Sociology*, Vol.49, No.1, p.60.

④ 美西战争后美国对菲律宾的占领与马汉思想出现了严重悖离。西奥多·罗斯福总统在了解马汉思想之前,就已经深受海洋文化的熏陶;他的两个舅舅都在南部邦联海军中服役;罗斯福也是海权理论与战略史专家。马汉一贯怀疑新技术,因而提倡投资建造更多较小的战舰,这与美国后来重视新兴技术与远程战略形成鲜明对比。罗斯福要比马汉更具有海权至上主义,美国后来的全球海洋霸权缔造也远远超出了马汉相对有限的海上扩张思想。参见亨利·亨德里克斯:《西奥多·罗斯福的海军外交:美国海军与美国世纪的诞生》,王小可等译,海洋出版社 2015 年版,第 26—27 页。

（一）概念界定

概念是理论体系和知识体系的基石，在社会科学中，一个成熟的理论体系和知识体系总是围绕一整套核心概念才能建立起来。[①]这里对海权和陆权概念的理解是：海权/陆权不仅意味着国家出于安全和经济利益对海洋实施控制，更是指，海洋/陆地在一个国家经济、战略、文化和政治生活中拥有至高无上的地位。虽然传统海权强国/陆权强国在科技、制度、大国关系与历史有重大区别的今天已经不复存在，但作为文化的"海权思想""陆权思想"依旧存在，并影响深远。战略取向的定义是：一定时空条件限定下国家作出的海洋/陆地地缘方向选择，以及应对海上/陆上战略透支风险的决心体现（推进速度较快的风险承担/推进速度较慢的风险规避）。海上战略取向/陆上战略取向一旦形成具有一定惯性，就会影响自己未来的很长一段时间内的路径，除非后续遇到外部制衡阻力或内部共识分裂，才可能出现战略调试。

（二）地缘政治学的主要命题

范式是关于世界的基本假设。这些假设提供了在理论化开始之前必须解决的问题的答案。从范式的角度而言，理想主义提供了学科的目标，现实主义提供了基本范式，行为主义者提供了科学原则。[②]构建一个完整的地缘政治中层理论，需要从范式上界定规律性认识，以便为后文的变量选取和因果机制的形成提供理论依据。

命题1：地缘政治理论具有有限普适性，其历史影响的广泛性与直接性被夸大了，一些地缘政治的实践悲剧也并非地缘政治理论的错误。

地缘学说很大程度上就是关于大陆强国如何推进海上战略，以及海上强国如何遏制大陆扩张的研究维度。[③]尽管地缘政治理论普遍寻求权力扩张的地理空间限制，但理论上的战略克制无法保证大国在实践中悬崖

---

① 潘忠歧等：《中华经典国际关系概念》，上海人民出版社 2021 年版，第 1—17 页。

② John A. Vasquez, *The Power of Power Politics：From Classical Realism to Neotraditionalism*, Cambridge：Cambridge University Press, 2004, pp.23—44.

③ 理论是否直接作用于国家的战略和外交政策难以准确判断，国家战略决策究竟是采纳了理论学说的倡议，还是学说让决策者已有的理念变得合理化，甚至只是作为政策的宣传工具，这种评判很难精准。但地缘政治学确实在不同历史时期促成了大陆强国具体的海上战略行动。

勒马,即使是豪斯霍弗的生存空间论也希望实现德苏联盟而非"巴巴罗萨"。虽然罗伯特·卡普兰断言地缘政治的目标是实现均势①,不过历史上崛起的陆权强国在初始的扩张阶段获取了巨大成功后,都由于扩张性收益塑造了新的战略预期,以牺牲时间自主与空间自主地位的方式陷入了过度扩张。包括路易十四或拿破仑一世法国,以及威廉二世或希特勒德国。②因此,对地缘政治学说的战略影响不应夸大。理论是否直接作用于国家的战略和外交政策难以准确判断,国家战略决策究竟是采纳了理论学说的倡议,还是学说让决策者已有的理念变得合理化,甚至只是作为政策的宣传工具,这种评判很难精准。③

表 1　地缘政治理论的历史影响

地缘政治理论	产生直接或间接影响的案例
马汉与科贝特的海权论	美西战争、美国控制巴拿马运河、罗斯福推论、甲午中日战争、日俄战争、一战前的英德海军竞赛、两次摩洛哥危机、日德兰海战、日美太平洋战争;美国海军部长莱曼以马汉思想确立冷战时期的 600 艘舰艇海军计划;冷战后美国在西太平洋地区对中国的岛链封锁、空海一体战。
麦金德的陆权论	英国对俄国(苏联)与德国的制衡战略、美国遏制战略的出台与美苏冷战;冷战后的北约东扩、美国在中东和里海沿岸的战略渗透、克里米亚战争、乌克兰危机与美国对俄制裁、美国对伊朗核问题的介入。

---

① Robert D. Kaplan, *The Revenge of Geography*: *What the Map Tells Us about Coming Conflicts and the Battle against Fate*, New York: Random House, 2012, p.61.

② Jack S. Levy and William R. Thompson, "Balancing on Land and at Sea: Do States Ally against the Leading Global Power?" *International Security*, Vol. 35, No. 1, 2010, pp.7—43.

③ 地缘理论的非线性影响更为普遍,如马汉和麦金德对斯拜克曼的影响,斯拜克曼对凯南的影响,凯南冷战时期美国历任总统的思想影响。豪斯霍弗认为麦金德的《历史的地理枢纽》是地缘政治学最伟大的著作,赞扬其海权与陆权的冲突理论是历史的铁律。麦金德的目标是为了维护英国的海上霸权,豪斯霍弗的目标是为了赢得陆上力量对于海上力量的优势。麦金德对于有人指控他影响了纳粹地缘政治思想与行动的说法非常愤慨,因为这种思想的传播要经历麦金德→豪斯霍弗→汉斯→希特勒口授《我的奋斗》得到了汉斯的建议。这是间接和非本意的影响。参见杰弗里·帕克:《二十世纪的西方地理政治思想》,李亦鸣译,解放军出版社 1992 年版,第 61—70 页;麦金德:《历史的地理枢纽》,林尔蔚等译,商务印书馆 1985 年版,第 60 页。

（续表）

地缘政治理论	产生直接或间接影响的案例
斯拜克曼的边缘地带论	杜鲁门主义与美国对希腊和土耳其问题的干预；二战后对德国和日本的扶持；美国缔造东南亚条约组织和巴格达条约组织；美国发动朝鲜战争、台海危机；美国肯尼迪政府的"新边疆"和灵活反应战略、约翰逊政府在越南的逐步升级战略。
豪斯霍弗的"生存空间"论	纳粹德国的"先大陆、后海洋"的扩张方针、《苏德互不侵犯条约》的签订、1941年德日结盟。
格雷厄姆的高边疆理论	里根政府的"星球大战"计划出台。
布热津斯基的大棋局思想	美国对地缘战略棋手与地缘政治支点的重视、北约东扩、阻止俄国的潜在扩张、北约空袭南联盟、利用亲美的中东欧国家来抑制欧盟的独立倾向、美国采取多边主义策略。
基辛格的地缘均势论	对中国展开秘密外交以及中美联合抗苏、美国重视多边主义与同盟承诺、制衡中国崛起。

资料来源：作者自制。

命题 2：地缘政治研究的核心维度是历史（时间）与地理（空间）在国家战略层面的交互作用。

不能先验地简单构建过去与当下事件的地缘政治关联，急于寻找过去与当前的战略对接，会忽略掉很多历史细节带给我们的启示。一个应避免的研究误区是：只有对未来有指导意义的过去才值得我们关注。我们唯有深刻地理解过去，才能对它的教训和智慧了然于胸，才会形成可以点燃灵魂的信念。单纯功利主义的去寻找与现在有关联的过去的历史启示，不如对更加详尽的历史脉络有充分掌握，这样应对当前的战略不确定的风险时，才能有多元化的视角和方法进行灵活应对。在空间层面，国家处于体系中心位置还是边缘位置，会影响到国家面临单一地理方向的威胁来源是两线还是多线作战的困境，尽管中心位置会有更多的地缘政治挑战，但也可能因其发达的战略通道位置而获得充沛的贸易、资源、制度、文化等方面的先进性发展；崛起国与其他大国的地理距离远近与冲突烈度通常呈反比，在核武器和信息化作战时代，距离仍然发挥着较好的防御作用。同一时间维度下的空间权力中心数量也会影响到战略关系,在两极体系下,崛起国与霸权国互为战略竞争对手,由于它们与其他国家的巨大权力差距,导致两大强权很难避免反应过度;而在多极体系下,霸权国可能面临两个以上的崛起国,后者具备可以在较少承受体系制衡压力的情形下获取持续崛起的战略机遇期。

命题3:海权与陆权的战略博弈是大国地缘政治的恒久话题,心脏地带、边缘地带等不同地缘区域的空间互动是地缘政治理论的研究重点,但在不同大国的战略话语体系中会有所区别。

麦金德认为,在一个被现代工业技术重塑的世界,如果英国想要保持有利的欧洲力量平衡,而这对它的海上霸权至关重要,它就必须承担起对欧洲大陆的承诺。麦金德对地缘政治的主要贡献是在他的职业生涯中三次修改了"中心地带理论"。[①]他的研究揭示了三个地缘政治观点:海上力量依赖于安全而又资源丰富的陆地基地;一个半岛的陆地强国,如果不受其他陆地强国的挑战,并且拥有更多的资源,就可以击败岛屿的海洋强国;最优战略位置是岛国和资源的结合。一个掌握世界岛资源、不受其他陆地强国挑战的强大陆地强国,也可以成为卓越的海上强国。对马汉来说,没有大陆的承诺,仅凭海上力量就能确保英国战胜大陆对手。然而,对麦金德和斯派克曼来说,现代技术的发展意味着海上强国不再能够保持一种使它们远离大陆纠缠的稳定的力量平衡。斯拜克曼从未明确地将大陆均势与美国的海上霸权联系起来,他与马汉的最大区别是:斯拜克曼强调美国应介入欧亚大陆的边缘地带,主动提供对大陆国家的安全承诺,而马汉则主张海洋国家应减少大陆纠缠。因此美国在二战以来的大战略从来都不是离岸平衡战略(它只是米尔斯海默等现实主义学者的理想图景),而是克里斯托弗·莱恩和罗伯特·阿特界定的超地区霸权战略。[②]

命题4:国际体系处于无政府状态,大国作为地缘政治的核心行为体,符合战略理性的逻辑。

地缘政治学与现实主义类似,假定国际关系是霍布斯的自然状态,大国

---

① 这一理论是基于对岛屿海洋强国和半岛陆地强国之间的历史斗争的全面回顾:克里特岛与希腊;不列颠与罗马;以及英国与欧洲大陆强国之间的较量。

② Zhengyu Wu, "Classical geopolitics, realism and the balance of power theory," *Journal of Strategic Studies*, Vol.41, No.6, 2018, pp.786—823.

构成地缘政治的核心分析单元,它们的相互作用产生了空间现象。大国对全球地缘政治形势的重要作用可以从其缔造的秩序佐证:约翰·阿格纽将拿破仑战争之后的地缘政治实践分为英国地缘政治秩序(1815—1875)、帝国竞争的地缘政治秩序(1875—1945)、冷战的地缘政治秩序(1945—1990)和跨国自由主义的地缘政治秩序(1991—)。①世界历史中存在经典的海陆对抗逻辑:内陆的大陆民族试图抵达并跨越海洋,航海的大洋民族努力扩大对陆地的控制。②大陆国家的守成战略或海洋国家的离岸平衡战略,更多是出于避免战略透支和退而求其次的战略选项,近代欧陆均势体系与全球海洋霸权体系的相互依存在最开始并非任何国家的首要战略目标,只是在战略竞争的内耗中逐渐形成的大国秩序与行为规范。国家既不会时刻根据最坏可能作出战略决策,也不会以完全非理性的方式诉诸战略行动。③战略的有效性不仅取决于我们做什么,也取决于对手做什么。这种相互作用极大地限制了控制军事力量使用的能力。纯粹的偶然因素与宿命论的结构性必然都不足以形成充分解释,战略是关于可能性的艺术,不确定性是国家决策与战略行动贯穿始终的背景。难以用地理因素作为单一解释变量说明这些案例背后的机理,而权力转移理论、联盟理论、安全困境等国际关系理论则意在用普适性的变量机制来解释这些特殊案例而效果有限。

命题5:地理条件对国家战略具有限定作用而非决定作用,大国崛起进程中的战略进取或战略挑战并非必然得不偿失。

地理要素在21世纪依然重要,包括:战略、战术方面的军事和政治意义;文化角度出发的领土意义;资源、人口以及物质系统的空间分布意义上。④可

----

① John Agnew, *Geopolitics*: *Re-visioning World Politics*, London and New York: Routledge, 1998.

② 多尔帕伦:《地缘政治学的世界:行动中的地缘政治学》,方旭等译,华东师范大学出版社2021年版,第16页。

③ 国家可能出于恐惧、荣耀、地位、复仇等作为塑造战略取向的动机,不能用一种动机的理性去否定其他动机的非理性。这里最好将国家理性解读为:只要它遵循的是战略目标与战略手段的利弊权衡,就可以视为战略理性。特定战略取向的结果失败未必是思想的失败,也可能是计划失败,还可能是资源调配与行动的失败,也可能是思想、计划和行动都没有失败,但却由于偶然性或不确定性因素而失败。

④ 索尔·科恩:《地缘政治学:国际关系的地理学》(第2版),严春松译,上海社会科学院出版社2011年版,第3页。

以批判特定的地缘政治学说,但在研究战争与和平问题时,不能忽略基本的地缘政治规律:地理环境相对被动、世界政治是主动因素;技术条件改变空间的政治意义;海权与陆权是对立统一的;地缘政治利益引领地缘政治关系;地缘政治力量的运动形成地缘政治的边界和区域;地缘政治结构决定地缘政治态势;距离发挥显著的地缘政治效应。①已有的国际关系理

表 2　陆权崛起国的海上战略进取案例

时　间	国　家	战　略　效　果
前 550— 前 490 年	波斯帝国	缔造世界历史第一个强大海洋国家的诞生、没有引发国内政治经济恶化;由于扩张进程过快导致希波战争的失败,并不能说明战略转型的失败。
前 264— 前 188 年	古罗马共和国	战胜迦太基,赢得地中海霸权。
1453— 1683 年	奥斯曼帝国	1571 年勒班托海战和 1683 年远征维也纳的失败是其后期漫长陆地边境线带来的陆海两难困境问题,不能否定前期成功的海上战略转型。
1745— 1815 年	法　国	保护美国独立战争的胜利,但没有给法国经济崛起带来好处,缺乏技术革新、没有实现海军与经济发展的对接。
1689— 1725 年	俄　国	俄国成为北欧的海上强国,打击了瑞典的霸权,但没能持续推进转型,主要依靠彼得大帝的个人领导魅力。
1883— 1890 年	德　国	促进殖民扩张,实现海军技术与管理能力的提升、扩展海外贸易、没有引发英国的海上制衡。
1897— 1914 年	德　国	建立了仅次于英国的海上强权,由于海权扩张进程过快,被英国遏制。
1890— 1945 年	美　国	没有在实力崛起时主动挑战英国,以较为缓慢的战略进程逐渐削弱英国的海上主导权,最终缔造持久的单极海上霸权。
1962— 1985 年	苏　联	缩小与美国的海权差距,强化海基核力量,但缺乏军民融合、陷入战略透支。

---

①　陆俊元:《地缘政治的本质与规律》,时事出版社 2005 年版,第 11—13 页。

论与地缘政治学更多是将传统大陆强国的海上战略进取视为战略透支或崛而不起的重要根源,考虑到中国正在推进从陆权到海权的战略转型,对历史的战略性总结是必要的。历史中不乏陆权国成功实现海上崛起的先例,即使失败的案例也大多取得了阶段性成功,只是后来战略规划急于追求收益扩大化,忽视了压缩时间变量和过度扩展空间利益的战略后果、陷入海上战略透支和崛起失败。

从上述五个研究命题可知,地缘政治理论演进具有时空维度的科学性,在研究路径方面与主流的国际关系理论和战略学有对话和互补的空间。地缘政治理论与方法论应适应时空条件的变化来进行革新。

(三)地缘政治学与现实主义

地缘政治学契合现实主义的很多观点,但不排斥自由主义立场,地缘政治视野是国际关系理论创新的重要扩展渠道。在理论取向方面,马汉、麦金德和斯派克曼被一致认为是现实主义者,他们的现实主义资格在许多著作中有阐述。麦金德的地缘政治,试图描绘出如何以及为什么有必要超越这一地理现实。既然国家只是一个由精神力量凝聚起来的有机体,那么精神力量的变化就会改变地理现实的效果。①在爱德华·卡尔以前,麦金德在1919年就提出理想和道德目的是政治不可或缺的组成部分,国际联盟的运行必须既考虑理想主义目标也要权衡权力政治现实。②自第二次世界大战结束以来,由于地缘政治与纳粹的对外扩张捆绑在一起,以及科学行为主义在国际关系研究中的普及,使地缘政治从意识形态到方法论方面脱离了与主流现实主义理论的关联。现实主义作为国际关系理论中最具实证性的学说,正变得过于抽象,无法为战略家提供有价值的路线图。③只有找回地缘政治视野,才能更好理解权力政治在地理空间运作

---

① Lucian M. Ashworth, "Realism and the spirit of 1919: Halford Mackinder, geopolitics and the reality of the League of Nations," *European Journal of International Relations*, Vol.17, No.2, 2011, pp.279—301.

② Torbjorn L. Knutsen, "Halford J. Mackinder, geopolitics, and the heartland thesis," *The International History Review*, Vol.36, No.5, 2014, pp.835—857.

③ Colin S. Gray, "Inescapable Geography," *Journal of Strategic Studies*, Vol.22, No.2, 1999, pp.161—177.

的客观规律。①理想和道德目的是政治不可或缺的组成部分。没有他们，政治进程将空空如也。②理想必须通过对权力现实的理解来加以利用。

二战结束后，主流的现实主义理论（如摩根索）对地缘政治的批评大于继承，麦金德的思想被美国战略研究保留了下来。从美国的战略实践看，其现实主义大战略与地缘政治主张是高度一致的。亨利·基辛格利用地缘战略学说实现了中美和解与战略收缩；在越南战争和尼克松下台后，地缘政治再次被认为是不道德和可疑的。1979年苏联入侵阿富汗时，卡特总统安全事务助理的兹比格涅夫·布热津斯基从地缘政治的角度分析苏联的入侵，认为会对西欧、东亚和波斯湾产生决定性的影响，倡议美国使用军事手段来捍卫在中东的利益。罗纳德·里根的外交政策也很强调地缘政治应用，旨在与苏联升级对抗烈度，实现对苏联的推回战略。罗伯特·卡普兰在后冷战时代将地缘政治视野视为美国现实主义的重要标志。③1990年的《国家安全战略》文件中，老布什政府指出，在本世纪的大部分时间里，美国将防止任何大国或大国集团主宰欧亚大陆视为核心利益。④这与麦金德的心脏地带理论如出一辙，后者认为控制中亚地带有助于实现对世界岛的掌控。任何关于心脏地带的地缘战略分析中都是至关重要的。俄罗斯传统上对心脏地带的这种影响力正受到美国的挑战。

无论是古典现实主义还是结构现实主义的理论模型，都倾向于认为当大陆强国感到"安全匮乏"时就会扩张，而国家感到"有足够的安全"时就

---

① 地缘政治与摩根索、华尔兹的现实主义理论存在四个区别：第一，地缘政治研究是整体主义而非还原主义，包括单位与体系层次的变量。第二，地缘政治的解释机制能够适应延续性与变化性。第三，地缘政治研究至少是地理学、历史学与战略学的交叉学科研究。第四，与结构现实主义通常强调理论的跨越时空的解释范围不同，地缘政治学说的解释具有明确的时段与空间位置特征，并对海权与陆权的时空演绎进行了动态观察。例如麦金德的心脏地带理论是第二次工业革命后的历史背景产物；斯拜克曼的权力制衡理论主要涉及的是欧亚大陆地区；海洋霸权与大陆均势之间互为存在。具体参见 Zhengyu Wu, "Classical geopolitics, realism and the balance of power theory," *Journal of Strategic Studies*, Vol.41, No.6, 2018, pp.786—823。

② Torbjorn L. Knutsen, "Halford J. Mackinder, geopolitics, and the heartland thesis," *The International History Review*, Vol.36, No.5, 2014, p.839.

③ Robert D. Kaplan, "The revenge of geography." *Foreign Policy* 172, 2009, pp.96—105.

④ Christopher J. Fettweis, "Revisiting Mackinder and Angell: The Obsolescence of Great Power Politics." Comparative Strategy, Vol.22, 2003, pp.109—129.

不会那样做。①由于国际体系的无政府状态是常量,国家维护主权和安全等功能基本相似,故单元之间的权力分配决定了体系结构。②结构是系统中一系列约束条件,通过奖励或惩罚某些行为来实现选择。③结构主义理论的逻辑偏好是反霸的均势制衡反复成功,而非鼓励争霸战争。均势的破坏会以多种方式重建。④按照他的理论学说,崛起国迟早要发起对霸权国的制衡行为,或者霸权国迟早要制衡崛起国。从对体系和国内变量的相对因果权重看,古典现实主义强调国内决定论(完全的能动性),沃尔兹以来的结构现实主义聚焦体系决定论(缺乏能动性)。绝大多数情况下,国家战略既不会是完全理性的(结构现实主义的逻辑),也不会是完全不理性的(古典现实主义的逻辑)。⑤

新古典现实主义的核心贡献是它解释了对外政策随时间和空间变化的动态性。⑥为了在理论中发挥中介变量的作用(而不是作为独立的因果),必须按照体系自变量出现在国家单元中介变量的时间顺序之前的因果关系构建机制。本文力求在理论的解释力与解释范围之间进行动态平衡,借助新古典现实主义的大战略分析框架,实现一般规律与特殊解释相结合,建立的因果机制解释主要由体系决定,但受到国内层次中介变量调节。中介变量不仅能与因变量产生相互作用,这些中介变量本身也受到自变量的影响。新古典现实主义主要探讨间接效应,直接效应就是原因导致结果,间接效应涉及中介变量,变量的选取与机制的构建应遵循"奥马姆剃刀"原则。⑦因变

① Kenneth Waltz, *Theory of International Politics*, New York: McGraw Hill Publishing Company, 1979, p.18;潘忠岐:《国际政治学理论解析》,上海人民出版社 2015 年版,第 157 页。

② Kenneth Waltz, *Theory of International Politics*, New York: McGraw Hill Publishing Company, 1979, p.30.

③ 肯尼斯·沃尔兹:《国际政治理论》,信强译,上海人民出版社 2008 年版,第 106 页。

④ 同上书,第 136 页。

⑤ 宋伟:《外交与内政如何得以有机统一——基于位置现实主义的视角》,《国际政治科学》2018 年第 4 期,第 52 页。

⑥ Fareed Zakaria, *From Wealth to Power: The Unusual Origins of America's World Role*, Princeton: Princeton University Press, 1998, p.34.

⑦ 有意义的解释通常都把两个或两个以上的分析层次结合起来,如果简明的解释是恰当的,那么它就比复杂的解释更为可取。这就是"简约原则"(rule of parsimony)或者"奥卡姆剃刀"(Occam's razor)。具体参见小约瑟夫·奈等:《理解全球冲突与合作:理论与历史》(第10 版),张小明译,上海人民出版社 2018 年版,第 74 页。

量不仅包括国家的外交政策选择,还包括这些政策选择之间的互动所产生的国际结果,以及体系结构本身,偶尔会受到国际结果的影响。

(四)地缘政治学的时空约束与方法论探究

由上述理论命题,以及地缘政治与现实主义的关系探讨,可见对大国战略取向的探究,必须重视对时间与空间的分析。探讨时间维度问题对大国战略的参考价值在于三点:一是大国要保持战略定力,二是大国要给战略目标设定合理的时间限制,三是大国要能及时回调止损。①时间因素贯穿于整个地缘战略的实施过程,在战争的艺术中,也像在力学中一样,时间是重量和力量之间的重要因素。②战略目标的实现程度通常取决于与其他大国利益冲突的程度以及他国的制衡能力与制衡意愿。而考虑到时间上的轻重缓急,能够减少战略阻力。

地缘政治学的核心理论框架应从三个维度进行探究:即空间上为什么一个地区或国家的思想能够用于其他区域国家,时间上为什么历史上的思想能够用于后世的解释,以及在特定时空条件限定下,为什么一种文化体系内的思想能够对其他文化体系产生有限普适性。空间、时间和文化的因素互相关联、彼此影响,但时间和空间的互联依然尤为突出,因为它们确立了地缘政治的基本框架。③理论在一定时间和空间中的适用就是理论的有限普适性。无论是完全的普适主义,还是彻底的特殊主义,都不会对理论建构产生积极作用。④地缘政治学实际上是一种特殊的思想体系,它解决的问题是三个不同的学术学科及其基本关切的交汇处:地理学、历史学和战略研究。⑤地缘政治可以说是国际关系中现实主义理论的

---

① 徐进:《时间维度与战略目标》,《国际政治科学》2021 年第 1 期,第 1—23 页。

② J.F.C.富勒:《战争指导》,绽旭译,解放军出版社 2006 年版,第 47 页。

③ 文化的形成和影响,必须以时间和空间为本。我们需要的是分析不同背景中的行动者怎样建构了不同的社会事实,为什么会出现这样的差异,而不是将一种地缘文化背景中建构起来的社会事实模式机械地移植于甚至强加于其他地缘文化背景。参见秦亚青:《世界政治中的关系理论》,上海人民出版社 2021 年版,第 22 页。

④ 社会理论的本质是特殊性,但可以发展为有限的普适性,之所以说是"有限的",是因为理论的解释力与解释范围通常是有缺陷的。即使在自然科学领域,牛顿的一些重要定律在不同时空层级中便会被证否,相对论和量子力学的崛起就是很好的证明。参见秦亚青:《世界政治中的关系理论》,上海人民出版社 2021 年版,第 79—81 页。

⑤ Oyvind Osterud, "The Uses and Abuses of Geopolitics," *Journal of Peace Research*, Vol.25, No.2, 1998, pp.191—192.

一个完整分支,即基于地理和技术所定义的自然环境影响的一种特殊的现实主义形式。①

地缘政治的分析通常包括三个步骤:一是对地理空间自身特征的考察;二是要探究地理空间不同客体之间的互动关系与模式;三是对地缘政治空间进行整体分析,确立其全部特征。②地缘政治是指那些决定一个国家或地区情况的地理因素和政治因素的相互结合,强调地理对政治的影响。③约翰·阿格纽将地缘政治视作建构国际政治的各种地理视角的假设、认知和考证,也可以指涉国际边界争端、全球金融体系和选举结果的地理格局等现象。④地缘政治研究的是权力的行使者之间的地理关系⑤,用地理上的明智判断来为理解或治理人类各群体服务。⑥有学者侧重对冷战思维地缘政治概念的批判,强调地缘政治现实的意义,地缘政治本身是地理和政治结合的产物,涉及正在进行中的权力与政治经济的社会再生产。⑦

由于地缘政治的世界是一个巧妙结合而成的机制,但地缘政治学是要研究这个"机制"如何运转以及要达到什么样的目标。地缘政治分析的实质是国际政治权力和地理环境之间的关系。随着地理环境的变化,以及人们对这种变化本质的解释发生变化,地缘政治观念也会变化。⑧地缘政治意味着"从地理角度对外交—战略关系进行图解,其借助的手段是对资源进行地理—经济分析,把外交态度解释成是生活方式和环境的(定居

---

① 麦金德等传统地缘学派的观点很明显与新古典现实主义有更多共鸣。对麦金德的不同反应揭示了现实主义内部的分裂,这在国际关系理论文献中很少被探索。参见 Colin S. Gray, "In Defense of the Heartland: Sir Halford Mackinder and His Critics a Hundred Years On," *Comparative Strategy*, Vol.23, No.1, 2004, pp.9—25。

② 杰弗里·帕克:《地缘政治学:过去、现在和未来》,刘从德译,新华出版社 2003 年版,第 9 页。

③ 布热津斯基:《竞赛方案——进行美苏竞争的地缘战略纲领》,刘晓明译,中国对外翻译出版公司 1988 年版,第 6 页。

④ John Agnew, *Geopolitics: revisioning world politics*, London: Loutledge, 1998, p.2.

⑤ 奥沙利文:《地理政治论》,李亦鸣译,国际文化出版公司 1991 年版,第 2 页。

⑥ 同上书,第 7 页。

⑦ Gearoid O. Tuathail and Simon Dalby, *Rethinking Geopolitics*, London: Routledge, 1998, p.2.

⑧ Saul B. Cohen, *Geography and Politics in a World Divided*, New York: Oxford University Press, 1973, p.29.

的、游牧的、农业的、航海的)结果"。①只有在涉及时间、技术、相关国家的努力,以及影响战略和战术的选择时,自然地理才具有特定的战略意义,形成重要约束或是提供重要机会。②地缘政治是把国家作为地理的有机体或一个空间现象来认识的科学③,是一种关注构成均势的各种必要条件的分析方法。④它是一种空间关系与历史成因的理论,由此演绎出主张当代和未来政治与各种地理概念密切关联的解释,是一种有力的分析框架。⑤地缘政治包括理论学说与政治现象,是从空间或地理的视角所做的国际关系研究,表达政治行为与发生这种行为所处的地球环境之间的特定关系。⑥对地缘政治现行研究不应该拘泥于范式和主义之争,而是立足问题导向,将地缘政治纳入新古典现实主义的大战略框架,能够让地缘政治研究克服复杂的系统中的非线性特性、时间效应和情境性问题,不执着建立一个宏大的理论,在时空情境下建立实证主义的中层理论。⑦

在地缘政治领域,大国应将提升战略自主性作为至关重要的国家利益,而战略自主性可以包括时间自主与空间自主两个维度。主动的外交思想只能属于大国或强国,一国外交的影响力最终是同它的现实的或潜在的实力成正比的。大国与小国外交的重大区别是,大国外交任务有两个:保全自己和扩张势力。⑧国家崛起的逻辑必须是自主逻辑,依附于他国的国家是不可能崛起的。大国崛起的过程也是大国的国际威信形成的过程,而支撑大国国际威信的基础是其自主发展道路。⑨从空间自主来说有一个经典理论案

---

① Raymond Aron, *Peace and War*, NY: Doubleday, 1966, p.191.

② Colin S. Gray, *The Geopolitics of Super Power*, Lexington: University Press of Kentucky, 1988, p.45.

③ 王恩涌主编:《政治地理学》,高等教育出版社 1998 年版,第 279 页。

④ H. Kissinger, *The White House Years*, Boston: Little Brown, 1979, p.914.

⑤ Colin S. Gray, Geoffrey Sloan, *Geopolitics*, *Geography and Strategy*, London: Frank Cass Publishers, 1999, pp.1—2.

⑥ Geoffrey Parker, *Geopolitics*: *Past*, *Present and Future*, London: Pinter, 1998, p.2; Lemke Douglas and Ronald L. Tammen. "Power transition theory and the rise of China," *International Interactions*, Vol.29, No.4, 2003, pp.269—271.

⑦ 叶成城:《重新审视地缘政治学:社会科学方法论的视角》,《世界经济与政治》2015 年第 5 期,第 100 页。

⑧ 陈乐民主编:《西方外交思想史》,中国社会科学出版社 1995 年版,第 7 页。

⑨ 张文木:《全球视野中的中国国家安全战略》上卷,山东人民出版社 2008 年版,第 4 页。

例:你的邻国是你的天然敌人,那么与你邻国相邻的其他国家则是你的天然盟友。这是国际体系中经典的三明治结构,反映了战略自主在空间层面的作用。从时间自主来说,无论从外部制衡能力还是内部制衡能力来说,一国可以从当下到未来的时间推移中持续获得超过对手的、具有战略意义的相对收益,那么可以认为时间对该国有利。1943 年,德国在苏联军队的进攻下被迫采取守势。当时,麦金德警告说,如果苏联过度向西扩张,征服了东欧和中欧,西方列强将处于真正的危险之中。如果苏联在战争中战胜了德国,那么它必定是世界上最强大的陆地强国。此外,它将是处于战略上最强防守位置的强国。心脏地带是地球上最伟大的天然堡垒。为了保护西方民主国家不受这种情况的影响,麦金德建议西方列强组成北大西洋联盟。这将给世界上的自由民主国家提供法国的滩头阵地,保护英国机场的护城河,以及北美大量的农业、工业和熟练劳动力储备。①

倘若在简洁优美却远离现实与不那么简洁优美却更接近现实之间进行选择,我们更应该选择后者。精致的平庸不应成为理论发展的初衷。如果认为理论越接近真实越可取,或者认为解释力指的是对事件演化和机制尽可能"准确"的把握,对于简约性就会作出很不相同的评价。机制对于宏观社会结果的解释要比解释观念和行动更加关键。理论应该支撑实证假说。定性研究相比定量研究而言,更加强调讨论超过两个以上因素的相互作用、时空的约束,以及机制的作用,需要更系统和更强的逻辑思考。定性研究的理论必须讨论因素和机制之间的相互作用,通过时空约束,紧密结合研究问题,来最终确定全案例。过程追踪不是简单的历史叙述,而是通过展现因素的相互作用和机制的运行,验证理论和假说。②

四、核心变量与因果机制

考虑到一些变量难以精确量化,对崛起国的战略取向分析应采用非

---

① H.J. Mackinder, "The Round World and the Winning of the Peace," *Foreign Affairs*, xxi, 1943, pp.595—605.

② 唐世平等:《观念、行动、结果:社会科学方法论》,天津人民出版社 2021 年版,第 9—57、135—171 页。

数量研究方法开展研究,尤其是比较案例研究和过程追踪两种具体的研究技巧。在提出主要假设的基础上,将根据自变量与因变量之间的逻辑关系进行演绎推理,通过详细界定和操作化相关变量,将主要假设转化为可以利用经验事实加以检验的命题,用案例研究方法对核心假设进行实证检验,选择关键案例,使用过程追踪来确定具体案例中的相关变量的变化、揭示地缘政治现象中的因果机制。变量间的因果关系不能仅考虑相关性,还需要原因在时间上是先于结果的,以及什么样的因果机制能够像公式一样将变量连接起来的作用过程。对崛起国的战略取向研究不仅应当能够证明不同变量间存在系统的共变性,还应当具有反映地缘战略动机和扩张结果之间作用过程的因果故事。这不仅是一组变量间关系的假设,而且应当详细描述变量间相互影响的战略历史过程。当然,社会科学中的理论检验存在局限性,受限于研究主体的有限理性与战略互动关系的复杂性。这导致运用强调量化的实证主义存在问题,因为事实和价值的区分非常复杂。遵循软实证主义的认识论,寻求跨越不同崛起国发展海权或陆权案例的规律式通则,运用过程追踪对因果影响进行评估。通过解释单个地缘政治案例的结果,采取"由果及因"的解释路径,对案例效果进行原因分析与过程追踪。好的过程追踪法不仅能够还原历史过程,而且可以帮助作出理论总结。①本文具体的解释机制是:地缘属性作为国家战略取向构建的基础,为战略运作提供了背景和限定条件,它在时间次序上先于其他变量而存在;在地缘政治属性基础上孕育而生的地缘经济属性和地缘文化属性,会对战略取向的形成提供对地理空间与历史经验的背景参考;地位诉求对战略取向的确立与行动起到直接作用,地位诉求所界定的时间强度则影响国家的风险偏好和战略推进速率。

结合上文提到的地缘政治学的理论假设与方法论内容,结合研究需要,提出三个前提条件:第一,空间与时间是塑造大国战略取向的重要条件。第二,大国同一时期追求陆权或海权为主导,很难陆海兼备,即使想实现陆权与海权的双重扩张,也需要在不同时期有战略侧重点。第三,大国崛起进程中会扩展战略空间,生成程度不同的地位诉求,地位诉求的海陆偏好方向通常与地缘属性一致。

---

① 曲博:《因果机制与过程追踪法》,《世界经济与政治》2010 年第 4 期,第 97—108 页。

在前提条件基础上,以新古典现实主义的研究路径以界定地缘属性的海权或陆权偏好(自变量)和地位诉求的时间紧迫感程度①(中介变量)两个分析维度,来解释战略取向这一因变量。据此提出四个理论假设:第一,当国家具备陆权地缘属性,地位诉求的时间紧迫感较高时,倾向于采取陆主海从的挑战性战略取向。典型的是冷战中期的苏联,在坚持陆权优先的情况下,也发展强大的海上战略威慑力量来挑战美国在加勒比海、大西洋、地中海、西太平洋等水域的制海权。第二,当国家具备陆权地缘属性,地位诉求的时间紧迫感较低时,倾向于采取陆主海从的进取型战略取向。如俾斯麦时期的德意志第二帝国,以大陆联盟体系为战略中心,对海上殖民扩张和海军建设的发展就相对缓慢,对英国的海上主导权没有构成明显挑战,属于进取型战略取向。第三,当国家具备海权地缘属性,地位诉求的时间紧迫感较高时,倾向于采取海主陆从的挑战性战略取向。如1941年日本发动太平洋战争,它对美国的战争潜力和日美不对称经济相互依赖的权力差距担心,让日本选择风险承担来挑战美国。第四,当国家具备海权地缘属性,地位诉求的时间紧迫感较低时,倾向于采取海主陆从的进取型战略取向。18和19世纪的英国,在没有明显挑战欧陆均势和海上霸权体系的地缘威胁出现时,它在和平时期采取的光荣孤立和离岸平衡战略就是典型的进取型战略取向。

表3 关于大国战略取向的因果机制

	地位诉求的时间紧迫感较高	地位诉求的时间紧迫感较低
陆权地缘属性	陆主海从的挑战型战略取向	陆主海从的进取型战略取向
海权地缘属性	海主陆从的挑战型战略取向	海主陆从的进取型战略取向

(一)自变量分析:地缘属性

地缘属性涵盖地缘政治、地缘经济、地缘文化三个维度,涉及空间方面的偏好,也涵盖时间方面的历史类比记忆,理论上三个维度可以区分,但在战略史的叙事中,却总是发生交互作用。我认为,地缘经济和地缘文

---

① 这里的时间紧迫感既可能出于安全目标,也可能是为了实现霸权目标,既可能是客观战略环境使然,也可能是主观的战略意图缔造,因此它可能有助于国家安全与霸权地位的实现,也可能对国家利益与权力会造成战略损失。

化在很大程度上属于地缘政治的延伸,或者说是广义的地缘政治研究的有机组成部分。三者构成的地缘属性可以宏观上分为陆权地缘属性与海权地缘属性两类偏好。地缘政治偏好在地缘属性的评估上居于先导地位,如果一国在地缘政治上属于海权偏好时,如果地缘经济和地缘文化中至少有一个变量的偏好取向也与地缘政治一致时,就可以视为该国是海权地缘属性。但如果一国地缘经济和地缘文化都与地缘政治偏好相反时,从长久来看,该国的地缘政治偏好很大程度取决于决策者的战略决心。一旦出现领导人更迭就难以为继,彼得大帝时期的沙俄海上战略转型就因他本人的去世而夭折。

从狭义的角度讲,地缘政治通常涉及军事和政治权力的直接投射,一个主权完整的国家对领土范围内的地缘政治控制是高度等级制的,而一个大国,尤其是军事领域的强国,其地缘政治能投射的权势范围会越过本国领土边界,尤其是美国这样的全球性大国,它遍布全球的海外军事基地、同盟体系,使它的"安全边界"(本国能有效实现战略控制的国家和区域)远远超出"边界安全"(国家主权边界范围内的安全)的概念,即能够巩固本国陆疆与海疆安全的战略缓冲区非常广阔,再加上其"东西两大洋、南北皆弱邻"的有利地理位置,美国的地缘政治权力的投射能力与影响力遍布全球(尤其是欧亚沿海地区,但对内陆心脏地带——参考中亚国家——的渗透则相对较差)。

地缘经济我们可以简单理解为本国经济状况和经济政策对其他国家经济的影响,类似于相互依赖自由主义的逻辑,比如中国的"一带一路"倡议,可以理解为地缘经济投射能力的扩展;或者仍以美国为例,它在二战后和冷战后分别主导关贸总协定和世界贸易组织,还有"马歇尔计划"、"第四点援助计划"等,作为霸权国,它对国际公共产品的提供证明其地缘经济的影响力也是全球性的。

地缘文化是一个相对抽象的概念,亨廷顿的"文明冲突论"描绘的美洲文明、基督教文明、伊斯兰文明、儒家文明等,可以普遍看作地缘文化的分类,也可以认为一个国家在长期的历史演进中,在与他国战略博弈过程中所形成的战略文化。比如中国虽然有漫长的海岸线,但农耕文明、大陆腹地资源广阔让我们缺少海洋文明的属性,尽管不乏郑和下西洋的壮举,但中国的大陆传统是居于主导地位的。而西方的雅典、荷兰、英国、美国等,都是典型的海洋国家,依赖于海外贸易、开辟航线、殖民地或海外经济区等。大陆文化与海洋文化可以视为基本的地缘文化的体现,尽管不够全面。正如第一次世界大战前的英德海权竞争:对德国而言,海权不过是国家崛起和战略扩张的"奢侈品",但对英国而言,海权事关国家生死攸关利益。

地缘政治、地缘经济与地缘文化的交互作用这三个变量之间具有复杂的互动关系,三者涵盖的内容分别趋近于现实主义、自由主义和建构主义。我们可以进行如下分析:

第一,如果从权力投射的影响力度来看,地缘政治>地缘经济>地缘文化。三者互相作用,但整体上地缘政治对后两者的作用程度更大。从投射的权力属性来看,地缘政治的权力投射主要是硬实力(军事为主),地缘经济的权力投射相对怀柔(以经济贸易为主),地缘文化的投射主要是软实力(例如美国对苏联的"和平演变")。地缘政治影响通常立竿见影;地缘经济次之;地缘文化见效最慢,但不代表不重要。

第二,从权力投射的地理范围来看,地缘文化>地缘经济>地缘政治。地缘政治受到地理距离的损失梯度影响最大,地缘经济次之,地缘文化相对不那么受到地理距离的影响。这里面的地理距离最好理解为:包括字面意义上的地理距离远近,以及将地理的自然障碍物或水体阻遏力量作为附加变量。

第三,从国家的战略中心来看,地缘政治>地缘经济>地缘文化,但战略重心可以适当"悖离"战略中心。生存和安全是第一位的,只有保住安全才能促进经济繁荣和文化传承。但是战略中心和战略重心是两回事,国家的生存确实始终是第一位的,但对于国家安全能够得到有效保证的国家,一定时期的战略重心可以侧重地缘经济和地缘文化,因为并非时刻都面临生存危机。

第四,在战略选项上,地缘政治、经济和文化并非非此即彼的关系。一个好的地缘政治决策和战略行为,必须充分考虑到地缘经济、地缘文化等方面的正面和负面影响机制。

地缘属性会随着时空条件的变化而发生动态的战略调整。地缘属性决定了国家的资源禀赋,一个岛国的战略潜力从长期来看是无法与掌握洲际资源的大陆国家相提并论的。国家战略进取的规模必须与地缘属性相匹配,战略伸缩极限与战略底线应保持灵活的调试。历史上的帝国多在捍卫国家战略底线中崛起,在无节制地突破战略极限中败亡。大国崛起应根据本国的地缘舒心界定可为空间与不可为空间。

陆权地缘属性相对于海权地缘属性,在战略潜力方面也具有一定的优势。以往也有大国享有海军优势,却在陆上遭到决定性的失败。普法战争中,法国舰队实际上能够对德国北部沿海实施封锁,但却未能扭转法国军事上的劣势。赢得伯罗奔尼撒战争的不是海军帝国雅典,而是大陆大国斯巴达;亚历山大摧毁了波斯舰队的基地,继而征服了波斯帝国的中部领地;迦太基最终被罗马所灭。陆权强国的逻辑就是扩充实力直到旧世界所有的海岸都落入同一个大陆大国的控制之中。①海军力量的机动和渗透能力掩盖了它离开陆地基础便无法生存的事实。历史上海军通常因基地被地面部队攻克而屈服。自从匈奴人和蒙古人的游牧帝国以来,陆权交通技术的革命性进展增加了陆上心脏地带的战略潜力。第一次世界大战海上国家的胜利带有偶然性,美国军队发挥了敌对大陆大国的作用,使海军力量发挥了主导作用。一战的真正教训是,陆军强国相对于海军强国的战略机遇不断增加的警示。②

崛起国的天然地缘属性的重要尺度是否有关键性的自由进出的战略通道,这事关地缘政治自主地位、地缘经济获益和地缘文化上的认知。以陆权强国的海权崛起为例,海上崛起的关键是制海权,而制海权的关键是控制海上主要通道,控制海上通道就实现了海外资源流通的安全性,也就掌握了历史的主动权。③战略通道是指世界主要大国之间进行战略联合或对抗而采用的,用于运送军事物资与战略物资的通道。④随着葡萄牙、西班牙、荷兰、英国的先后崛起,导致地中海地区的拜占庭、威尼斯和后来的奥斯曼帝国要关注与这些新兴大国有关的战略通道的价值。例如:大西洋和环非洲贸易航线路的开通削弱了奥斯曼帝国在地中海的战略杠杆作用,使奥斯曼帝国无法分享地理大发现带来的红利,新兴的战略通道促使奥斯曼帝国将战略利益延伸至地中海、红海和印度洋,加速了奥斯曼制海

---

① 马丁·怀特:《权力政治》,宋爱群译,世界知识出版社 2004 年版,第 38 页。

② 同上书,第 39—42 页。

③ 张文木:《世界地缘政治中的中国国家安全利益分析》,山东人民出版社 2004 年版,第 301—306 页。

④ 陆卓明:《世界经济地理结构》,北京大学出版社 2010 年版,第 192 页。

权能力的发展。①如果陆权崛起国缺少毗连或可控安全的海上战略通道，尤其是那种具有唯一性、不可替代的战略通道，那么国家的地缘战略选项余地较小。如威廉二世德国面临的英吉利海峡封锁、马汉视野下墨西哥湾和加勒比海对美国的战略意义、南中国海对中国突破岛链封锁的战略意义等。在和平时期，海上通道是政治、经济、军事、贸易联系的通道；在战时，是调动军事力量的通道，扼守咽喉要道对大国的地缘博弈具有重要意义。而如果失去对战略通道的控制和利用，就会制约国家的地缘战略模式选择和迟滞转型进程，难以实现有效的海上运输和物资补给等目的，国内经济失去与海外联系而陷入凋敝、海上战略的机动性大打折扣、陷入国家大战略的被动甚至失败的境地。资源是有限的，一个强国的领导人必须就如何有选择地投资资源和投射其权力作出战略性的、长期的选择。地理因素很重要。贸易和通讯路线对于经济强大的大国具有重要的战略意义，自然资源的位置也是如此。任何力量的投射都有一个地理焦点，因为没有哪个国家有资源在同一时间在各地平等参与。

按照麦金德的陆权理论，到 19 世纪末以后，随着全球殖民体系的闭合、海洋文明的扩张到了极限，而技术革命让陆权大国具备了重新获取主导优势的战略机遇，清王朝完全可以通过战略行为模式的革新实现大陆体系的稳固。然而，清王朝在地缘文化认知上的僵化，错失了陆权国家崛起的契机，而这一契机被后来的苏联和德国所把握。按照反事实推理，清王朝至少有机会延缓或阻止东亚朝贡体系的过早崩溃。中国从古代到近代的地缘文化素养是从高到低，西方从古代到近代的战略文化素养则是从低到高，近代西方的全球海上霸权与大陆性扩张以及地缘经济与科技文明的领先，都受到地缘文化的先进性影响。对中国地缘文化经典的研究，以及对西方地缘文化的比较，能够让我们形成较为完整的战略观。

一国的地缘属性在很大程度上是关于如何看待和运用空间与时间的交互作用的。作为一种被构建出来的身份，地缘属性的海权文化与陆权文化的重要区别在于，前者需要不断更新和重复，否则会缓慢而确定

---

① Palmira Brummett, "The Overrated Adversary: Rhodes and Ottoman Naval Power," *The Historical Journal*, Vol.36, No.3, 1993, p.540.

无疑地失去其海洋身份。地缘属性的重塑通常具有反复性,出于现实战略需要而非持久的安全生存的国家,一旦战略诉求发生变化,国家最终会偏移到惯常的地缘属性轨道上去。如果某一种地缘属性是符合国家长期的利益诉求,那就需要持久的战略缔造而非一时之功。大陆军事超级大国不是海权国家,海洋在它们的身份中只是一个边缘因素。当今世界,俄罗斯、中国和美国都掌握制海权,这是任何一个拥有海岸、金钱和人力的国家都可以行使的战略选择,但这些大陆军事超级大国不是海权国家。海洋在它们的身份中充其量只是一个边缘因素。以 1890 年到 1914 年间的德意志帝国为例,既存的大国即使获得了海军和殖民地,也改变不了迫使其维持庞大陆军和继续以欧洲大陆为政策导向的基本战略及文化现实。

大陆强国与海权强国的主要区别不在于是否重视海权战略以及是否拥有强大的海军,而是根植于海洋属性的深度认同。对古希腊而言,海权是一个以海洋为主导的国家,而不是一个拥有庞大海军的国家。所有希腊国家拥有的海军加起来也没有波斯的海军多,但波斯仍然是一个陆上强国。斯巴达在伯罗奔尼撒战争中使用海军力量击败了雅典,但它永远无法成为一个海权国家。大陆国家想要获得海洋帝国的话,根本无须改变其文化或是成为一个海权国家。法国有大量的海军和海外殖民帝国,但它们从未取得与欧洲扩张和大陆军队同等重要甚至更为优先的地位。德意志第二帝国获得海军和殖民地,也改变不了迫使其维持庞大陆军和继续以欧洲大陆为政策导向的基本战略及文化现实。正是这种大陆逻辑推动了美索不达米亚平原上的古代王国、罗马共和国、奥斯曼帝国、西班牙帝国、波旁王朝和拿破仑时代的法国以及 20 世纪的大陆霸主德国和苏联的议程。也正是这种海权文化身份的缺失,决定了彼得大帝的海军革命必然会失败,以及当代的超级大国都是陆上强国。①大陆强国一旦失去了海上战略需要,很可能会由于大陆性地缘文化的传统结构性影响,而重

---

① 纯粹的主导性海权强国的缔造进程必须是由政治驱动的、在经济上有吸引力的和在战略上有效的。雅典、迦太基、威尼斯、荷兰共和国和英国都是具备海权身份的海洋大国,这不同于波斯帝国以来的大陆强国,后者即使发展了强大的海权,但文化都是陆地的和军事性的,把商人和金融家排除在政治权力之外。作为一种被建构出来的身份,海权需要不断更新和重复:那些出于种种原因而忘记自己海洋身份的国家,会缓慢而确定无疑地失去其海洋身份。

新回归海上战略扩张之前的状态,例如斯巴达为了应对雅典威胁的海上扩军,以及俄国在彼得大帝、叶卡捷琳娜二世等主张海上扩张的领导人之外的历史间歇期,更多选择大陆政策。

英国并非向来懂得海洋,英国在中世纪时期的战略范围既深入欧洲大陆腹地,又出于对本国安全的考量而有所收敛。直到15世纪,英国只有纯粹的大陆视野,他们的海外贸易由荷兰和汉萨同盟的船只开展。英国在大陆派与大洋派间挣扎,这反映在海洋心智的辉格党与大陆型的保守托利党之间的党争中。[1]16世纪以前,英国与对岸的大陆,尤其是与法国间,始终维持着敌对关系,将主要精力集中于对抗法国,而忽视了发展海外贸易关系。15世纪中叶,英国失去了它在法国苦心经营的帝国。英国输掉百年战争后,成为陆上强国的野心失败,随后的玫瑰战争,一场为争夺王冠而进行的封建混战,进一步阻碍英国与外部世界的联系,制约了到海外探险与扩张的殖民活动。中世纪欧洲的航运业,北方主要由汉萨同盟控制,南方则主要为意大利商人操纵,而英国的对外贸易基本不属于英国人。但英国人的海洋民族特性没有改变,并非具备海洋文化就会时刻推进海洋主导型的战略。[2]

到17世纪末,亲欧派辉格党和疑欧派托利党之间的对抗已初显雏形,前者支持英国积极参与欧洲事务,后者则主张英国应当重点进行海事活动和商业扩张。[3]在西班牙王位继承战争期间,海洋利益与领土利益之间的冲突仍旧呈现出辉格党人与托利党人的不同,辉格党人根植于各个海洋和贸易城市,包括船主、商人、批发商和银行家。托利党代表旧的土地贵族,他们从国外贸易获利较少,也不参与大规模的金钱交易。近代英国的崛起是大洋政策最终在国内政治中战胜了大陆政策。[4]英国实际上很早就对三明治结构的地缘政治威胁感到担忧。都铎王朝时期就担心,一旦苏

---

[1] 多尔帕伦:《地缘政治学的世界:行动中的地缘政治学》,方旭等译,华东师范大学出版社2021年版,第77页。

[2] 姜守明:《英帝国史》第1卷《英帝国的启动》,江苏人民出版社2019年版,第86—93页。

[3] 布伦丹·西姆斯:《千年英欧史:英国与欧洲,1000年的冲突与合作》,李云天,窦雪雅译,中信出版集团2021年版,第23页。

[4] 多尔帕伦:《地缘政治学的世界:行动中的地缘政治学》,方旭等译,华东师范大学出版社2021年版,第133页。

格兰和爱尔兰被敌对势力所控制,英格兰的后门就将打开,至少导致被包围的态势。直到 1603 年詹姆斯一世成为英格兰与苏格兰的国王,确保了苏格兰、爱尔兰和苏格兰三者在欧洲战略行动的一致性。①

(二)中介变量:地位诉求

当崛起的政治领导力强于主导国的政治领导力时,这两个国家的权力地位就可能反转,崛起国将成为新的主导国。②大陆地位即本国所在大陆区域,海上地位即在全球体系等级中的排位。地位既可以指国家权力与秩序等级的分配现状,也可以是国家主动追求的战略目标。这种地位诉求具体分成两类:海上地位不满/大陆地位满意、海上地位不满/大陆地位不满。风险承担反映在对未获得地位的觊觎,风险规避体现在对已获得地位的维护。

海权体系与陆权体系的重要区别在于,近代国际关系史上的两极体系或多极体系主要发生在欧陆或欧亚大陆,而海权体系则主要是单极体系为主导,这源于海洋的全球通达性和不易防御的特征,让海权力量排序第二或第十的国家都难以获取海上主导权,只有成为海权体系排序第一的国家才有资格获取等级制的霸主身份。这意味着海上地位的竞争烈度通常更容易可控,不像陆上军备竞赛更容易擦枪走火,两次世界大战从根本上还是大陆事务主导;但海上地位的竞争更具零和博弈色彩,因为海权体系只有排行第一才能获取主导权,一旦发起对海上霸主的挑战,就注定会有一方彻底妥协为止。拿破仑三世法国对英国的挑战,和威廉二世德国对美国的挑战,都没有从根本上动摇海上霸主的权力根基,因而在海权体系中缺乏远程战略投送所带来的政治地位提升效应。对崛起国而言,试图拉拢其他大陆国家来获取和维护陆权的联盟战略尚存出现可能,比如俾斯麦的大陆联盟体系,但在没有彻底击垮海上霸主之前,崛起国的联盟可获性相对较低,因为海上霸主可以通过隔岸平衡战略来抵消崛起国的联盟战略。一个寻求陆权地位的崛起国尚可以用高强度的军备竞赛来迫使对手向其妥协,因为陆权地位具有相对可分割特征,但如前文所述,

---

① 布伦丹·西姆斯:《欧洲:1453 年以来的争霸之途》,孟维瞻译,中信出版社 2016 年版,第 18—19 页。

② 阎学通:《大国领导力》,李佩芝译,中信出版社 2020 年版,第 4 页。

海权地位由于全球通达性而具有不可分割特征(至少在 19 世纪以来的全球体系形成后是这样的地缘政治逻辑),因此崛起国对海权地位的觊觎,很容易诱发海上霸主的过度制衡反馈。崛起国的海上地位诉求与霸主国的海上地位护持,都可能因地位动机的关切而导致理性或非理性的战略决策,这种地位诉求根植于权力政治与现实主义原则。

大国冲突模型从等级的角度来看待世界,也就是关注声望与权力。国家会不停地问:在国际强弱排序中,我处在什么位置? 怎样才能力争上游? 这些纵向的关注始终居于中心,最终会在崛起的挑战者和衰落的领导者之间引发一场波及整个体系的战争。崛起国坚持索要更多的声望,而衰落的霸权国则以抵制其要求相回应。由于所有大国都在争夺对同一区域的控制权,一个国家声望的提高只能意味着其他国家相应的损失。①等级制定义为地位的排列秩序,地位反映了一个行为体在等级制度中所处的位置,荣誉的世界是极其竞争性的,为荣誉而竞争变成为地位而竞争,对荣誉的追求导致地位或等级的扩散。权力地位是国家追求其他战略目标的直接目标。由于国际体系的无政府状态,当权力地位的认同是模棱两可或不可能建立优先权时,就会加剧冲突。外部荣誉必须被其他人授予,并且只有通过采取被认为是荣誉的行动才能取得。风险承担会将捍卫物质资源和荣誉等精神因素混合在一起,以荣誉为基础的社会冲突是围绕谁被"承认"而产生的,并允许行为体为地位而竞争。②由于傲慢地、不知足地追求荣誉,路易十四坚持要完全征服荷兰,发起了军事冒险,并与英国开展了大规模的海上战略竞争,使海外殖民利益受到巨大损失。

一个现状国家(同时又是一个霸权动机的国家)为了胁迫它的邻国而对其采取蓄意侵略性的政策。其目的不是推翻既存的现状,而是通过使他国不敢挑战它而维持现状。这种侵略性的政策并非战争的前奏;相反,它意在通过让他国感到不安全而加强自己的安全。该国寻求一种霸权国的位置。螺旋是普遍的,而安全困境是条件性的。因而,安全困境只适用

① 兰德尔·施韦勒:《麦克斯韦妖与金苹果:新千年的全球失序》,高婉妮等译,上海人民出版社 2021 年版,第 139—140 页。

② 理查德·勒博:《国家为何而战?:过去与未来的战争动机》,陈定定等译,上海人民出版社 2014 年版,第 67—127 页。

于螺旋的一个子集。安全寻求动机并不等于恶意缺乏,因为所有国家(包括进攻性现实主义国家)在无政府状态下都追求安全。处于权力"获得地位"的国家倾向于战略克制,处于权力"不利地位"的国家更喜欢风险承担。不满的国家大致可分为两类:目标有限的修正国和目标无限的修正国或革命型国家。政治单元要么是追求安全和力量,要么通过强制推行其意志、逐渐获得胜利的桂冠而追求认可。克里孟梭追求安全,拿破仑一世追求权力,路易十四追求法兰西荣耀。国家设定的目标一定包括三个方面:空间、人口和荣耀地位,而且这三个目标难以分开。守成国也会诉诸武力主动出击,满足现状的国家也会改变对手国家或联盟的边界以增进优势。在战略层次上,进攻与防御的对立,并没有体现出守成与修正、被攻击与入侵、传统的与革命性之间的对立。①

建立在对实力与威胁客观测量基础上的大规模的国家对比,与阐述政治家对国家在国际体系中地位的认识与反应的系统的、集中的对比相对照,后者更有价值。②从国家的地位诉求来看,追求的是优势地位而非势均力敌,但仍可能由于修正主义行为受到了更多的战略克制逻辑,形成对均势现状的妥协。就古典现实主义者而言,国家扩张是因为它能够扩张;而对防御性现实主义而言,国家扩张是因为它不得不扩张。像古典现实主义一样,外交政策理论试图解释的不是国际后果,而是国家的倾向。海上/陆上战略扩张的倾向与后果存在区别,并不一定是恶劣的国家导致了恶劣的后果,很可能是安全困境使然。决定大陆强国推进海上战略扩张的并非单纯受到经济利益考虑,而是要比较所涉及的政治机会与政治风险,也就是说,要考虑这种扩张对安全地位、权力地位和秩序地位可能造成的影响。对地位与威望的追求是一种政治运作过程,不宜以短期的成本—效益分析来评估其价值。威望竞争可以视为国际等级制建立的过程。权力地位与大国声望足够高可以降低武力实际使用的概率与成本,霸权地位的竞争未必以武力兵戎相见。地位的追求也为非理性的动机和窗口预期提供了条件。

---

① 雷蒙·阿隆:《和平与战争:国际关系理论》,朱孔彦译,中央编译出版社 2013 年版,第 69—85 页。

② 法利德·扎卡利亚:《从财富到权力》,门洪华等译,新华出版社 2001 年版,第 34 页。

在国际关系中,现状是指当前的权力分布,或者一个国家在当前权力分布中的地位。现状不过是一国与其他国家先前的行为互动导致的共同特征。它并没有告诉我们现状的产生与特征,以及一个国家过去、现在与未来的行为特点。维持现状国是否是一个防御性现实主义国家取决于国家寻求维持的现状类型及国家维持现状所采用的方式。一个帝国主义国家不可能是一个防御性现实主义国家。损失厌恶与现状偏好都是普遍的心理特征。国家总是厌恶当前(相对)地位的恶化。国家对现状的不满涉及对权力分布与权力转移趋势。国家在任何关系中的根本目标是阻止他者获得相对实力地位的优势。国家关心地位,都认为相对权力是重要的。安全困境与贪婪国家(也就是进攻性现实主义国家)之间是相容的。因为即使是贪婪国家也可能不安全,进而其行为受到追求安全动机的驱使。只要战争或者扩张行为是受不安全的动机驱使,那么它们也就是安全困境导致的。

地位诉求的内容会由于国家的维持现状/修正主义偏好的转换发生变化,如俾斯麦到威廉二世的领导人因素。地位诉求随着时间推移会发生变化,在第二次世界大战以前,获得(或失去)殖民地被视为衡量大国地位的重要标志。[①]法兰西第二帝国的海上扩张的目标在于提升拿破仑三世及其帝国在欧洲大陆和整个世界上的威望,而并不以经济收益作为衡量标准,更不可能将经济收益作为最终目标。从 19 世纪 40 年代开始,英法之间进行了现代化的军备质量竞赛,保守的英国海军在木材和船帆上作了大量的投资,法国人则推行炮弹枪(能有效打击木船)、蒸汽动力军舰(能够摆脱变化无常的风向和潮汐的制约)和装甲板(至少能够初步抵御炮弹攻击)。法国试图利用新技术(弯道超车)来抵消英国海军在数量和吨位上的优势。与此同时,英国也担心本国现代化程度较低的海军在数量上的优势被法国更加现代化的战舰打败。1859 年法国荣耀号铁甲舰下水,作为回应,英国制造了"勇士号"。在竞争的激励之下,英国逐渐在钢铁和蒸汽技术上建立了相对的优势。

在与法国的激烈竞争中,英国的钢铁、蒸汽机、炸药等生产技术齐头

---

① 巴里·布赞、乔治·劳森:《全球转型:历史、现代性与国际关系的形成》,崔顺姬译,上海人民出版社 2020 年版,第 220 页。

并进,推动了以蒸汽为动力的钢铁战舰的迅猛发展。拿破仑三世的海上扩张是在拿经济成本换取政治威望。拿破仑一世与拿破仑三世、威廉二世与希特勒,都曾试图与古罗马帝国"攀亲",从而提升自身威望。德意志第二帝国缺乏海外殖民地,但对殖民扩张的狂热掀起了对海外利益的追求,这也是一种威望追求的外显。[1]技术变革也会影响地位偏好。1957 年苏联第一颗人造卫星升空后,在美国引起"斯普特尼克恐慌"。[2]美国认为自身的优势地位受到挑战,开始在航天事业投入大量资源弥补不足。随着情报侦察能力的进步和美国自身战略力量的发展,尤其是 1969 年尼尔·阿姆斯特朗实现登月后,标志着美国真正取得了太空竞赛的战略优势地位。

(三)因变量:战略取向

战略取向具有惯性,在历史上通常只有出现地缘政治的反作用力压倒国家向外扩张的作用力时,才能让大国或迟或早的选择战略收缩。所谓惯性,就是一种实体一旦发动起来,就能够继续下去的本领,而不管这种实体是一列火车、一家企业、一座城镇,还是整个大英帝国。实体的规模越大,惯性也就越大。从整体上看,让每个物体继续运行下去要比让它停下来更加容易,因为让物体静止下来需要消耗能量;如果突如其来地加以阻止的话,还会造成伤害。罗马帝国在其本身的能量严重削弱后,又持续运行 300 年。[3]本研究界定的战略取向可分为四类:陆主海从的进攻性战略取向、陆主海从的防御性战略取向、海主陆从的进攻性战略取向、海主陆从的防御性战略取向。地缘属性主要影响的是大陆与海洋的战略重心选项,地位诉求既会进一步塑造大陆与海洋的战略选项,也会对进攻性与防御性战略取向的选择起到决定性作用。崛起国战略取向的效果评估要

---

① 赫尔弗里德·明克勒:《帝国统治的逻辑:从古罗马到美国》,程卫平译,社会科学文献出版社 2021 年版,第 44 页。

② 人类首颗卫星"斯普特尼克 1 号"(Sputnik I)于 1957 年由苏联成功发射后,其所代表的军事技术能力和政治影响力使整个美国陷入前所未有的安全恐慌中。由于冷战的深刻影响和卫星及其隐示的高端军事能力,"斯普特尼克"在美国公众及政府官员中掀起美苏间存在"导弹差距"(Missile Gap)的恐慌。具体参见张扬:《冷战时期美国的太空安全战略与核战争计划研究》,九州出版社 2017 年版,第 26 页。

③ 詹姆斯·菲尔格里夫:《地理与世界霸权》,欧阳瑾译,台海出版社 2019 年版,第 5 页。

受到推进速度和战略投射的地理区域是否位于霸权国的核心利益地区的影响(如表4所示)。

表4　崛起国战略取向效果的时空约束条件

	发生在霸权国的核心利益地区	发生在霸权国的边缘利益地区
快速突进	高强度的战略竞争	低烈度冲突或有限战略合作
放缓速率	竞争性共存	合作性共存

(资料来源:笔者自制。)

战略取向的实践具有路径依赖性:一旦设定了某个方向,所有可能的崛起前景成为现实的概率也会跟着变化。一些地缘扩张成功的可能性要比另一些案例的可能性更大。选取的因果变量应在时间上接近,意味着因果链条上的两个事件比较相近,这样就能够相对较好地控制其他的战略变量,从而比较准确地衡量不同因素的作用机制及变量选取的标准。关于是什么因素影响了崛起国的战略取向,以及如果没有这些因素是否会影响这种战略行为,还有这种战略取向是否可以通过战略运营而出现不同的历史结果("修昔底德陷阱"抑或和平权力转移)?当认为什么因素和机制导致崛起国的特定战略取向时,就是在暗示:假如没有该因素和机制,那么就不会有这种战略行为。大国战略取向会受到与其他强国行动—反应过程的影响,具体分为三个方面:空间强度(反应与引起反应的行动的相称程度)、时间选择(相互作用的速度与顺序)与意识强度(过程中的各方对它们相互间影响的意识程度,以及它们是否以这种意识为根据支配自己的行为)。①

大国的扩张是由两个原因造成的:内部压力以及周边国家的衰弱。来自内部的外扩压力与来自外部的阻力达到平衡时,扩张则停止。②扩张加剧的倾向,吞并一处,就需要吞并第二处,以便完善或保卫先前吞并的领土。1892年,索尔兹伯里勋爵曾说:你不应过多受军人战略考虑的影响,因为如果给予他们施展的余地,他们会坚持认为在月球上驻防很重

---

① 这里借鉴了巴里·布赞对军备动力的分析成果,参见巴里·布赞、埃里克·海凌:《世界政治中的军备动力》,薛利涛等译,吉林人民出版社2001年版,第115页。

② 马丁·怀特:《权力政治》,宋爱群译,世界知识出版社2004年版,第99页。

要,以便从火星上保护我们。1958 年,一位美国将军向众议院武装部队委员会解释在月球上建立美国导弹基地的必要性,当有人对他说苏联也可能在月球上建基地时,他从中得出的教益是美国还应当占领火星和金星。①崛起国的战略取向最忌讳的是四面出击、两个拳头打人。法国地处西班牙和荷兰两国之间,面朝开阔的大西洋,却没有机会获得制海权,只有东部边界存在问题,似乎会诱使该国去进行领土扩张,但只要该国愿意,它就完全可以自给自足。法国的地缘战略反复摇摆:一时是依赖于这种自给自足的心态占主导地位,一时是试图扩张领土的做法占主导地位,再一时又是渴望获得制海权的心态占主导地位。②

在战略扩张初期,成本—收益的问题重要性相对较低,因为要么扩张带来的收益高于它对资源的消耗,要么对一个收益丰厚的未来的期许尚足以抚慰人心。如何将想象中的收支平衡转化为实际的平衡,这通常意味着必须降低统治成本。行为体是战略性的,行为体追求一些不好的物质目标甚至非物质目标(如威望、荣耀)。③只要行为体是策略性地追求这些目标,就可以将它们看成是战略性的行为体。进攻性现实主义认为,国家应该通过进攻性行为摆脱安全困境,而防御性现实主义认为国家应该试图通过合作行为来缓解安全困境。权力与安全很难截然分开,两者相互影响。对海上地位的追求不可避免会影响到大陆地位的实现难度。法国拿破仑三世自克里米亚战争取代俄国的欧陆主导权后,对欧陆地位现

①　马丁·怀特:《权力政治》,宋爱群译,世界知识出版社 2004 年版,第 101 页。

②　詹姆斯·菲尔格里夫:《地理与世界霸权》,欧阳瑾译,台海出版社 2019 年版,第 105 页。

③　风险承担在不确定条件下是赌博;风险规避在不确定条件下是谨慎的。例如,风险规避者在试图提高权力地位时持机会主义态度,如果扩张的机会自己出现,它会抓住。相反,因为在赌博行为之上附加功效,风险承担在进行战争决策时没有风险规避那么多限制。目标有限的修正主义偏好风险规避,目标无限的修正主义偏好风险承担。风险规避目标有限的修正国是机会主义扩张者,通常寻求地区主导地位。风险承担目标有限的修正国除了在收益战略方面更少顾忌之外,在提出领土要求之余还有威望的诉求。风险承担、目标有限的修正国比风险规避者对现状更为不满;并且它们比后者更加轻看所拥有的东西。风险承担目标无限的国家是最具恶意的扩张者。它们周期性地发起对现代国家体系的严重挑战。相反,风险规避目标无限的国家虽然也渴望建立一个新秩序,但是不愿意冒险发动全体系的战争去推翻既有秩序。相反,它们将革命性变化视为长期的、近乎乌托邦式的目标。因此,它们在试图改变现状方面显得机会主义和步步为营。

状满意,但对英法海上地位现状不满。该时期英国海权处于巅峰期,且没有明显的地缘威胁,法国的海上战略扩张会造成英国的"集中火力"打压,缺乏第三方分担制衡压力。最终法国的渐进式海上扩张无果而终,还分散了有限的战略资源,为普法战争的失败埋下伏笔。

崛起国的战略取向通常不是自然形成的,而是有意的战略塑造。西奥多·罗斯福作为进步主义者,将战争作为传播文明的最有效手段,罗斯福的地缘战略观是立足于文明冲突的逻辑基础上,即盎格鲁—萨克逊文明与斯拉夫文明的冲突与世界文明层面的国家地位。罗斯福强调殖民帝国的疆域不必太大,否则帝国会衰落。应传播文化与价值观,他摒弃了孤立主义,提出"大政策"的扩张主义蓝图与"大海军"计划。①大政策的主要目标之一是称霸美洲,罗斯福认为,海军是大国地位的标志,美国必须保持充分的海军,否则就得下决心充当国际事务中第二流的国家,不仅在政治上,而且在商业上也是如此。②美西战争、侵占菲律宾、控制古巴、加勒比海地区缔造霸权等都是罗斯福追求海上地位的表现。1914年巴拿马运河通航,使美国的两洋战略得以强化支援调动能力,罗斯福的海军外交是权力与秩序的结合,尤其体现在加勒比海(对英国而言是海上边缘利益)地区。罗斯福对主导性海洋秩序地位的追求是通过海上权力的获得施加影响,而有了海洋秩序就有了道德。③美国尽管在19世纪大部分时间里是大陆文明主导,但为了增加对付俄德法三国的陆上文明,强调自身与英国一样是海洋文明,两方的地缘政治竞争也涉及地缘文明的冲突。此外,美国的海权扩张还带有一种传教士心态,威尔逊将进步主义改革推向国际领域,将国内社会控制概念发展为国际社会控制概念。认为除非在世界范围推广实现民主制度,否则美国的民主自由就很难持久保存,属于地缘文化层面的安全困境动因。

---

① Charles R. Lingley, "*Selections from the Correspondence of Theodore Roosevelt and Henry Cabot Lodge，1884—1918*，" *The American Historical Review*, Vol.30, No.4, 1925, pp.841—844.

② 李庆余:《19世纪末美国公众舆论评论》,《美国研究》1994年第2期。转引自李庆余、任李明、戴红霞:《美国外交传统及其缔造者》,商务印书馆2010年版,第121页。

③ John Blum, *The Republican Roosevelt*, Massachusetts and London：Harvard University Press, 1977, p.107.

五、结　　论

　　崛起国选择重陆轻海/重海轻陆,加快推进战略布局还是延缓战略布局,都会对它的战略环境形成重要影响。崛起国能否有一个安全盈余的战略环境,既取决于自身的战略取向,也会受到霸主国的战略反馈和双方在互动进程中能否缓解安全困境等因素的影响。本文总结和革新了地缘政治理论研究的前提假设、逻辑推论、研究方法,对崛起国战略取向的形成动因展开了时空维度视野下的因果机制分析,弥合了地缘政治理论与主流国际关系理论和方法的认知误区。对地缘属性、地位诉求、战略取向这三个变量的概念理解与史论分析,是我对地缘政治学分析框架的初步创新尝试。中美关系能够避免"修昔底德陷阱"的重要前提是:中国只寻求防御性、地区性的海权地位,而非进攻性、全球性的类似历史上大国权力转移案例所揭示的零和博弈海上霸权竞争;中美的地理距离有一定战略缓冲;中国重陆轻海的地缘属性不会发生变革,不会觊觎美国的海上霸主地位。但两国有可能发生热战或冷战的负面因素是:两国对彼此的地缘政治行动与地缘经济关系的战略预期日趋负面,意识形态或文化上的不信任感逐渐增强,这让两国关系的持续下行具备理论上的可能性。因此对崛起战略取向的研究及其如何对霸权国的战略反制措施,营造良性的崛起战略环境,是防御性现实主义时代所主导的重要议题。

　　目前仍有一些相关研究议题有待扩展和补足完善:第一,对地缘政治与地缘经济交互作用的理论与案例分析,实现地缘政治经济学的理论构建铺垫,并将其与国际关系主流理论范式进行对话,增加主流体系理论的时空条件思考。第二,针对特定时空条件下的历史与现实案例进行更多个案的检验,寻求崛起国与霸权国在地缘政治层面缓解安全困境的合理路径。第三,在文章已经初步涉猎的地缘政治中层理论扩展的基础上,找到它在国际关系研究中的理论定位,并进一步探讨它与其他理论学说的共性与分歧,未来可以将联盟理论与地缘政治理论进行综合研究,这对探究美国主导的海洋国家联盟战略体系有重要意义。第四,为具体的区域国别研究提供切实可行的操作性方法参考。

非西方国际关系理论
——社会意识与知识权力的视角 *

孟维瞻 **

【内容提要】 本文从知识社会学的视角,以经济基础、社会存在、价值结构和知识权力作为自变量来考察韩国、印度、俄罗斯、日本和非洲五个国家和地区的国际关系理论的产生与发展情况。具体维度有社会存在对社会意识的影响、政治权力与知识权力的互动、西方国家对非西方国家的文化支配权,以及各国学术群体内部的知识权力状况。非西方国家集体合作推动国际关系学的去殖民化是一种非常重要的创新路径,这是联系中国和其他非西方国家学者的共同兴趣的一个领域。中国国际关系理论的重要任务是为非西方国家贡献与西方现代性不同的普遍性知识。

【关键词】 非西方国际关系理论,全球国际关系学,社会意识形态,知识社会学,去殖民化,现代性

【Abstract】 From the perspective of sociology of knowledge, this article will examine the emergence and development of international relations theories in five countries and regions, namely Republic of Korea, India, Russia, Japan and Africa, with economic basis, social consciousness, ideological structure and intellectual power as independent variables. The specific dimensions include: the influence of social being on social consciousness, the interaction between political power and intellectual power, the cultural hegemony of Western countries over non-Western countries, and intellectual power among scholars in various countries. The decolonization of international relations studies by scholars from non-Western countries through collective cooperation is a very important innovation path, which may become a common interest of scholars in China and other non-Western countries. The important task of Chinese international relations theorists is to contribute universal knowledge different from Western experience and modernity.

【Key Words】 non-Western International Relations Theory, Global International Relations, Social Ideology, Sociology of Knowledge, Decolonization, Modernity

* 本文曾经在 2022 年 6 月的"复旦国际关系论坛·自主知识体系与国际关系理论发展创新"会议上宣读,笔者在写作本文的过程中得到多位学者和同仁的帮助,包括但不仅限于陈志敏、郭苏建、苏长和、徐以骅、潘忠岐、贺东航、任晓、孙国东、郑宇、范勇鹏、陈玉聃、陈拯、秦立志、程柏华、杨潇、朱翙民,感谢《复旦国际关系评论》编辑部人员和评审专家的指正,文责自负。

** 孟维瞻,复旦大学社会科学高等研究院讲师、专职研究人员。

最近十几年来,非西方国际关系理论在欧美国家和第三世界国家兴起,已经成为国际关系学科中最有影响力的新思潮之一。中文文献对非西方国际关系理论的讨论暂时较少。本文将以社会意识和知识权力的视角,对该思潮最近十几年来在韩国、印度、俄罗斯、日本和非洲五个国家和地区的发展情况做一个比较系统的综述,并且对这一思潮面临的困境以及未来总体发展趋势做一个简单的预判。

从 20 世纪末开始,一些西方学者提出,现有的国际关系理论大多是基于西方的思想、方法、经验和实践,分析视野和适用范围不够宽阔,有必要让这个学科变得更加"国际化"。一部分学者反对当前的以主流西方文明的视角和美国视角对国际关系进行的理论化,强调尊重各国的本土知识。①有一些比较有影响力的观点,例如安德鲁·赫瑞尔(Andrew Hurrell)指出,全球国际关系学的目标应该是这个学科的各种叙述和概念之间进行"更广泛的对话"。②彼得·卡赞斯坦(Peter Katzenstein)认为,西方和非西方国际关系理论之间的二元区别无法捕捉到世界政治的多样性、异质性和不确定性,不同类型的知识之间可以产生相互作用,实现各种现代性的"共同进化"。③

阿米塔·阿查亚(Amitav Acharya)和巴里·布赞(Barry Buzan)等人推动非西方国际关系理论进入新的发展时期,他们将这一思潮提升到关乎国际关系学科内部的知识权力的层次。2007 年,他们在日本的著名英

---

① 较早的文献有 Ole Wæver, "The sociology of a not so international discipline: American and European developments in international relations," *International organization*, Vol.52, No.4, 1998, pp.687—727; Robert M. A. Crawford and Darryl S. L. Jarvis, eds., *International Relations—Still An American Social Science?: Toward Diversity in International Thought*, Alybany, NY: State University of New York Press, 2001; Steve Smith, "The United States and the discipline of international relations: 'hegemonic country, hegemonic discipline'," *International Studies Review*, Vol.4, No.2, 2002, pp.67—85; William A. Callahan, "Nationalising International Theory: Race, Class and the English School," *Global Society*, Vol.18, No.4, 2004, pp.305—323。

② Andrew Hurrell, "Beyond Critique: How to Study Global IR?" *International Studies Review*, Vol.18, No.1, 2016, p.150.

③ Peter J. Katzenstein, "The Second Coming? Reflections on a Global Theory of International Relations," *Chinese Journal of International Politics*, Vol.11, No.4, 2018, pp.373—390.

文学术期刊《亚太国际关系》(*International Relations of the Asia-Pacific*)发起了一个主题。这组文章强调,主流国际关系理论可能代表了西方国家的利益,因此有必要重新寻找世界历史中被忽视的内容,他们呼吁非西方国家的学者将自己的历史、文化以及知识资源带入国际关系理论辩论,改变这个学科内部的"权力不平衡"状态。[1]

2014 年,阿查亚当选为美国"国际研究协会"(International Studies Association)的第 54 任主席,这是历史上首位出生于非西方国家的有色族裔学者担任这一重要职务。两年后,T.V.保罗(T.V. Paul)担任第 56 任主席。他们在任内大力推动全世界的国际关系学术共同体转向关注非西方视角的理论。2015 年,中国学者唐世平的著作《国际政治的社会演化》(*The Social Evolution of International Politics*)[2]获得该学会评选的年度最佳著作奖。这是在中国内地高校工作的学者第一次获得该奖项,尽管这部著作并非基于鲜明的非西方视角。最近几年,很多中国学者对阿查亚、布赞的呼吁进行了积极的响应。[3]

阿查亚担任国际研究协会主席期间,提出全球国际关系学概念,并进行详细阐述。[4]全球国际关系学不是一种理论,而是一种学术愿景,即希望这个学科变得更有包容性和多样性。全球国际关系学主要包括六个方面的主张:(1)它建立在多元普遍主义的基础之上,承认世界的多样

---

① Amitav Acharya and Barry Buzan, "Why is there no non-Western international relations theory? An introduction," *International Relations of the Asia-Pacific*, Vol.7, No.3, 2007, pp.287—312; Amitav Acharya and Barry Buzan, "Conclusion: On the possibility of a non-Western IR theory in Asia," *International Relations of the Asia-Pacific*, Vol.7, No.3, 2007, pp.427—438.

② Shiping Tang, *The Social Evolution of International Politics*, Oxford: Oxford University Press, 2013.

③ 秦亚青:《全球国际关系学与中国国际关系理论》,《国际观察》2020 年第 2 期,第 27—45 页;任晓:《全球国际关系学与中国的进路》,《国外社会科学》2019 年第 4 期,第 141—147 页;刘德斌:《开启国际关系学的"第三次奠基"》,《中国社会科学报》2021 年 10 月 14 日,第 6 版;程多闻:《全球国际关系学视野中的"中国学派"构建》,《国际观察》2021 年第 2 期,第 1—30 页;高鹏、朱翊民:《全球国际关系学:国际关系研究认识论的发展与创新》,《国际政治研究》2022 年第 1 期,第 62—86 页。

④ 全球国际关系学这个词语可能更加严谨。"非西方"可能是一个难以界定的概念。即使在美国和西方国家工作的学者,也可能认为自己是"非西方"的。在加拿大这样的国家,一些人认为它并不属于"西方"国家。

性；(2)它植根于世界历史，而不仅仅是希腊、罗马、欧洲或美国的历史，不仅仅是将非西方世界作为一个试验场来重新验证已有的国际关系理论；(3)它包括而不是取代现有的国际关系理论和方法，其关键挑战是从非西方环境中制定概念和方法，将其不仅应用于某个国家，而且应用于其他国家甚至全球范围；(4)它整合了区域国别研究、地区主义；(5)它反对例外主义和文化上的狭隘主义；(6)它不仅关注物质权力，也关注国家和非国家行为体如何通过其物质、观念和互动能力来构建、拒绝和重构全球和区域秩序。①

一、社会意识与知识权力如何塑造
非西方国际关系理论？

知识社会学视角有利于我们深刻理解国际关系理论中各种思潮的产生与发展情况。知识社会学是社会学的一个分支，它把各种思想、理论作为自变量，把社会文化与国情因素作为因变量，研究两者之间的因果关系。丹麦学者奥利·维夫(Ole Wæver)认为，国际关系学科的发展可以通过三个层次的自变量来进行解释。第一个层次是社会及政治因素，包括各个国家的文化、政治思想传统、意识形态、国内政治、对外政策；第二个层次包括社会科学各个学科和各个子学科之间的关系；第三个层次是学科内部的社会/知识结构以及理论传统的影响因素。②俄罗斯学者安德烈·齐甘科夫(Andrei P.Tsygankov)认为，国际关系理论只有在某个国家的社会意识形态背景下，才能有意义地发挥其功能，因此研究国际关系理论的意识形态和文化基础是非常重要的。③中国也有学者从知识社会学角度深

---

① Amitav Acharya, "Global International Relations(IR) and Regional Worlds: A New Agenda for International Studies," *International Studies Quarterly*, Vol.58, No.4, 2014, pp.649—650.

② Ole Wæver, "The sociology of a not so international discipline," pp.694—695.

③ Andrei P.Tsygankov and Pavel A. Tsygankov, "National ideology and IR theory: Three incarnations of the 'Russian idea'," *European Journal of International Relations*, Vol.16, No.4, 2010, pp.663—686.

入研究民国和当代中国的国际关系学科发展状况。[①]

为了比较不同国家的国际关系学科发展状况,我们可以确定一个多维度的分析框架。第一,我们应该关注这个国家的社会存在如何影响社会意识,进而影响国际关系学和国际关系理论的产生;第二,我们有必要探讨政治权力、商界权力与知识权力之间的各种复杂关系;第三,我们还须审视西方国家对非西方国家的影响,主要是西方国家政府、非政府组织和知识界对非西方国家学术体系的影响;最后,不可忽视的是,一个国家的学术界内部也存在复杂的知识关系,包括知识权力的等级关系,以及各种不同意识形态的知识之间的斗争关系,它们都影响和塑造了这个国家的国际关系理论。接下来我们详细阐述。

社会存在是影响国际关系理论出现与产生的物质层面的自变量。根据亚里士多德的"实践理性"[②],理论家或知识的生产者从来没有中立的,他们的知识创造都是基于社会的发展。社会存在也可以分为多个维度。首先,这个国家必须有一定的财政能力以及财富积累,才能为社会科学的发展提供足够的资源。社会科学是 19 世纪后期才出现的,与人文及历史等学科相比,产生时间较晚而且需要较多经费支持才可以维持。之所以非西方国家鲜有自己的国际关系理论,是因为这些国家的大多数学者为了经济生存而必须从事对策研究,不得不放弃理论研究。其次,国际关系理论产生的动力是国家实力以及国家在世界中的地位。一般而言,只有大国才有自己的国际关系学体系。崛起大国一定会提出自己的利益诉求和不同于守成大国的国际秩序理念,背后需要一定的学理支撑。第三,社会存在也包括思维形态的存在,主要表现为历史传统对这个国家今天行为的影响。例如,中国古代的宇宙观、秩序观依然在影响着中国政府和中国学者看待世界的方式;在俄罗斯,几个世纪以来地缘政治一直是指导对外政策的重要理念。

政治权力能够直接影响知识权力,知识权力很多时候依赖政治权力,

---

① 赵思洋:《20 世纪上半叶中国国际关系学的演进》,《国际政治研究》2020 年第 6 期,第 9—35 页;李开盛:《中国国际关系学派的知识社会学分析》,《云梦学刊》2020 年第 4 期,第 9—19 页。

② 参见 Norma Haan, Robert N. Bellah, Paul Rabinow and William Sullivan, eds., *Social Science as Moral Inquiry*, New York: Columbia University Press, 1983。

但未必总是顺从政治权力。一个国家的政府可能会对某种类型的国际关系学术研究提供资助，以强化带有这种意识形态烙印的知识结构。美国政府通过"旋转门"制度与国际关系学界建立了直接的关系，在学术体系内有影响力的知识分子往往都在政府中担任过职务。例如，马汉担任美国海军上将的经历增强了他作为学者的信誉；基辛格之所以有巨大影响力是因为曾经担任过美国国务卿。尽管社会科学理论是独立于政治的，但是当政治变化导致意识形态竞争发生变化的时候，社会科学的研究议程也相应会被修正，旧的概念和理论都会让位于新的概念和理论。有人说，学术界并不是一个自主性的堡垒，并且即使学者试图与政治保持距离，他们的作品仍然会被用于政治目的。①不过，另一种现象也很重要。知识分子对客观世界的感知也有超前性或者滞后性，某个国家知识界的主流意识形态可能与这个国家的主流政治意识形态有很大差异，甚至在一些国家这两种力量是彼此冲突的。这意味着知识权力可能会借助某些社会力量寻求摆脱对政府的依赖，因此各种企业、基金会的影响力不可小觑。学者为了生存，要么与政府保持密切关系，要么与商界保持友好往来，因为项目评审委员会的很多成员来自这两个领域。一个典型的例子是，美国的自由主义国际关系学者能拿到的资助远远多于现实主义学者，因为现实主义不仅违反美国政府鼓吹的价值观，而且与商界的利益不符。

一个国家的政治权力还可能会超越国家的界限，影响到其他国家。非西方国家的国际关系知识体系受到西方国家政治权力和知识权力的深刻影响。葛兰西学派研究了美国基金会如何塑造其他国家的社会科学学术体系，将那些不符合美国利益的学术团体边缘化。②后殖民理论认为，各种学术研究反映了在文化上统治他者的欲望，学术研究者从来不是独立的主体。③美国和其他国家的知识界会主动为第三世界国家的知识界提供

① Jasmine K. Gani and Jenna Marshall, "The impact of colonialism on policy and knowledge production in International Relations," *International Affairs*, Vol.98, No.1, 2022, pp.5—22.

② Shuhong Huo and Inderjeet Parmar, "'A new type of great power relationship'? Gramsci, Kautsky and the role of the Ford Foundation's transformational elite knowledge networks in China," *Review of International Political Economy*, Vol.27, No.2, 2020, pp.234—257.

③ Edward Said, *Culture and Imperialism*, New York: Alfred A. Knopf, 1993.

帮助,动机是多种多样的,既有纯粹的学术目的,也有扩大美国商界经济利益的目的,还有推广美国国家战略利益的目的;第三世界的知识界与西方国家知识界交流的动机也多种多样,既可能是追求真理,也可能是寻求影响西方国家对本国的政策。不同的国家表现为不同的情况,拉丁美洲的知识分子大多表现为左翼的反美情结,俄罗斯学者对于西方主义的态度呈现多元化,韩国学者对美国的态度比较复杂但彼此并不对立。中国台湾的一部分政界和学界精英则将"殖民化"视为一种追求,将被殖民视为获得域外大国安全保障的意识形态条件。①

每个国家的社会科学都是由这个国家的各种社会意识形态之间的争论所塑造的,这是影响这个国家国际关系学科的最后一个自变量。虽然每个国家在特定的时期会有某种占据主导地位的意识形态,但任何国家的意识形态从来不是同质的,各种社会意识形态都试图扩展其对民众的影响力,并且影响着国际关系学科的发展。国际关系理论中的争论往往是由于不同的意识形态假定导致的,理论的争论受制于意识形态上的争论。②每一种意识形态可以通过对历史事件的连贯的、自圆其说的解释,来实现对知识的影响,并且通过物质和制度渠道来扩大自己的影响力。学者可能会在文字中回避意识形态,但他们仍然会间接地表达出意识形态倾向,学术研究不可能做到真正的去价值化。在美国,人文及社会科学知识界是被自由主义左派主导的;在韩国,进步派和保守派的影响力平分秋色;在俄罗斯和中国,知识界内部各自存在一定的分歧和争论。此外,学术研究者在什么国家、在什么时候接受教育,都会影响其价值观的形成。意识形态还会影响一个国家的某个学科内部的知识权力竞争,领袖学者希望建立学派来扩展自己的学术

---

① 台湾历史上曾经被多个殖民者占领,且今天的族群结构复杂。台湾的社会科学学者依然希望以被殖民者的视角来看待自己和以前的殖民者,并且以一种优越的心态来看待中国大陆。20 世纪 30 年代日本的"南进"话语是 20 世纪 90 年代台湾制定"南向"政策的历史基础。台湾使用的诸如反西方现代性、反个人主义等学术话语,保留了日本的"大东亚共同繁荣圈"的痕迹。详见 Chen Jie, *Foreign Policy of the New Taiwan*: *Pragmatic Diplomacy in Southeast Asia*, Cheltenham: Edward Elgar, 2002。石之瑜教授对这种现象进行了批判,认为一些台湾学者不希望表现得与西方学者不同,以免在西方学者的眼中沦为一个前现代和非理性的行动者。详见 Shih Chih-Yu, *Democracy* (*Made in Taiwan*): *The 'Success' State as a Political Theory*, Plymouth: Lexington Books, 2007。

② 参见 Henry R. Nau, *Perspectives in International Relations*: *Power*, *Institutions*, *and Ideas*, Washington, DC: CQ Press, 2006。

影响力。①资深学者希望延续自己的学脉,年轻学者的职业生涯贡献必须得到资深学者的认可。学者为了获得更多的发表学术文章的机会,不得不迎合主流学派,而边缘的学术观点和意识形态主张则难以通过同行的评审。

二、非西方国际关系理论的案例研究

这一部分将会对韩国、印度、俄罗斯、日本和非洲五个国家和地区的国际关系理论发展状况进行比较分析。为方便进行比较,我们可以先在上一节的基础上总结出影响一个国家的国际关系理论产生的 12 个因素,作为本文的分析框架。当然,并不是说所有的因素都会体现于各个国家的理论发展进程中。

知识社会学的维度	国际关系理论产生的动力
社会存在对社会意识的影响	国家的经济发展水平
	国家的国际地位及国际环境
	国家的传统文化和民众的思维方式
政治权力与知识权力之间的关系	政界和学界的旋转门关系
	知识分子相对于政治权力的独立性及两者的张力
	国家的政治生态和意识形态结构
西方国家对非西方国家的影响	西方国家对非西方国家的资助
	非西方国家知识分子的独立诉求
	非西方国家知识分子对于本国殖民遗产的理解
学术群体内部的知识权力	领袖学者的教育背景
	不同学派之间的竞争
	学者之间的资源依附

① 参见 Peter M. Kristensen and Ras T. Nielsen, "Constructing a Chinese International Relations Theory: A Sociological Approach to Intellectual Innovation," *International Political Sociology*, Vol.7, No.1, 2013, pp.19—40.

比较而言,日本的国际关系学者基本上缺乏提出原创性理论的意识;印度有一个学术群体试图发展本土国际关系理论,但学者数量较少且成果的影响力有限;韩国的亲西方精英与本土意识较强的精英平分秋色,在国际关系理论领域反映为普遍性路径与特殊性路径的平分秋色;俄罗斯的主流知识精英对西方特别是美国的认同感比较强,但也有基于"俄罗斯意识"的理论原创力量,彼此呈现对立;非洲鲜有自己的国际关系理论家,但是非洲的价值在于事实本身,它是研究非西方世界不可忽视的重要案例。

（一）"韩国学派"国际关系理论

韩国是除了中国之外为数不多的以本国名字命名国际关系学派的国家,甚至他们提出这个口号的时间要早于中国。韩国引进西方国际关系理论和方法论的时间要比中国早很多,冷战时期就已经紧跟西方。韩国的国际关系学者从 20 世纪 50 年代就热衷于推动这个学科的"韩国化",他们认为这关系到韩国国际关系学者的尊严。[1]韩国的历史有明显的特殊性,历史上与中国保持"事大"关系,近代遭受日本的殖民统治,现在又依附于美国的安全保护。朝鲜半岛南北分裂已经持续将近 80 年,是大国竞争的角力场。在冷战结束后的全球化时代,韩国经济迅速发展,现在已经是世界第 12 大经济体,位居发达国家行列。韩国人尤其强调自己的"大国"身份,喜欢推广自己的文化,社会科学中有一股强烈的本土主义思潮。韩国国内的反华、反日、反美力量相互交错,政府和学术界不得不平衡与三个大国的关系。

韩国特殊的历史和国情,深刻影响着学术界的认知。韩国对于西方的知识霸权,似乎处于一种迷茫和矛盾的态度。韩国在 20 世纪 60 年代到 80 年代处于军政府统治之下,这一时期军政府继承了日本殖民时代遗留下来的集权主义经济模式。韩国国际关系学者长期以西方知识和基督教思想作为反对军政府的武器,他们渴求来自西方的知识而不是将西方视为殖民主义。[2]20 世纪 80 年代,也就是冷战后期和韩国军政府统治的

---

① Kim Hyung Kook and Cho Yun Young, "International Relations Studies in Korea: Retrospects and Prospects," *Pacific Focus*, Vol.24, No.3, 2009, pp.402—421.

② Jungmin Seo and Young Chul Cho, "The emergence and evolution of International Relations studies in postcolonial South Korea," *Review of International Studies*, Vol.47, No.5, 2021, pp.619—636.

后期,情况出现一些变化。一部分学者开始致力于学术本土化,表现为对美国叙事的解构。尤其是一些进步派学者不顾军政府的意识形态高压政策,将西方的批判主义国际关系理论引入韩国,如依附理论、国家社团主义、世界体系理论,目的在于反对韩国军政府对美国的追随和依附政策。[①]

20 世纪 90 年代初韩国实现民主化之后,上述趋势基本停止,模仿美国再次成为韩国国际关系学界的潮流。从 20 世纪 90 年代末开始,这个趋势更加明显,韩国的新自由主义经济体系使得教育体制变得日趋"商品化",以及韩国大学热衷于提升自己的国际排名,使得其国际关系学科更加依赖美国。大学要求教职人员必须在被"社会科学引文索引"(SSCI)收录的英文期刊上发表文章作为关键考核指标,导致一部分韩国国际关系学者为了迎合美国人喜欢的研究领域而被美国知识体系束缚。[②]到了 21世纪初,一部分韩国学者对这种现象愈加不满,认为韩国的学术体系处于美国的学术霸权之下,依然带有殖民主义的印记,他们明确呼吁建设国际关系的"韩国学派",以克服殖民主义。[③]到了 21 世纪第二个十年,一部分学者展示了远大的理论抱负,他们希望让韩国的国际关系研究取得与西方国家平等的地位。[④]

从冷战后期开始,韩国学者针对两种理论路径进行了争论:以普遍性为中心的路径和以特殊性为中心的路径。两者都野心勃勃,前者希望获得美国同行的认可,实现与西方理论平等的地位,后者希望向西方和非西

---

① Kim Hyung Kook and Cho Yun Young, "International Relations Studies in Korea," pp.402—421.

② 详见 Jungmin Seo and Young Chul Cho, "The emergence and evolution of International Relations studies in postcolonial South Korea," pp.619—636。

③ Kim Hyung Kook and Cho Yun Young, "International Relations Studies in Korea"; Chun Hee Yang, "International Relations as an American social science and academic freedom: A need for an expansion of research programmes and the discussion of taboo subjects in international relations," *Ataeyeongu* [*Journal of Asia-Pacific Studies*], Vol.17, No.2, 2010, pp.127—148.

④ Young Chul Cho, "Colonialism and imperialism in the quest for a universalist Korean-style International Relations theory," *Cambridge Review of International Affairs*, Vol.28, No.4, 2015, pp.680—700.

方国际关系共同体输出韩国的原创理论。①以普遍性为中心的路径的倡导者认为,韩国国际关系理论应该能够与西方标准进行"沟通"和"兼容",并且建立一种实证主义的、一般性的理论,与西方同行一起尝试修改和改进现有的实证主义理论。②韩国的以特殊性为中心的路径的倡导者认为,西方道路只是众多可能性中的一种因而并不具有普遍性,西方的一般性理论对朝鲜半岛国际政治和韩国政治历史的独特性关注不够,西方思想之所以看似普遍适用是因为韩国学者的模仿。③他们尤其关注韩国政治制度对于世界政治的意义,主张向世界推广韩国的政治制度。

如何通过以普遍性为中心的路径来实现理论创新?韩国一位年轻学者这样总结:西方学者和非西方学者之间的对话,应该发生在西方国际理论与非西方本土经验之间,以及非西方哲学与西方方法论之间。他建议,可以通过"工具主义"的方法来吸引西方学者与非西方学者进行对话。第一步,非西方学者应该努力学习现有的西方国际关系理论,之后再坚持不懈地尝试从非西方的角度对其进行批判和补充,以吸引西方学者的兴趣。非西方学者应该审视和积累对国际关系的不同生活经验和对国际形势的直觉,因为它们是实现国际关系知识改进和"更大多样性"的基本资源,可以以此激励西方国际关系学者更仔细地倾听非西方的声音,推动双方的对话。④还有人建议模仿美国知识霸权形成的过程,将韩国的知识霸权扩展到其他非西方国家。他们反对美国的普遍主义,同时鼓吹韩国式的普遍主义,试图在非西方国家寻找从属于韩国的学术殖民地。⑤

---

①⑤　Young Chul Cho, "Colonialism and imperialism in the quest for a universalist Korean-style International Relations theory," pp.680—700.

②　Woosang Kim, *Korea's Security Strategy in East Asia*〔in Korean〕, Seoul, South Korea: Nanam, 2007, p.285.

③　石之瑜对这种现象进行了讨论,详见 Chih-yu Shih, *Civilization, Nation and Modernity in East Asia*, New York, NY: Routledge, 2012。

④　Yong-Soo Eun, "Beyond 'the West/non-West Divide' in IR: How to Ensure Dialogue as Mutual Learning," *The Chinese Journal of International Politics*, Vol.11, No.4, 2018, pp.435—449.中国学者有相似的看法。林民旺认为,理论产生包含理论建构和理论证明两个过程,理论普遍性体现在它遵循共同的证明逻辑,特殊性则体现于理论假说的创造。林民旺:《寻求普遍的中国国际关系理论:一项不可能的使命?》,《国际安全研究》2013 年第 5 期,第 125—137 页。

以特殊性为中心的路径的学者强调从韩国自身的历史角度识别韩国独特历史经验的重要性。这一派学者认为,普遍性路径无助于韩国学派的发展,他们潜意识中依然是西方中心主义者因而对西方的批判并不彻底,只不过是在玩一个由美国主流国际关系学制定的规则的游戏。这一派学者认为,普遍主义者将反对知识殖民主义的愿望寄托于西方学术殖民者的仁爱,这样做最终会强化美国知识体系的霸权地位。这一派学者尤其强调韩国的政治模式对世界政治做出的巨大贡献。①他们拥有比中国的国际关系学者更大的学术和政治抱负。中国多数学者一般避谈"中国模式",而不少韩国学者则明确强调要将韩国的发展方式扩展到非洲和亚太地区。②还有人明确宣称,韩国应该积极对外输出理论,韩国政府应该向东南亚、东欧和南美的学生提供奖学金,邀请他们进入韩国大学和研究中心进行学习和交流。③

"韩国学派"的普遍性路径和特殊性路径之间虽然有争论,但是他们也面临着共同的问题。韩国学派虽然对西方国际关系理论不满,但是绝大多数学者均接受了西方的理性认识论。因此就形成一个特殊的关系,一方面他们仍然甘愿做西方认识论之下的被殖民者,另一方面又试图与其他非西方国家确立不平等的知识殖民关系。韩国或许试图在非西方国家推广东方主义,但它自身的东方主义思想其实来源于西方,它既是西方的批判者也是西方的合作者。历史上很多国家都曾遭受殖民和忍受分裂,韩国学者完全可以将本土经验上升为对全世界去殖民化斗争的普遍规律的总结,这样做或许会大大提升韩国国际关系学的国际影响力。

---

① Jong Kun Choi, "Theorizing East Asian international relations in Korea," *Asian Perspective*, Vol.32, No.1, 2008, pp.193—216, at p.205.

② Kim Hyung Kook and Cho Yun Young, "International Relations Studies in Korea," pp.419—420.

③ Seongmin Hong, "Knowledge and international politics: Democratization of Korea and task of scholarship"[in Korean], in Seongmin Hong ed., *Knowledge and International Politics: Political Power Permeated in Scholarship*, pp.19—59, Paju, South Korea: Hanul, 2008.也有学者提醒,过度强调特殊性的理论及视角很容易变成极端的民族主义历史观或国家中心主义的视角。闵丙元:《国际政治理论与韩国:批判性思考和建议》,《国际政治论丛》2007 年第 46 辑(特别号),第 42—43 页。

（二）印度本土主义国际关系理论的自我束缚

印度宣称自己是一个大国，但是很少看到印度的国际关系学者效仿中国和韩国的同行，通过关注印度的崛起以及印度的独特经验创造出国际关系的"印度学派"理论。印度学者似乎更加认为他们应该遵守普遍主义规范，接受西方的学术影响。印度裔学者阿查亚对这种情况更加了解：虽然也有中国学者反对建立基于独特文化特色的学派，但是在印度，反对知识民族主义的声音要强大得多。①南亚国家的经济发展水平以及社会问题导致国际关系理论人才的断层，年轻学者迫于生计不得不从事政策咨询工作以及区域研究工作，顾不上对理论和方法论的关注，也没有精力思考国际体系的变革。②严格地说，印度只有国际关系的"准理论"，而无理论。

虽然印度的原创性国际关系理论匮乏，但是印度产生了一些具有鲜明民族特色和普世意义的外交思想和理论。印度教的"非暴力""不害"思想对印度的外交理念影响很大。甘地学派是印度国际关系学科中最有影响力的学派，非暴力道德哲学带有鲜明的普世意义，被包括美国在内的很多国家的反歧视、反种族隔离运动效仿。印度独立后，非暴力哲学很容易转化成为民主主义和社会主义的政治理念。尼赫鲁学派则将印度教思想从国内层面发展到了国际层面，他的和平共处原则和不结盟原则得到第三世界很多国家的赞同。不过，这两个学派都是规范理论，不重视经验现实和客观规律，因此不能被称为国际关系理论。③

印度也有一些学者尝试发展本土主义（indigenism）的国际关系学。从 21 世纪头 10 年初期开始，印度一部分国际关系学者受到中国同行的启发。他们效仿中国学者从先秦思想中挖掘原创性国际关系理论的路径，试图从古印度婆罗门教和梵文经典中探索"本土国际关系术语和语法"，以指导印度的外交政策。④他们坚信，印度拥有远比西方更久远的国际关

---

① Amitav Acharya, "Theorising the international relations of Asia: necessity or indulgence?" *The Pacific Review*, Vol.30, No.6, 2017, pp.816—828.

② 高兴：《印度国际关系研究现状》，《世界经济与政治》2009 年第 3 期，第 48—53 页。

③ Atul Mishra, "Indigenism in Contemporary IR Discourses in India: A Critique," *Studies in Indian Politics*, Vol.2, No.2, 2014, pp.119—135.

④ Amitabh Mattoo, "An Indian grammar for International Studies," The Hindu, 11 December, 2012, https://www.thehindu.com/opinion/op-ed/An-Indian-grammar-for-International-Studies/article12442433.ece.

系历史,应该寻找一种替代西方理论和思想的方案。①随着印度的"崛起",这种关于大国雄心的精英话语在最近十几年以雄心勃勃的姿态展现出来,推动了印度国际关系学者的知识自信。②同时,也不排除有人这样做的目的是与中国的崛起进行学术话语权的竞争。

例如,有印度学者宣称,随着印度和中国的崛起,"亚洲过去的战略思想很可能重新获得复兴的机会"。③考底利耶是世俗政治科学的真正创始人,《政事论》对权力和治国之道的理解比西方政治哲学家更为透彻。④还有人认为,印度史诗《摩诃婆罗多》针对绝对道德与政治审慎之间的关系进行了充分的论述,可以指导印度在国际事务中的谈判策略;《罗摩衍那》有助于理解当代印度的安全思想,它比马基雅维利的思想早了几个世纪。⑤

遗憾的是,印度的本土主义国际关系学者可能低估了发展原创理论的难度,中国学者的经验恐怕并不容易被复制和效仿。原因是多重的。第一,印度历史的多数时期缺乏可靠的史料,历史上的印度比较封闭,因而没有太多对外交往行为。印度学者只能采取思想史路径,但是从这些古印度经典中提炼出的观点无法通过印度自身的历史得到实证检验,更不可能通过印度自身的历史经验扩展为普遍性的规律。第二,印度曾经多次经历外族入侵,先后被多个异族统治,整个国家的民族融合程度较低,且宗教信仰复杂。印度的本土主义学者试图将古印度思想家的智慧与今天的外交政策建立直接的联系,但结果是显得非常牵强。而且,佛教和婆罗门教针对人类社会、国内政治、国际关系的各种现象提供了有影响力的

---

① P.K. Gautam, *One hundred years of Kautilya's Arthashastra*, New Delhi: Institute for Defence Studies and Analyses, 2013.

② Atul Mishra, "Emulated or national? Contemporary India's 'great power' discourse," *Jadavpur Journal of International Relations*, Vol.17, No.1, 2013, pp.69—102.

③ C. Raja Mohan, "Arthashastra's Centennial," The Indian Express, 22 January, 2009, https://indianexpress.com/article/opinion/web-edits/arthashastras-centennial/.

④ Seema Narain, "Knowledge production, pedagogy and research in IR: perspectives from India," *Journal of International and Global Studies*, Vol.8, No.2, 2017, pp.18—33.

⑤ Amrita Narlikar and Aruna Narlikar, *Bargaining with a rising India: Lessons from the Mahabharata*, Oxford, UK: Oxford University Press, 2014.

解释,但是本土主义国际关系学者拒绝承认这两种宗教的强大传统。[①]从时间逻辑上看,印度经历过漫长的穆斯林统治时期,且距离当代时间更近;从空间上看,古印度与今天印度的版图范围大不相同,今天的印度继承的是德里苏丹国、莫卧儿帝国以及殖民时期的历史遗产而非古印度的遗产。[②]第三,古印度的经典著作是用梵文撰写的,今天很少有人使用这种语言,古代经典的真实含义并不能通过翻译的方式得知,学者往往根据自己的需要来诠释古代文字的含义。一个不可忽视的问题是,古印度是一个种性社会,古印度经典反映的是等级压迫的哲学,这显然不能指导今天印度的外交政策。第四,也是最重要的一点,从古印度经典之中并不能挖掘出多少有关印度独特性的表述和启示,因而它的原创性意义是比较缺乏的。例如,印度学者还是要用马基雅维利的思想来诠释考底利耶,这削弱了本土主义的创新价值。中国学者基于中国概念和经典的理论创新采取的是社会科学路径,最终目标是研究当代问题;而印度本土主义者采取的是思想史路径,拒绝和绕过当代问题,不能形成一个能有效解释当代国际关系的理论体系。

（三）俄罗斯国际关系理论的意识形态争论

俄罗斯国际关系学科发展的时间比较晚。在苏联时代,国际关系被视为"资产阶级科学"。20世纪60年代末,国际关系学科才诞生于苏联科学院,大学里依然没有设立这个学科。[③]苏联解体之后,在美国各种基金会的非政府组织的赞助下,这个学科在各个大学出现。俄罗斯的国际关系理论呈现多元化发展的趋势,与这个国家的意识形态结构情况一致。[④]

从19世纪中叶开始,俄罗斯在与欧洲国家交往的过程中围绕"俄罗斯意识"出现三种截然不同的意识形态传统:西方主义（westernism）、强国主义（statism）和文明主义（civilizationism）。在之后的100多年里,俄罗斯与

---

①② Atul Mishra, "Indigenism in Contemporary IR Discourses in India," pp.119—135.

③ Mariya Omelicheva and Lidiya Zubytska, "An Unending Quest for Russia's Place in the World: The Discursive Co-evolution of the Study and Practice of International Relations in Russia," *New Perspectives*, Vol.24, No.1, 2016, p.27.

④ Marina M. Lebedeva, "International Relations studies in USSR/Russia: Is there a Russian national school of IR studies?" *Global Society*, Vol.18, No.3, 2004, pp.263—278.

世界的交往方式始终具有一定的连贯性。①这三种意识形态之间的争论塑造了后来的国际关系学科。

苏联解体之后俄罗斯国际关系理论的多元化,是由这个国家在政治制度和意识形态转型过程中出现的经济社会发展的不确定性导致的。②美国主流国际关系学者在价值观问题上共识较多,因此他们大多热衷于从事去价值化的实证主义研究。但是俄罗斯的国际关系学者则往往有鲜明的意识形态取向,并且每个学者的价值观取向决定了他们对某种理论范式的忠诚。③尽管一些人宣称自己的理论是科学的,但这并未阻止他们公开宣示自己的意识形态信念。此外,美国国际关系理论家和智库学者是分工明确的,大多数理论家一般不希望影响政治,但是俄罗斯的国际关系理论家一般都希望影响政治。这种学术与政治之间的模糊界限,既是俄罗斯国际关系理论发展的动力,也是它获得全球影响力的重要障碍。④

自由主义者和西方主义者一直占据俄罗斯知识精英的主流,他们坚信自由民主制度最终会实现"历史的终结"。虽然几十年来俄罗斯与西方国家之间在政府层面矛盾重重,但是俄罗斯的知识精英坚定认为俄罗斯属于西方的一部分并且应该努力拥抱西方,只有进行根本的政治制度改革才能保证国家的安全。历史上,西方主义在很长时期内是俄罗斯的官方意识形态。彼得大帝、亚历山大一世都是西方主义者,亚历山大二世认同西方的宪政自由主义。⑤苏联解体之后,主流知识精英主张与"西方文明国家"建立联盟关系,对发展与中国的关系非常消极甚至对中国持提防与警惕的态度。他们不认同普京的对内对外政策,认为俄罗斯应该放弃苏联的历史遗产并且从"后苏联空间"中撤出。他们反对欧亚主义,认为这种保守的地缘政治观念已经终结。虽然普京已经执政 20 年,但并未改变自由主义者在俄罗斯国际关系学界和其他社会科学学科的主导地位。原因是多方面的,其中一个原因是,俄罗斯大学的财政状况非常困难,社会科

---

① ② ⑤　Andrei P. Tsygankov and Pavel A. Tsygankov, "National ideology and IR theory," pp.663—686.

③　Mariya Omelicheva and Lidiya Zubytska, "An Unending Quest for Russia's Place in the World," p.30.

④　Ibid., p.42.

学家陷入经济困难,很多人被迫放弃学术研究,或者兼任几份工作才能养家糊口。西方的各种非政府组织,如福特基金会、麦克阿瑟基金会、索罗斯基金会在塑造俄罗斯社会科学以及国际关系学科方面发挥了重要作用。①而那些完全站在政府一边为其提供辩护的学者,实际上没有能力发展出具有非西方民族特色的思想。

强国主义也是俄罗斯的重要思想传统。强国主义者强调维护国家安全,维持社会和政治秩序,建立强大的工业和军事能力以应对外部威胁。斯大林和普京就是俄罗斯最著名的强国主义者。强国主义者认为国家面临的威胁不仅来自西方,也来自东方,既要提防美国,也要提防中国。本质上讲,强国主义仍然是西方主义的一个变种,强国主义者并不一定反对西方,他们只是强调要通过经济的繁荣与军事的强大来获得西方的认可。强国主义者不一定反对普世民主和自由主义思想,但他们反对美国通过扩展民主来维护单极秩序。普京的价值底色其实是自由主义,强国主义只是手段。在意识形态光谱上,强国主义介于西方主义和文明主义之间。俄罗斯的现实主义理论家与强国主义意识形态的主要观点一致,他们从西方特别是美国的国际关系学那里借用了很多概念,但他们创造性地使用了这些概念,尤其是将俄罗斯传统的地缘政治理论融入其中。苏联解体之后,自由主义一度占据话语权的绝对主导地位。叶利钦的改革导致政治失序、腐败和贫困,北约东扩导致俄罗斯的不安全感,现实主义的话语才恢复了影响力。不过,直到今天,在知识精英群体中,现实主义者和强国主义者的数量依然不如自由主义者和西方主义者,前者强调俄罗斯的内部失序和外部面临的威胁,后者则认为这些问题是改革程度不够才导致的。

俄罗斯的文明主义者可以分为两个派别。一派是宗教意义上的文明主义者,另一派是地缘政治意义上的文明主义者。宗教意义上的文明主义者认为,俄罗斯的东正教文明和西欧文明、亚洲文明在根本上是不同的,他们强调俄罗斯文明在世界上的特殊性,主张恪守"第三罗马"历史使

---

① Andrei P. Tsygankov and Pavel A. Tsygankov, "A sociology of dependence in International Relations theory: A case of Russian liberal IR," *International Political Sociology*, Vol.1, No.4, 2007, pp.307—324.

命以及弘扬泛斯拉夫意识形态。①20 世纪,俄罗斯之所以率先建立了社会主义政权,是因为很多俄国人坚信他们的文明比"腐朽"的西方资本主义文明更为优越。地缘政治意义上的文明主义者也就是所谓的欧亚主义者,其中有人认为世界本质上是由两极构成的地缘文化冲突。②还有人认为,陆基文明(重视稳定性、保守主义、尊重传统以及伦理原则)与海基文明(强调活力、创新和变革)之间将会发生重大对抗,今天两者的载体分别是欧亚主义和大西洋主义。③还有人提出了东正教帝国这种观念,试图抵御西方并恢复俄罗斯的自信心,恢复俄罗斯在欧亚中心地带的地缘政治地位,或者主张与中国、印度、伊朗结盟。④整体而言,文明主义者在俄罗斯的知识体系中处于少数地位,受到自由主义者和西方主义者的排挤。自由主义者认为俄罗斯应该"回归"欧洲,但是文明主义者和欧亚主义者认为俄罗斯应该从知识上吸收西方,而不是被吸收。亚历山大·杜金(Александр Дугин)的"第四政治理论"⑤是文明主义者的集大成著作,但是他遭到西方主义者的痛恨,2014 年被莫斯科国立大学开除,甚至美国政府对他进行了制裁。

苏联解体之后,俄罗斯政府和知识精英的关系经历了较大的变化。在叶利钦时代,政府和知识精英的价值观基本上是一致的,政府基本上以自由主义为原则进行经济改革,外交上大致采取的是西方主义路线。普京上台之后,强调自己是一位自由主义者。"9·11"事件后,俄罗斯与美国的合作鼓舞了俄罗斯的西方主义者,他们对普京支持美国反恐的决定表示赞赏,一些人甚至鼓励双方建立基于价值观的更深层次的联盟,尽管普京只是想与西方建立战术上的联盟。⑥不过,2012 年之后,俄罗斯政府与

① Peter J. S. Duncan, *Russian Messianism: Third Rome, Revolution, Communism and After*, London: Routledge, 2000.

② Alexander Dugin, *Eurasian Mission: An Introduction to Neo-Eurasianism*, London: Arktos, 2014.

③ Eduard G. Solovyev, "Geopolitics in Russia: Science or Vocation?" *Communist and Post-Communist Studies*, Vol.37, No.1, 2004, pp.85—96.

④ Mark Bassin and Konstantin E. Aksenov, "Mackinder and the heartland theory in post-Soviet geopolitical discourse," Vol.11, No.1, 2006, pp.99—118.

⑤ Alexander Dugin, *The Fourth Political Theory*, London: Arktos, 2012.

⑥ Mariya Omelicheva and Lidiya Zubytska, "An Unending Quest for Russia's Place in the World," pp.39—40.

知识精英之间的关系变得紧张和对立。普京甚至剥夺了俄罗斯科学院的财政权力,使得很多社会科学知识分子移民国外。普京的外交理念逐渐转向强国主义和文明主义,大力推广"俄罗斯世界"和"欧亚空间",并且与地缘政治学者进行密切的互动和相互启发。普京认为,"任何与俄罗斯的传统和生活方式格格不入的西方价值观,都是对俄罗斯的内在危险。""这不再是一场关于领土空间和资源的斗争,而是一场关于思想和价值观的斗争。"①虽然文明主义和地缘政治理论遭到俄罗斯主流知识精英的反对,但是它显示出非凡的动员潜力,凝聚了大批俄罗斯民众的支持,以至于当权者和反对派都经常使用相关术语,他们认为地缘政治理论为国际关系中的一些长期难题提供简单而明确的解决方案。②

（四）日本原创性国际关系理论的匮乏

日本的国际关系学科其实非常成熟,但是和中韩两国相比,日本学者对国际关系"日本学派"的提法持慎重态度,甚至不太倾向于使用"国际关系理论"的表述,只是说"国际政治学"。③有人统计了日本本土国际关系论文对国际关系理论的使用情况。涉及国际关系理论的文章,有一半使用了现实主义,四分之一使用了自由主义,建构主义、批判理论、反思理论占剩下的四分之一。也就是说,日本学者的国际关系理论使用情况,与美国非常相似,主要关注普遍性而很少强调日本的特殊性。④日本也有人试图建立不同于威斯特伐利亚叙事的国际关系理论,但是他们事实上依然继承了欧洲中心主义,最终只是成为西方国际关系的"衍生话语"。⑤

日本的原创性国际关系理论之所以匮乏,主要原因可能如下。第一,

---

① Vladimir Putin, "Russia: The Ethnicity Issue," *Nezavisimaya Gazeta Daily*, 23 January, 2012, http://archive.premier.gov.ru/eng/events/news/17831/.

② Eduard G. Solovyev, "Geopolitics in Russia," pp.85—96.

③ 王广涛:《冷战后日本的国内政治与对外政策》,上海人民出版社 2019 年版,第160—163 页。

④ Michal Kolmaš and David Kozisek, "A Sociological Survey of Japanese International Relations Journals and University Education: Still a Discipline 'In Between'?" *Social Science Japan Journal*, Vol.23, No.2, 2020, p.312.

⑤ Kayaoglu Turan, "Westphalian Eurocentrism in International Relations Theory," *International Studies Review*, Vol.12, No.2, 2010, pp.193—217; Chen Ching-Chang, "The Im/Possibility of Building Indigenous Theories in a Hegemonic Discipline: The Case of Japanese International Relations," *Asian Perspective*, Vol.36, No.3, 2012, pp.463—492.

虽然日本引进西学的时间早于亚洲其他国家,二战后科学技术发展很快,但是日本在对外事务上始终高度依赖美国,从来没有自己独立的外交政策。因此日本学者不可能有独立的、原创性的见解。此外,日本人实用主义很强,历史上一般会追随国际体系中的最强者,因此对于探究国际关系中的规律性问题并不感兴趣。第二,日本一直希望摆脱战败国身份,成为"正常国家",但是日本从来没有提出过有别于西方的国际秩序主张,这一点与中国截然不同。有学者认为,日本和印度这两个国家其实缺乏成为世界大国的欲望,而且它们没有思考过自己国家的崛起将会如何改变国际秩序,不试图在西方主导的秩序和规则之外提出新的秩序和规则,无论是官方还是民间都很少有相关话语叙事。①第三,日本进入 20 世纪 90 年代之后经济泡沫破裂,经济持续低迷,也影响了日本的国际关系研究导向。②第四,虽然多数日本国际关系学者的实证研究和区域研究很扎实,但是很少有人从事理论研究,绝大多数学者采取以一手材料为基础的历史研究方法,排斥社会科学研究方法。③

不过,也有一些日本学者曾经思考过对于世界秩序的看法。和俄罗斯相似,日本也位于东西方文明的结合部,以及西方秩序和非西方秩序的连接点。日本国际关系理论的创新往往涉及如何看待两种文明之间的关系。酒井哲也(Sakai Tetsuya)认为,从 20 世纪初开始,日本内化了西方和非西方两种相互冲突的秩序并且经常在两者之间切换身份,一个是平等主权国家之间的"国际秩序",另一个是适用于国际社会边界之外的国家的"帝国秩序"。④有趣的是,在 20 世纪上半叶,日本本土的法律并没有机械地应用于它的殖民地,这并不是因为日本的统治者尊重中国人、韩国人、中国台湾人,而是因为日本帝国的"文明"身份需要"落后的"亚洲邻国的存在。⑤

---

① Manjari Chatterjee Miller, *Why Nations Rise: Narratives and the Path to Great Power*, New York: Oxford University Press, 2021.

② 王广涛:《冷战后日本的国内政治与对外政策》,第 186—187 页。

③ 宋伟:《日本为何缺乏国际关系理论创新? 以日本型现实主义为例》,《国际政治研究》2018 年第 5 期,第 65—76 页。

④ Sakai Tetsuya, *Kindai Nihon no Kokusai Chitsujo Ron*(*The Political Discourse of International Order in Modern Japan*), Tokyo: Iwanami Shoten, 2007.

⑤ Chen Ching-Chang, "The Im/Possibility of Building Indigenous Theories in a Hegemonic Discipline," p.475.

值得关注的是，日本的一部分人文和历史学者非常热衷于研究中国这个东亚国际体系中最大的国家，他们试图提供一套不同于西方学者的论述。沟口雄三(Mizoguchi Yuzo)认为，研究中国不是目的，而是通过研究中国来重新考虑人类历史的结构性问题，这样做可以让日本超越任何国家或文明，探索真正普遍意义的世界。①竹内好(Takeuchi Yoshimi)呼吁在日本建立一种"非欧洲"风格的中国研究，他认为中国缺乏"欧洲性"和欧洲风格的现代性才使得中国能够用共和主义取代封建政治制度，日本则无法做到彻底的社会革命。②滨下武志是中国人比较熟悉的日本国际关系史学家，曾经担任中国中山大学亚太研究院院长。他提出了与费正清(John K. Fairbank)等西方学者完全不同的对朝贡体系的东方主义解释，认为朝贡体系不是在西方秩序的冲击下而解体，事实上西方国家与东方打交道的时候也在融入朝贡体系，因此今天东亚的秩序依然会受到持续千年历史的朝贡体系的残余规则和规范的影响。③日本学者也对中国学者赵汀阳的"天下"体系理论很感兴趣④，只不过他们没有体会到中国人的世界主义精神，误以为"天下"体系理论与当年日本提出的臭名昭著的"大东亚共荣圈"没有本质差别。

（五）非洲的国际关系理论：被主流忽视的声音

本节最后要讨论的是非洲的国际关系理论。非洲国际关系学者有着强烈的"去殖民化"诉求，但是由于非洲国家实力较弱，在国际上话语权也很弱，因此这些声音无法被听到。原因是多方面的。主流国际关系理论围绕文明程度、行为体和方法论设置了一系列标准，非洲则遭到主流国际关系学的全面贬抑，并且明显缺乏理论自信。⑤英美国家通过实力保证了自己的话语权，尽管他们设定的学术标准具有明显的偏见。主流学者倾向

---

① Mizoguchi Yuzo, *Hoho to shite no Chugoku（China as Method）*, Tokyo: University of Tokyo Press, 1989.

② Takeuchi Yoshimi, *What Is Modernity? Writings of Takeuchi Yoshimi*, translated by Richard Calichman, New York: Columbia University Press, 2005, p.165.

③ Hamashita Takeshi, *Choko sisutemu to kindai ajia（The Tribute System and Modem Asia）*, Tokyo: Iwanami Shoten, 1997, pp.8—9.

④ 赵汀阳：《天下体系：世界制度哲学导论》，江苏教育出版社 2005 年版。

⑤ 张春：《中国的理论自信对非洲国际关系理论建构的借鉴意义》，《西亚非洲》2018 年第 4 期，第 42—60 页。

于认为非洲仅仅具有区域研究的价值,无法上升为普遍性的理论,更不可能在全球层面影响国际关系规范、规则和秩序。中国、韩国学者的全球学术贡献是正向启发的,即基于自己独特的价值观提出与西方不同的理论;非洲学者的全球学术贡献则是反向启发的,即告诉我们即使那些深受西方价值观和殖民遗产影响的国家,自由主义也是不适用的,甚至是失败的。

根据弗朗西斯·福山(Francis Fukuyama)的历史终结论,资本主义被等同于民主,但是它在非洲遭遇到挑战。世界上其他地区的非西方国家不一定照搬西方模式,而非洲相当数量的国家则继承了西方殖民主义的遗产,这就是为什么研究非洲很重要。自 20 世纪 70 年代以来,非洲有些地区因自由市场改革而迅速衰落,自由化没有带来民主而是加剧了不平等发展,未能改善非洲的社会状况,反而使其恶化。福山实际上深受黑格尔的影响,而黑格尔表现出对中国和非洲等非西方世界的无知。例如,他在《历史哲学导论》中说,"非洲不是世界历史的一部分,它没有运动或发展可以展示","非洲是非历史的、不发达的精神,必须作为世界历史的童年来呈现"。和西方国家相比,尼日利亚这样的国家更早地体验到了选举民主带来的政治冷漠和政治剥夺。[①]非洲大陆的案例为批判自由民主制度作出了重要贡献。

非洲大陆还是检验民主和平论的最佳区域。在非西方世界,只有非洲和拉丁美洲聚集了较多的民主国家。这个理论只有经受得住非洲案例的检验,才能被认为具有超出西方世界的普适性。不过,事实上,非洲国家的政体与战争倾向并无关系。非洲的冲突大多源于各国的内部矛盾,尤其源于西方民主制度带来的社会治理能力的脆弱和收入分配差距的扩大,国际冲突是上述问题外溢的结果。自由民主不是防止非洲发生战争的主要因素,相反它促进了战争。

三、非西方国际关系理论面临的困境

通过前面对韩国、印度、俄罗斯、日本和非洲五个国家和地区的国际

---

① Tandeka C. Nkiwane, Africa and International Relations: Regional Lessons for a Global Discourse, *International Political Science Review*, 2001, 22(3), pp.279—290.

关系理论发展现状的研究,可以看出一些规律。对于非西方国家来说,建立自己的国际关系理论非常有必要,但是也存在着各种主观和客观上的困难。和中国相似,很多非西方国家和第三世界国家的学者都有同感,认为西方国际关系理论有明显的局限性,而这些国家的国际关系学不可能完全撇开西方国际关系学另起炉灶。但是,一旦他们使用了西方学者发明的概念和理论,就会立即被西方的逻辑同化,无法反映本国的客观事实和利益诉求。

包括中国在内的很多国家的学者曾经对英国学派(或英格兰学派)理论寄予厚望并且效仿其理论创建的经验。不过,英国学派的局限性比较明显,决定了其对非西方世界的适用性有限。今天英国学派在英国国际关系学界也没有太大影响力,这个学术团体的成员仅限于伦敦政治经济学院等少数学校的很少数学者,以及英联邦国家少数学校的很少数学者。此外,英国学派思想的直接来源是大英帝国殖民时代的国际秩序和今天英联邦内部的国际秩序。今天英国主流国际关系学已经和英国学派没有太大关系,但英国主流国际关系学为我们提供了一种不同于美国的理论建构方法,可能对我们很有启发。美国学者在创造理论的时候,关注的是自变量如何影响因变量,而英国学者则更关注自变量本身的变化,因为在现实世界中自变量可能很难独立和稳定地存在并且对因变量造成影响,自变量尤其是会受到各种复杂的历史和文化背景的影响。①

建构主义一度在很多非西方国家风靡一时,甚至建构主义在中国国际关系学界的影响力超过了它在美国的影响力。发展中国家在物质能力方面显得弱小,但建构主义强调观念的力量。②尤其是建构主义对文化和身份的强调,使得非西方国家的学者看到了理论机遇,并且有助于推动西方与非西方国家学者之间的对话。但是,建构主义仍然没有改变西方理论对非西方国家的支配地位。正如阿查亚所说,虽然建构主义擅于研究非西方国家的国际规范,但它仍然忽视亚洲、中东和其他地区的种族问题

---

① 这得益于笔者与外交学院王梓元博士的讨论。

② Donald Puchala, "Third world thinking and contemporary relations," in S. G. Neuman ed., *International Relations Theory and the Third World*, pp.133—157, New York: St Martin's Press, 1998.

以及各地区之间的文明差异问题。①多数建构主义文献关注北大西洋国家的安全问题,缺乏对全球南方问题的关注,其价值观仍然是基于自由主义和西方中心主义的进化思维。建构主义能否恢复以前的影响力取决于它的非西方理论转型。

非西方国家的学者很难提出原创性的大理论,因此暂时只能寄希望于通过实证方法在中观理论方面取得突破。阿查亚认为,中观理论的兴起一方面激发了西方学者对世界上其他地区的好奇心,另一方面扩大了西方国际关系理论在非西方学术界的影响力。不过,中观理论只能对现有的概念进行经验检验,却不能在新的或以前被忽视的经验数据的基础上开发全新的概念和理论。②实证研究并没有解决西方概念和理论对非西方世界的不适用性。例如,西方学者发明了很多关于战争的概念,相关文献汗牛充栋,但是中国历史上却不一定存在与这些概念对应的现象,而中国的很多现象在西方世界是很少存在过的也没有形成理论。虽然我们的理论创新不可能绕开实证研究,但是实证研究一般擅于研究定局而难于研究变局。以实证方法为基础的美国国际关系理论并未有效解释世界历史上的一些重大变化,如苏联的解体、中国的崛起以及特朗普的上台。今天世界政治中的各种不确定性,可能是非西方国家学者进行理论创新的重大机遇。

目前非西方国际关系理论发展的最大困境是不同国家学者之间的协作问题。在亚洲,不同国家的学者之间的交流和互动相当有限,制约了亚洲国际关系学共识的形成。相关的跨国学术组织只有成立于 2003 年的亚洲政治和国际研究协会(Asian Political and International Studies Association)和国际研究协会(International Studies Association)的亚太区域分会。这种局面将使得非西方的国际关系理论不能得到整合,导致学科的分散化,以至于无法追赶西方理论。③

有趣的是,国际关系理论的美国性与殖民性的关系是非常微妙的。韩国人将日本作为去殖民化的反对对象,非洲人则将欧洲国家作为去殖民化的反对对象。美国本身是二战之后推动去殖民化的主要力量,而且

---

①②③　Amitav Acharya, Barry Buzan, "Why is there no Non-Western International Relations Theory?" pp.341—370.

今天的主流国际关系理论主要是美国人建立的。这就意味着,对于任何国家来说,国际关系学上的"去殖民化"是一个很难完成的任务,他们越反对殖民遗产,就越无法摆脱美国主流理论。这种局面的改变只能依赖两个条件的出现,一个是美国自己启动"去美国化",实际上这个过程已经开始,特朗普主义就是典型的表现,最终会导致美国放弃葛兰西式的文化支配权转而推动第三世界国家的一部分知识分子反思本国的发展道路,实现知识权力结构的转变。另一个就是中国的崛起为其他第三世界国家的知识分子带来自信心进而重塑其知识体系,不过中国学者对此尚未做好准备。

非西方国际关系学还要考虑一个很实际的问题,即以什么样的方式反对和挑战西方主流国际关系理论。这大体分为从西方学术体制之内发起挑战,以及从西方学术体制之外发起挑战。阿查亚认为,如果非西方国际关系理论不能吸引西方主流学者,那么它有可能会失败,"后西方国际关系"不应以激进的议程否认和取代西方国际关系,双方进行有意义的对话至关重要。①这可能暗示了一种无奈的事实,即受制于西方的知识支配权力,非西方学者的学术贡献从根本上讲还是不得不接受西方学者的评判。反过来说,西方学者在多大程度上能容忍来自非西方的挑战,也是一个敏感的问题。美国学者关注和倡导多元化的国际关系学,本身符合自由主义左派的政治理念和议程,即以多元主义为幌子来推广金融资本家的利益。但是从根本上讲这并不是平等的关系,美国的自由主义左派不会容忍那些致力于颠覆该学科现状的学者,更不会容忍那些致力于颠覆美国霸权的学者。正如安·提克纳(J. Ann Tickner)所说,"赢家很少愿意让输家参与国际关系史上的一系列辩论","虽然失败者对对话表现出极大的兴趣,它也没有得到主流的回报"。②西方国家的学术体制和出版商依然牢牢掌控着学术评审权力和信息流动权力,当其他国家的学者对国家利益和国际秩序的诉求超出西方能容忍的限度之后,美国仍然有可能以

---

① Amitav Acharya, "Dialogue and Discovery: In Search of International Relations Theories Beyond the West," *Millennium*, Vol.39, No.3, 2011, pp.619—637.

② J. Ann Tickner, "Dealing with Difference: Problems and Possibilities for Dialogue in International Relations," *Millennium: Journal of International Studies*, Vol.39, No.3, 2011, pp.609—611.

政治和学术理由来禁止其表达观点。一个最著名的例子就是俄罗斯的地缘政治理论家杜金遭到美国的制裁，一旦遭受美国制裁不少国家的学术界也不敢与之进行往来。

最后要提及的是中国的国际关系理论创新。国际关系学和国际关系理论在中国的发展，每一个时期都有深刻的社会政治背景。今天，与其他国家的国际关系理论相比，中国的理论最有可能产生与美国比肩的影响力，因为中国实力地位及影响力正在不断上升，而且提出了一套与西方国家有很大差异的国际秩序的主张。中国学者的任何理论创新，都有较大机会得到美国和其他西方国家同行的密切关注。过去十几年来，很多同仁的努力和付出得到了世界同行的认可和赞赏。不过，我们的理论应该更多地反映现实世界中最重要的现象和最本质的问题。中国国际关系学者的理论创新，一般依赖于从儒家思想中获得启示。然而，儒家思想在中国古代的政治中，更多是一种价值规范体系和道德话语体系，可能并不能反映客观现实和行为方式的变化，尤其是并不能解释一个国家的战略行为的变化。[1]在今天，我们世界中最重要的现象和最本质的问题就是中国崛起及其引发的美国对华战略打压。两个大国之间的关系并不是趋于和平的、和谐的、进化的，相反更像是一种不断冲突的、不断对抗的关系。我们自己的原创性理论不仅应体现规范性的价值追求，也应该更好地反映客观世界的变化方向。

四、去殖民化——非西方国际关系理论
最可能的发展方向

成熟的非西方国际关系理论，受制于如下几个因素。首先，非西方国家的国际关系史不足以为普遍性理论提供必要的经验基础。中国的先秦时期和秦朝之后的帝国时期是为数不多的被中外学者寄予希望的学术矿

---

① 2009 年张建新教授就曾指出，中国古代思想在形式上重省悟而不重论证，轻视事实和逻辑，缺乏对事件本身的观察与分析。张建新：《西方国际关系理论范式的终结与"中国学派"成长的困惑》，《国际观察》2009 年第 5 期，第 9—16 页。

藏,但是先秦时期的霍布斯式国家间关系以及帝国时期的等级制国家间关系,都与今天以民族国家为中心的国际体系有很大差异,能为今天提供的启示比较有限。而南亚、中亚、中东更没有成熟的国际体系。

其次,英美国家的政府和知识精英对非西方学术界的控制正在变得日趋隐蔽。英美国际关系学科一开始公然宣称种族主义和西方至上主义,后来则以全球主义作为掩饰,用人类的共同利益以及民主、善政和安全等话语来掩盖霸权国家的利益。[1]"二战"之后,虽然殖民主义瓦解,但强道之后取而代之的是霸道,后者擅于通过社会意识形态来支配相关的知识形式。例如,国际关系学科中有很多文献和战争是相关的,但是很少有人关注殖民战争及其遗留的问题。[2]

第三,政治学和国际关系学科学术体系自身的因素。英语是世界上最为通行的语言,因此一种学术观点要想获得全球性的影响力,必须使用英语进行写作,但是很多非西方国家学者的英语写作水平达不到被有影响力的英文期刊发表的要求。此外,学术评审体系本身不利于边缘性观点的生存,因为一个学者在投稿的时候只有去迎合多数,他的文章被发表的可能性才会较大。因此我们看到一种现象,在包括中国在内的部分国家,只有在学术界已经很有影响力的资深学者才有机会尝试挑战与西方主流理论不一样的观点。

(一)从殖民主义到自由主义——西方国际关系理论的意识形态工具性

西方国际关系学有强烈的社会意识形态内涵,只不过被巧妙地隐藏起来。国际关系理论之间的各种争论,如和平主义和战争主义的争论、理想主义和现实主义的争论、左翼和右翼的争论,都只不过是假象。这些理论实际上都带有种族主义和殖民主义的假定,从来没有摆脱这个禁锢。[3]

---

[1] Randolph B. Persaud, "Ideology, socialization and hegemony in Disciplinary International Relations," *International Affairs*, Vol.98, No.1, 2022, pp.105—123.

[2] Amitav Acharya, "Global International Relations(IR) and Regional Worlds: A New Agenda for International Studies," *International Studies Quarterly*, Vol.58, No.4, 2014, p.648.

[3] Lucian M. Ashworth, "Warriors, pacifists and empires: race and racism in international thought before 1914," *International Affairs*, Vol.98, No.1, 2022, pp.281—301.

现实主义和自由主义这两大理论范式明显地体现了种族主义。①建构主义理论实际上仍然表现出强烈的自由主义倾向，可以被认为是自由主义的一个分支。

殖民主义是 19 世纪欧洲强权时代的主导国际规范，自由主义是 20 世纪美国霸权时代的主导国际规范。英国早期国际关系学科以确保大英帝国的利益、维护大英帝国的治理为目的，体现的是达尔文主义和科学种族主义的指导思想。美国学者构建国际关系理论的初衷则是推动自由主义秩序，巩固和捍卫自由主义霸权。②英国强权是取殖民地资源服务于本岛利益，美国的霸权则不同，它的疆域和实力决定它可以建立一种更为开放的秩序，但也是一种隐蔽的不公正秩序。

绝大多数国际关系学者是在针对认识论（知识生产的过程）、本体论、方法论进行辩论，很少有人关注学科内的权力关系和知识生产的后果，尤其是关注理论、理论家与政府的政策之间的关系。西方的学术界从来不是自主性的"象牙塔"，大学和知识分子实际上都是维护种族主义等级制度合法性的工具，真正在学术体系内有影响力的知识分子往往在政府中担任过职务。例如，约翰·穆勒（John Stuart Mill）曾经在东印度公司担任官员；汉斯·摩根索（Hans Morgenthau）曾经是乔治·凯南（George Frost Kennan）领导的美国国务院政策规划司的成员；罗伯特·杰维斯（Robert Jervis）曾经是美国中央情报局的咨询顾问；约瑟夫·奈（Joseph Nye）曾经担任过美国的助理国务卿、国家情报委员会主席、助理国防部长和驻日本大使。西方国家的很多左翼和自由主义知识分子，也曾经自觉或不自觉地在文字中推行种族主义和帝国主义意识形态。③尽管国际关系理论家曾经经历过数次大辩论，但这些理论家曾经担任过政策制定者或者政策顾问。他们的辩论都是基于一个共识的基础之上，即假设世界秩序是由美

---

① Errol Henderson, "Hidden in Plain Sight: Racism in International Relations Theory," *Cambridge Review of International Relations*, Vol.26, No.1, 2013, pp.71—92; John A Hobson, *The Eurocentric Conception of World Politics*, Cambridge: Cambridge University Press, 2012.

② Randolph B. Persaud, "Ideology, socialization and hegemony in Disciplinary International Relations," pp.105—123.

③ Jasmine K. Gani and Jenna Marshall, "The impact of colonialism on policy and knowledge production in International Relations," pp.5—22.

国主导的,因此这些辩论都只不过是家庭内部的纷争。①

美国的意识形态之所以具有强大的影响力,是因为其强大的经济实力和物质基础。学者为了获得项目资助,必须讨好企业和商界,因为项目评审委员会的很多成员来自商界。此外,商界是美国最强大的利益集团,政客是为商界的利益服务的。这使得即使学者试图与政治保持距离,他们的作品仍然会被用于政治目的。②美国的跨国公司和非政府组织网络遍布全世界,这确立了美国知识体系对全世界的支配力量。例如,在 20 世纪 90 年代和 21 世纪头 10 年初期,美国的福特基金会等非政府组织也曾经资助中国国际关系学科的发展,但是后来它们发现资助中国的国际关系学科并不符合美国的利益,因此 2005 年之后停止了资助,转而增加对其他学科的资助力度,寻求影响中国的内部政治。

(二)去殖民化作为非西方国际关系理论发展方向的可能性

冷战之后,西方自由资本主义在全世界范围确立价值优势,并且已经维持 30 年,但这是以美国和西方的实力作为前提的。一旦美国实力或者相对实力出现衰落,这种道德与制度优越性的假定就会受到动摇。2003 年之后美国在伊拉克的挫折暴露出美国实力的有限性和道德的缺陷,2009 年之后美国的政治极化暴露美国政治制度的弊病,越来越多的国家看到了美国内外政策的问题并且进行反思。这也正是非西方国际关系理论产生的宏观背景。

西方价值观假定了西方之于世界其他地区的同质性,暗示了西方之外的国家没有自己独特的社会意识形态根基,非西方世界必须被动地等待被西方定义的全球化所同化。西方的多元主义其实是资本家定义的以扩张市场和通过移民获取廉价劳动力的多元主义,他们不允许存在不符合其经济利益的多元主义。然而,今天世界遇到了新的问题,即西方国家尤其是美国对全球化不满,甚至试图颠覆自己创立的自由主义国际秩序。换句话说,西方价值观的普遍性遭受动摇,挑战不仅来自非西方国家,也来自西方和美国的内部力量,尤其是华尔街对美国政治的控制力正在下降。西方内部的政治变化给非西方国家提供了教训,它们努力适应新的

---

①② Randolph B. Persaud, "Ideology, socialization and hegemony in Disciplinary International Relations," pp.105—123.

国际关系现实和寻求自我保护,而不是继续依赖于以西方化为基础的同质性所带来的好处。

西方政治学和国际关系学假定单一的现代性,认为世界各国的社会将会因为现代化进程而最终趋同,因此不需要西方之外的社会科学,只需要使用西方的概念和理论即可。然而,单一现代性被世界普遍接受的前提是西方和美国具有超强的实力,但是今天美国内部的政治矛盾愈演愈烈,美国和其他西方国家的分歧也日益明显。非西方理论的目标则是推动多元的现代性和后殖民的现代性,寻找不同于西方现代性的道路,并且揭露西方现代化道路中违反现代性的手段,如殖民扩张、种族杀戮和阶级压迫。真正的多元主义反对美国资本利益主导下的伪多元主义。

实证主义研究方法的普及使得非西方国家的学者获得了理论创新的技能。不过,科学主义、实证主义并不能解决不同国家和不同族群之间的价值观分歧,不能改变西方世界对非西方世界的支配地位,也不能缓和西方国家和非西方国家各自国内社会的矛盾。很多国家经历了引进—批判—创新的过程。批判理论和规范理论有助于解构西方的现代性和知识霸权,但是最终还是要建立新的正面启发的理论体系(positive theories)。这是更为艰难的过程,但只有这样才有助于理解国际现象并且提供一套连贯的概念。①

从去殖民化的角度实现国际关系理论的创新,有两种路径和方向,一种是非西方国家学者的集体合作,而非某一个国家学者的努力,另一种是西方国家学者的推动。

就第一种路径而言,亚洲的中国、韩国、印度,以及中东、非洲和拉美的一部分知识分子确实有去殖民化的抱负,但是其中每一个国家的经历又很有独特性,对去殖民化的理解大不相同,甚至是截然相反的。有的国家将美国视为去殖民化的对象,有的国家希望借助美国的力量实现去殖民化。同时这些地区的知识分子又和以美国为首的西方学术共同体有千丝万缕的关系。因此这些国家的去殖民化思想只能仅仅有助于解释本国面临的问题,不能成为一种普遍性的理论,很难获得接近于西方理论的学术

① Atul Mishra, "Indigenism in Contemporary IR Discourses in India," pp.119—135.

地位。他们只有努力寻找共性而非个性,才能产生一种统一的与西方对立的知识体系。这样的理论显然不能仅仅依靠某一个国家的学术共同体的力量。全球南方的学者应该团结起来,才能有机会挑战帝国主义和种族主义叙事,减少全球北方的政策制定者对学术的影响。①在这个问题上,韩国部分学者比中国学者有更清醒的认识,强调应该与中国和日本的同行进行合作才能将其推向前进。②

第二种路径认为,非西方国际关系理论使命的最终实现,仍然取决于西方学者的贡献,即这个学科的非殖民化和民主化,更有可能发生在西方国家。陈庆昌认为,西方现代性以自我—他者二元论为假定,在西方现代性的支配下,国际关系将国家主权置于所有其他类型的政治共同体之上,在世界范围推广西方的国家建设经验,使得西方的自由资本主义模式成为所有人的榜样。此外,西方国际关系理论的语法霸权使得人们无法质疑西方,因为西方已经通过实证主义确定了一套衡量其他国家生产知识的方式是否合法的标准,因此西方的知识永远无法被替代。其他国家的学者按照西方确立的历史轨迹来"追赶"西方的国际关系学几乎是不可能的。③换句话说,构建非西方国际关系理论的着力点并不在于国际关系层面,而在国内政治或者世界政治层面。目前亚洲的国际关系理论都不涉及对现代性和现代化的先验假设的质疑,也没有触及对西方价值观的反思和质疑。石之瑜也说,政治科学家需要建立一种不假设固定本体论或固定目的论的关于民主的认识论,这种民主能够抵制任何意识形态的固执己见。④更直率地说,只有当西方内部出现比较严重的问题时,处于西方中心国家的学者才会被迫建立新的认识论来实现学科的民主化,这些非西方的国际关系学派更有可能出现在西方学术体系内部而不是非西方国家。

① Jasmine K. Gani and Jenna Marshall, "The impact of colonialism on policy and knowledge production in International Relations," pp.5—22.

② Kim Hyung Kook and Cho Yun Young, "International Relations Studies in Korea," pp.402—421.

③ Ching-Chang Chen, "The absence of non-western IR theory in Asia reconsidered," *International Relations of the Asia-Pacific*, Vol.11, No.1, 2011, pp.1—23.

④ Shih Chih-Yu, *Democracy(Made in Taiwan)*, p.212.

（三）中国对于国际关系理论去殖民化的可能贡献

有学者指出，"中国学派"可能是中国国际关系学者的一种斗争策略，他们模仿西方理论中的各种范式和概念以假装融入西方主流话语进而改造西方理论，以一种温和渐进的方式与西方知识进行对话，目的是团结非西方世界的反西方理论家，以及西方内部的批判主义理论家，达到反抗和瓦解西方知识霸权甚至最终建立新的知识霸权的目的。[1]不过，事实上，多数学者只是希望提供一种与西方不同的知识叙事方式，他们的理论建立在西方学者既有成果的基础之上，他们的目的是与西方同行进行对话以提升自己的世界学术影响力。他们不仅尝试修正西方理论，也乐见自己的观点被批评和修正。

就目前而言，中国主流的国际关系理论学者一般是从价值中性的视角进行讨论，一般尚未采取去殖民化的视角。[2]与韩国、印度、中东、非洲、拉美不同，中国历史上曾经是半殖民地但从未成为完全的殖民地，所以中国又是整个非西方世界里一个比较特殊的国家。去殖民化问题没有成为联系中国和其他第三世界学者共同兴趣的一个领域。过去一段时间及当下中国学者热议的话题是国家的崛起，尤其是讨论中国的和平崛起如何不同于历史上西方国家的崛起，以及在此基础上发展出关于大国崛起和竞争的普遍性理论。中国国际关系学不仅应关注中国与西方之间的普遍性，更应该探索中国与第三世界之间的普遍性并且进行理论化，尤其是多考虑第三世界弱势地区人民群众的生活状况和所想所需。如果我们只是研究中国崛起并且只考虑中国的利益，或者想当然地认为中国就代表了"非西方"，那么就可能会复制罗伯特·考克斯（Robert Cox）警告过的霸权统治逻辑，或者说可能会复制西方的"衍生话语"而不是破坏殖民主义现代性的逻辑。[3]

---

[1]　Yih-Jye Hwang, "Reappraising the Chinese School of International Relations: A postcolonial perspective," *Review of International Studies*, Vol.47, No.3, 2021, pp.311—330.

[2]　相关的成果非常少，例如于海洋：《国际体系的帝国主义倾向及其批判》，中国社会科学出版社 2021 年版。

[3]　Robert Cox, "Social forces, states and world orders: beyond international relations theory," in R.O. Keohane ed., *Neorealism and Its Critics*, pp.204—254, New York: Columbia University Press, 1986; Ching-Chang Chen, "The absence of non-western IR theory in Asia reconsidered," pp.1—23. 此外，中国大学每年邀请很多国外的国际关系学者来华讲学，以后也可以更多地邀请第三世界的学者。

中国国际关系学科过去 30 年的发展,正好是冷战结束之后的 30 年。在此之前,我们没有真正的学术意义上的国际关系学。换句话说,中国国际关系学的发展,正好与冷战之后世界全球化、自由化、美国化的进程几乎发生于同一时段。在这种条件下,中国绝大多数同仁认为没有必要提出一种超越西方的国际秩序观,中国应该遵守而不是取代西方和美国主导的秩序和规则。而今天,情势已经大为不同,世界逐渐进入逆全球化、反自由化、去美国化的时代。美国相对实力的衰落、美国内部的政治极化以及孤立主义和保护主义的抬头,正在严重冲击世界秩序,也不可避免地会冲击到中国的国际关系学。更坦率地说,过去 30 年里,我们这个学科积累的部分知识和创造的部分理论,在今天可能不再合时宜。这或许对我们来说是一个挫折,但也会迫使我们进行反思,进而生产出更有影响力的成果。

中国的国内政治比对外交往经验更具有本质意义。中国的真正独特性在于,它的历史中蕴含着一种与西方现代性不同的独特现代性,也就是福山所说的"中国是第一个发展出马克斯·韦伯(Max Weber)所说的现代国家的地方。"①中国 70 年发展的历史经验,是对西方现代性的扬弃,中国的发展和繁荣既没有复制西方国家殖民其他国家的经验,也没有像一部分发展中国家那样将自己重新置于西方国家的殖民之下。中国独特的发展经验得到西方国家学者的密切关注。中国国际关系理论的真正价值是,为非西方国家贡献与西方现代性不同的普遍性知识,中国历史经验可以比西方经验更有助于推动其他发展中国家从前现代走向现代。

五、结 论

与既有的研究非西方国际关系理论的文献不同,本文是把理论作为因变量,把理论产生的客观条件作为自变量,关注的是在什么时候什么条件下会产生什么样的理论。国际关系学科不能直接产生经济效益,国际关系理论远离实务而且生产周期较长,因此这种意识的增量始终处于脆

① 福山:《没有放之世界皆正确的政治制度》,《红旗文稿》2015 年第 9 期,第 41 页。

弱的状态,受制于研究者的经济条件与生活状态。日本和韩国是发达经济体,具备了理论知识增长的物质条件,而且学者比较受到政界的尊重;俄罗斯和印度都是有影响力的大国,需要国际关系理论研究者探索独特的世界秩序主张,尤其是俄罗斯处于东西方文明的结合部使得国内的意识形态争鸣较为激烈。不过,日本在政治上非常依赖美国,因而缺乏独立的战略思维,所以它几乎没有自己的国际关系理论;印度由于经济发展水平的限制,这个学科的人才断层较为严重;俄罗斯学术界受制于西方基金会的影响,文明主义者处于知识体系的少数地位。比较而言,中国具备推动原创性国际关系理论产生的所有积极因素,但今天中国所处的战略环境正在发生改变,我们缺乏新时代需要的知识和理论。

一个不可回避的问题是,中国国际关系理论的未来创新,是应该发生于西方学术体系之内,还是发生于西方学术体系之外?前者试图论证中国与西方之间的普遍性并且得到西方同行的认可,因而对西方的批判力度较弱。不过,今天世界的客观趋势是中西之间的对抗趋势日益明显且难以逆转,寻找彼此的普遍性已经非常困难。后者虽然对西方进行强有力的批判,但又过于强调中国特殊性,这样做可能导致不能撼动西方的知识霸权。值得警惕的是,最近中美之间的人文和学术交流出现脱钩的迹象,美国限制与中国的人文交流,开始对中国的社会科学专业人士进行制裁,国际关系学者首当其冲,这将会对中国国际关系学的发展蒙上一层阴影。

强调中国的独特性和优越性是有风险的。独特性无法被证实或证伪,而且无法形成理论。西方自由主义者不断强调他们文化和文明的独特性和优越性,推广基于基督教的价值观和意识形态。中国的理论创新不应进行效仿以至于掉入"黑格尔陷阱",而是应努力找到超越特定文化和文明之上的普遍性客观规律,并且应该有别于西方现代性提供的普遍规律。

知识社会学视域下的英国学派东亚国际关系研究

冯 帅[*]

【内容提要】 东亚国际关系作为英国学派众多研究议程之一,愈益受到英国学派的关注和重视。以知识社会学考察东亚国际关系研究,其在"冷战"后发生了明显的"知识转向":一是研究重点发生转向,早期英国学派重点关注欧洲国际社会的合理性与普遍性问题,提及东亚更多是为欧洲国际社会的存在提供参照。1991年后,英国学派转为关注与东亚国际关系直接相关的各类议题。二是研究方法上,社会学方法在英国学派东亚国际关系研究中的占比不断上升,近二十年业已涌现不少成果。转向后的英国学派在历史向度上重点探讨中日融入欧洲国际社会问题,基于当下视角主要关注中国和平崛起问题。对这两个核心议题的研究一定程度上修正了英国学派东亚国际关系研究"知识性的失衡",维持了英国学派知识谱系中理论与现实、历史与当下的平衡性与综合性。

【关键词】 英国学派,东亚,知识社会学,国际社会,和平崛起

【Abstract】 East Asian international relations, as one of the many research agendas of the English School, has been increasingly concerned and valued. The study of East Asian international relations by Sociology of Knowledge shows that there has been an obvious "knowledge turn" after the Cold War. First, the research focus has shifted. The early English School focused on the rationality and universality of the European international society. The mention of East Asia was more of a reference for the existence of the European international society. After 1991, the English School turned its attention to various issues directly related to East Asian international relations. Second, in terms of research methods, the proportion of sociological methods in the Study of East Asian international relations of the English school has been increasing, and many achievements have emerged in the past two decades. The English school after the turn focuses on the issue of the integration of China and Japan into the European international society from a historical perspective, and mainly focuses on the issue of China's peaceful rise from a current perspective. The research on these two core issues has corrected the "intellectual imbalance" of the English School of East Asian international relations research to a certain extent, and maintained the balance and synthesis of theory and reality, history and the present in the British School's knowledge spectrum.

【Key Words】 the English School, East Asia, Sociology of Knowledge, International Society, Peaceful Rise

---

* 冯帅,吉林大学文学院博士研究生。

引　言

　　1991 年冷战的突然终结在国际关系理论界掀起两大浪潮：一是由于对冷战结束预判失效和缺乏足够解释力，新现实主义研究热度骤降，批评不断，其主流地位受到质疑。二是英国学派异军突起，从幕后走向台前，愈益得到国际关系学界的关注与认可。

　　国内学术界引进英国学派已将近 30 年，其间涌现大量价值颇高的研究创获。目前，学术界关于英国学派的研究主要侧重于国际关系学和历史学两个维度，并已形成若干重要研究阵地，这构成国内英国学派研究的主流。①基于地缘政治的现实考量或理论创新的知识需要，一批学者对英国学派东亚国际关系研究有所关注。比如，暨南大学的张云教授探究作为区域化国际社会典型案例的东盟，认为英国学派为理解东盟区域一体化提供了一个不同于现实主义的新视角。②复旦大学的胡令远教授则利用英国学派国际社会理论探究东亚国际社会建构与中国外交战略选择两大问题，认为东亚地区尚未完成具有主体性意义的现代东亚国际社会建构，中国有必要基于地区共赢来切实开展外交活动。③与上述实证研究不同，一些学者也提供了关于英国学派东亚国际关系研究的理论探讨。④就我管见，虽然国内学术界对英国学派东亚国际关系研究已取得颇多创获，但多数研究仍遵循国际关系学或历史学或两相结合的研究路径，尚未关注知

---

　　①　目前国内关于英国学派的研究多集中在南京大学、浙江大学、吉林大学、外交学院、北京大学、暨南大学、中国人民大学等国内高校，包括时殷弘、陈志瑞、周桂银、石斌、张小明、郑先武、张振江、刘德斌、任东波等在内的多位学者长期关注英国学派，发表了大量论述，贡献颇多。

　　②　张云：《东盟：区域化"国际社会"的理论与实践——英国学派的视角》，《东南亚纵横》2011 年第 11 期，第 71—74 页。

　　③　胡令远、王梦雪：《东亚国际社会建构与中国外交战略选择——以英国学派国际社会理论为视角》，《东北亚论坛》2015 年第 4 期，第 86—96 页。

　　④　相关研究参见林永亮：《东亚主权观念：生成方式与秩序意涵》，社会科学出版社 2016年版；陈拯：《无问西东：古代东亚秩序研究的自我束缚与解脱》，《外交评论》2020 年第 6 期，第130—154 页；王存刚、刘涵：《朝贡体系下古代东亚秩序形成与维系的内在逻辑——批判地借鉴英国学派的分析方法》，《国际安全研究》2013 年第 4 期，第 145—155 页；王秋彬：《后冷战时代东北亚区域国际社会结构分析》，《吉林大学社会科学学报》2010 年第 3 期，第 54—59 页。

识社会学对英国学派东亚国际关系研究的借鉴价值。①

然而,知识社会学视角理应以某种恰当巧妙的方法或形式被置入对英国学派东亚国际关系研究的理论分析中。有鉴于此,基于前人研究成果,尝试对英国学派东亚国际关系的现有研究进行一番知识社会学的考察。通过指出英国学派东亚国际关系研究以 1991 年为时间分界点的前后两阶段,表明 1991 年后英国学派东亚国际关系研究发生明显的“知识转向”,借由分析这一转向阶段的两个核心议题,即中日融入国际社会问题和当代中国的和平崛起问题,进而探讨英国学派在“知识转向”阶段的知识性特征与学术研究趋向。

一、“知识转向”的逻辑分析

知识社会学作为社会学新兴的一门分支,自马克斯·舍勒(Max Scheler)于 20 世纪早期始创,1924 年出版的《知识社会学问题》探讨了知识社会学的若干重大问题。②继舍勒之后真正将知识社会学学科化的卡尔·曼海姆(Karl Mannheim),在《意识形态与乌托邦》《知识社会学论文集》以及《重建时代的人与社会》多部著作中强调对各种变动着的观念与知识之于思想发展的影响详加探讨。③他认为知识社会学的首要任务是对

---

① 国内国际关系学界近来已注意到知识社会学的助益作用,开始运用其研究 20 世纪上半叶中国国际关系学的演进问题和当代中国国际关系学派的建设问题。前者可见于赵思洋:《20 世纪上半叶中国国际关系学的演进——基于长时段的知识社会学考察》,《国际政治研究》2020 年第 6 期,第 9—35 页。后者参见李开盛:《中国国际关系学派的知识社会学分析》,《云梦学刊》2020 年第 4 期,第 9—19 页。但并未见到国内学者将知识社会学运用于分析英国学派这一独具特色的国际关系学派,不得不说是一大遗憾。

② Max Scheler, *Problems of a Sociology of Knowledge*, London: Routledge, 2012.中译本参见马克斯·舍勒:《知识社会学问题》,艾彦译,译林出版社 2014 年版。

③ Karl Mannheim, *Ideology And Utopia: An Introduction to the Sociology of Knowledge*, London: Routledge, 2013.中译本请参见卡尔·曼海姆:《意识形态和乌托邦:知识社会学引论》,霍桂桓译,中国人民大学出版社 2013 年版。Karl Mannheim, *Man and Society: In an Age of Reconstruction: Studies in Modern Social Structure*, New York: Harcourt Brace, 1967.中译本参见卡尔·曼海姆:《重建时代的人与社会》,张旅平译,译林出版社 2011 年版。Karl Mannheim, *Essays on the Sociology of Knowledge*, London: Routledge & Kegan Paul Ltd, 1968.此书暂无中译本。

思想的形成、发展、变化及各种观念的相互依赖关系进行控制性的经验研究,挖掘"意识形态"与社会群体的联系,然后由经验研究上升到认识论高度,探讨思想意识反映社会存在的真实程度,确定思想意识与社会存在的关系及结构,建立起检验知识或思想的正确标准。二战后,彼得·伯格(Peter Berger)和托马斯·卢克曼(Thomas Luckmann)的研究扩大了知识社会学的考察范围,将知识社会学的分析对象从理性化知识拓展到一般意义的社会现实。他们认为现实是社会建构的,而这一建构过程正是知识社会学的分析对象。"知识社会学不仅事关人类社会的'知识'在经验上所表现出的多样性,而且事关一切'知识'在成为'现实'时所经历的社会过程。"①20 世纪 70 年代之后,知识社会学一度成为西方社会科学界的热门话题,被视为重塑知识论的重要途径。

虽然知识社会学长久以来争议不断,也并未提出明确的分析框架,但透过知识社会学纷繁复杂的理论阐述可以发现,其核心议题是知识生产与社会存在的关系问题,即要求研究者对知识开展一种动态的综合分析,关注知识作为一种社会产品的生产过程,社会化分析知识生产的具体环节。借鉴舍勒、曼海姆以及伯格等人的这一研究思路,可以为审视英国学派东亚国际关系研究提供一种新的研究路径。

知识社会学致力于探讨知识生产与社会存在的关系问题,"研究人类思想与作为其源头的社会背景之间的关系"。②以此通观英国学派的东亚国际关系研究,后者在 1991 年至今发生了趋势明显的"知识转向"。之所以称为"知识转向",是因为伴随该时期国际局势与学术生态的显著变化,英国学派内部成员与研究议题相继发生重大调整,加之各种研究方法的广泛应用。这一方面拓展了原有的英国学派东亚国际关系研究,另一方面促使英国学派呈现与前一阶段(1959—1991)迥然不同的研究重点与学术趋向,因此将这种知识性的显著变化称为"知识转向"。③具体而言,包括

---

① 彼得·伯格、托马斯·卢克曼:《现实的社会建构:知识社会学论纲》,吴肃然译,北京大学出版社 2019 年版,第 5 页。

② 同上书,第 7 页。

③ 笔者认为英国学派东亚国际关系研究大致以 1991 年为分界点可分为前后两阶段,1991 年至今的三十余年又可以 2004 年为时间节点予以分界。1991 年至 2003 年,开启了英国学派的东亚国际关系研究。2004 年以来,英国学派东亚国际关系研究进入深化与新变阶段,当前正处这一阶段。

两点：

第一，在研究主题上，由前一阶段重点关注欧洲国际社会的存在与扩展这一核心议题，转向关注欧洲外可能存在的区域国际秩序议题。1959年到1991年间，无论是赫伯特·巴特菲尔德（Herbert Butterfield）、马丁·怀特（Martin Wight）、赫德利·布尔（Hedley Bull）及亚当·沃森（Adam Watson）等人对研究议程的初步设定，还是江文汉（Gerrit W. Gong）与约翰·文森特（John Vincent）等人进行的扩展研究，总体而言该时期英国学派的研究重心在于阐述欧洲国际社会的合理性、正当性与普遍性问题，偶有提及东亚国家更多是为欧洲国际社会的存在提供参照。1991年后，新一代英国学派学者关注的议题更为丰富多元，同时开始关注与东亚国际关系直接相关的研究议题，将东亚国际关系研究提升至问题域的首要地位。这一转向不仅设置了诸多新的研究议程，而且开启了新一代英国学派东亚国际关系研究的大门，具体表现为关于东亚国际社会、朝贡体系、中日融入国际社会、东亚国家身份建构与认同、东亚安全问题、国际援助、中国崛起以及中国学派等问题的探讨。

第二，在研究方法上，主要表现为社会学方法在英国学派东亚国际关系研究中的比重不断增加。虽然英国学派自诞生之初便提倡多元主义方法，但通过分析发现，早期英国学派更多依靠历史学、法学与哲学方法来构建理论。[①]随着英国学派东亚国际关系研究的持续深入，社会学方法、视角与理论被越来越多的学者借鉴和采用。比如，铃木胜吾借助社会学中的"自我—他者"概念来重点分析东亚各国的民族认同与身份构建；张勇进则从文化和制度角度来分析朝贡体系的宪制结构和中国融入国际社会的漫长历史，他还从知识构建视角分析英国学派自冷战后国际学术地位的转变；巴里·布赞一直大力提倡社会学方法，其《世界历史中的国际体系》从单位、互动、过程与结构着手，分析漫长人类历史中的各种国际体系。

---

① 这并非说经典英国学派时期没有吸纳任何社会学元素，事实上英国学派早期研究中体现出一些隐含的社会学解释。比如，布尔对国际体系和国际社会的概念界定中强调了关系、规则、观念、交往等社会学要素。马里奥·泰洛（Mario Telo）认为布尔在第二次国际关系论战中并未全盘拒绝体系理论，而是赋予体系理论以历史和社会学的解释。马里奥·泰洛：《国际关系理论：欧洲视角》，潘忠岐、简军波等译，上海人民出版社2011年版，第99页。

从知识社会学角度审视,这一转向同时是社会转型和知识转型的历史产物。其既是卡尔·曼海姆所谓"非附属性知识分子"追寻知识真理的必然结果,①也构成彼得·伯格与托马斯·卢克曼提倡现象学知识社会考察的一个例证。质言之,"知识转向"既是冷战后国际社会环境发生政治、经济与文化巨变的客观结果,也深受英国学派追求理论创新与知识转型的主观影响。

首先,就社会转型而言,"知识转向"与国际环境的变化密不可分。二战后英国的历史地位和现实问题"催生"了英国学派。二战结束后,英国的国际地位由世界霸主转为中等强国,英美完成世界权力的转换。与此同时,民族独立运动风起云涌,英国海外殖民地纷纷独立,脱离英国的殖民统治。按照威廉·A. 柯岚安(William A. Callahan)的说法,英国学派正是英国在后殖民世界秩序中寻找自身定位的特殊历史背景下出现的。②该学派的出现一方面体现出英美权力转换后英国落于下风的国际诉求,另一方面也反映了日不落帝国无力维持庞大海外殖民地的客观事实。在研究议程上,英国国际地位的衰落促使英国学者逐渐放弃对世界霸权的关注,转而专注国际合作、国际社会的建构和运作等议题。国际社会作为英国学派三大经典概念之一提出于 20 世纪 50 年代,一直占据该学派的核心议题位置。这一概念对共同规范、规则和制度的强调,也暗含着支持国际合作的倾向。

1991 年冷战结束构成英国学派东亚国际关系研究"知识转向"的社会化大背景。冷战结束和全球化的快速推进,使得国际范围内的人员流动、文化往来、学术交流与知识传播空前加快,这为英国学派研究东亚国际关系提供了适宜的国际环境。张勇进曾指出,英国学派正是在冷战后留下的国际关系理论空间中,通过重新建构、表述、定位和网络化等方式实现全球扩散的。③在扩散过程中,英国学派新一代学者开始逐步扩展原有的

① 卡尔·曼海姆:《意识形态与乌托邦》,黎鸣、李书崇译,译林出版社 2016 年版,第 158 页。

② William A. Callahan, "Nationalising International Theory: Race, Class and the English School," *Global Society*, Vol.18, No.4, 2004, p.314.

③ Zhang Yongjin, "The Global Diffusion of the English School," in Cornelia Navari and Daniel M. Green, eds., *Guide to the English School in International Studies*, Malden: John Willy & Sons, 2014, pp.223—240.

国际社会议题,更多关注区域层次的国际社会,东亚地区作为著例开始出现。

其次,20 世纪 80 年代末国际关系领域异军突起的建构主义,加之英国学派与建构主义研究趋向的天然相似,构成"知识转向"的国际学术生态与研究趋势。20 世纪 80 年代后期,建构主义兴起,其鲜明的社会学研究路径对国际关系理论的本体论和认识论发起双重挑战。建构主义的两大核心概念是规范和认同。同时,英国学派也长期关注规范和认同问题,一定程度上国际体系、国际社会和世界社会三大经典概念与建构主义的规范和认同概念高度契合。建构主义的代表学者亚历山大·温特(Alexander Wendt)谈到两者关系时声称,英国学派中的赫德利·布尔为建构主义的发展作出了重要贡献。[1]当代英国学派学者蒂姆·邓恩(Tim Dunne)甚至认为,英国学派是建构主义国际关系理论的先驱,两者存在一种家族式的相似。[2]总之,两者虽在概念界定、研究立场与路径、理论阐述及研究方法明显不同,但冷战后保持着良性的学术对话与知识交流。当前建构主义提倡的社会学方法也在英国学派研究中不断得以扩展和深化,相关研究不断涌现。质言之,建构主义与英国学派的长效互动,为"知识转向"的出现无形中打下了前期基础。

第三,就知识转型而言,英国学派学术联系与学人知识背景等因素构成"知识转向"的知识背景与文化背景。20 世纪 90 年代,国际关系学界集中关注新现实主义与其批评者之间的争论,英国学派处于相对平静期。但同时包括巴里·布赞(Barry Buzan)、安德鲁·赫里尔(Andrew Hurrell)、尼布拉斯·惠勒(Nicholas Wheeler)、蒂姆·邓恩在内的新一代学者开始显露头角。进入新世纪,英国学派成员更加广泛,菅波英美(Hidemi Suganami)、铃木胜吾(Shogo Suzuki)、张勇进(Zhang Yongjin)、罗伯特·杰克逊(Robert Jackson)等都属其中佼佼者。这些"新英国学

---

① 亚历山大·温特:《国际政治的社会理论》,秦亚青译,上海译文出版社 2014 年版,第 3 页。

② Tim Dunne, "The Social Construction of International Society," *European Journal of International Relations*, Vol.1, No.3, 1995, pp.367—389.

派"①学者与老一辈英国学派学者存在紧密联系,一方面是其直接的学术继承者,另一方面又具有更强的理论反思自觉性与批判性。他们对英国学派传统理论中欧洲中心论、忽视经济因素以及历史研究不深入等诸多弊端开始适当修正,愈益关注欧洲以外的历史与可能存在的国际秩序。同时,英国学派中具有东亚背景的学者与具有欧美背景的成员呈现不同的研究倾向与学术旨趣。包括吴翠玲(Evelyn Goh)、张勇进、铃木胜吾与菅波英美等在内的英国学派学者更偏好研究东亚地区的历史与现实问题,对朝贡体系、中国和平崛起、东亚双边与多边关系等议题给予较多关注。在研究视角上试图从欧洲中心的研究视野"抽离",通过聚焦东亚某一国家或整个东亚地区,对国际交往中"中心—边缘"关系展开了较多的反思。

仔细考察这一"知识转向",其背后映射出英国学派新的研究特征,即英国学派正努力达致一种曼海姆等人提倡的知识的综合性与平衡性,即理论和现实的平衡、历史和当下的平衡。②理论与现实是在陈述与实践向度上讨论平衡性,历史与当下以及相应关注的西方与非西方则是在时空范围内弥补失衡与破碎。简单来说,经典英国学派研究在上述两对范畴中明显偏好理论与历史,对现实问题与当下国际关系并未给予较多关注,即使偶有涉及也更多基于西方视角。"知识转向"以来这一偏差正得以修正,当代英国学派学者在对原有研究缺陷进行反思的基础上,开始自觉转向以前未曾较多关注的现实与当下。不但在传统关切议题上持续发力,而且针对现实国际事务也频频发声。前者主要表现为中日融入国际社会问题,后者则以当代中国的和平崛起问题为代表。③可以说,转向之后的研究议程——无论是中日融入国际社会,抑或是当代中国的现实问题——

---

① Hidemi Suganami, "The English School in a Nutshell," *Ritsumeikan Annual Review of International Studies*, Vol.9, 2010, p.17.

② 这种平衡性在曼海姆身上可以最直观看到,其撰写《意识形态与乌托邦》正是基于对舍勒知识社会学理论的继承与对现实思想混乱境况的有意纠正。到彼得·伯格与托马斯·卢克曼时继续追求这种平衡性,他们将现象学哲学引入知识社会学考察范围,认为知识社会学的研究对象不仅包含抽象的理智化知识(即思想),而且包含现实的社会建构。

③ 选取这两个主题进行论述,一方面因其构成英国学派"知识转向"的核心内容,一方面因为这两个主题前后相继,均是关于东亚社会与西方社会的关系探讨,体现出知识社会学提倡的动态化综合分析的特质。

均在上述两方面不同程度修补了这一知识性失衡问题。具体而言,中日融入国际社会研究是欧洲国际社会扩展叙事的延伸叙述与正反案例,同时也兼顾了时空范畴和勒内·笛卡尔"我思故我在"中人的主体意义。中国和平崛起研究与前者在概念—实践范畴上相同,均是先进行主题概念化,后展开理论探讨的研究理路,差异之处在于崛起问题更倾向于现实和当下两个维度,也更为关注全球国际社会中国家理性、国际责任与国家道德等问题。

对于上述两个研究议题的关注有助于避免经典英国学派学者对东亚国际关系进行的窄化处理,摆脱其简单的线性逻辑与因果推论,展现更多以中日两国为代表的东亚国际关系的历史细节,从而构建起关于东亚国际关系更为复杂立体的历史图景与现实景象。

二、中日融入国际社会问题

一般来说,每当一种既有理论或研究范式发生明显转向时,便会引致更深层关于反思与自省、解构与重构、认同与区分的思考,英国学派也概莫能外。伴随东亚国际关系研究"知识转向"的发生,中日融入国际社会问题——作为修补英国学派历史知识与认知缺陷的重要标志,开始逐渐显现并占据讨论的中心位置。英国学派主要关注三方面内容:一是现代早期(欧洲崛起并主导世界之前)东亚社会与西方社会的关系;二是中日两国融入西方国际社会的进程;三是中日废约运动。以此,英国学派努力在理论与现实、理性与道德上逐渐修补知识平衡性与综合性。

(一)现代早期东亚社会与西方社会的关系研究

长期以来,当涉及东亚社会时,英国学派基于欧洲国际社会扩展叙事逻辑,都将其视为落后于西方现代社会的边缘存在,并未关注其在国际秩序建设中的能动性,多位经典英国学派学者都采取过这一轻此重彼的处理方式。

就中国而言,从20世纪50年代末开始,多位英国学派学者在阐述国际社会理论与历史时都曾提及中国。虽然英国学派长期致力于"发掘那些曾经存在于世界其他地区和历史时期的体系在多大程度上可以与现代国家体系相提并论"①,也承认以中国为中心的区域国际体系既是 16 世纪世界三大区域性国际体系之一②,亦是 18 世纪末世界四大"国家体系"之一③,不过其阐述重点往往是将中国视为一个抵制、适应、加入以及挑战西方国际社会的重要研究个案。同多数关于中国历史的西方国际关系文献类似,《国际社会的演进》重点关注的也是中国春秋战国时期的混乱秩序。当时的中国是一个独立的国际体系,其无政府性较欧洲历史更为典型。④对这一东方体系,亚当·沃森主要考察了帝国式中央集权,而较少关注国际社会层面。⑤沃森的目的在于验证西方国际社会存在的合理性与正当性,这无形中为西方殖民扩张辩护与背书。但知识社会学强调不同知识生产者的同等地位与价值,伊瓦尔·纽曼(Iver B. Neumann)也认可世界各国"在知识生产方面是平行或对等的"。⑥因此,沃森对以中国为代表的东亚社会的判断便存在一定失真。

20 世纪 80 年代,江文汉开创"文明标准"研究,标志着英国学派开始对这一问题展开自觉的理论反思。当论及欧洲国际社会扩张前的中国时,不同于传统英国学派观点,江文汉明确指出中国存在一套独特的"文明标准"。这套传统的中国"文明标准"与等级制度紧密相连,集中表现为

---

① Herbert Butterfield, "The Historic States-system," in Brunello Vigezzi, *The British Committee on the Theory of International Politics*(1954—1985): *The Rediscovery of History*, Milan: Edizioni Unicopoli Srl, 2005, p.86.

② 公元 1500 年时世界主要由一些区域性国际体系构成,每一种体系都植根于特殊类型的文化土壤:一是基督教与欧洲人;二为伊斯兰体系;三以中国为中心。不同类型体系间存在边际性接触。参见赫德利·布尔、亚当·沃森:《国际社会的扩展》,周桂银、储召锋译,中国社会科学出版社 2014 年版,第 399 页。

③ 戴维·吉拉德认为 18 世纪末世界上存在四个"国家体系",分别是欧洲体系、伊斯兰体系、印度体系和中国体系。参见戴维·吉拉德:《十九世纪英俄两国与亚洲各国的关系》,载赫德利·布尔、亚当·沃森:《国际社会的扩展》,周桂银、储召锋译,中国社会科学出版社 2014 年版,第 83 页。

④ 亚当·沃森:《国际社会的演进》,周桂银、王黎、陈曦译,世界知识出版社 2019 年版,第 98—107 页。

⑤ Barry Buzan, "China in International Society: Is 'Peaceful Rise' possible?" *The Chinese Journal of International Politics*, Vol.3, 2010, p.8.

⑥ Iver B. Neumann, "European and the Steppe: Russian Lands under the Mongol Rule," in Shogo Suzuki, Zhang Yongjin and Joel Quirk, *International Orders in the Early Modern World: Before the Rise of the West*, New York: Routledge, 2014, p.31.

儒教学说和相伴而生的政治伦理与交往规范。其影响着中国内外事务的方方面面,并为周边国家普遍接受,成为一种整体的和历史业以证明的规定性世界秩序——"中国国际秩序"——的一部分。[①]值得注意的是,虽然江文汉对中国"文明标准"和"中国国际秩序"的研究开辟了英国学派研究现代早期东亚社会的新议题与新趋势,但这并非江文汉研究的重点所在,相关阐述着墨较少且显单薄,也未能对其展开更深入探讨。

在吸收借鉴江文汉的"文明标准"研究的基础上,20世纪以来张勇进对现代前期中国与西方社会的关系问题贡献颇多,成为当代英国学派研究这一问题的代表学者。基于制度与规范视角,他认为,伴随秦帝国取代了春秋战国时期的多国家体系,中华帝国创造并维持了一个新的国际体系——"中国治下的和平"。[②]这是一套独具特色、自有其结构与组织原则的国际体系,并且直到19世纪下半叶还只受制于其自身设置的独特规则、规范、话语和制度。[③]作为"中国治下和平"的重要制度表现,朝贡体系成为符合中国人世界观的规范秩序。在实际交往中,朝贡体系是一种确保中华帝国各政治实体共存的复杂互动模式。其"根植于参与国与建立国之间的复杂社会关系,并且拥有一套有助于界定可接受的、合法的国家行为规范的特殊制度"。[④]张勇进接着指出,当这一存续颇久的互动体系在明清之际初遇欧洲国际社会时,仍是西方难以匹敌的强大存在。对西方人而言,18世纪中叶前的中国是一个权力稳固、经济繁荣的异域存在。"中国在巴黎是个文化大国,但欧洲在北京则不是。"[⑤]因此,欧洲人在明清之际来到中国时,"欧洲国家与非国家行为者在政治、文化和商贸上对中华帝国政治、经济、社会和文化秩序的参与取决于欧洲人对中华世界秩序中的

---

① 参见 Gerrit W. Gong, *The Standard of "Civilization" in International Society*, Oxford: Clarendon Press, 1984, pp.131—133。

② Zhang Yongjin, "System, Empire and State in Chinese International Relations," *Review of International Studies*, Vol.27, Special Issue: Empires, Systems and States: Great Transformation in International Politics(December 2001), p.52.

③ Ibid., p.44.

④ Zhang Yongjin and Barry Buzan, "The Tributary System as International Society in Theory and Practice," *Chinese Journal of International Politics*, Vol.5, No.1, 2012, p.8.

⑤ Geoffrey F. Hudson, *Europe and China: A Survey of Their Relations from the Earliest Times to 1800*, London: Edward Arnold, 1965, p.236.

规范、价值观和机制的适应、跟进或接受情况。"①

　　同处儒家文化圈的中日总体情况非常相似,但日本又因朝贡体系的地位问题呈现新的变化。早期英国学派研究日本与欧洲国际社会遭遇问题的学者主要是江文汉和菅波英美,最近二十年来铃木胜吾聚焦这一问题不断开拓与深化研究,已然成为英国学派研究日本与西方社会关系的杰出代表。

　　江文汉在论及 19 世纪中叶前的日本时认为,身处儒家文化辐射圈的日本很早便形成其文化认同感、"文明"定义和标准。首先,种族同质性、共同文化的感觉和等级忠诚的传统相结合,一道塑造了日本强烈的团结感和民族性格;其次,日本本土在地理上的孤立导致早早确定其边境,从而保护和培育了这种独特的共同身份;最后,日本的对外关系不同于欧洲,是根据东亚国家长期互动的习俗和惯例进行的。②江文汉对现代早期日本社会的分析,意在为阐述日本采纳西方"文明标准"以融入欧洲国际社会这一重点做铺垫,因此,一方面相关论述明显不足,另一方面也并未对现代早期的日本社会进行必要的概念化工作。

　　菅波英美明显吸收了江文汉研究的有益成分,较多关注现代前期的日本,并积极开展概念化工作。他认为,德川时期的日本存在一个以自身为中心的种族中心主义体系,周围是朝鲜、琉球、中国及荷兰。此外,它还与英美俄有过零星接触。当时,日本依据其对外国人的不同分类开展对外关系。其一,欧洲国家只允许荷兰一国与日交往。葡萄牙和西班牙因违背锁国政策被驱逐,英国则因与日贸易获利甚少退出。其二,中日关系此时主要是单纯的贸易关系。虽然 15 世纪早期幕府与明王朝曾存在外交往来,但 16 世纪中叶即陷入废止状态。其三,朝鲜、琉球两国与日同属宗藩关系。朝鲜一直是中国的朝贡国,但随着日本试图建立以自己为中心的朝贡体系,因此不断邀请朝鲜使团访日,以此提高政治声誉,增强自身合法性。琉球在与日关系中处于更低的附庸地位。日本一直试图将琉球纳入自身统治范围,到 1871 年日本宣布对琉球拥

----

　　① 《中欧文明文化碰撞的另一页,1514—1793》,张勇进、颜震译,载刘德斌主编:《英国学派理论与国际关系史研究》,北京大学出版社 2011 年版,第 159 页。

　　② 参见 Gerrit W. Gong, *The Standard of "Civilization" in International Society*, Oxford: Clarendon Press, 1984, pp.165—168。

有充分主权。①菅波英美恰当总结了当时日本对外关系的整体图景，但遗憾的是，其对现代前期日本的论述仍显单薄，且保有西方中心主义的影子。铃木胜吾更具针对性指出，"对于日本'进入'欧洲国际社会之前的任何往来，菅波不出所料地提出了一个相对模糊的叙述"，而且他"对社会扩展之前日本与荷兰之间的关系着墨相对较少"。②

　　基于江文汉和菅波英美未尽之处，铃木胜吾一方面致力于挖掘更多现代早期日本社会的历史细节，一方面进行重要的概念化与理论反思工作。铃木胜吾详细考察了现代早期日本与欧洲国际社会的互动模式。对这个同处东亚社会核心圈的国家，铃木胜吾的观点与研究现代早期中国的张勇进颇多相似之处。他指出，德川幕府时的日本是中国朝贡体系的一员，但其不太愿意接受以中国为中心的东亚国际秩序，相反试图建立以自己为中心的小范围替代性朝贡体系。到德川家光时，日本已依据访日使者的官方身份来制定具体详细的觐见规则。总体而言，以日本的"文明标准"和国家定位，欧洲人与在中国相似均属"外夷"。在与日本交往的欧洲人中，荷兰人首当其冲。荷兰在与日本贸易中收获颇丰，但仍需严格遵守日本规定。荷兰人不被允许同幕府将军进行交谈，也不能呈交任何请求。而荷兰人为保持正常贸易往来，也竭力避免与日本发生外交礼仪冲突。③对此，铃木胜吾总结道，"就日本的封建统治者而言，欧洲人可以成为有用的工具，借此展示他们作为正义统治者的广泛声望，并巩固其统治的合法性。"④荷兰人很清楚自己在以日本为中心的朝贡体系中的边缘地位。一方面他们的首要任务是确保与日贸易正常进行，另一方面此时的欧洲

①　参见菅波英美：《日本之加入国际社会》，载赫德利·布尔、亚当·沃森：《国际社会的扩展》，周桂银、储召锋译，中国社会科学出版社 2014 年版，第 176—181 页。

②　铃木胜吾同样指出，对菅波英美提出如此批评有失公允，因为菅波英美的目标是探讨日本成为欧洲国际社会成员的过程。铃木胜吾：《处在日本世界秩序边缘的欧洲》，载铃木胜吾、张勇进、乔尔·夸克：《早期现代世界的国际秩序：西方崛起的前夜》，颜震译，世界知识出版社 2019 年版，第 99 页。

③　参见铃木胜吾：《处在日本世界秩序边缘的欧洲》，载铃木胜吾、张勇进、乔尔·夸克：《早期现代世界的国际秩序：西方崛起的前夜》，颜震译，世界知识出版社 2019 年版，第 93—114 页。

④　Shogo Suzuki, "Europe and Japan," *Review of European Studies*, Vol.4, No.3, 2012, p.56.

人也无力迫使日本接受并参与欧洲的国际交往。因此,荷兰实际上愿意融入东亚国际秩序,以维持和谐的贸易关系。

整体而言,当代英国学派学者对现代早期东西方社会的关系问题给予较多关注。其研究表明,现代早期时东亚存在一套独特的文明标准,其国际交往规则通常由中日设定,而非普遍认为的欧洲国家。东亚国际秩序主要由该地区特定的利益、议程和制度来规定,而外来欧洲人仅处于次要地位。上述研究质疑国际社会扩展叙事的片面性,更注重东亚国际关系研究的历史与理论部分,致力于逐渐扭转原先存在的认知偏差。

(二)中日融入西方国际社会的比较研究

对中日融入国际社会的研究,英国学派大致经历了两个阶段。以1991 年为界限,前期以江文汉和菅波英美为代表,延续欧洲国际社会的扩展叙事研究,重在补充和完善这一扩展叙事的结构与历史。该阶段对中日融入国际社会的探讨多表现为一种功能主义的解释,且保有强烈的经验主义色彩。即存在一种普遍的逻辑预设,该预设假定欧洲国际社会的一套单一规范平等适用于所有国家,非欧洲国家等边缘地带的异质行为体通过主动的社会化过程融入该社会。后期包括张勇进、铃木胜吾及巴里·布赞等在内的学者开始反思国际社会扩展叙事的固有缺陷,更多关注中日双方融入国际社会的复杂过程。

首先,关于中日两国的融入过程,英国学派研究既形成一些共识,也存在较大分歧。英国学派学者普遍认可的一点是,1500—1800 年的 3 个世纪里,欧洲国家寻求在道德和法律平等的基础上与中日两国开展国际交往。到 19 世纪,这种趋势逐渐被以"文明标准"为核心的欧洲优越论取代。但中日融入国际社会是出于积极主动还是现实所迫? 如何看待中日各自建立的朝贡体系? 中日在融入欧洲国际社会中的异同点有哪些? 如何看待中日采取西方"文明标准"以融入国际社会过程中的不同表现? 对这些问题的回答,不同英国学派学者基于差异的理论前提与逻辑预设也见仁见智。

江文汉曾对中日加入国际社会问题分别进行了一番以条约口岸体系

为分析对象的考察。①他关注条约口岸体系在中日融入国际社会进程中的突出作用,认为条约口岸体系一方面冲击了中日原有的社会秩序与对外关系,一方面也促使中日采纳西方"文明标准"以尽快成为"文明"国家一员。相较巴特菲尔德和怀特等经典英国学派学者,江文汉的欧洲中心主义更为隐约,其对中日废除条约体系也有所回顾,显示出较强的理论自觉意识与反思意识。但美中不足的是其着重考查"文明"标准的一般定义和具体要求,未能对中日融入国际社会进行更进一步的探讨。与江文汉相比,"研究日本融入欧洲国际社会的最重要的工作是菅波英美在《国际社会的扩展》中所作的贡献。"②菅波英美早期也关注日本融入国际社会的进程问题。但与江文汉的研究路径不同,他更加侧重对日本从锁国时期到第一次世界大战结束的对外关系进行详细梳理,其突出贡献在于对中日融入进程的比较和对日本采纳"文明标准"后的帝国主义行为分析。③

与江文汉和菅波英美的开创性贡献相比,当代英国学派中以张勇进、铃木胜吾和巴里·布赞为首的学者不断拓宽和丰富前人研究,推动中日融入国际社会问题研究的持续深入。当代对中国融入国际社会贡献最多的英国学派学者,当属张勇进。不论是对中国融入国际社会漫长历程的关注与探讨,还是对江文汉"文明标准"的继承与批判,抑或对朝贡体系的历史回顾与分析,④张勇进都表现出强劲的学术潜力和研究势头。而当代

---

① 参见 Gerrit W. Gong, *The Standard of "Civilization" in International Society*, Oxford: Clarendon Press, 1984, pp.131—200。也可参见江文汉:《中国之加入国际社会》,载赫德利·布尔、亚当·沃森:《国际社会的扩展》,周桂银、储召锋译,中国社会科学出版社2014年版,第163—175页。

② Shogo Suzuki, "Japan's Socialization into Janus-Faced European International Society," *European Journal of International Relations*, Vol.11, Iss.1, 2005, p.143.

③ 参见菅波英美:《日本之加入国际社会》,载赫德利·布尔、亚当·沃森:《国际社会的扩展》,周桂银、储召锋译,中国社会科学出版社2014年版,第176—189页。

④ 参见 Zhang Yongjin, *China in the international System*, 1918—1920: *the middle kingdom at the periphery*, New York: St. Martin's Press, 1991; Zhang Yongjin, "China's Entry into International Society: Beyond the Standard of 'Civilization'," *Review of International Studies*, Vol.17, No.1, 1991, pp.3—16; Zhang Yongjin, "System, Empire and State in Chinese International Relations," *Review of International Studies*, Vol.27, No.5, 2001, pp.43—63; Zhang Yongjin, Barry Buzan, "The Tributary System as International Society in Theory and Practice," *Chinese Journal of International Politics*, Vol.5, No.1, 2012, pp.3—36。

研究日本融入国际社会问题的英国学派学者，首推铃木胜吾。铃木胜吾敏锐意识到，传统英国学派对国际秩序的规范性承诺和对非欧洲视角的排斥，将会削弱其解释效力。[1]而前人研究也存在缺陷，江文汉未能关注中日国内对融入行为本身的复杂态度，而菅波英美则未充分揭示日本效仿西方"文明标准"的具体内容和试图效仿的大国角色。在此基础上，铃木胜吾将重点放在研究中日不同的社会化进程上。[2]他分别从中央集权、工业化和大众动员加以考察，认为中日双方呈现出既相似又迥异的特征。中国介于"适应"和"策略学习"的模糊状态，中国精英"明确地宣称了现代技术的文化中立性"。[3]日本则因中国在鸦片战争中令人震惊的失败，对西方政治、工业和技术体系的由衷钦佩，再加上明确认识到抵抗西方的徒劳，因此日本更多表现为积极的"模仿学习"。

与张勇进与铃木胜吾不同，巴里·布赞较少直接关注中日的社会化过程，更倾向于对国际社会扩展叙事与区域国际社会展开宏观批判。一方面他对欧洲国际社会的扩展叙事进行层级分析，指出东北亚和中东在19世纪欧洲国际扩张中的不同位置。"对于东北亚和中东……它们在很大程度上成功地避开了与西方的第一次接触，直到19世纪才被西方叩开国门。彼时，中东已成为殖民化叙事的一部分，而东北亚则成为遭遇/改革叙事的一部分"。[4]另一方面，针对江文汉的"文明标准"他也予以反思和展望。他和乔治·劳森从全球转型和现代性的关系出发，认为种族、宗教和政权能力界定了"文明标准"，文明标准的黑暗面在于，其与"科学"种族主义相结合，一道为19世纪欧洲殖民主义所辩护。[5]但巴里·布赞也指出，"文明标准"是一个强大的分析概念，不过其分析价值被大大低估了，因此

---

① 参见 Shogo Suzuki, "Japan's Socialization into Janus-Faced European International Society," *European Journal of International Relations*, Vol.11, Iss.1, 2005, pp.156—158.

② 参见铃木胜吾：《文明与帝国：中国与日本遭遇欧洲国际社会》，王文奇译，世界知识出版社2019年版。

③ P. A. Kuhn, *Origins of the Modern Chinese State*, Stanford: Stanford Univeristy Press, 2002, p.52.

④ Barry Buzan and Laust Schouenborg, *Global Internaional Society: A New Framework for Analysis*, Cambridge: Cambridge University Press, 2018, pp.56, 7.

⑤ Barry Buzan and George Lawson, *The Global Transformation: History, Modernity and the Making of International Relations*, Cambridge: Cambridge University Press, 2015, p.165.

英国学派在其历史研究和后殖民分析中应提高"文明标准"的学术地位。①

其次,就中日融入国际社会的结果而言,当代英国学派更为关注双方的差异性。赫德利·布尔曾言:"在19世纪末和20世纪初,在中国和日本的外交政策中,那种要求与欧洲列强分享平等地位的愿望,表现得非常强烈。两国都力争在欧洲人确立的国际秩序中占有合法地位。"②但铃木胜吾的研究表明,这种说法相比之下更贴近日本。他指出,中日是否选择接受欧洲国际社会确定的"文明标准"并获得一个"文明"国家的身份,取决于它们在多大程度上认同自己是欧洲主导的"国际大家庭"的一员。③

铃木胜吾紧接着对中日分别展开分析。中国继续在强大文化传统与欧洲国际规范间作出艰难选择,统治者谨慎维持着这一天平的平衡。中国试图通过引入西方技术和工业成为一个强大国家,但"对认同欧洲国际社会和寻求成员资格不太感兴趣",④也不认为有必要迎合欧洲国际社会的国际规范。尽管中国设立了一些被国际社会认可的外交机构,但其创设更多的是清政府为应对欧洲诸国采取的权宜之计。对于自身定位,中国当时虽一直被迫打开国门,但政治精英依然认为中国同欧洲一样"文明"。日本则"选择了沿着'文明'和'启蒙'的道路前进……西方帝国主义的全球扩张影响了明治时期的现代化,也帮助塑造了明治时期的日本对外政策。西方帝国主义为明治政府领导人提供了国际环境,也提供了可以效法的模式。"⑤在意识到"国际社会的两面性反映了西方帝国主义的价值观"后,⑥日本开始效仿西方,试图从东亚国际社会的参与者、中国主导朝贡体系的一员转变为欧洲国际社会的"文明"成员,并在国际范围内展

---

① Barry Buzan, "The 'Standard of Civilisation' as an English School Concept," *Millennium: Journal of International Studies*, Vol.42, No.3, 2014, pp.576—594.

② 赫德利·布尔:《世界性国际社会的出现》,载赫德利·布尔、亚当·沃森:《国际社会的扩展》,周桂银、储召锋译,中国社会科学出版社2014年版,第114页。

③ Shogo Suzuki, "Imagining 'Asia': Japan and 'Asian' international society in modern history," in Barry Buzan and Zhang Yongjin, *Contesting International Society in East Asia*, Cambridge: Cambridge University Press, 2014, p.55.

④ Ibid., p.56.

⑤ Peter Duus, *The Abacus and the Sword: The Japanese Penetration of Korea 1895—1910*, Berkeley, Cal.: University of California Press, 1995, pp.2—3.

⑥ Gerritt W.Gong, *The Standard of "Civilization" in International Society*, Oxford: Oxford University Press, 1984, pp.7—21.

现其"文明"身份。明治政府实施了广泛的欧化政策且取得良好成效,日本的综合实力不断提升。同时日本也将国际社会的两面性不断加诸东亚其他国家。中日关系不断恶化,双方日益成为竞争对手,并且这一冲突在1894 年彻底爆发。正如婆罗洲的猎头族在进入成年时必须获取第一颗首级,某个国家成为大国则需要依靠成功打赢一场针对另一个大国的战争。[1]由此,日本先是接受了西方的政治经济秩序,之后如此对待中国。[2]铃木胜吾恰当总结为,中日战争代表了两种不同国际秩序间的冲突,这场冲突既是中日对抗升级的结果,也是两种国际秩序相互竞争与交锋的高潮。日本代表的欧洲国际社会征服以中国为核心的东亚国际社会,原先存在已久且运行良好的东亚国际秩序宣告崩溃。

英国学派对中日融入国际社会的上述研究表明,中日或被迫或主动逐步改变、调整自身以适应和融入西方国际社会的过程,并非如传统英国学派所理解的那般同质化。中日两国放弃原先世界秩序观念与采取欧洲国际交往行为之间难以绝对割裂,两者既非简单的因果关系也非绝对的并列关系。观念融入与行为融入的背后,其实反映出东亚传统国际秩序发生的巨大震荡。

(三)中日废约运动的比较研究

当不同文明和政治传统相互遭遇时,合乎逻辑的结论似乎是找到一条有效途径,让后来者能够加入国际大家庭,有朝一日获得应有的一席之地。[3]然而中日融入欧洲国际社会并非一帆风顺,围绕加入欧洲国际社会的时间和两者表现不一的原因也仍存争论。

首先,关于正式加入西方国际社会的时间。中国何时加入西方国际社会,除有赖于中国国际观念与外交行为的变化外,更重要的是国际社会主导者的认可与承认。早期,赫德利·布尔在《国际社会的扩展》一书中将中国 1899 年参加海牙会议视为国际社会成员范围扩大化的一个重

---

[1] 马丁·怀特著,赫德利·布尔、卡斯滕·霍尔布莱德编:《权力政治》,宋爱群译,世界知识出版社 2004 年版,第 19 页。

[2] Christopher Howe, "Introduction: The Changing Political Economy of Sino-Japanese Relation: A Long Term View," in Christopher Howe ed., *China and Japan: History, Trends and Prospects*, Oxford: Oxford University Press, 1996, p.6.

[3] C. H. Alexandrowicz, *The European-African Confrontation: A Study in Treaty Making*, Sijthoff: Leyden, 1973, p.5.

要表现，①但他并未明确表示 1899 年是否算是中国加入国际社会的正式时间。不同于布尔的模糊态度，江文汉对此进行了明确的时间界定。他将这一准入时间推后至 1943 年，认为从 1941 年太平洋战争爆发，到 1943 年 1 月中国正式废除不平等条约才真正标志着中国成为国际社会平等的一员。②20 世纪 90 年代后，张勇进又依据三个重要事件认为准入时间应为 1918—1920 年。一是中国作为国际社会成员参加一战并出席巴黎和会；二是 1919 年 12 月中国与玻利维亚签订友好条约，该条约并未把玻方原先要求的领事裁判权写入条约，此后中国也再未与其他国家签署不平等条约；三是中国于 1920 年正式成为国联会员国。张勇进认为上述中国的国际行为表明其已被接受为国际社会成员，尽管主权并不完整。③还有一种观点认为从 1911 年中华民国诞生到 1920 年中国加入国联，再到 1943 年废除治外法权，中国或许已经令国际社会相信，它已经超越二等国家地位，完全融入国际社会。④

就日本加入欧洲国际社会的正式时间，菅波英美和伊恩·克拉克（Ian Clark）将其限定在 19 世纪末 20 世纪初。菅波英美指出，到 19 世纪末 20 世纪初，日本已说服西方修改原先强加给德川幕府的不平等条约。1868 年，日本宣布放弃锁国政策，准备遵守西方的对外交往规则，意欲成为国际社会一员。约 30 年之后，西方列强终于同意修订不平等条约，从而使日本摆脱了下等国家的地位。⑤伊恩·克拉克也认为，日本在 1899 年和 1904 年被接受为国际社会一员，是非西方国家成为文明国家迅速而成功的典型案例。但这一过程也存在曲折，日本 1919 年在凡尔赛宫试图获得西方

---

① Hedley Bull and Adam Watson, eds., *The Expansion of International Society*, Oxford: Oxford University Press, 1984, p.123.

② 江文汉：《中国之加入国际社会》，载赫德利·布尔、亚当·沃森主编：《国际社会的扩展》，周桂银、储召锋译，中国社会科学出版社 2014 年版，第 174 页。

③ Zhang Yongjin, *China in International Society since 1949: Alienation and Beyond*, Basingstoke: Macmilian Press, Ltd., in association with St. Anthony's College, Oxford, 1998, pp.13—15.

④ David Armstrong, *Revolution and World Order: The Revolutionary State in International Society*, Oxford: Carendon Press, 1993, pp.158—169.

⑤ 菅波英美：《日本之加入国际社会》，载赫德利·布尔、亚当·沃森主编：《国际社会的扩展》，周桂银、储召锋译，中国社会科学出版社 2014 年版，第 182 页。

对种族平等的认可,但惨遭挫败。①由此,多位英国学派学者对这一问题作出解释,差异之处在于判定标准不同。多数学者认可将废除不平等条约视为加入国际社会的正式标志,但"知识转向"后的英国学派学者注意到这一废约运动的前后历程,更倾向于将整个历程视作衡量标准。由于判别条件难以确定,围绕该问题的讨论日后还将继续。

其次,关于中日废除不平等条约进程不一的原因。早期英国学派学者并未关注这一问题,"知识转向"后铃木胜吾和张勇进等人才对此予以回应。这一问题的历史事实是,相较中国而言日本在废除不平等条约上速度更快。铃木胜吾认为除西方列强不认可中国外,其自身也有原因,包括国力弱小、精英观念变化迟缓以及内政外交的现代化进程较慢等。虽然中日都希望实现富国强兵和加入国际社会,但中国明显偏向仅学习西方技术和引进有限制度,而日本则全方位模仿西方,以脱亚入欧为国策。其结果是,日本在明治维新后很快加入西方国际社会,而中国在第一次鸦片战争后经历大约一百年才被接纳为国际社会的成员。②张勇进认为,欧洲向中国的扩张并没有引入一套当时国际社会的普遍规范和原则,而是建立了不同规则和制度用以专门管理中欧关系。这些规则、制度和实践都体现在条约制度中。中国的条约制度直到 1943 年才完全废除。到 19 世纪末,随着中华帝国的制度相继崩溃,中国像许多非欧洲国家一样受制于欧洲所谓的文明标准。③

整体而言,中日融入国际社会问题作为英国学派"知识转向"后东亚国际关系研究的重点,近些年已取得一些开创性成果。在研究议题上,关于中日融入国际社会的进程研究较多,相关论述也最为丰富,结果问题仍有所争议。相较之下,对现代早期东亚社会的历史研究仍显薄弱。虽然张勇进与铃木胜吾等人做出较大贡献,但仍有待深入,尤其是针对中国春秋战国时期

---

① Ian Clark, *International Legitimacy and World Society*, Oxford: Oxford University Press, 2007, pp.83—106.

② 铃木胜吾:《文明与帝国:中国与日本遭遇欧洲国际社会》,王文奇译,世界知识出版社 2019 年版,第 164—166 页。

③ Zhang Yongjin, "System, Empire and State in Chinese International Relations," *Review of International Studies*, Vol.27, Special Issue: Empires, Systems and States: Great Transformation in International Politics, 2001, pp.59—60.

与传统帝国统治的内容。围绕中日废约运动的争议也持续不断,英国学派内部尚未形成共识。在研究方法上,转向后的英国学派学者自觉运用社会学方法,采取社会学视角,借助社会标准、身份认同、种族差异、不平等、社会关系、交往过程、社会行为规范及体系结构等社会学主题开展国际关系研究,研究中也多体现出社会学的功能论、冲突论、过程论和结构化理论。

虽然英国学派对中日融入国际社会仍有较多争议,但值得肯定的是这对知识失衡状况有所修正。一是通过挖掘现代早期的东亚历史,英国学派延伸了时间线索,关注到未曾注意的中日前现代国际社会,历史纵深得以进一步推进;二是作为英国学派探讨区域层次国际社会的一个先例,对中日融入国际社会的理论探讨开启了区域研究的大门,反映出英国学派正逐步"从欧洲主权国家之间的秩序集中为一个更广阔的全球图景";[①]三是对该议题的探讨显示出英国学派仍在努力摆脱原先基于欧洲经验的传统历史观,"这一历史观被纳入国际社会的概念扩展中,后者被视为一个进程,或多或少与欧洲外交、政治和法律规范在世界各地的近代传播相吻合,并在某种程度上最终导致全球接受这种规范。"[②]这种对欧洲中心主义的批判显示出一定的反思自觉性,既是追求理性研究的结果,也是寻求摆脱文化中心主义的产物。然而恰如大卫·莱克(David Lake)所警示,痴迷于为理论而理论,以选择性证据支持自己的理论假设,会导致学术流派从事自我肯定型研究。[③]英国学派规避这一倾向的解决办法是关注中国和平崛起等现实国际问题。

三、当代中国的和平崛起问题

一般认为,传统英国学派规范色彩较浓,其理论本质上是本体论的,

---

① Josuke Ikeda, "The Post-Western Turn in International Theory and the English Schol," *Ritsumeikan Annual Review of International Studies*, Vol.9, No.3, 2010, p.33.

② Fred Halliday, "The Middle East and Conceptions of 'International Society'," in Barry Buzan, Ana Fonzalez-Pelaez ed, *International Society and the Middle East*, *English School Theory at the Regional Level*, London: Palgrave Macmillan, 2009, p.3.

③ David Lake, "Why 'Isms' Are Evil: Theory, Epistemology, and Academic Sects as Impediments to Understanding and Progress," *International Studies Quarterly*, Vol.55, No.2, 2011, pp.465—480.

关注秩序、国际社会与世界社会等概念,较少涉及安全政治、大国关系等现实议题,实践向度和当下意识偏弱。以罗伊·琼斯(Roy Jones)为代表的实证观察家曾批评英国学派是抽象、空洞和远离现实的。①夏洛特·弗里德纳·帕拉特(Charlotta Friedner Parrat)等人也认为,英国学派基于哲学、历史和法律的学术传统阻碍了其开启现实事务的大门。②但与琼斯的悲观论调不同,帕拉特等人进一步表明,英国学派在解决现实国际政治问题方面的价值被学术界低估了,英国学派独特的理论、概念和方法论可以使其成为理解和研究当前世界政治的重要资源。③蒂姆·邓恩和康斯坦斯·邓科姆(Constance Duncombe)也认为,英国学派具有独特的优势,能对世界秩序动态进行更细致的分析。④巴里·布赞也认同英国学派应加强对全球市场、大国管理以及人类共同福祉等现实问题的关注,主张将英国学派理论建立在更坚实的实证基础上。⑤近年来英国学派对现实国际事务不断展开研究,突出表现即是探讨中国和平崛起。⑥

---

① Roy E. Jones, "The English School of international Relations: A Case for Closure," *Review of International Studies*, Vol.7, No.1, 1981, pp.1—13. 这种批评的极端说法是英国学派在研究自身形象而非现实事务。参见 Katarzyna Kaczmarska, "Reification in IR: the Process and Consequences of Reifying the Idea of International Society," *International Studies Review*, Vol.21, No.3, 2019, pp.347—372。

② Charlotta Friedner Parrat, Kilian Spandler, Joanne Yao, "The English School as A theory and A Scholarly Community," *Cambridge Review of International Affairs*, Vol.33, No.4, 2020, p.484.

③ Charlotta Friedner Parrat, Kilian Spandler, Using the English School to Understand Current Issues in World Politics, in Cornelia Navari, *International Society: The English School*, Cham, Switzerland: Palgrave Pivot, 2021, pp.145—146.

④ Tim Dunne, Constance Duncombe, "After Liberal World Order," *International Affairs*, Vol.94, No.1, 2018, pp.25—42.

⑤ Barry Buzan, "Three Ideas for Taking the English School Forward," *Cambridge Review of International Affairs*, Vol.33, No.4, 2020, p.500.

⑥ 据国内学者张小明考察,"中国崛起"这一概念的流行与冷战后有关"中国崛起"的探讨,很有可能由美国学者威廉·奥弗霍尔特的《中国的崛起:经济改革正在如何造就一个新的超级强国》一书引起。William H. Overholt, *The Rise of the China: How Economic Reform Is Creating a New Superpower*, New York: W. W. Norton & Company, 1993. 中文版请见威廉·奥弗霍尔特:《中国的崛起:经济改革正在如何造就一个新的超级强国》,达洲译,中央编译出版社 1996 年版。

（一）基本问题

西方学界主要关注中国是否正在和平崛起？中国崛起对国际社会是机遇还是挑战？崛起中的中国是国际社会中的维持现状国家、革命国家还是修正主义国家？中国如何应对国际社会对其和平崛起的质疑？概括而言，相关讨论主要围绕中国崛起的是非、方式、应对及前景等基本问题展开。

20世纪90年代末一些西方学者对中国崛起持怀疑态度。①进而21世纪，一方面新现实主义声音占据主导地位，承认中国崛起，但仍主张物质力量决定社会地位，强调中国崛起将导致中美冲突。②对此，蒂姆·邓恩批评新现实主义是具有误导性的路径依赖观点。③新现实主义观点推至极端，是少数西方学者认为中国一直具有中央王国意识，十分担心一个强大的中国可能让西方再次面临新的"黄祸"威胁。④另一方面，包括约翰·伊肯伯里（G. John Ikenberry）、法里德·扎卡里亚（Fareed Zakaria）、查尔斯·库普坎（Charles Kupchan）在内的多位学者坚称，西方是进步的、理性的，是建构和维持全球自由秩序普世价值和规范的来源，而非西方世界是退化的、是西方文明恩惠的接受者。⑤这种西方中心主义观点显然与历史实情不符。围绕中国和平崛起问题，上述两种观点均存在某种极端特质，

① Gerald Segal, "Does China Matter?" *Foreifn Affairs*, Vol. 78, No. 5, 1999, pp.24—36.

② John, J. Mearsheimer, *The Trafedy of Great Power Politics*, New York: W. W. Norton & Company, 2001; John, J. Mearsheimer, "China's Unpeaceful Rise," *Current History*, Vol.105, Iss. 690, 2006, pp.160—162.

③ 蒂姆·邓恩：《中国崛起为负责任的大国》，李美婷译，载刘德斌主编：《英国学派理论与国际关系史研究》，北京大学出版社2011年版，第178页。

④ David Scott, *China Stands Up: The PRC and the International System*, London: Routledge, 2007, pp.83—85.

⑤ 参见 John G. Ikenberry, "The Rose of China and the Future of the West: Can the Liberal System Survive?" *Foreign Affair*, Vol.87, No.1, 2008, pp.23—37; Fareed Zakaria, "The Rise of Illiberal Democracy," *Foreign Affairs*, Vol.76, No.6, 1997, pp.22—43; Fareed Zakaria, *The Future of Freedom: illiberal democracy at home and abroad*, New York: W. W. Norton & Company, 2007; Charles Kupchan, "Socialization and hegemonic power," *International Organization*, Vol.44, No.3, Summer, 1990, pp.283—315; Charles Kupchan, *No One's World: The West, The Rising Rest, and The Coming Global Turn*, Oxford: Oxford University Press, 2013。

仅具一定准确性。相比之下英国学派的主张更为温和，呈现出强烈的折中色彩，尤其以巴里·布赞、张勇进、伊恩·克拉克以及蒂姆·邓恩的观点最具代表性。

被伊恩·霍尔（Ian Hall）称为"英国学派信徒"①的巴里·布赞，透过英国学派这一理论棱镜展开比较分析，关注中国崛起的历史、现实与未来。他认为和平崛起是，相对于国际体系中的其他大国而言，一个成长中的大国能够在其物质和地位方面获得绝对和相对收益，而不至引起与其邻国或其他大国间的重大敌对。②根据这一定义，布赞认同中国正在和平崛起这一客观事实。他分析称，德国、日本和苏联的崛起历史符合哈利迪（Fred Halliday）和米尔斯海默（John Mearsheimer）关于和平崛起断无可能的观点。③这三个国家均对国际社会发起挑战，德苏还曾试图改变国际游戏规则。④相比前三者，中国过去 30 年的崛起确实算是和平。布赞进而指出，当前，中国正处于改革开放以来更大的一个转折点，过去 30 年实施成功的一些政策在未来 30 年可能难以奏效，继续和平崛起将变得更加困难。因此中国必须妥善处理三对关系：与美关系、与日关系、与国际社会的关系。这三对关系与整个东亚地区和全球层面的国际社会紧密联系在一起，集中影响着中国和平崛起的前景。其既构成对和平崛起的潜在挑战，也为中国继续发展提供了历史机遇。⑤2021 年布赞详细阐述历史机遇问题。他认为，全球气候治理问题正是当前中国的黄金机遇。气候治理极具紧迫性，但缺乏有效领导，这对中国而言是一个发挥全球领导力的重要形

---

① Ian Hall, "Still the English Patient? Closures and Inventions in English School," *International Affairs*, Vol.77, No.4, 2001, p.932.

② Barry Buzan, "China in International Society: Is 'Peaceful Rise' possible?" *The Chinese Journal of International Politics*, Vol.3, 2010, p.5.

③ 参见 Fred Halliday, *Revolution and World Politics: The Rise and Fall of the Sixth Great Power*, Basingstoke: Macmillan, 1999, p.2; John Mearsheimer, *The Tragedy of Great Power Politics*, New York: W.W. Norton, 2001。

④ David Armstrong, *Revolution and World Order: The Revolutionary States in International Society*, Oxford: Oxford University Press, 1993, pp.112—157.

⑤ Barry Buzan, "China in International Society: Is 'Peaceful Rise' possible?" *The Chinese Journal of International Politics*, Vol.3, 2010, pp.34—36. 上述针对三对关系的相关论述还可见于 Barry Buzan, Rosemary Foot, eds., *Does China Matter? A Reassessment Essays in memory of Gerald Segal*, London: Routledge, 2004, pp.151—163.

势。中国参与气候治理具有诸多益处。气候治理符合中国的直接利益,可以有效改善国内生态环境;中国领导气候治理可以提高国际社会地位,展示制度优越性;中国气候政策也可与可持续发展理念紧密结合,成为中国应对气候变化的特色。①

考察布赞关于中国和平崛起的观点,其前后矛盾的一点是,2010 年时他曾认为,崛起中的中国是国际社会中的一个改良主义—修正主义国家,接受国际社会某些制度的同时也会抵制一些制度,甚至希望改变一些制度。②到 2013 年,其态度变得模糊,认为中国是一个"规范修正主义者""改革主义者"还是"激进分子",目前仍然"模糊不明"。③但布赞并未对此详加解释,这不免令人存疑。

张勇进认可布赞关于中国正在崛起的论断,但基于社会学的过程论和冲突论视角,他认为"中国在冷战后的国际社会中处于一种不稳定地位。它既没有完全进入,也没有完全退出。"④与多数国家不同,中国与国际社会的关系是"不稳定和不寻常的"。⑤作为一个正在崛起的大国,中国对冷战后国际社会的规范变迁持保留态度。当世界似乎要超越威斯特伐利亚体系时,中国是这一秩序的坚定捍卫者。⑥西方曾经以武力迫使中国接受威斯特伐利亚秩序观念,但如今中国很难在西方压力下放弃这一观念。因此,中国融入国际社会的进程尚未完成。英国学派的框架不再仅关注将中国纳入西方领导的秩序,而是关注崛起的中国如何以一种新的制

---

① 巴里·布赞:《全球气候治理:中国的黄金机遇》,崔顺姬译,《国际展望》2021 年第 6 期,第 1—9 页。

② Barry Buzan, "Chian in International Society: Is 'Peaceful Rise' Possible?" *The Chinese Journal of International Politics*, Vol.3, No.1, 2010, pp.5—36.

③ Barry Buzan and Michael Cox., "China and the US: Comparable Cases of 'Peaceful Rise'?" *Chinese Journal of International Politics*, Vol.6, No.2, 2013, p.126.

④ Zhang Yongjin, *China in International Society since 1949: Alienation and Beyond*, Basingstoke: Macmillan, 1998, p.250.

⑤ Zhang Yongjin and Austin Greg, "China and the Responsibility of Power," in Zhang Yongjin and Austin Greg, eds., *Power and Responsibility in Chinese Foreign Policy*, Canberra: Asia Pacific Press, 2001, p.4.

⑥ Zhang Yongjin, "System, Empire and State in Chinese International Relations," *Review of International Studies*, Vol.27, Special Issue: Empires, Systems and States: Great Transformation in International Politics, 2001, p.63.

度与全球国际社会的自由制度相抗争。①

伊恩·克拉克的思考路径与布赞等人明显不同,在布尔直接影响下,他一直致力探究国际社会中的合法性、霸权与责任问题。他同样认可中国正在崛起,但并非仅关注物质或战略方面,相反重在探究中国是否接受当前国际框架和随其地位上升而产生的国际责任。作为分析起点,他认为需构建一个同时包含物质和社会因素的综合框架。②在这一分析框架内,权力、合法性和责任的概念互相关联,合法性成为重中之重。研究合法性的原因在于,第一,合法性可以为解释国际关系历史提供一个有益途径;第二,合法性强调国际社会规范的作用,后者塑造国家行为;第三,任何特定国际秩序的合法性程度都与该秩序的稳定性直接相关。克拉克对合法性的分析有力驳斥了伊肯伯里的观点——中国和其他新兴大国无意挑战自由国际秩序的基本规则,但希望在其中获得更多权威和领导地位。③克拉克指出,这种观点忽略了一种可能性,即想要获得权威和领导力并非仅为了遵守国际规则,而是为了在更长时间里重塑规则。"合法性制约权力,但也使之成为可能;权力赋予合法性,但不会使其丧失规范性内容。"④一旦理解这种联系,权力就并非仅指物质。国际责任也最好被理解为一种独特的合法性实践,只有在国际社会的框架内才最具意义。⑤作为国际原则和实践,合法性可以跨越多元主义者和社会连带主义者间的分歧。因此,克拉克认为,目前中国在很大程度上支持现有秩序,在权力的规范与规范的权力互相影响中,中国和国际社会可以实现相互改造。

蒂姆·邓恩同样认为中国崛起不会挑战当今国际体系,相反中国扮

---

① Zhang Yongjin, "China and Liberal Hierarchies in Global International Society: Power and Negotiation for Normative Change," *International Affairs*, Vol.92, No.4, 2016, p.795.

② Ian Clark, "International Society and China: The Power of Norms and the Norms of Power," *The Chinese Tournal of International Politics*, Vol.7, No.3, 2014, pp.315—340.

③ G. John Ikenberry, "The Future of the Liberal World Order: International After America," *Foreign Affairs*, Vol.90, No.3, 2011, pp.56—57.

④ Ian Clark, *Legitimacy in International Society*, Oxford: Oxford University Press, 2005, p.4.

⑤ Zhang Yongjin and Austin Greg, "China and the Responsibility of Power," in Zhang Yongjin and Austin Greg, eds., *Power and Responsibility in Chinese Foreign Policy*, Canberra: Asia Pacific Press, 2001, p.5.

演的是稳定和维持国际秩序的角色。中国已逐渐自觉或不自觉参与到有关国际责任的对话中。同时，基于以秩序建立为核心的责任观，中国也可被视为一个可靠的合作伙伴。[①]与克拉克和邓恩关注点类似的还有罗伯特·杰克逊和安德鲁·赫里尔。罗伯特·杰克逊曾谨慎谈到，面对中国的崛起，西方不敢也无力强迫中国接受西方的价值观与国际规范，但另一方面如果中国自愿接受则情况大不相同。[②]安德鲁·赫里尔则倾向认为崛起的中国希望成为一个大国，并会对西方主导的国际社会结构以及国际社会的规范表示不满。[③]

至此，多名英国学派学者围绕中国和平崛起的一系列基本问题展开探讨，其共同点在于均认可中国和平崛起，且多吸收采纳社会学的方法与理论，差异之处主要体现在研究倾向与论证逻辑上。布赞和张勇进均以回顾中国与国际社会的交往历史为分析起点，遵循由历史而现实的论证逻辑。布赞明显更偏向于对中国和平崛起进行一番整体性分析，其在英国学派的中国和平崛起研究中无疑起着引领作用，但美中不足的是，其对中国的国际定位问题着墨不多且前后意见存在龃龉。张勇进对中国融入国际社会的进程研究恰好补足了这一缺陷。事实上，张勇进长期致力于研究中国与国际社会的关系问题，对英国学派的东亚国际关系研究贡献颇多。不同于布赞和张勇进，伊恩·克拉克和蒂姆·邓恩提供了英国学派关于这一问题的另一研究视角与进路。他们强调一种同时包含了权力、合法性与责任要素的综合框架的重要性，认为在这一框架内讨论中国和平崛起最为适当。并最终得出结论，中国可以与国际社会实现负责任对话与相互形塑。

（二）延伸问题

国际关系学界对中国和平崛起的另一重要考量事关权力转换。以巴里·布赞和阿米塔·阿查亚（Amitav Acharya）为代表的一类学者关注权

---

① 蒂姆·邓恩：《中国崛起为负责任的大国》，李美婷译，载刘德斌主编：《英国学派理论与国际关系史研究》，北京大学出版社 2011 年版，第 178—192 页。

② Robert Jackson, *The Global Covenant: Human Conduct in a World of States*, Oxford: Oxford University Press, 2000, p.364.

③ Andrew Hurrell, "Hegemony, Liberalism and Global Order: What space for would be great powers?" *International Affairs*, Vol.82, No.1, 2006, pp.545—566.

力转换与世界秩序的前景问题,而伊恩·克拉克和张勇进等人则更多体现出英国学派在这一问题上的规范主义倾向。两者虽在关注重心上有所区分,但均秉持折中主义的理论建构传统,基于英国学派三大概念展开分析,展现出英国学派在加深理解当代国际事务上的综合视野。

其一,巴里·布赞和阿米塔·阿查亚对中美两国崛起过程和世界秩序的探究,提供了一种颇为不同的社会学比较分析。首先,布赞认为中美崛起过程存在十点相似之处,但两者差异性更强。最后他总结出六点启示:一是中国和平崛起确有可能;二是中国可能比美国更容易实现和平崛起;三是中国的国际地位并不会如美国稳固;四是中国无法改变现代化后来者的身份;五是中国的地缘环境不如美国;六是崛起中的中国有可能不愿承担国际责任。[1]在此基础上,布赞认为现在探讨西方霸权的终结还为时尚早,非西方崛起国家尚未发展为一个在国际社会中具有高度凝聚力和影响力的行为体。[2]

其次,论及 21 世纪大国关系的政治图景与世界秩序时,巴里·布赞称之为"无中心的全球化"秩序,阿米塔·阿查亚则视之为"复合世界",两者虽称谓不同但观点颇多相似。布赞认为,2008 年金融危机标志着西方全球性国际社会开始演变为另一种国际秩序。这意指大国关系正进入新的"无中心的全球化"时期,其独特性在于不仅具有相对平衡的国家间权力分布,还存在高度发达的一体化与相互依存状态。这一全球化秩序具有六个明显特征:权力和地位分布更为分散、暴力概念发生变化、意识形态光谱窄化、稳固的国际社会、广泛的全球性问题以及认同更趋复杂化。在这种国际环境中,新型大国关系将朝五个方向迈进:非霸权化、负责任大国、意识形态竞争的弱化、共同安全、地缘政治和地缘经济的区域化和全球化。[3]阿查亚在 2014 年出版面世的《美国世界秩序的终结》一

---

① 巴里·布赞、迈克尔·考克斯:《中美两国"和平崛起"之比较》,管传靖、段然译,《国际政治科学》2014 年第 3 期,第 114—141 页;刘毅:《英国学派如何理解中国和平崛起——专访英国科学院院士、伦敦经济学院教授巴里·布赞》,《领导文萃》2015 年第 20 期,第 7—22 页。

② Barry Buzan, Rosemary Foot, eds., *Does China Matter? A Reassessment Essays in memory of Gerald Segal*, London: Routledge, 2004. pp.145—146.

③ 巴里·布赞:《划时代变迁中的大国关系》,《国际政治研究》2014 年第 1 期,第 20—35 页。

书也阐述了其"复合世界"的观点。他认为美国领导的自由秩序并非全球秩序,而是国际秩序,且这一秩序正在遭遇危机处于衰落中。但阿查亚否认美国正在衰落。关于后美国时代的世界秩序,阿查亚反对现实主义倡导的"多极世界"说法。他认为"多极"是一个极具西方意味的字眼,指的是回到 19 世纪或第二次世界大战前由多个大国管理世界的秩序,其更愿意将新兴世界秩序称为"复合世界"。这一复合世界的特征包括:不存在全球霸权国、多元国际行为体、相互依赖方式更加广泛和复杂、多层治理结构、多重现代性。在这一世界出现的新变化包括:经济权力的全球转移、新兴国家角色日益重要、全球化性质发生变化、多边主义和全球治理的多元化、地区主义占据中心位置。[①]可以说,布赞和阿查亚的前瞻性研究为国际学界深刻理解 21 世纪大国关系提供了一种英国学派的独特阐释。

其二,持规范主义倾向的学者认同布赞等人关于国际秩序变化的基本判断,但更为关注国际规范与国际秩序的互相形塑。伊恩·克拉克认为,迄今为止,并无证据表明中国采取了旨在针对美国的平衡或软平衡战略,中国在很大程度上支持现有秩序。中国的崛起是在现有框架、规范与秩序内发生的,而非无视与挑战国际秩序。[②]由此,克拉克进一步指出,中国对国际社会规范施加更大影响的先决条件是进一步融入其中:为了成为受人尊敬的规范制定者,中国必须先被视为一个充分融入的适当规范接受者。[③]因此,在权力转移的有限范围内,证据是模棱两可的,不能将中国视为美国霸权的挑战者。克拉克最后指出,中美未来的世界地位不单取决于物质能力。基于当前经济增长速度的简单推断来对中国未来角色进行预测,注定具有欺骗性。真正需要考虑的问题并非中国是否会取代美国,而是是否有可能设计出一种让所有人都广泛接受,同时又满足中美

---

① 阿米塔·阿查亚:《"美国世界秩序的终结"与"复合世界"的来临》,《世界经济与政治》2017 年第 6 期,第 14—25 页;亦可参见阿米塔·阿查亚:《特朗普与美国秩序的终结》,周扬、彭宁楠译,《南开学报》(哲学社会科学版)2017 年第 3 期,第 8—13 页。

② Shaun Breslin, "Understanding China's Regional Rise: Interpretations, Identities and Implications," *International Affairs*, Vol.85, No.4, 2009, p.818.

③ Ian Clark, "International Society and China," *The Chinese Tournal of International Politics*, Vol.7, No.3, 2014, pp.331—333.

特殊偏好的国际秩序。①

与克拉克的规范性论点相似,张勇进也认为,将中国视为自由全球秩序长期存在的挑战或威胁,只能洞悉假定权力转换的部分动态。这不仅因为"正统的新兴大国修正主义论点无助于解释中国外交的整体性",②更重要的是,它并未意识到中国崛起很大程度上加强而非破坏了自由全球秩序。他接着指出,在当今全球国际社会中,三种自由主义制度结构共存:以《联合国宪章》为基础的自由多元主义所体现的合法化霸权;正在出现且不断变化的社会连带主义和反多元主义的规范秩序;有意创造的不平等主权以及自由的全球治理秩序。尽管这三种结构间存在内在紧张和冲突,但它们构成了复杂的全球环境。在这个环境中,中国一直在与规范性变革协调,且已发展出三种不同的战略方法:即在合法化的霸权中捍卫自由多元主义;在不断变化的规范秩序中挑战反多元主义;以及构建以国家为中心的社会连带主义来推动全球治理。③

当前,世界仍以"思想、观点和价值的复杂多元化"和"寻求认可的多元化政治身份"为标志。④作为弥补东亚国际关系研究中历史与现实失衡现象的关键所在,针对当代中国和平崛起的探讨,显示出英国学派强烈的现实关怀与问题导向。不同于学术界的多数研究,英国学派代表一种温和折中也更贴合实际的分析与判断。在理解中国和平崛起与权力转换问题上,英国学派提供了现实主义、自由主义和马克思主义之外的另一番图景。英国学派对权力、合法性、责任、规范的综合考量,提供了一种更开放也更微妙的和平崛起观点。它在对权力动态保持敏感的同时,避免了现实主义和马克思主义产生的宿命论性质和物质性冲突假定。通过观察更深层的社会结构,英国学派避免了自由主义的乌托邦倾向,即过分强调次

---

① Ian Clark, "China and the United States: A Succession of Hegemonies?" *International Affairs*, Vol.87, No.1, 2011, pp.21—26.

② Alastair Lain Johnson, "Is China a Status Quo Power," *International Security*, Vol.27, No.4, 2003, p.10.

③ Zhang Yongjin, "China and liberal Hierarchies in Global International Society: Power and Negotiation for Normative Change," *International Affairs*, Vol.92, No.4, Chinese foreign policy on trial: contending perspectives? 2016, pp.797—798.

④ Andrew Hurrell, *On Global Order: Power, Values and the Constitution of International Society*, Oxford: Oxford University Press, 2007, p.10.

要制度和经济相互依赖。英国学派根植历史的社会结构观点，更好洞察到中国与国际社会在全球和区域层面的复杂关系。

四、结　　语

总体而言，无论是对中日融入国际社会的再探讨，还是介入对当代中国和平崛起的冷静审视，英国学派东亚国际关系研究在"知识转向"阶段始终致力于寻求知识性的综合与平衡。前者首先建立在对欧洲国际社会扩展叙事的批判与反思基础上。原有的扩展叙事显示出异常明显的文化中心主义与狭隘主义，造成过于重视那些有助于表明西方历史优越性的阐述，理论与现实、历史与当下两对知识性范畴严重失衡，"知识天平"滑向并非全然客观的理论探讨、旨在突出西方存在意义的历史阐述以及所谓的西方理性与"殖民正义"。然而恰如学者池田承介（Josuke Ikeda）所言，由于全球化蕴含文化多样性，因此在全球范围传播的英国学派就有必要采用一种合理方式来探讨非西方世界。①在对这种严重失衡现象进行适当修补后，关于国际社会的历史叙述与包含的时空范畴逐渐均衡，英国学派开始真正留意与关注世界各地独特的历史文化与道德谱系。但这一再探讨对修补失衡局面的效力仍然有限，当前修补功能最强的研究议题当属中国和平崛起。针对当代中国和平崛起的学理和现实探讨与前者在理论—实践向度上一致，但表现出极强的当下意识与现实关怀，展现出寻求均衡化的集体意愿。

透过知识社会学的考察，英国学派关于东亚国际关系的研究之路已取得一些创获，但仍"道阻且长"。对英国学派这样一个独具特色的研究群体，不断进行理论反思与认知转向将极大助益于摒弃原有的认知偏差。恰如彼得·伯格与托马斯·卢克曼指出，"对于自我的更深入认识需要通过反思才能获得，它不会直接'共现'在我的面前。"②这种主体性反思借由

---

① Josuke Ikeda，"The Post-Western Turn in International Theory and the English School，" *Ritsumeikan Annual Review of International Studies*，Vol.9，No.3，2010，p.30.

② 彼得·伯杰、托马斯·卢克曼:《现实的社会建构:知识社会学论纲》，吴肃然译，北京大学出版社 2019 年版，第 39 页。

两条路径彰显其显著性：一是内生性的自我反思；二是外延性的社会互动。经由两者，过去得以"复现"，现在与过去的联结也得以加强，自我在这种联结之网中不断回溯、反思与突破。英国学派东亚国际关系的研究进程高度契合知识社会学的上述假定，一方面其在自我理论反思中不断寻求理论跃迁与创新，一方面在与其他学派和学科的交流互动中开辟新的思想战场。沿着这一理路，英国学派东亚国际关系研究将继续丰富和发展知识的综合性和平衡性，继续寻求关于理论与现实、过去与当下的解决之道。

全球国际关系学视野下的西田几多郎：理论困境及其警示*

俞佳儒　王广涛**

【内容提要】 西田几多郎作为“京都学派”的集大成者，其理论和实践在国际关系领域得到越来越多的阐释。他利用纯粹经验、绝对无的场所和绝对矛盾自我同一等哲学概念，对“二战”时日本面临的国际形势以及国际秩序观作出了学理上的分析与研判。其理论主张与此后日本所发起的“大东亚战争”产生联系，或者说在某种程度上为战争进行了自我辩护，成为日本对外殖民和侵略的理论依据。这种潜藏着悲剧或负面效应的所谓日本原创理论却不时得到推崇非西方理论学者们的辩护。围绕西田理论的讨论对于理解当今全球国际关系学具有重要意义，它以经验事实展现了国际关系理论知识生产过程中需要避免的陷阱，同时也为我们研究非西方的国际关系理论提供了警示。

【关键词】 全球国际关系学，非西方国际关系理论，西田几多郎，京都学派，地方性知识

【Abstract】 The theories and practice of Nishida Kitaro, the representative and master of the school, has been discussed more and more by IR scholars. Based on his unique philosophical concepts such as pure experience, the place of absolute nothingness and the self-identity of absolute contradictories, Nishida made his theoretical analysis on the world and international order faced by Japan during the WWII. His theories, therefore, were related to the “Great East Asia War” that Japan initiated. To some extent his theories helped to justify the war and served as a rationale for colonization and invasion. This kind of so-called original Japanese IR theory is very likely to be tragic or negative, but it has also received positive remarks from some researchers who value non-Western thoughts. The investigation into Nishida's case is beneficial for academic agendas such as Global IR because it reveals, with empirical facts, the pitfalls we should avoid in the process of knowledge production in IR theory and the proper attitude towards the intellectual resources of historical figures and offers caution for the study of non-Western IR theories.

【Key Words】 Global IR, non-Western IR theory, Nishida Kitaro, the Kyoto School, Local Knowledge

---

* 作者感谢复旦大学国际关系与公共事务学院陈拯研究员、陈玉聃副教授以及清华大学公共管理学院朱思窈同学对本文提出的意见与建议，文责自负。

** 俞佳儒，复旦大学国际关系与公共事务学院硕士研究生；王广涛，复旦大学日本研究中心副研究员。

一、全球国际关系学中的西田几多郎问题

进入 21 世纪以来,在阿米塔·阿查亚(Amitav Acharya)和巴里·布赞(Barry Buzan)等人的推动下,非西方国际关系理论(non-Western IR Theories)和全球国际关系学(Global IR)已经成了国际关系理论及其学科谱系研究的重要议程。非西方国际关系理论呼吁学者关注西方以外的经典思想和实践。①而全球国际关系学的提出意味着对"西方—非西方"二分法的超越,它不仅反思了学术界对过去百余年间国际关系学科史的传统叙述,也期望融合非西方国际关系理论对非西方学者的关注,构建出以世界历史(而非希腊—罗马历史)为基础的理论并包含现有的理论,以此回应全球化的新问题。②它呼吁国际关系学界将过去被忽略的"外围"国家的思想和经验纳入理论的构建中,从而发展多元普遍主义的国际关系理论图景。

阿查亚提出全球国际关系学的主张后,得到来自世界各地学者的回应,其中也包括批判性的观点,一个代表性的批评是担心全球国际关系学对非西方理论的强调会使它重新落入西方和非西方的二元对立中。③于是,对非西方理论的担忧仍然适用于全球国际关系学。有学者担心非西方理论如果只是为了本国的利益,那么不过是在国际关系理论中塑造另一种霸权。④也有学者担忧,过度强调地方性理论的做法会将各地的差异

---

① Amitav Acharya and Barry Buzan eds., *Non-Western International Relations Theory: Perspectives on and beyond Asia*, London and New York: Routledge, 2010.

② Amitav Acharya, "Global International Relations(IR) and Regional Worlds: A New Agenda for International Studies," *International Studies Quarterly*, Vol.58, No.4, 2014, pp.647—649;阿米塔·阿查亚、巴里·布赞:《全球国际关系学的构建:百年国际关系学的起源和演进》,刘德斌等译,上海人民出版社 2021 年版。

③ 参见高鹏、朱翊民:《全球国际关系学:国际关系研究认识论的发展与创新》,《国际政治研究》2022 年第 1 期,第 62—86 页。对于二元对立的担忧,参见 Yong-Soo Eun, "Going beyond 'the West/non-West Divide' in IR: How to Ensure Dialogue as Mutual Learning," in Yaqing Qin ed., *Globalizing IR Theory: Critical Engagement*, London and New York: Routledge, 2020, pp.88—101。

④ Ching-Chang Chen, "The Absence of Non-Western IR Theory in Asia Reconsidered," *International Relations of the Asia-Pacific*, Vol.11, No.1, 2011, pp.1—23.

本质化,从而陷入理论发展的僵局。①

在对全球国际关系学的发展和批评中,日本作为"非西方"的一部分,对其原创国际关系理论的讨论也得到了国际学界的广泛关注。其中,"京都学派"引起学术界极大的兴趣。京都学派是 20 世纪上半叶开始活跃于日本的哲学流派,以当时京都帝国大学教授西田几多郎(1870—1945)和田边元(1885—1962)及他们的弟子为中心。②西田几多郎的哲学思想作为京都学派的基石,特别受国际关系学界的瞩目。《全球国际关系学的构建》就关注到西田几多郎在国际关系理论中的位置:不仅西田被编入"中心—外围"式百年国际关系学科史的"外围"部分,而且对西田的研究还被认为是未来全球国际关系学议程的重要部分。③此外,在东亚地区的四种主流学术语言(英、汉、日、韩)中,均有文献将西田和京都学派作为日本建构国际关系理论的早期努力。④这些文献都力图发掘西田哲学对于国际关系理论的积极贡献,将其将视为重要的原创思想来源。例如猪口孝(Takashi Inoguchi)将西田奉为日本原创国际关系理论的先驱之一,称其为"本质的建

① Rosa Vasilaki, "Provincialising IR? Deadlocks and Prospects in Post-Western IR Theory," *Millennium：Journal of International Studies*, Vol.41, No.1, 2012, pp.3—22.

② 弟子中包括受西田、田边二人哲学影响的西谷启治、高坂正显、高山岩男、铃木成高等,还有三木清、户坂润等京都学派左派。本文讨论的中心西田几多郎虽是"京都学派的创始人",但他本人从未承认过自己是京都学派的一员,这一点参见张政远:《西田几多郎——跨文化视野下的日本哲学》,台大出版中心 2017 年版,第 141 页。

③ 阿米塔·阿查亚、巴里·布赞:《全球国际关系学的构建》,上海人民出版社 2021 年版,第 101、320 页。

④ 英文的作品如 Christopher S. Jones, "If not a Clash, the What? Huntington, Nishida Kitaro and the Politics of Civilizations," *International Relations of the Asia-Pacific*, Vol.2, No.2, 2002, pp.223—243; Graham Gerald Ong, "Building an IR Theory with 'Japanese Characteristics'：Nishida Kitaro and 'Emptiness'," *Millennium：Journal of International Studies*, Vol.33, No.1, 2004, pp.35—58; Takashi Inoguchi, "Are There any Theories of International Relations in Japan?" *International Relations of the Asia-Pacific*, Vol.7, No.3, 2007, pp.369—390等。汉文如石之瑜:《国际关系研究的亚洲地方性学派》,《国际政治科学》2010 年第 3 期,第 51—73 页;陈柏宇:《国际关系的亚洲学派——中国、日本与印度的再世界化》,台湾大学政治学系中国大陆暨两岸关系教学与研究中心 2013 年印;王广涛:《日本国际关系研究的谱系》,《国际政治科学》2015 年第 3 期,第 141—172 页。日文如猪口孝「国際関係論の系譜」東京大学出版会、2007 年；堀内めぐみ「国際関係理論はどこまで普遍性を有するか」「国際政治」第 200 号、2020 年、37—51 頁。韩文如이종성, 장영덕, 최영미, 「한중일 삼국의 독자적 국제관계 이론화 성과에 대한 고찰」, 『국제정치논총』, 54(4), 2014, pp.75—124.

构主义者"。①克里斯托弗·琼斯(Christopher Jones)通过发掘西田哲学中的多元文明论来批评塞缪尔·亨廷顿(Samuel P.Huntington)的文明冲突论。②而格雷厄姆·翁(Graham Gerald Ong)则认为发挥西田思想中的建构主义成分是国际关系日本学派的一条可能路径。③

清水耕介(Kosuke Shimizu)则从另一个角度考察作为非西方话语的京都学派哲学及其国际关系论述。在清水看来,西田哲学一方面能够为国际关系理论建构提供启示④,另一方面它又是非西方话语参与国际关系理论建构的"失败"案例。⑤实际上,清水很大程度上是希望以京都学派作为一个警示性故事。⑥在他看来,西田及其影响下的京都学派的理论被认

---

① Takashi Inoguchi，"Are There any Theories of International Relations in Japan?".

② Christopher S. Jones，"If not a Clash, the What? Huntington, Nishida Kitaro and the Politics of Civilizations".

③ Graham Gerald Ong，"Building an IR Theory with 'Japanese Characteristics'：Nishida Kitaro and 'Emptiness'".

④ 例如 Kosuke Shimizu，"Culture and International Relations：Why Do Japan's IR Focus on the Third Dimension?" in Kosuke Shimizu, Josuke Ikeda, Tomoya Kamino and Shiro Sato eds.，*Is There a Japanese IR?：Seeking and Academic Bridge through Japan's History of International Relations*，Afasia Centre for Peace and Development Studies，Ryukoku University, 2008，pp.69—82；清水耕介「西田幾多郎——非西洋型国際関係理論の魅力と危険性」初瀬龍平・戸田真紀子・松田哲・市川ひろみ編『国際関係論の生成と展開：日本の先達との対話』ナカニシア出版、2017 年、325—334 頁；Kosuke Shimizu，"Do Time and Language Matter in IR?：Nishida Kitaro's non-Western Discourse of Philosophy and Politics,"*The Korean Journal of International Studies*，Vol.16，No.1，2018，pp.99—119。

⑤ 除前述 2017、2018 年两文外还有 Kosuke Shimizu，"Nishida Kitaro and Japan's Interwar Foreign Policy：War Involvement and Culturalist Political Discourse,"*International Relations of the Asia-Pacific*，Vol.11，No.1，2011，pp.157—183；Kosuke Shimizu，"Materializing the 'Non-Western'：Two Stories of Japanese Philosophers on Culture and Politics in the Inter-war period,"*Cambridge Review of International Affairs*，Vol.28，No.1，2014，pp.3—20；Kosuke Shimizu，"Reading Kyoto School Philosophy as a Non-Western Discourse：Contingency, Nothingness, and the Public," Afrasian Research Centre, Ryukoku University, 2015；清水耕介「京都学派哲学者の第二世代の言説における多元主義のアポリア——関係性論・時間論から見る非西洋主義」市川ひろみ・松田哲・初瀬龍平編著『国際関係論のアポリア：思考の射程』晃洋書房、2021 年。

⑥ Kosuke Shimizu，"Do Time and Language Matter in IR?：Nishida Kitaro's non-Western Discourse of Philosophy and Politics," p.100.

为是战争的拥护者和鼓吹者，落入了悲剧结局。清水似乎在兴起的非西方理论中看到了京都学派的影子，因为它们都蕴含了这样的矛盾：一方面希望超越民族国家体系，另一方面又以本民族国家为中心。这使得西田仍在西方近代的话语中徘徊。不过，清水论述了西田超越近代的失败，但并没有完全说明他的理论为何会走向暴力性的结局。其实，对这一问题的回答需要重视西田理论中道德的角色，并重新考察西田及其弟子处理道德与近代性（modernity）关系的具体方式。

可以看到，作为全球国际关系学的组成部分，西田几多郎的哲学思想和国际关系论是一个重要的个案。而国际关系学者对于西田理论却有着截然不同的评价，一些学者将其看作思想源泉，也有学者将其看作警示故事。后者认为西田的国际关系论最终是失败的，它沦为了战争的鼓吹者。因此，西田的案例一方面可以被看作全球国际关系学"先驱"走过的弯路，在反映当代论争的同时为省思全球国际关系学提供了新思路；另一方面，后世国际关系学者对于西田理论的态度分歧背后的原因也值得玩味，它反映了当代学者看待历史资源的两种倾向。本文将这两个问题视作"全球国际关系学中的西田几多郎问题"，并尝试加以回答。

为此，本文首先以京都学派哲学的创始人西田几多郎为中心，回顾西田哲学在国际关系研究领域的理论价值。西田几多郎的国际关系理论主张集中于其关于国家、民族、文化以及"世界性的世界"的论述上，在此基础上可以归纳出西田关于国际关系发展阶段和国际秩序的理论，而这些理论的背后则是独特的哲学体系。其次，在回顾清水等人对西田批评的基础上进一步指出，西田在试图超越近代性时对国家进行了道德判断，这是他和京都学派以悲剧收场的重要原因。而且，这种道德判断的危险在于其绝对性和历史性，而此特征来源于知识生产过程中政治性与地方性知识的融合，最终地方性知识转化为了国家性知识，使得西田的哲学与日本的扩张政策产生了天然的潜在关联。最后，将分析既有研究从积极意义上评价具有危险因素的西田理论的原因，并从更一般的意义上总结西田的案例对当今非西方国际关系理论和全球国际关系学构建的启示和警示。

二、西田的国际关系理论主张
及其哲学基础

西田哲学在日本哲学史上具有举足轻重的地位。1897 年西田几多郎开始参禅打坐，1903 年正式进入哲学研究，专攻德国哲学特别是现象学。1910 年，西田赴京都帝国大学文科大学任教。1911 年西田出版了第一部哲学著作《善的研究》，受到学术界和社会的广泛关注。《善的研究》意义非凡，不仅是西田哲学体系构建的起点，还是明治、大正时期日本哲学逐渐走向自立的里程碑。①

西田虽然是哲学家，但是其关于文化、民族、国家的思考却常常为国际关系学者所引介，而且在战前为日本建构地区乃至世界秩序提供了逻辑导引。从《善的研究》起，西田的著作就已经开始涉及国际关系的议题，作出了许多关于国际体系以及国际秩序的独特论断。②从西田的学术旨趣来看，贯穿始终的问题意识就是如何超越西方的"近代"。在国际关系论上，西田面临的近代是以英美为代表的近代民族国家，以及基于民族国家而成的近代国际体系和秩序。为了超越近代国际体系，西田提出了"世界性的世界"的理论。

（一）从"真正的世界主义"到"世界性的世界"

在《善的研究》中，西田作出了对国家存在的论断。③西田认为绝对的善就是人格的实现④，而人格经由家庭和社会进一步成为了国家。⑤西田

---

① 藤田正勝『西田幾多郎の思索世界——純粋経験から世界認識へ』岩波書店、2011年、1頁。

② 有学者认为京都学派的国际关系理论属于日本国际关系理论发展的第二阶段，开始于第一次世界大战后，参见이종성，장영덕，최영미，「한중일 삼국의 독자적 국제관계 이론화 성과에 대한 고찰」。但本文认为 1911 年《善的研究》就已经反映了西田对于国际关系的思考。

③ 已有的关于西田几多郎国家论的系统研究，参见嘉戸一将『西田幾多郎と国家への問い』以文社、2007 年；吴玲：《西田几多郎的国家观研究》，中国社会科学出版社 2020年版。

④ 西田几多郎：《善的研究》，何倩译，商务印书馆 1965 年版，第 134 页。

⑤ 同上书，第 142 页。

批评霍布斯等人的绝对主权论，也批评卢梭等人的观点，即国家是为了调整个人人格发展。他指出"国家的本体是发现了我们精神根底的共同意识"。①但是，国家虽然是伟大发现，但它只是共同意识的一个环节而非人类的最终目的，人类的最终目的应当是全人类的团结。②

西田《善的研究》中的国家论有两大特征。首先，西田明显注意到了他关于人类最终目的的论述与西方基督教和斯多葛世界主义的相似性。③其次，西田此处的国家论是基于道德哲学的，特别是构建了"人—家庭—社会—国家—世界"连贯的目的叙事，赋予人类社会终极目的，只有达到这一目的才是道德之善的实现。

否定国家的终极存在是西田国际关系论的基础。西田认为，"真正的世界主义并不意味着各个国家的消亡，而是意味着各个国家各自不断巩固，发挥各自的特征，以贡献于世界历史"。④在这里，国家和国家之间是多元共存关系，但人类社会最终要超越国与国的碎片化区分而达到普遍意义上的统一，这就需要"真正的世界主义"发挥普遍主义的统合功能。这种对于世界的认识颇具"多元普遍主义"的色彩。

《善的研究》构建了一幅人类社会发展的历史图景，⑤这种历史后来经由"历史性的世界"发展成"世界性世界"的论说，集中体现在其《世界新秩序的原理》中。⑥《原理》为1943年西田应国策研究会之邀所作的支持国策的文章，而此国策即1941年12月8日的对美宣战。

在《原理》中，西田认为，个人在18世纪达到了自觉，而国家在19世纪达到了自觉，但世界仍未达到自觉。正在进行的世界大战正是要解决这一问题，使各国自觉到自己并不只是一国，而是要为世界史即统一世界的形成作出贡献，这就是国家的世界史使命。因此，各个国家首先需要立足

---

①②③④　西田几多郎：《善的研究》，何倩译，商务印书馆1965年版，第143页，译文有调整。

⑤　同上书。西田把这种历史称为"万国史"，并与黑格尔的"世界的精神"做了联系。

⑥　西田幾多郎『西田幾多郎全集』第十二卷、岩波書店、1979年、426—434頁。此文中译参见张政远：《西田几多郎——跨文化视野下的日本哲学》，第151—157页，英译参见Nishida Kitaro, "The Principle of the New World Order," translated by Yoko Arisaka, *Monumenta Nipponica*, Vol.51, No.1, 1996, pp.100—105. 本文引用参考了张政远的译文，且以下引用此文不再标注。

自身,跟随传统,构成一个特殊的世界;并从特殊世界出发结合起来,构成一个自觉的"世界性的世界"。"这是人的历史发展的终极理念,这就是今天世界大战所要求的世界新秩序的原理。"

而这一原理就是日本国体的"八纮为宇"理念。自然地,以它为理念指导而推行的"大东亚共荣"就被纳入了世界史的范畴。大东亚共荣就是世界史使命在东亚的体现。大东亚共荣是东亚的特殊世界,东亚形成一个具有特殊性的世界后,再与其他特殊世界一同构成世界性的世界。

在这过程中,西方的民族主义、帝国主义则是自我中心的,它无法承担起形成世界性世界的历史使命,甚至通过殖民阻碍东亚的自觉。《原理》将其斥为抽象的世界,与实际的世界性的世界相对。而正如前文所说,世界性世界的形成原理包含在了"八纮为宇"的国体精华之中。具体来说,日本"空己容他",日本皇室是开始也是结束,在时间上具有无穷性,因此超越即内在、内在即超越,符合立足自身、超越自身的要求。因而"今天世界史课题的解决方案,可从我国(日本——笔者注)国体的原理入手"。至此,《原理》为大东亚共荣和对英美开战提供了理论支撑,并将世界史的使命寄托给了"日本神国"。

(二)西田几多郎的国际体系和国际秩序理论

从《善的研究》到《原理》,西田似乎并没有构建国际关系理论的明确意识,但其中无处不体现西田本人的世界观或国际秩序观。概括而言,西田所著《原理》描绘了这样一个国际关系图景:人类发展的终极目标是人类全体的团结,形成一个自觉的世界;西方近代的国际关系的基础是基于主体意识的民族主义,无法完成世界自觉为世界的世界史使命,而这一使命则需要由具有超越即内在、内在即超越之本质的日本来承担。

尽管这种叙述并没有给我们提供科学实证主义的理论命题,但全球国际关系学提倡更为包容的理论定义,它认为理论是"简化事实。它假设在相当基本的意义上,每个事件都不是独一无二的,而是能与其他具有重要相似性的事件聚合在一起"。[①]在具体操作上,如果它被广泛承认、自我

---

① Amitav Acharya and Barry Buzan, "Why Is There No Non-Western International Relations Theory?: Introduction," p.4. 这一定义被后来的全球国际关系学沿用。

承认为理论，或者它确实是概括国际关系的系统性尝试，那么它就可以被认为是理论。①正如上文所说，西田的论述被广泛地纳入理论的考察范围，而且尝试对帝国主义、世界大战等事件进行概括，因而可以被视作国际关系理论，它代表了"对国际关系的一种沉思传统"。②根据西田哲学的本体论，其实这种理论更确切地应该是"世界政治理论"。

具体而言，西田的理论涉及国际关系的两个重要方面，并且都与西方的国际关系理论形成一定的对立关系。首先，西田提出，国际体系在本体论上至少有两个发展阶段。第一个阶段即国家自觉的阶段，它近乎自威斯特伐利亚体系，每一个国家都作为独立而平等的个体而存在于国际体系之中。无须多言，西田所处的时代正处在国家自觉的阶段。在此基础上，西田提出了世界自觉的国际体系，也就是各国否定自身、立足自身、超越自身，并与他者形成统一的国际关系，从而超越威斯特伐利亚体系。这在一定程度上呼应了布赞和理查德·利特尔（Richard Little）提出的摆脱"威斯特伐利亚束身衣"的呼吁。③

不过布赞和利特尔摆脱"束身衣"的尝试与他们的英国学派前辈马丁·怀特（Martin Wight）类似，更多是从历史中寻找不同的体系，④而西田的理论则更多是对未来国际体系的构想。在西田看来，未来新的国际体系"并不否定各国家与民族的独自性"，即威尔逊主义式的民族自决，而是期望各国发展出"基于世界性世界的国家主义"。这种新的国家主义将不是传统意义上的为了本国利益的国家主义，而是为了世界利益的国家主义。于是，未来的国际体系是一个"有机体"，作为有机体部分的"万邦则各得其所"，从而形成一个国不为国而为世界的新体系。

其次，西田的理论进一步触及了国际秩序的议题。正如上文所述，西

① Amitav Acharya and Barry Buzan，"Why Is There No Non-Western International Relations Theory?：Introduction，" p.6.

② Martin Wight，"Why Is There No International Theory?" *International Relations*，Vol.2，No.1，1960，p.35.

③ Barry Buzan and Richard Little，*International Systems in World History：Remaking the Study of International Relations*，Oxford and New York：Oxford University Press，2000.

④ Martin Wight，*Systems of States*，Hedley Bull ed.，Leicester：Leicester University Press，1977.

田批评了基于主权平等国家的国际秩序,这一点恰恰是主流国际关系理论所接受的"无政府状态"(anarchy)假定。无政府状态意味着对于主权独立的国家的执着,而西田正是希望国家能够放下这种对于近代主体的执念,而达到世界史的自觉。在否定了基于无政府状态的国际秩序原则后,西田提出了一种三层次的国际秩序理论。从动态来看,首先某一国家会首先达到世界史的自觉而承担起使命,这一国家将会成为新的秩序的建立者。其次,各个国家需要"跟随各自地域传统",在文化相近的地域构建起地域内达到普遍但在世界范围仍然是特殊的区域秩序,而这个特殊的区域秩序"必须有一个中心,承担有关的课题",毫无疑问前述达到世界史自觉的国家将成为这一中心,成为区域秩序的顶点。最后,"由历史性地区构成的特殊世界将结合起来,形成全世界统一的世界性世界",那么承担着特殊使命的国家就进一步成为世界秩序的主导者。西田主张,这样形成的国际秩序主导者不同于国际联盟,它并非"选出的",而是历史地"形成的"。而从静态来看,这种新的国际秩序并不基于权力、制度或观念,而是基于世界史的使命展开。在西田的哲学中世界史的使命是一种道义概念,因此西田的理论可以被概括为基于"道义使命分布"的国际秩序,道义使命更高的国家将成为国际秩序的顶点和中心。而从动态来看,这种国际秩序将通过道义的扩散而建立起全球性的等级秩序。

(三)哲学基础:从"纯粹经验"到"绝对矛盾自我同一"

西田的国际关系理论具有相当强的思辨性,这得益于其理论背后独特的哲学基础。在哲学上,西田哲学希望探讨的最根本问题是"真正的存在"。在西田之前,西方近代哲学特别是笛卡尔哲学是从主体和客体的二分法来讨论存在问题的,因此西田的对手就是这种"主客二分论"。[①]而这种对主体的强调正是近代国际体系的哲学基础,因而对近代"主客二分论"的反思为西田的国际关系论述提供了本体论基础。

《善的研究》提出"纯粹经验"概念,就是西田对于西方近代哲学本体论的最初回应。"所谓经验,就是照事实原样而感知的意思。也就是完全去

---

① 值得注意的是 19 世纪末的柏格森、威廉·詹姆士等哲学家也开始了对主客二分论进行反思。参见王齐:《世界哲学图景中的〈善的研究〉》,《世界哲学》2022 年第 1 期,第 103—115 页。

掉自己的加工，按照事实来感知。一般所说的经验，实际上总夹杂着某种思想，因此所谓纯粹的，实指丝毫未加思虑辨别的、真正经验的本来状态而言的。"①"思虑辨别"的思维加工是从主体出发、对客体而言的，主客二分是其前提。因而纯粹经验"既没有主观也没有客观"②，因而是一种"主客未分"或是"主客合一"的存在。一方面，被西田看作是"唯一实在"的纯粹经验超越了近代主客二分的存在论；③另一方面，西田反对黑格尔在《精神现象学》中所说的语言无法表述的就是想象的，就是不存在，语言能表述的普遍性的事物才是真实的存在。在西田这里，这种不能用语言表述的纯粹经验才是真实的存在，因为语言已经是思虑辨别的结果。

然而，西田尤其感到纯粹经验陷入了心理主义的主观唯心论。④为此，西田发展出了"自觉"的概念，即不仅有纯粹经验的直观，还有"自己在自己中对自己进行反省"的能动，试图解决这一问题。⑤此后，西田继续发展出"场所"概念，⑥作为对此前纯粹经验、自觉等概念进行逻辑化。⑦与将意识确立为主观的新康德主义不同，西田意在考察意识背后无法被对象化的东西。⑧但他依然延续了此前的思考，在"自觉"概念之上，西田的场所逻辑更加关注"在自己之中"这一自觉成立的场所。意识本身、被意识的意识和意识这一动作三者最终统一在自觉的场所之中，场所即是"意识场域"。

在构建"场所逻辑"时，西田仍然意识到了西方哲学的局限。西田后来在《哲学论文集·第三》(1939)序言中将亚里士多德的逻辑称为主语的逻辑，认为在主语逻辑中"自我是无法被认识的，因为自我无法被对象化"，因

---

①② 西田几多郎：《善的研究》，第3页。

③ 同上书，序，第5页。

④ 近代日本思想史研究会：《近代日本思想史》第2卷，李民等译，商务印书馆1991年版，第137—138页。

⑤ 『西田幾多郎全集』第二卷(自覚に於ける直観と反省)，岩波书店，1978年；张政远：《西田几多郎——跨文化视野下的日本哲学》，第83页。

⑥ 『西田幾多郎全集』第四卷(働くものから見るものへ)，岩波书店，1979年。1926年在《哲学研究》发表的论文《场所》收录于其中。

⑦ 西田几多郎：《善的研究》，新版序，第1页。

⑧ 藤田正胜：《西田几多郎的现代思想》，吴光辉译，河北人民出版社2011年版，第149页。

此要从述语出发进行思考。①简单来说,在我们进行判断时所用的"是"就是一个述语,它提供了一个场所使得主语内存于其中。②西田认为场所既然是包容一切的,那么它一定超越了作为主体的"有",以达到"无"。但是场所的"无"并不是与"有"相对的"无",而是包含"有"和与"有"相对的"无"的"绝对无"。这种场所即"绝对无的场所"。

受到欧洲的黑格尔复兴运动的余波和马克思主义的影响,西田还从自己的角度阐述辩证法。③不过,西田依然是在自己"绝对无的场所"的延长线上讨论辩证法的。他在《无的自觉限定》(1932)中称黑格尔的辩证法只是过程的辩证法,④而他根据场所逻辑构建的则是"场所辩证法"。1939年,西田在《思想》杂志发表《绝对矛盾的自我同一》,将自己的场所辩证法作了总结。简言之,个物的存在必须是对自我的绝对否定,这样它才能在限定自身的同时,还与整个世界发生关联。于是,绝对的矛盾也通过对自我的绝对否定而存在。在"绝对矛盾自我同一"中,"一"通过对自我的绝对否定而成为"多",也就是"一即多"。⑤

集中反映西田国际关系论的《原理》所依靠的就是"自觉""绝对矛盾自我同一"等哲学工具。所谓每个国家立足自身、超越自身从而形成世界性世界的国际关系图景,正是把国家看作个物,从而将"一即多"的本体论逻辑运用到国际关系的场域中,构建出多元普遍主义的国际关系理论。

三、"超克近代"的诱惑:对国家的
道德判断及其危险

仅从学术的意义上讲,西田确实提供了可以与当今主流国际关系理论进行对话的国际关系理论。但是在实践中,西田的理论遭遇了毁灭性

---

① 『西田幾多郎全集』第九卷(哲学論文集第三)、岩波書店、1979 年。
② 张政远:《西田几多郎——跨文化视野下的日本哲学》,第 85 页。
③ 藤田正勝『西田幾多郎の思索世界』、143—145 頁。
④ 『西田幾多郎全集』第六卷(無の自覚的限定)、岩波書店、1979 年。
⑤ 『西田幾多郎全集』第九卷(哲学論文集第三)、岩波書店、1979 年。

打击。正如前文所述,《原理》是集中反映西田的国际关系理论思想的文章,但该文也是国策研究会的约稿,它本身就与日本的扩张政策有关联。因而日本战败意味着西田国际关系理论的彻底失败。日本被占领后,西田的弟子、京都学派"四天王"高板正显、西谷启治、高山岩男、铃木成高则被开除公职。①

然而,京都学派的失败并不止于现实中战争的失败,它的理论建构本身就已经失败。京都学派四天王在日美开战后兴奋不已,其后更是著书立说,极度露骨地鼓吹日本对美宣战的正义性。战后,西田连同四天王的论说都被斥为"超国家主义"(ultra-nationalism)和"法西斯主义"。②一种法西斯主义的国际关系理论是绝不可能为人接受的。

从西田的学术历程内部来看,他的国际关系理论试图超越近代却最终为近代击败。这对于同样希望对近代性进行一定批判和超越的非西方理论和全球国际关系学来说尤为重要,分析西田理论的失败机理可以帮助我们避免类似悲剧。全球国际关系学强调将历史实践与理论构建联系起来,③西田的理论可以看作对战争现实的反映,那么对这一失败机理的分析也就需要从最表面的,即西田的理论与实际的战争之间的关系开始。

（一）西田哲学与战争

西田几多郎是反对战争的,他甚至拒绝过国策研究会的约稿,虽然最终依然写下了《原理》。他到了晚年还直言自己的理论没有受到当局的重视,反而被断章取义,形成了他反对的东西。④有坂阳子(Yoko Arisaka)指

① 1951年"公职追放"解除后,除了高山岩男继续隐居外,其余三人均重返大学。高坂正显甚至重新成为日本政府机构的智囊。

② Peter N. Dale, *The Myth of Japanese Uniqueness*, London：Routledge,2012(初版为1986年); Tetsuo Najita and H. D. Harootunian, "Japan's Revolt against the West," in Peter Duus ed., *The Cambridge History of Japan*, Vol.6, Cambridge and New York：Cambridge University Press,1988, p.741; Pierre Lavelle, "The Political Thought of Nishida Kitaro," *Monumenta Nipponica*, Vol.49, No.2, 1994, pp.139—165.

③ 阿米塔·阿查亚·巴里·布赞:《全球国际关系学的构建》,第2页;高鹏、朱翊民:《全球国际关系学:国际关系研究认识论的发展与创新》。

④ Christopher S. Goto-Jones, *Political Philosophy in Japan：Nishida，the Kyoto School and Co-prosperity*, London and New York：Routledge,2005, p.71.

出,《世界新秩序的原理》一文共有三个版本,分别是西田的初稿、田边寿利①的修改稿和西田的最终稿。②根据大桥良介的介绍,除了田边的修改稿,为了得到军部的允许而出版,最终稿其实也删改了批判侵略和帝国主义的部分。③

许多日本学者从这一方面解释西田从反战到写作《原理》的"立场转变"。他们通过考察西田《学问的方法》(1937)、《日本文化的问题》(1938、1940)和《国家理由的问题》(1941)等著作④和其他一些材料,构建了"西田—狭隘日本主义"的对立图示。他们认为西田对日本文化的讨论并不指向实体的日本国家,而是抽象的和超越现实政治的,因此西田并不支持甚至反对军部那种鼓吹日本实体的"狭隘日本主义"。⑤西田讨论日本文化,甚至应军部之邀而写作《原理》,是为了与军部进行"意义"上的争夺。⑥或者说,西田写作《原理》是希望军部能从中学到些什么。⑦一些西方学者也沿着这一路线对西田进行再评价,剥离京都学派哲学和法西斯主义之间的"必然性",以此修正正统观念对京都学派的"误读"。⑧克里斯托弗·

---

① 田边寿利是社会学家,与西田相熟且与陆军有往来。西田的原稿较为晦涩,田边的修改提高了其可读性。

② Yoko Arisaka, "The Nishida Enigma: 'The Principle of the New World Order'," *Monumenta Nipponica*, Vol.51, No.1, 996, pp.81—99.

③ 参见张政远:《西田几多郎——跨文化视野下的日本哲学》,第 143 页。

④ 这些作品归纳为西田的"日本论",参见『西田幾多郎日本論集』書肆心水、2007 年。

⑤ 如森哲郎「解説」、西田幾多郎・西谷啓治など著、森哲郎編『世界史の理論』(京都哲学選書第 11 卷)、燈影舎、2000 年、399—406 頁;荒井正雄『西田哲学読解:ヘーゲル解釈と国家論』晃洋書房、2001 年、107 頁;小坂国継『西田幾多郎と現代:歴史・宗教・自然を読み解く』ミネルヴァ書房、2001 年、61—62、76 頁;藤田正勝『西田幾多郎の思索世界』、193—237 頁。

⑥ Ueda Shizuteru, "Nishida, Nationalism, and the War in Question," in James W. Heisig and John C. Maraldo eds., *Rude Awakenings: Zen, the Kyoto School, & the Question of Nationalism*, Honolulu: University of Hawai'i Press, 1994, pp.90—96;小坂国継『西田幾多郎と現代:歴史・宗教・自然を読み解く』、91 頁;藤田正勝『西田幾多郎の思索世界』、216 頁;Kosuke Shimizu, "Reading Kyoto School Philosophy as a Non-Western Discourse: Contingency, Nothingness, and the Public".

⑦ Yoko Arisaka, "The Nishida Enigma: 'The Principle of the New World Order'," p.86.

⑧ 如 Graham Parkes, "The Putative Fascism of the Kyoto School and the Political Correctness of the Modern Academy," *Philosophy East and West*, Vol.47, No.3, 1997, pp.305—336; David Williams, *Defending Japan's Pacific War: the Kyoto School Philosophers and Post-White Power*, London and New York: Routledge, 2004.

戈托-琼斯（Christopher S. Goto-Jones）直言西田哲学的失败并不是在1945 年，它在20 世纪40 年代初就已经被日本帝国主义击败。①在这条再评价的路径中，西田哲学不再是日本中心主义的，更不是超国家主义和法西斯的，而是向多元世界开放的哲学。因此他们的结论往往是：西田的理论被军部歪曲了。

但从《从形而上学的立场看东西古代文化形态》（1934）、《日本文化的问题》等文本中可以明显看到，西田哲学中"西—东""欧洲—日本""有—无"是对立的。他将西方文化概括为"有"和"形式"的文化，而东方文化是"无"和"无形式"的文化。②在这里，有与无还只是同一层面的问题，尚未达到绝对无的超越性地位。但到了《原理》中，日本文化就成了"空己"的象征，"空己"即对自己进行绝对的否定；日本文化又具有开放包容的特性，可以达到"容他"，即与多保持绝对的统一。由此，日本的文化具有"绝对无"的超越性。从场所论来看，绝对无的场所是跨文化交流的场所，最终世界文化的形成也必然在这个绝对无的场所。那么，作为绝对无的场所，日本似乎成了世界文化的形成场所。虽然西田反对以武力的方式进行世界文化之形成，但这种包容性日本主义一旦与政治相结合，几乎就滑向了"特殊普遍主义"。③例如在其关于国际秩序论中，虽然西田一方面认为国际秩序的主导者需要通过具体且普遍的历史原理而"形成"，但另一方面又将这种普遍原理等同于特殊的日本皇道，从而让特殊的日本成为了国际秩序普遍原理的代表，封闭了国际秩序中道义使命的普遍意义。

围绕《原理》等文本，不同人的不同解读，以及对这些解读的批判或许都隐含着自己的政治意图。④然而即便承认西田几多郎与日本军国主义者毫无关联，西田的哲学毕竟使得军国主义找到了理论上的支撑。从第二次世界大战的进程来看，1943 年3 月西田接到稿约时，日本在太平洋战场上已节节溃败。军部此时找到西田，很可能是希望通过他的哲学和名望，

---

① Christopher S. Goto-Jones，*Political Philosophy in Japan：Nishida，the Kyoto School and Co-prosperity*，pp.1—2.

② 『西田幾多郎全集』第七卷（哲学の根本問題續編）、岩波書店、1979 年。

③ 戴维斯：《西田几多郎的多元文化世界观：当代意义及其内在批判》，《思想与文化》2013 年第13 辑，第308—323 页。

④ Yoko Arisaka，"The Nishida Enigma：'The Principle of the New World Order'，"pp.88—99.

重申战争的"合法性",并鼓舞已经开始凋零的士气。因此从军部的视角来看,《原理》从一开始就是对战争的辩护。正如上文所示,西田的哲学术语在《原理》中均与日本的侵略扩张政策形成了和谐。

此外,京都学派四天王于日美开战前的 1941 年 11 月 26 日举行"世界史的立场与日本"座谈会,此后又举办"东亚共荣圈的伦理性与历史性"和"总力战的哲学"座谈会。①在"世界史的立场与日本"座谈会上,四人熟练运用西田哲学的概念和辩证法,为日本对东亚的殖民侵略和对英美的开战赋予世界史的意义。他们还借用了兰克(Leopold von Ranke)"道义生命力"概念,为日本赋予世界史的道义性使命。此后他们在西田近代批判的基础上继续阐发日本发动战争的正义性,不断出版美化战争的著作。正是西田哲学为他们打下了近代批判的坚实基础,所以"基于'世界史立场'的历史哲学话语即'世界史哲学'这种话语,只可能由他们这几位西田学派人士来建构。"②而从当时日本的思想氛围来看,这种倾向往往用另一场赞美开战的座谈会加以概括,即"近代的超克"。③这种整体的思想氛围与贯穿西田思想生涯始终的旨趣如出一辙。④

(二)"超克近代"及其失败

清水耕介则将西田几多郎的失败从思想史引入非西方国际关系理论。与对西田进行再评价的学者类似,清水看到了西田与东条英机内阁之间关于战争的分歧,《原理》最终的版本更多是东条内阁对外侵略的观点,这意味着西田的失败。⑤清水认为,西田的失败或许来源于其个人性格

---

① 高坂正顕・西谷啓治・高山岩男・鈴木成高著、藤田親昌編『世界史的立場と日本』中央公論社、1943 年。

② 子安宣邦:《何谓"现代的超克"》,董炳月译,三联书店 2018 年版,第 43 页。

③ "超克"是日本汉字词,意为超越、克服,英文常译为"overcome"。有关"近代的超克"的思想状况,参见鈴木貞美「「近代の超克」論——その戦前・戦後」鈴木貞美・劉建輝編『東アジアにおける近代諸概念の成立——近代東亜諸概念の成立』、国際シンポジウム(報告書)第 26 集、国際日本文化研究センター、2012 年、9—65 頁;段世磊:《京都学派的遗产——世界史的立场与近代的超克》,《北京社会科学》2018 年第 4 期,第 110—119 页。

④ 有学者认为"近代的超克"和"世界史立场"的问题意识、思想倾向、哲学逻辑和方法论几乎都来源于西田哲学,参见吴玲:《西田几多郎与"近代的超克"》,《北方论丛》2013 年第 3 期,第 81—85 页。

⑤ Kosuke Shimizu, "Nishida Kitaro and Japan's Interwar Foreign Policy: War Involvement and Culturalist Political Discourse".

中对于天皇的崇拜，而对于西田那个年代的日本人来说，这是普遍现象。[1]小林敏明就指出，如果不是出于对天皇制的维护，西田并不会去撰写《原理》。[2]然而，天皇与战争之间的关系是难以抹去的。日本期望在东亚地区构建的帝国秩序，其顶点就是天皇，日本法西斯国家构造的根本特质就是以天皇为顶点的"家族的延长体"。[3]西田的失败还在于他对"东与西"的二分法的执着。[4]当这种二分法被制度化，关于世界的论述就被封闭了。"东与西"的二分法一旦与现实政治结合，所形成的仍然是两个主体之间的对立。在这种主体对立中，西田将国际关系的专属责任赋予了其中之一的日本。[5]在西田哲学通过纯粹经验到绝对矛盾自己同一的路径，试图超越给定的主体存在时，这种二分法则再一次把存在拉回了主体层面。除此之外，西田的失败还在于其哲学的高度抽象性。[6]清水认为，西田不关注日常性经验，所以看不到当时现实世界中被日本压迫剥削的殖民地。而京都学派左派户坂润看到了这一点，因而自始至终对殖民扩张进行批判。[7]

总之，西田最终依然徘徊在威斯特伐利亚的话语体系之内。正如清水指出的，西田希望能够通过日本的智慧来解决西方提供的近代性无法解决的问题，[8]但他归根到底始终没能超越西方提供的近代。

————————

[1] Kosuke Shimizu, "Reading Kyoto School Philosophy as a Non-Western Discourse: Contingency, Nothingness, and the Public".

[2] 小林敏明『西田幾多郎の憂鬱』岩波書店、2011 年、335—356 頁。

[3] 『丸山眞男集』第三巻、岩波書店、1995 年、273—274 頁。

[4] Kosuke Shimizu, "Reading Kyoto School Philosophy as a Non-Western Discourse: Contingency, Nothingness, and the Public"; Kosuke Shimizu, "Do Time and Language Matter in IR: Nishida Kitaro's non-Western Discourse of Philosophy and Politics".

[5] Kosuke Shimizu, "Reading Kyoto School Philosophy as a Non-Western Discourse: Contingency, Nothingness, and the Public," pp.4—5.

[6] Christopher S. Goto-Jones, *Political Philosophy in Japan: Nishida, the Kyoto School and Co-prosperity*, p.8.

[7] Kosuke Shimizu, "Materializing the 'Non-Western': Two Stories of Japanese Philosophers on Culture and Politics in the Inter-war period"; 清水耕介「日常性と国際関係——文脈化を通して——」『国際政治』第 192 号、2018 年、129—137 頁。

[8] Kosuke Shimizu, "Reading Kyoto School Philosophy as a Non-Western Discourse: Contingency, Nothingness, and the Public," pp.2—5. 这一点清晰地体现在了京都学派"世界史的立场与日本"座谈会。

（三）超克近代的方式：国家与道德

其实天皇崇拜、东西二分和高度抽象各自都不足以完全说明西田在理论上的失败。如果我们将天皇崇拜替换为民族主义，那么这些问题在现代国际关系中都不罕见；对东西二分的批评与对西方和非西方二分法的担忧也如出一辙；而对当代国际关系理论忽略日常的问题也时有讨论。①也就是说，如果西田的失败仅仅是徘徊于威斯特伐利亚体系之中，那么他不过只是为西方近代的话语提供了另一种表述。然而，分析若停留在此处，则不仅有循环论证之嫌，还在一定程度上为一切超越近代的尝试蒙上阴影。西田失败的特殊性不在于它没有超越近代，而在于他超越近代的尝试最终被暴力收编。但这并不意味着"超越近代"或者说近代性批判本身就带有暴力性的原罪，也不意味着近代性批判不能由非西方作出。为此，应当将分析推进一步，探讨西田超越近代的具体方式，从而获得更深刻的启示。

如前文所述，西田构建了"西—东"的对立图示，并将日本判断为一种具有超越性的"绝对无"。这种判断得到两方面的支撑。一方面，日本历史上吸收中国和印度的文化，明治以来又吸收西洋文化，并以此为基础创造出自己的文化，②在形式上符合"空己容他"的特点；另一方面，万世一系的日本皇室是自觉限定的场所，因为幕府的更替、幕府将军的传承，都没有打破皇室的连续性；承接着对于中国汤武放伐的批判，日本文化成了有别于中国和西洋的"绝对无的场所"。于是，即便西田本人否认日本文化应该是高于其他文化的，但解读者依然可以轻松得出日本文化优越性的结论。在这一点上，西田并不能从其理论内部给出坚实的回应和自我辩护。

《原理》为日本赋予了超越性地位，其理论依据就是日本文化的优越性，而且这种优越性披上了道德的色彩。从个人到国家的自觉是对善的不断实现，那么世界的自觉就是人格实现的最终和最高的道德。在这种道德优越性的判断下，只有日本拥有实现道德的可能性。于是，超越本体

---

① 如初瀬龍平『国際関係論：日常性で考える』法律文化社、2011 年。此外还有女性主义等。

② 『西田幾多郎全集』第十二卷（日本文化の問題）、岩波書店、1979 年、393 頁。

论近代性与超越政治近代性被混淆，①西方作为近代性在政治上的代表也就失去了善。在基于道义使命分布的国际秩序中，日本是"当之无愧"的中心。

清水强调西田为日本赋予专属责任，②但是在西田的理论中，获得专属责任的不只是简单的"日本"，而是具备道德优越性的日本。这与西方近代政治观念形成反差。自马基雅维利"发现"近代政治以来，西方主流观念一般不会对"国家"进行积极的道德评价，霍布斯式的绝对主义国家亦是如此。但是在西田期望超越这种合理主义的政治观念，试图把实现道德之善带到本不该关涉价值的"国家理由"之中，这亦是对近代的"超越"。总之，西田是通过对日本进行道德判断来超越近代国际关系的。

（四）绝对性、历史性与国家道德合一

由此可见，西田及其弟子对日本的道德判断具有绝对性。首先，由于世界性的历史是人类的终极目标，因此可以实现这一终极目标的日本的道德就是最高的。其次，这一道德只存在于日本。于是日本的道德成为了一种绝对，即绝对的道德绝对地存在于日本。因此，就如《原理》的最后一句所言："英美不仅要服从之，轴心国亦应效仿之"③，即便是军事上的同盟德国和意大利，也不具备这种道德的力量。

而这种道德判断具备的历史性，就在于他们认为这一使命是必将实现的，是历史的必然。西田构建的国际关系图景是历史性的，从个人的自觉发展到世界的自觉。这种图景不免带有理想主义的色彩，而且很容易找到万世一系的皇室这一现实模版。④到了座谈会上，高坂正显甚至明言："世界史要求日本发现（决定世界新走向的）原理，我感到日本背负着世界

① Bernard Stevens, "Overcoming Modernity: A Critical Response to the Kyoto School," in Bret W. Davis, Brian Schroeder and Jason M. Wirth eds., *Japanese Continental Philosophy: Conversations with the Kyoto School*, Bloomington: Indiana University Press, 2011, p.235.

② Kosuke Shimizu, "Reading Kyoto School Philosophy as a Non-Western Discourse: Contingency, Nothingness, and the Public," pp.4—5.

③ 『西田幾多郎全集』第十二卷、434 頁。

④ Sadami Suzuki, "Nishida Kitarō as Vitalist, Part 1: The Ideology of the Imperial Way in Nishida's *The Problem of Japanese Culture* and the Symposia on the 'The World-Historical Standpoint and Japan'," *Japan Review*, No.9, 1997, pp.101—103.

史的必然性。"①

从中可以看到,西田理论的根本问题并非日本具有专属责任并被安排到了国际秩序的顶端,甚至不在于日本是否独占了道德,②而在于日本国家与道德形成了一体,后者让这一观点变得不容置疑。绝对性将道德在空间上限于日本,而历史性则将道德在时间上限于日本,于是国家(日本)即道德、道德即国家(日本)。丸山真男曾指出日本超国家主义认为"国家本为实现大义而行动,但同时其行为本身又被认为是大义。'胜者为王'和'正义必胜'的意识形态微妙交错⋯⋯"③大义(道德)的义理阐释是从连绵不绝的皇室出发的,而近代作为日本国家的敌人,被摆在了反道德的位置。西田的国际关系理论正反映了这种思想结构,它并非站在一种外在的道德的立场对近代性提出批判并对日本进行褒扬,相反其立场是内在于日本的,或者说日本就是道德立场本身。于是,一种表面上倡导多元文化的理论诡异地将自己封闭在日本这一特殊的场所之中。

四、道德判断的诱惑:地方知识与国家知识

西田理论的失败似乎印证了对于非西方理论和全球国际关系学的既有批评。西田理论的结局清楚地显示,某些非西方理论确实可能塑造了另一种霸权。正如矶前研一认为"近代的超克"反映了对西方帝国主义的反抗和欲望那样,④西田对西方帝国主义的反抗不过最终导致了对另一种帝国主义的欲望。有学者指出京都学派等"教训主义"的基础更多是对日本不为欧洲近代所接受的挫败,也从侧面反映了这一点。⑤此外,在西田构

① 高坂正顕・西谷啓治・高山岩男・鈴木成高著、藤田親昌編『世界史的立場と日本』、126 頁。
② 参见稲賀繁美「『西側』近代性に対する抵抗、「東洋的』沈潜への誘惑」酒井直樹・磯前順一編『近代の超克」と京都学派――近代性・帝国・普遍性』以文社、2010 年、330—332 頁。
③ 丸山眞男『丸山眞男集』第三卷、24—25 頁。
④ 磯前順一「『近代の超克」と京都学派――近代性・帝国・普遍性』酒井直樹・磯前順一編『近代の超克」と京都学派――近代性・帝国・普遍性』、33—34 頁。
⑤ 黄佳甯、石之瑜:《不是东方——日本中国认识中的自我与欧洲性》,台北:台湾大学政治学系中国大陆暨两岸关系教学与研究中心 2009 年印,第 191 页。

建"日本等于绝对无、西洋等于有"的图示时，日本和西方的地方间差异就已经被本质化了，这时理论的多元普遍主义必然陷入僵局。

然而，西田案例的特殊性在于它最终导向了暴力，因而它也超越了对全球国际关系学的已有批评，并向我们提出了新的问题：在西田构建起理论的过程中，是哪些环节将其引向了危险和暴力的境地？

（一）知识生产与东方的抵抗

非西方理论和全球国际关系学的核心关切都是西方在国际关系理论上的知识霸权。①斯坦利·霍夫曼（Stanley Hoffmann）在1977年就已经指出，国际关系学是"一门美国的社会科学"。②因此，这种知识霸权甚至可以具体到美国之上。但总体而言，美国和欧洲依然是国际关系知识生产的中心。

这种地理意义上的知识生产中心通过实践共同体影响理论的构建。国际关系的实践转向提出区分表象性知识和背景性知识的重要性后，③秦亚青和诺丁（Astrid H. M. Nordin）将其引入知识生产，认为学术知识也依赖于共同体的背景知识，理论家的理论建构作为一种实践必然反映他所在共同体的背景性知识。④秦亚青还指出，背景性知识是地方性的、无意识的。⑤因此，西方国际关系理论在生成过程中依靠西方历史背景中的地方

① 对于这种知识霸权的批判，除了阿查亚和布赞的全球国际关系学，还有蒂克纳等人的后殖民主义路径，如 Arlene B. Tickner and Ole Wæver eds., *International Relations Scholarship around the World*, London and New York：Routledge, 2009；Arlene B. Tickner and David L. Blaney eds., *Thinking International Relations Differently*, London and New York：Routledge, 2012；Robbie Shilliam ed., *International Relations and Non-Western Thought：Imperialism, Colonialism and Investigations of Global Modernity*, London and New York：Routledge, 2011。

② Stanley Hoffmann, "An American Social Science：International Relations," *Daedalus*, Vol.106, No.3, 1977, pp.41—60.

③ 参见 Emanuel Adler and Vincent Pouliot eds., *International Practices*, Cambridge and New York：Cambridge University Press, 2011.

④ Yaqing Qin and Astrid H. M. Nordin, "Relationality and rationality in Confucian and Western traditions of thought," *Cambridge Review of International Affairs*, Vol.32, No.5, 2018, pp.601—614.

⑤ 秦亚青：《行动的逻辑：西方国际关系理论"知识转向"的意义》，《中国社会科学》2013年第12期，第181—198页。

性知识[1],它们根植于西方历史和政治理论[2],这构成了其理论硬核。[3]许多非西方国际关系理论的构建都倾向于从本国历史文化中寻找资源。以中国为例,中国的国际关系理论三大流派就运用了中国本土的历史、文化和实践[4],对与中华经典国际关系概念的讨论亦是如此。[5]

同样,西田在构建其哲学和国际关系论时,运用的是 20 世纪上半叶日本这一实践共同体的背景性知识。尽管有学者指出,西田既非建立一种新的东方哲学,也非重构西方哲学,而是创造出一种新的世界哲学[6],但是西田哲学的知识来源依然具有浓重的东方色彩。从《善的研究》开始,西田哲学就与老庄、儒学和大乘佛教特别是"禅宗"思想等东洋文化有相当的关联。[7]而在西田讨论文化和国家问题时,则不断利用关于日本皇室的知识。上文所述支撑西田对日本进行道德判断的两个方面归根结底都是关于日本历史的知识。而且这种知识可以从近代日本的其他知识分子身上找到,例如西田宣称的日本成功吸收了中国和印度的知识,与冈仓天心说的日本最早发现中国和印度艺术的价值,异曲同工。[8]

对地方性知识的运用是对普遍主义的反应。与西方的近代性一样,西方主流国际关系理论往往会宣称一种普遍意义[9],并以此为依据不断扩

---

[1] 秦亚青:《全球国际关系学与中国国际关系理论》,《国际观察》2020 年第 2 期,第 27—45 页。

[2] Barry Buzan, "How and How Not to Develop IR Theory: Lessons from Core and Periphery," *The Chinese Journal of International Politics*, Vol.11, No.4, pp.391—414.

[3] 秦亚青:《文化与国际关系理论创新——基于理性和关系性的比较研究》,《中国社会科学评价》2019 年第 4 期,第 35—44 页。

[4] 秦亚青:《中国国际关系理论的发展与贡献》,《外交评论》2019 年第 6 期,第 1—10 页;秦亚青:《全球国际关系学与中国国际关系理论》。

[5] 潘忠岐主编:《中华经典国际关系概念》,上海人民出版社 2021 年版。

[6] Masao Abe, "Buddhism in Japan," in Brian Carr and Indira Mahalingam eds., *Companion Encyclopedia of Asian Philosophy*, London and New York: Routledge, 2005, pp.714—715.

[7] 王青:《关于西田哲学中的"东洋文化"——以〈善的研究〉为中心》,《世界哲学》2022 年第 1 期,第 116—128 页。

[8] 冈仓天心:《东洋的理想》,闫小妹译,商务印书馆 2018 年版。

[9] 酒井直树指出,西方的普遍主义也是"自我宣称的特殊主义",只不过以普遍主义的面目示人。参见 Naoki Sakai, "Modernity and Its Critique: The Problem of Universalism and Particularlism," in Masao Miyoshi and H. D. Harootunian eds., *Postmodernism and Japan*, Durham and London: Duke University Press, 1989, p.98.

散。今天致力于全球国际关系学的研究者面临的问题与西田等人类似，均是如何抵抗西方近代性霸权，在知识层面消解西方近代性的一元普遍主义依据，从而建立一种多元普遍主义的知识体系。西田试图抵抗的西方近代性，从哲学上是基于个体理性的本体论，而在权力结构上是这种本体论的优势地位，这与当今的一些非西方理论的取向是相通的。酒井直树在谈到亚洲的抵抗方式时认为，"抵抗"是不断对知识生产本身进行反思，意识到知识生产背后的权力关系。[①]在这个意义上，意识到其背后权力关系的全球国际关系学、西田哲学甚至"近代的超克"论者都是在对西方进行"抵抗"。

（二）理论的地方性与国家性

西田运用地方性知识来生产声称是世界性的知识，以此作为对西方普遍主义的抵抗，这一点颇具理想主义色彩。但可以看到，西田知识生产的结果甚至有超越一般的特殊论和例外论而走向暴力的危险。这种危险或许从他运用地方性知识的那一刻开始就已经存在。

表面上，日本的历史、思想、文化是一种地方性知识；但仔细辨析西田运用的知识可以发现，它并不只是地方性的，而且还是政治性的。特别是他对于皇室历史的运用更是如此。皇室作为一种政治存在，其历史必然是政治性的。因此皇室的历史或皇道的理论本质上并不只是日本地方的知识，而且是支撑日本帝国的意识形态。就如丸山真男指出的，万世一系的皇室是超国家主义思想结构的中轴。[②]更值得注意的是，由于日本皇室被宣称为万世一系，那么它的历史就代表着日本的历史，能够吸纳日本的一切地方性历史知识，甚至皇统作为历史的开端就是不容置疑的。

运用这种带有政治性的地方性知识构建的理论，在本源上就无法抹去与现实政治的关联。虽然在明治维新后日本曾一度拥抱近代性，通过对"富国强兵"等国策成了第一个近代化的非西方国家，并努力挤进欧美主导的国际秩序，币原喜崇郎（1924—1927、1929—1931 任外相）提出的"协调外交"和"相互尊重论"即是例证；但是经过大正时期和昭和初期的一

---

① 酒井直树、陈湘静：《亚洲抵抗的方式：亚洲的知识生产与文化政治——酒井直树教授访谈录》，《现代中文学刊》2016 年第 6 期，第 4—18 页。

② 『丸山眞男集』第三卷、35 页。

系列事件,30 年代的日本逐渐开始在政治上反对近代。1919 年巴黎和会提出种族平等议案的失败、1924 年美国的"排日法案"等国际因素代表着欧美对于日本大国地位的排斥,促使日本成为近代国际秩序的修正国家。①在国内,资本主义带来的经济大萧条和政党政治的崩溃则冲击了也加剧了日本对近代经济和政治的怀疑。在这种危机中掌握权力的日本法西斯所利用的正是这种反对近代而怀念地方传统的"乡愁"。②皇道作为地方传统知识的集大成者,是乡愁的情感归宿,同时也是支撑统治的意识形态。即便在知识上超越近代本身并不一定意味着在政治上以武力推翻西方,但是由于近代出身西方,而皇道出身日本,因而知识和政治这两种过程就有了相同的结构,超越近代的知识生产目标、知识生产运用的地方性知识、超越西方的政治目标、政治意识形态四者也被勾连了起来。(见图1)

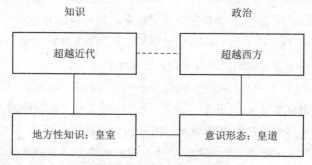

图 1　知识与政治的同构

资料来源:笔者自制。

　　由于西田在构建其国际关系论时所运用的地方性知识依托于国家这一政治实体,因此这样的地方性知识更应该被称作国家性知识(national knowledge)。将依赖于这类知识构建起的理论流派称为"地方性学派"显然无法完全展现其背后的政治性意涵。称之为"国家性学派"(national school)则更为合适。已经有学者关注到了国家性的问题。清水所说的"national"是在反对西方殖民霸权的意义上使用的,更接近中文语境中"民族主义"的含义。而阿查亚和布赞所说的国家学派指称的则是英国学派、

① 赵京华:《"近代的超克"与"脱亚入欧"——关于东亚现代性问题的思考》,《开放时代》2012 年第 7 期,第 55—72 页;游启明:《崛起国为什么修正国际秩序》,《世界经济与政治》2021 年第 3 期,第 75—103 页。
② 『丸山眞男集』第七卷、岩波書店、1996 年、232 頁。

中国学派等以某一国家为中心发展的不同于美国国际关系理论的学派。①
王义桅曾指出主流国际关系理论背后的美国国家性，包括其国家情节、使
命和情怀。②本文强调的国家性更为侧重其背景知识的政治性而不仅仅是
目的的政治性。特别是对于西田和京都学派，虽然他们仅以京都大学作
为据点，但由于他们的知识依托于日本这一政治实体，因而也可以称为
"日本（的国家）学派"。正是这种国家性的立场让西田的哲学有了滑向对
国家进行道德判断的危险。西田这一极端案例告诉我们，一旦经由国家
性知识走向道德判断并为政治所利用，其代价是巨大的。

此外，国家学派往往站在国家主义的立场而忽略个人的存在。与此
相反，人类学所说的地方性知识反而是希望将个人从理论的普遍性规定
中解救出来。西田所言的自觉最终没有在个人、家庭、社会、国家、世界的
各个层面得以实现，反而是国家的自觉捆绑住了个人的自由，人格在自觉
中被不断消解。而个人恰恰是暴力的最直接受害者，因此西田的理论也
缺少了暴力的真正批判。

（三）解构国家性知识

不过，这种国家学派的普遍主张在很大程度上是站不住脚的。西田
在论述日本"绝对无"的特性时，大量运用了皇室历史的政治性知识。政治
性知识既然依托于特定的国家而成为国家性知识，那么它必然是特殊的，
除非这一国家是世界国家。以这种特殊主义的知识构建具有普遍包容意
义的"绝对无"，这种尝试本身就是诡异的。

在另一个政治性不那么明显的案例中这种矛盾依然存在。尽管西田
本人没有对日语和哲学的问题进行过系统论述，但是其后世阐发者将两
者关联了起来。京都学派的当代传人藤田正胜认为日语独特的语法结构
正体现了西田哲学场所逻辑。③将日语的特殊性延展到日本的特殊性，最

---

① 阿米塔·阿查亚、巴里·布赞：《全球国际关系学的构建》，上海人民出版社 2021 年版，第 252、263 页。

② 王义桅：《国际关系理论的国家性》，《美国研究》2003 年第 4 期，第 22—41 页。

③ 藤田正胜：《西田几多郎的现代思想》，第 78—85 页；藤田正胜『西田幾多郎の思索世界』，97—120 页。关于日语和场所逻辑的关系，还可参见徐英瑾：《西田几多郎的"场所逻辑"及其政治意蕴——基于认知语言学的解读》，《学术月刊》2015 年第 8 期，第 32—43 页。但徐文并无为西田辩护之意。

终成为日本是"绝对无的场所"的论据。然而事实上,即便日语体现了述语逻辑和场所逻辑,也无法成为日语特殊论的依据,因为藤田所列日语的特性也完全体现在韩语中。因此,这类政治性较弱的地方性知识也无法为西田哲学提供判断日本最高道德的依据。

对西田哲学所运用的国家性知识的解构提示我们,国家性知识或地方性知识并不意味着唯一。地方性知识有其局限亦有其优点,但在运用地方性知识时,比较的视角是必要的。①因此为国家性知识很难有绝对的特殊性。有学者指出,即便是根植于中国传统的"天下",也"并非与整个西方传统截然不同"。②这同样适用于西田哲学:西方的世界主义思想如果能够实现,同样是达到了类似"世界的自觉"的状况。甚至除了欧洲、中国和日本外之外,类似世界主义的思想还有其他思想资源。③

五、历史与去历史之间的西田几多郎

虽然从知识生产过程开始,西田的理论就已经带有危险倾向,但一些国际关系学者仍然对其作出正面评价。事实上,对西田理论的不同态度反映了学者面对历史思想资源的不同方式。因而,对于西田案例后世影响的考察是有必要的,它能让我们从视角层面反思全球国际关系学的方法。

(一)对西田理论的积极发掘

正如前文所说,西田的初衷在很大程度上与非西方理论和全球国际关系学是契合的,因此,许多学者倾向于发掘西田哲学对于国际关系理论的积极意义。

---

① Clifford Geertz, *Light Available*, *Anthropological Reflections on Philosophical Topics*, Princeton and Oxford: Princeton University Press, 2000, p.138.

② 陈玉聃、王欣:《天下为公的政治哲学:一个中国式的世界主义理念》,《复旦国际关系评论》2013 年第 12 辑,第 12—34 页。

③ Martin Munro and Robbie Shilliam, "Alternative Sources of Cosmopolitanism: Nationalism, Universalism and Créolité in Francohone Caribbean Thought," in Robbie Shilliam ed., *International Relations and Non-Western Thought: Imperialism, Colonialism and Investigations of Global Modernity*, pp.159—177.

研究者往往会从文明和文化等角度从西田哲学中发现国际关系理论要素。关注文化和身份的研究者可以从西田中看到建构主义的成分，并期待沿着西田的路径可以丰富建构主义或者文化视角的国际关系理论。①陈柏宇则期待西田的本体论可以作为一种亚洲学派完成"再世界化"以丰富国际关系理论。②

另一方面，西田哲学也和区域一体化和全球化理论联系在一起。有学者指出，日本近代哲学和全球化的结合是日本国际关系理论发展的一个可能方向。③有学者认为，和京都学派有所关联的"大东亚共荣圈"或"东亚新秩序"一定程度上预言了未来的区域一体化（regionalization）趋势，④而其世界史哲学也看到了全球化的倾向，甚至预言了世界意识到自己作为世界的可能性。

（二）思想资源：历史化与去历史化之间

在讨论西田的积极启示时，学者往往从他的理论中剥离出某种一般性论述，以此作为近代日本对于国际关系理论的贡献。这种论述脱离了西田所处的历史语境。于是，学者用"建构主义者"等后见之明来为西田贴上标签。这是对西田的"去历史化"理解。由于对西田进行了去历史化，西田的理论与殖民侵略战争的危险关联就容易被忽略或一笔带过，从而无法发现西田的理论背后的危险与困境。而清水和本文则将西田放回历史语境中加以理解。这可能会与面向普遍意义的理论追求有所抵触，但是通过这样的考察可以发现西田理论走向危险的内在机理，从而为非西方理论和全球国际关系学提供警示。

无论是历史化理解还是去历史化理解，对于我们理解理论都有积极意义。特别是当全球国际关系学呼吁关注非西方经典、非西方政治思想

---

① Christopher S. Jones, "If not a Clash, the What? Huntington, Nishida Kitaro and the Politics of Civilizations"; Graham Gerald Ong, "Building an IR Theory with 'Japanese Characteristics': Nishida Kitaro and 'Emptiness'"; Takashi Inoguchi, "Are There any Theories of International Relations in Japan?"；堀内めぐみ「国際関係理論はどこまで普遍性を有するか」。

② 陈柏宇：《国际关系的亚洲学派》，台湾大学政治学系 2013 年印。

③ 三浦研一：《二战后日本国际关系理论的演进——从"双重输入"理论到"中和理论"》，《世界经济与政治》2004 年第 10 期，第 39—43 页。

④ 李永晶：《分身：新日本论》，北京联合出版公司 2020 年版，第 200 页。

家时,我们很大程度上面临的都是类似西田这样的历史人物和材料。这时无论是历史化还是去历史化的理解都是有必要的,前者能让我们发现理论在知识生产过程中的问题,①后者帮助我们通过历史人物的思想进行一般理论的构建。因此,不仅西田的案例对于国际关系理论界是一种警示,而且通过对后世如何运用西田思想资源的分析也能让我们对于如何看待非西方的思想资源有更深入的理解。

六、结　　论

如今国际关系学界有越来越多人注意到理论背后的权力关系,而各种学派间也似乎由知识社会学转向了知识地缘政治。②在这些反思中,殷龙洙(Yong-Soo Eun)指出,国际关系学的自反性(reflexibility)时刻提醒我们,当今国际关系学界的结构是学者制造的;正因如此,能够改变这一结构的只有学者自己。③回顾理论构建的失败案例能够促进学者对于自身的改造。

从对西田理论的回顾中可以看到,他的失败并不在超越近代的初衷。正如近代超越了中世纪,构建起近代的神话(myth)。那么近代是否会同样被另一种时代精神所超越? 这个问题是开放的,因而近代批判的立场并不存在本质的危险。危险在于构建超越近代知识的方式。西田的案例尤其警示我们,在运用地方性知识构建理论时必须注意这种地方性知识在多大程度上是政治性的。高度政治性的地方性知识容易转变为国家性知识。即便有"无问西东"的气度,④高度运用国家性知识依然会陷入"西

---

① 此外还可以发掘思想的复杂性和模糊性,参见陈拯:《〈盐铁论〉对外关系辩论与中国古代外交思想研究》,《外交评论》2014 年第 4 期,第 59—77 页。

② Yongjin Zhang and Peter Marcus Kristensen, "The Curious Case of 'Schools' of IR: From the Sociology to the Geopolitics of Knowledge," *The Chinese Journal of International Politics*, Vol.10, No.4, 2017, pp.429—454.

③ Yong-Soo Eun, *What Is as Stake in Building "Non-Western" International Relations Theory*?, London and New York: Routledge, 2018, pp.89—90.

④ 陈拯:《无问西东:古代东亚秩序研究的自我束缚与解脱》,《外交评论》2020 年第 6 期,第 130—154 页。

和东"的制度化，最终停留在近代的主体论，甚至陷入某种特殊论。正如西田理论那样，这种立场还可能披上道德的外衣，自诩为"非西方"的代表，使得原本意图去中心化的进程走向"再中心化"。而且，运用高度政治性的知识构建的理论容易为国家权力收编，成为扩张政策的辩护，不仅在理论上而且在现实中重新回到它所批评的近代之中。

因此，关键问题在于批判近代的理论如何与来自现实政治和政策的地方知识保持适当的距离。阿查亚已经对理论的政策关联性做出过提醒。[①]而西田的理论则以一种更为生动和真实的方式补充了阿查亚的担忧。对于国际关系理论的研究者而言，无论是在何种文化背景、思想传统种进行国际关系理论的构建，都应该时刻关注这种资源中政治性的程度，以拉开与权力的潜在距离，即便在理论初衷上或许没有恶意，也需要尽量防止被权力恶意使用，避免产生与初衷背离的政策后果。

---

① 阿米塔·阿查亚：《全球国际关系学与国际关系理论的中国学派：两者是否兼容》，《世界经济与政治》2015 年第 2 期，第 10—15 页。从更批判的角度来看，几乎所有理论都在为某种目的或霸权服务，Robert W. Cox, "Social Forces, States and World Orders: Beyond International Relations Theory," in Robert O. Keohane ed., *Neorealism and Its Critics*, New York: Columbia University Press, 1986, p.207; Randolph B. Persaud, "Ideology, Socialization and Hegemony in Disciplinary International Relations," *International Affairs*, Vol.98, No.1, 2022, pp.105—123.

社会主义，自由主义还是中间道路？

——伦纳德·伍尔夫的国际政府思想再考

王紫珠 *

【内容提要】 国际政治学科诞生自两次世界大战期间，该时期的诸多理论与思想对学科的奠基和发展起到了关键作用。其中，英国理论家伦纳德·伍尔夫的国际政治思想与学科创设及该时期的国际实践有着尤为紧密的联系。本文试图跳出伍尔夫从属于"理想主义"阵营的主流叙事，从英美左翼政治思想的独特性入手，从三方面分析其如何在国际政府的主张中体现出改良主义的倾向：首先，伍尔夫试图将资本主义国家内部的政治制度类比到国际政府中；其次，他倾向于在国际政府中应用既有国际组织的行政框架；最后，他的思想中还隐晦地呈现出帝国对殖民地的道德责任感。总之，对伍尔夫国际政府思想的研究既有助于填补国内外学界相关研究的空白，也能帮助我们更好地理解当下的国际实践，并为我国参与国际组织工作提供智力支持。

【关键词】 伦纳德·伍尔夫，国际政府，国际联盟，社会主义，改良主义

【Abstract】 The discipline of International Politics was born in the early twentieth century, while many of the international political thoughts of that period were crucial to the birth and initial development of the discipline. Among them, British International Political Theorist Leonard Woolf's thought deserves to be revisited. This article tries to destabilize the opinion that Woolf belongs to "Idealist" by illustrating three aspects of how he embodied a reformist tendency in his advocacy of international government through the lens of Anglo-American left-wing political thought. He attempted to apply the capitalist system and the established framework of international administrative organization in international government and incorporate the moral responsibility of empire towards the colonies. In conclusion, the study of Woolf's ideas on international government can help fill the gaps in relevant research in academics, as well as helps us to understand the contemporary international practice better, and provides intellectual support for our participation in the work of international organizations.

【Key Words】 Leonard Woolf, International Government, League of Nations, Socialism, Reformism

---

* 王紫珠，英国萨塞克斯大学（University of Sussex）国际关系专业博士生。

序　论

提及国际政治学科的创生，学术界往往会想到爱德华·卡尔与 1939 年出版的《二十年危机（1919—1939）：国际关系研究导论》（*The Twenty Years' Crisis 1919—1939：An Introduction to the Study of International Relations*）。然而，"二十年危机"期间的理论建构却是主流学界鲜有关注的领域。两次世界大战期间的诸多国际政治构想对一战后学科的诞生至关重要，并对塑造二战后乃至当今的世界格局有着更加直接的作用；但该时期诞生的诸多国际政治理论却被后世学者笼统归类为"理想主义"，即以追求和平、建立政治共同体、信仰道德、进步和规范性学说等为特征的国际思潮。[①]理想主义本应伴随着国际政治学科于 1919 年在英国的诞生而备受学界关注，但国际联盟的破产、二战的爆发使其逐步丧失了理论上的可信度，并在"第一次论战"中被古典现实主义缺席审判，自此逐步淡出二战后理论研究者的视野。

然而自 20 世纪 90 年代起，随着冷战结束为西方学者带来的"历史终结感"，以及主流国际政治理论面对国际局势变动的无力，英美学术界率先开始重启对于两次世界大战期间的理想主义思想的研究。在这一时期，戴维·朗（David Long）和彼得·威尔森（Peter Wilson）主编了《二十年危机中的思想家：战间期理想主义重访》（*Thinkers of the Twenty Years' Crisis：Inter-War Idealism Reassessed*）一书，针对十位被后人视作"理想主义者"的西方知识分子进行了重新研究[②]；布莱恩·施密特（Brian Schmidt）的著作《无政府的政治话语：国际关系学科史》（*The Political Discourse of Anarchy：A Disciplinary History of International Relations*）开启了对国际政治学科史（disciplinary history）进行研究的崭新学术议题，其中也包括重新审视"理想主义—现实主义"二分法和现实主义在理论界的

---

① 倪世雄：《当代西方国际关系理论》，复旦大学出版社 1998 年版，第 21 页。

② David Long and Peter Wilson, eds., *Thinkers of the Twenty Years' Crisis：Inter-war Idealism Reassessed*, Oxford, United Kingdom：Oxford University Press, 1995, pp.3—4.

主导地位①；迈克尔·考克斯（Michael Cox）等批判理论家在学科诞辰 80 周年时编辑出版了《八十年危机：1919—1999 年国际关系》（The Eighty Years' Crisis：International Relations 1919—1999）一书，既旨在致卡尔，也试图打破由以他为代表的早期理论者（尤其是古典现实主义者）自 20 世纪 30 年代以来构建的话语体系。②诸如此类的修正主义研究③试图将学科诞生初期的理论和历史从种种误读中解救，不仅追求溯本清源，还期以对于当下的国际关系实践有所启发。随着国际政治学科百年诞辰的到来，对"理想主义"的思想内涵的研究在今天再次焕发了不俗的影响力。

在这股重访潮流中，学科初创期的诸多西方理论家借机重回学界视野。其中，长久以来被学界视作"理想主义者"的英国理论家伦纳德·伍尔夫（Leonard Woolf，1880—1969）占据了重要地位。为何伍尔夫值得我们重视？他可谓"二十年危机"中最典型的西方左翼政治家之一，也是学科创设期的重要理论奠基人、国际政府理论、经济帝国主义概念的系统阐释者。因其对国际联盟、国际合作的坚定支持和推崇，他的思想和主张备受后人争议。此外，其曲折的身世和多元的身份（政治理论家、政客、社会活动家、出版商、文学家等）也不断吸引着跨学科学者对其思想进行解读。在国际政治舞台，他曾任英国工党领袖，负责制定英国外交政策；撰写《林中村庄》（The Village in the Jungle，1913）、《国际政府》（International Government，1916）等多部知名文学、政治学著作，反思英国在海外的殖民行径并倡导国际合作；曾任知名学术刊物《政治学季刊》（The Political Quarterly）的联合创始人和编辑，与卡尔就战争与国联等问题论战。④

可见，伍尔夫对学科初创有着不可小觑的影响和贡献。然而相比同

---

① Brian C. Schmidt, *The Political Discourse of Anarchy：A Disciplinary History of International Relations*, State University of New York Press，1998.

② 见提莫·邓恩等编：《八十年危机：1919—1999 年的国际关系》，周丕启译，新华出版社 2003 年版。

③ "修正主义"的说法参考 Lucian M. Ashworth, "Did the Realist-Idealist Great Debate Really Happen? A Revisionist History of International Relations," *International Relations*, Vol.16, No.1, 2002, pp.33—51；石贤泽：《英美国际关系学的知识关系演变及阐释》，《欧洲研究》2013 年第 3 期；张飚：《西方国际思想史研究的新发展》，《国外理论动态》2020 年第 5 期。

④ See Leonard Woolf, *The War for Peace*, London：Routledge，1940.

时期其他欧美知名国际关系学者和政客（如伍德罗·威尔逊等），关于伍尔夫国际政治思想的专门性研究可谓凤毛麟角；继而，他的声名在我国学术界也不甚响亮。国内提及他的作品仅限于一些理论教材或历史评述，且多把其与威尔逊相提并论。①其在中国的知名度远不及其妻子弗吉尼亚·伍尔夫（Adeline Virginia Woolf，1882—1941，英国知名女性主义作家）。"理想主义"这一标签的沿用极大地忽视了伍尔夫国际政治思想中的多元性及背后体现的历史语境，影响到学术界对其重要地位的评估。

因此，为摆脱"理想主义"标签对研究学科史、理论史的负面影响，本文试图回归历史语境，以一手文献为切入，既纳入与其同时代知识分子的争论，也结合当代理论视角，对伍尔夫最具代表性的国际政府思想展开研究和反思。首先梳理近年来学术界对伍尔夫国际政治思想的新研究和新发现，并指出其中的不足之处。为弥补这些不足，将主要从英美左翼政治思想的独特性入手，具体分析伍尔夫如何在其国际政府的政策主张中体现出一种既非传统自由主义，也非社会主义的改良主义倾向。作为学科初创阶段的理论奠基者之一，伍尔夫的思想有助于我们溯流而上，剖析国际政治作为一门学科的本体论和认识论根基，对两次世界大战期间的种种历史误读进行"祛魅"；同时，我们也可以顺流而下，探寻过去的思想如何影响我们现今的政治格局，通过20世纪初期的思想遗产理解当代国际格局、欧洲一体化的动因，以及联合国的运作思路等等，进而更好地指导我国参与国际合作、推动联合国改革。

一、自由主义与社会主义双重视域下的伍尔夫

纵观伍尔夫国际政治思想的形成轨迹，他早年的政治经历塑造了反殖民和支持国际政府的政治主张，主要包括四个阶段：第一阶段始于在剑桥大学就读并加入校内新兴学生组织"布鲁姆斯伯里社团"（the Bloomsbury

---

① 见倪世雄：《当代西方国际关系理论》第二章"第一次论战——理想主义与现实主义"；白云真、李开盛：《国际关系理论流派概论》，浙江人民出版社2009年版，第二章第三节"理想主义"。

Group)时的经历。该组织的成员涵盖许多日后的英国精英,如其妻弗吉尼亚、经济学家凯恩斯等。1904 年,伍尔夫毕业后奔赴锡兰(今斯里兰卡,原英国殖民地)从事了七年的文官工作。当地的耳闻目睹给他留下极为深刻的印象。①第二阶段始于 1913 年,加入英国左翼社会改良组织——费边社。通过费边社,伍尔夫开始涉足国际事务,并以国际政府作为核心研究对象,于 1916 年出版成名作《国际政府》,成为他日后规划国联的蓝本。第三阶段,于 1918 年加入英国左翼政党——工党,先后担任英国工党国际问题咨询委员会(the Advisory Committee on International Questions,LPACIntQ)和帝国问题咨询委员会(the Advisory Committee on Imperial Questions,LPACIQ)秘书,负责处理英国的对外政策事宜。同时,也作为工党领袖开始与其他欧洲社会主义者接触。②第四阶段,随着国际形势在 20 世纪 30 年代的剧烈转变,国联所提倡的集体安全等制度逐步破产。但此时伍尔夫对国联的热情仍未衰减,仍呼吁国联改革,并与政见不合人士论战。这其中不仅包括现实主义者卡尔,甚至也包括被后人视作"理想主义者"的其他知识分子。③

通过对伍尔夫个人经历的梳理,我们能明显看到其思想根植于 20 世纪初的英国左翼政治实践。那么这种西方国家的左翼政治实践与传统的社会主义有何异同、这样的差异缘何而来? 在目前以现实主义为主导的国际政治理论体系下,遑论西方资本主义国家的左翼政治思想,就连对正统的激进主义思想的研究也是相对匮乏的。对于两次世界大战期间的国际政治思想研究,国内视角普遍还停留在英国学派学者马丁·怀特的现实主义、理性主义和革命主义的"三大传统"④,或理论史学者托布约尔·克努成(Torbjrn Knutsen)的理想主义、均势政治、法西斯主义、社会主义

① Ricardo Villanueva, "The Marxian influence on Leonard Woolf's theory of imperialism," *International Relations*,Vol.33,No.3,2019,p.435.

② Ibid., p.109.

③ See Peter Wilson, *The International Theory of Leonard Woolf: A study in Twentieth Century Idealism*, New York: Palgrave Macmillan, 2003, Chapter 8.关于伍尔夫和其他"理想主义者"的论战,详见下文。

④ Martin Wight, *International Theory: The Three Traditions*, New York: Holmes & Meier Publishers, 1992, p.45.

的四分法之上。①但即便是这些学者，也未曾对某一流派的内部分支展开进一步细致考察。怀特所言的革命主义既涵盖马克思和列宁式的共产主义、康德式的世界主义，也囊括威尔逊式的理想主义政治思想。②克努成的四分法也难以解释如何对伍尔夫的思想分门别类：他虽被归类于理想主义中，但纵观其身世，不可否认他受到了社会主义的极大影响；同时，他实际提出的关于经济合作的主张也带有强烈的自由主义色彩。

为把伍尔夫的国际政治思想置于既有理论框架内加以阐释，一批西方学者率先把其思想重新定位为两次大战期间的"自由国际主义"（Liberal Internationalism）③，它包括"自由主义"和"国际主义"两个侧面：前者体现在以支持自由贸易、商业合作等为基础的自由主义世界秩序上，后者则是一种通过某种程度上的让渡国家主权、开展国际合作来克服无政府状态的主张。在这一视域下，两次世界大战期间的民主和平论、贸易和平论、对国际机制和国际法等规范性制度的支持等都可以囊括进其中。可以肯定的是，自由国际主义大致是作为现实主义的反面登场的。④在如今的学科史研究中，学者也早已接受这种观点上的修正。例如在马丁·格里菲斯（Martin Griffiths）等主编的权威专业书籍《国际关系关键概念》中，对"理想主义"词条就有如下描述："该思想流派实际上是自由国际主义的变体"，而"自由国际主义"词条则写到，现实主义学者将 20 世纪 30 年代后期和"二战"结束后不久的自由国际主义思潮斥为理想主义。该词条还将商业

---

① 托布约尔·克努成：《国际关系理论史导论》，余万里、何宗强译，天津人民出版社 2004 年版，第 219 页。

② Wight, *International Theory：The Three Traditions*, p.45.

③ 值得注意的是，在当代理论语境下，自由国际主义在多指代冷战后以美国为主导的自由主义国际秩序。See Stanley Hoffmann, "The Crisis of Liberal Internationalism," *Foreign Policy*, Vol.98, No.1, 1995, pp.159—177; G. John Ikenberry, "The Future of the Liberal World Order：Internationalism After America," *Foreign Affairs*, Vol.90, No.3, 2001, pp.56—62, pp.63—68.因此，此种用法和本文所特指的两次世界大战期间的自由国际主义应有所区分。然而在思想史的角度上，两者又在某种程度上有传承关系。关于自由国际主义在历史脉络、概念辨析等方面的权威研究，见 Beate Jahn, *Liberal internationalism：Theory, History, Practice*, New York：Palgrave Macmillan, 2013；赵思洋：《自由主义国际思想：从国际关系理论回到思想史》，《史学月刊》2021 年第 1 期。

④ Jahn, *Liberal internationalism：Theory, History, Practice*, pp.13, 15.

自由主义、共和自由主义和制度自由主义涵盖在自由国际主义中①；威尔森也认为两次世界大战期间的诸多国际思想都宽泛地在自由国际主义的传统下运作，并将其三分为霍布森主义、科布登主义和新自由国际主义②；维多·费南迪斯（Vítor Ramon Fernandes）近年发表的一篇介绍理想主义与现实主义之辩的综述性文章则开宗明义地指出："理想主义者，其思想与自由国际主义存在关联"。③总之，学术界已经普遍认为两者的内涵存在着高度一致性。在这一思维框架下，威尔森对伍尔夫思想进行了重新解读，认为伍尔夫重视经济因素对国家建设、民主和自由等方面的影响。经济和技术因素构成了其国际政府理论的基础。④他继而指出，这种主张是自由国际主义和消费主义相结合的产物：前者主要关心的国际层面的国际和平与繁荣的问题，而后者着眼于英国国内的资本主义发展需求。伍尔夫将两者结合，塑造了一种以民主和平、自由贸易取代强权政治的国际合作图景。⑤

上述观点为伍尔夫思想在当代的发展提供了极大空间——自由主义自近代以来便深刻地影响着西方的政治实践。把伍尔夫思想与自由主义相联系，无疑有助于其在冷战后重获合法性、再焕理论光彩。然而仅因经济、贸易等因素就断定伍尔夫的思想是自由主义式的，这种观点是否有失偏颇？譬如在重视经济因素这一侧面，社会主义也是一个具有代表性的学派。此外，作为西方政治思想中历史较为悠久的一个分支，自由国际主义的表现形式是否是多样的？两次世界大战期间被视作自由国际主义者的一批西方知识分子，他们的主张中固然有相似之处，但也不乏分歧。这些分歧揭示了他们更深层次的认识论差异。例如，贾斯帕·西维斯特（Casper Sylvest）在研究两次世界大战期间的英国工党政治思想时，就将其定性为"国际主义"，并且分成两个分支，一支是社会主义式的国际主义

---

① 马丁·格里菲斯等：《国际关系关键概念》（第二版），朱丹丹译，北京大学出版社2015年版，第183页，第146页。

② 提莫·邓恩等编：《八十年危机：1919—1999年的国际关系》，周丕启译，新华出版社2003年版，第24页。

③ Vítor Ramon Fernandes, "Idealism and realism in international relations: An Ontological Debate," *JANUS. NET e-journal of International Relations*, Vol.7, No.2, 2016, p.15.

④ Wilson, *The international theory of Leonard Woolf*, p.145.

⑤ Ibid., pp.147—148.

(Socialist internationalism)，而另一支则是自由国际主义。自由国际主义的前提假设是个体主义的，认为个人拥有不可剥夺的权利，因此主张限制国家权力，在国际层面就表现在限制国家主权以缓和国际无政府状态上；而社会主义式的国际主义则部分吸取了马克思的社会主义思想，主张人类社会的整体性，通过跨国（transnational）渠道实现人与人的联合以及对资本主义模式的克服，即"工人没有祖国"。不过脱胎于英国工党的政治家并非如此激进，而是对国家主权采取了更务实的观点（即不以打破国家主权边界、实现共产主义为最终目标），形成了一个相对温和的国际主义合作范式。①在工党内部，伍尔夫的思想明显从属于后者。持有相似立场（虽然两人的立场并不能等同）的还有约翰·霍布森（John Atkinson Hobson，1858—1940），他比伍尔夫更早提出帝国主义在经济上的扩张是引发国际冲突的根源②；而诸如诺曼·安吉尔（Norman Angell，1873—1967）等从经济相互依存和成本收益等角度来论证战争无效性的新自由主义者，则比起伍尔夫更多了一些"自由"色彩。③

上述划分有助于进一步揭示两次世界大战期间的西方国际政治思想的本质，即在国际合作这一议题上，除自由主义之外，社会主义也是一条加强跨国联系、克服无政府状态的路径。从学科史的视角来看，这也表明西方学者正在从"谈社会主义色变"的意识形态枷锁中逐步摆脱出来。以西维斯特对英国工党在国际政治理论中的贡献的研究为首，结合冷战后学科中去殖民主义浪潮的发展，越来越多的西方学者开始正视伍尔夫与社会主义的关系，阐释左翼政治立场如何塑造其国际政府主张，并透过政治家的身份传达到国联的实践之中、影响一战后的国际格局。对此，学术界重点关注了伍尔夫的国际政治思想如何受到费边社的影响。④费边社诞

①　Casper Sylvest，"Interwar Internationalism，the British Labour Party，and the Historiography of International Relations，" *International Studies Quarterly*，Vol.48，No.2，2004，p.410.

②　See John Atkinson Hobson，*Imperialism：A Study*，London：James Nisbet&Co.，1902.

③　刘旻玮：《相互依赖条件下的战争无效性——诺曼·安吉尔国际政治思想再发掘》，《国际关系研究》2019 年第 4 期。

④　Ibid.，Chapter 1，3，4；Villanueva，*The Marxian influence on Leonard Woolf's theory of imperialism*；Reader，"'Not Yet Able to Stand by Themselves'：Leonard Woolf，Socialist Imperialism，and Discourses of Race，1925—1941，" *Trans-Scripts*，No.1，2011，pp.102—130.

生于 1884 年,是随着 19 世纪 70 年代以来英国工人运动高涨、社会主义政党建立的情况下诞生的资本主义国家内部的社会主义团体。①其成员大多为资产阶级知识分子,主张对资本主义制度进行改良,推进平等和民主事业、扩大选举权、推动工业、铁路和土地的社会化,使之从"个人和阶级的所有制中解放出来,委之于社会,以谋求大众的福利"。②随着一战的进程,资本主义内部的矛盾开始向国际层次扩展。在此背景下,费边社委托伍尔夫撰写一篇关于国际政府的报告,阐释如何通过国际会议、国际法庭、国际理事会等机构形成一个权威的国际组织以防止未来的冲突。这就是1916 年出版的《国际政府》一书的雏形。③借助这一平台,伍尔夫正式将其"费边社会主义"思想应用到国际舞台,旨在推进主权国家间的平等关系,并反驳以大国协调为手段应对国际事务。对此,英国学派学者菅波英美(Suganami Hidemi)指出伍尔夫对国际政府构想的中蕴含了一种把资本主义国家的国内制度应用在国际层面的倾向。④这种独特的社会主义思想仍是一种向资本主义妥协的产物。

近年来,卢克·利德尔(Luke Reader)和理卡多·维拉纽瓦(Ricardo Villanueva)等学者也开始关注作为工党领导人的伍尔夫与社会主义的联系。他们均指出,伍尔夫主张的社会主义与马克思主义或苏联式社会主义并不完全相同,而是带有强烈的资本主义国家的色彩。⑤这种走中间道路的态度源于伍尔夫对资本主义制度的自信,并且一定程度上仍带有帝国主义的影子:伍尔夫仍认为只有资本主义国家间的相互依存才能塑造一个庞大的消费者阶层来促进更大规模的国际合作,并结束因殖民带来

① 玛格丽特·柯尔:《费边社史》,杜安夏译,商务印书馆 1984 年版,"出版说明",第 1 页。

② G.D.H.柯尔:《社会主义思想史》第三卷,上册,何瑞丰译,商务印书馆 1981 年版,第132 页。

③ Luke Reader, "'An Alternative to Imperialism': Leonard Woolf, The Labour Party and Imperial Internationalism, 1915—1922," *The International History Review*, Vol. 41, No.1, 2017, p.4.

④ Hidemi Suganami, *The Domestic Analogy and World Order Proposals*, Cambridge University Press, 1989, p.96.

⑤ Villanueva, *The Marxian Influence on Leonard Woolf's Theory of Imperialism*, Villanueva, Ricardo, "The Marxian Influence on Leonard Woolf's Theory of Imperialism," p.434, p.440.

的战争和奴役。但是认可资本主义的进步性反而使他无法承认殖民地有能力独自建立主权国家并重建本国的社会体系。利德尔认为，这体现了伍尔夫思想中帝国主义和国际主义的紧密结合①，使伍尔夫的国际政治思想带有同时期其他知识分子不具备的独特性，并彰显了20世纪初期世界政治的宏大历史转折如何凝聚在伍尔夫这粒"微尘"身上。

综上，伍尔夫的国际政治思想体现了和学科史、国际关系史的紧密互动。同时，学科史的前沿研究也已摆脱主流学科的预设立场，把伍尔夫从"理想主义"，甚至是"自由主义"的束缚中解救出来。通过对一手史料进行分析，学者将伍尔夫还原到特定的时空语境中加以解读、强调其思想与同时期的其他观点的对比，力求避免"时空错置"（anachronism）的问题——这也是本文所持的核心认识论与方法论。另外，也不难看出，关于国际政府的主张位于伍尔夫国际政治思想的核心，且国联作为人类历史上首个成型的国际政府，其诸多制度设计也被成功应用于联合国中。可以说，欲解读当今的联合国、推动联合国改革、不断推进国际政治在智识和实践上的去殖民化，离不开对一百年前的国际政治思想的重访。

因此，本文将从英美左翼政治思想的独特性和伍尔夫撰写的一手文本作为出发点，拟指出伍尔夫对国际政府的设想既深受欧洲左翼政治思想影响，又与英国本土的自由主义思想相结合，体现出强烈的改良主义色彩，具体体现在：(1)试图将资本主义国家内部制度应用到国际政府的制度设计中；(2)借鉴已有的国际组织的制度安排，对国际政府进行行政化改革；(3)隐晦地将帝国对殖民地的道德责任纳入国际政府的政策执行。总之，伍尔夫独特的思想体现了一种资本主义与社会主义、反殖民主义与帝国主义间的张力。

二、资本主义制度的"国际类比"

早在1916年的《国际政府》中，伍尔夫就言及他对国际政府的主要构想，这些思想主张发迹于1910年前后至20年代早期。彼时，他先后担任

---

① Reader, "*An Alternative to Imperialism*," pp.2—3.

费边社和英国工党领袖,这两者本质上就是在资本主义的发展和与工人的矛盾间应运而生的左翼政治团体。正如迈克尔·弗里登(Michael Freeden)所言,"自 19 世纪 80 年代以来,任何对英国内部事务的恰当研究都必须考虑到社会问题"①,工人运动一方面对英国的国内政治产生了重大的影响,另一方面也影响了国际事务——如何对待如火如荼的国际工人运动和共产主义意识形态的传播,如何在此背景下进一步扩大全球范围的资产阶级消费网络、维护资产阶级的利益,如何通过构建全球消费社会来化解国际冲突? 解决这些问题也成为了伍尔夫构建国际政府理论的出发点:他虽信奉社会主义道路,但一定程度上承认资本主义社会制度的优越性,并建议在国际政府中应用部分资本主义社会中有利的制度设计。②

从理论角度来看,菅波英美将上述行为定义为一种"类比"(analogy):"如果一些事物间有一些相似的属性,那么它们的其他属性也会相似";从这个角度来看,许多古今的国际关系构想中存在"国内类比"(domestic analogy)现象,即假定国内现象和国际现象之间有一定的相似之处。③纵观国际政治的理论发展史,我们可以看到包括伍尔夫在内的诸多早期理论家的学说中均或多或少带有类比的影子。例如,以"有/无政府"这一思维模式思考国际政治,并把主权国家内部(尤其是某一特定国家)用于克服无政府状态的制度设计应用到国际层面,这就是一个"类比"的典型事例;这也解释了在学科诞生之初——在科学行为主义、系统理论、结构—行为体学说等"认识论革命"发生之前,一些早期的国际政治理论家是如何构筑自己的理论体系的。福柯就曾在《词与物》中指出,在近代欧洲,人们主要基于事物之间的"相似性(la ressemblance)"来进行新知识的生产;这之中就包括"类比"(l'analogie),即通过观察事物之间的相似性(尤指本质上的、不可见的相似性,而非表面上的),并将其中(已知的)一者的特征类比到(未知的)另一者之上,人们才得以思考这世间的新事物的意义。④

---

① 迈克尔·弗里登:《英国进步主义思想》,曾一璇译,商务印书馆 2018 年版,第 59 页。

② Villanueva, "The Marxian Influence on Leonard Woolf's Theory of Imperialism," p.437.

③ Suganami, *The Domestic Analogy and World Order Proposals*, pp.24—25.

④ 米歇尔·福柯:《词与物:人文知识的考古学》,莫伟民译,三联书店 2016 年版,第 23、29—30 页。

简单来说，类比揭示了人类对"整体—部分/普遍—特殊"关系的一种新的思维模式：如果说归纳法揭示了从特殊到普遍、演绎法揭示了从普遍到特殊的推演过程，那么类比就是从特殊到特殊——它直接在两个独立的个体间建立联系，并超越了"整体—部分/普遍—特殊"的二元对立关系，把两者之间的关系中立化。①然而这种思维模式往往成为国际政治的早期理论家、尤其是西方自由主义者将本国的道德、利益和制度强加在国际政府或其他国家之上的借口。这不仅没能消除战争的根源，反而纵容了（甚至其本身就是一种）极权主义思想的蔓延，以至于摩根索在"现实主义六原则"中也写道："不应将特定国家的道义愿望与普遍的道义法则等同起来"②，以此作为一种反思。

以这样一种认识论视角回看两次世界大战期间的国际政治理论家，我们可以发现，伍尔夫也不能免俗。在他的构想中，当前国际体系中的危机来源于国际无政府状态③：相较于国内政治拥有至高合法性权威，国际体系因缺乏更高级的权威，才导致国家间冲突和利益不和谐。以此为出发点，伍尔夫提议应建立国际政府，"根据国际协定（international agreement）对国家、民族和人民间的关系进行协调。"④不过为达成此目的，伍尔夫的思考却有些独特之处：他并不支持在打破主权国家边界的基础上建立一个世界国家（*civitas maxima*），而是认为应在不损害主权原则的前提下，通过各国意识的加强形成国际政府⑤，因为在建立新的国际秩序时并

---

① 吉奥乔·阿甘本：《万物的签名》，尉光吉译，中央编译出版社 2017 年版，第 16—17 页。

② 汉斯·摩根索：《国家间政治》（第七版），徐昕等译，北京大学出版社 2014 年版，第 11—14 页。

③ 在英语中，"国际无政府"（international anarchy）这一用语最早的大规模普及与伍尔夫的论断相去不远。根据珍妮·莫菲尔德（Jeanne Morefield）的研究，"国际无政府"一词最早由英国学者狄金逊（Goldsworthy Lowes Dickinson, 1862—1932）在其 1916 年出版的著作《欧洲无政府》（*The European Anarchy*）中传播开来，See Jeanne Morefield, "A democratic critique of the state: G. Lowes Dickinson's The European Anarchy," in Henrik Bliddal, eds. *Classics of International Relations: Essays in Criticism and Appreciation*, Milton Park: Routledge, 2013; Goldsworthy Lowes Dickinson, *The European Anarchy*, London: Macmillan, 1916.

④ Leonard Woolf, *International Government*, The Fabian Bookshop and George Allen & Unwin, 1916, pp.7—8, 90, pp.236—239.

⑤ Ibid., p.220.

非毫无经验可依,世界秩序的问题可以在主权国家制度的框架内加以处理。①对此,西维斯特将其描述为一个"务实的国际主义者"。②虽然建立国际政府的类似主张自古已有,但欧洲近代的国际组织思想先驱(如杜波伊斯、苏利公爵、圣-皮埃尔、威廉·佩恩等③)大多由宗教发端,在军事、外交等层面结成基督教国家联盟以对抗异己者;而纯粹以基于主权国家的同意、排除宗教因素而建立的全球范围的政府间国际行政组织则是既具开创性也具挑战性的。

为将资本主义国家内部的政治制度应用于国际层面,伍尔夫主要关注的是在国际政府中应用民主制度。④民主制度对于西方国家的重要性不言而喻。在一些西方学者看来,是否采纳民主制度是区分马克思式社会主义与英国社会主义的区别。⑤在伍尔夫的设想中,国际政府应由所有主权国家共建共享。他反对两种规划国际政府的政策主张:一种是大国协调,即在国际政府中划分等级、由大国占据主导地位;另一种则是传统社会主义(尤指苏俄/苏联)的方式,伍尔夫认为这并不会导致民主,只会造成一部分人服务于另一部分人,最终导致国际政府仅服从于特殊的利益阶级。⑥为克服这两者的弊端,伍尔夫一定程度上抨击了社会主义、吸纳了资本主义制度的优越之处,但又对资本主义进行了扬弃:在国际社会,工人阶级(即传统社会主义中被抨击的部分)和资本家(即资本主义制度中应改良的部分)均不能代表整个社会,能够代表整个社会的只有"消费者"⑦,

---

① Suganami, *The Domestic Analogy and Word Order Proposals*, pp.95—96; Wilson, *The International Theory of Leonard Woolf: A Study in Twentieth-Century Idealism*, p.9.

② Casper Sylvest, "Interwar Internationalism, the British Labour Party, and the Historiography of International Relations," *International Studies Quarterly*, Vol.48, No.2, 2004, pp.416—424.

③ See Florence Melian Stawell, *Growth of International Thought*, London: Thornton Butterworth Ltd., 1929, Chapter 3—6;浅野利三郎:《最近国际思想史》,杨祥荫译,河南人民出版社 2016 年版,第三章、第六章;詹姆斯·多尔蒂、小罗伯特·普法尔茨格拉夫,《争论中的国际关系理论》,阎学通译,世界知识出版社 2003 年版,第一章。

④ Villanueva, *The Marxian influence on Leonard Woolf's theory of imperialism*, p.434, p.440.

⑤ Ibid., p.435.

⑥ Wilson, *The international theory of Leonard Woolf*, p.157.

⑦ Leonard Woolf, *Co-operation and the Future of Industry*, London: George Allen and Unwin, 1919, p.36.

即在资本主义社会中服从于资本主义制度的人民大众。由此，伍尔夫也设想在国际层面通过商业合作实现政府间的联结，继而每个消费者都将成为国际政府的成员。①

在国联的早期运行中，这种应用民主制度的主张得到许多知名学者和政客的推崇。如国联的发起者美国总统威尔逊就提议在世界范围普及民主。他也通过类比的方式阐释了国际层面需要民主的原因：人性是可以改善的，而国家间关系和人际关系存在相似性，故国家也可以通过不断完善自身来达到消除冲突的目的；民主政体则是消弭国内冲突的最完美形式，因此缔造和平即需要在世界范围普及民主。②例如在 20 世纪 30 年代，欧洲法学家施瓦岑贝格（Georg Schwarzenberger，1908—1991）也支持对在国际政府中应用发达国家的民主制度予以肯定："只有在具有共同的民主和社会正义价值观的国家之间才有可能形成有效的联邦。"③然而随着国际形势变化的加剧，上述主张到 30 年代中后期便难以为继：1931 年 9 月，日本的侵华举措使很多英国知识分子意识到国联正遭遇瓶颈，其制度安排无益于解决国家间争端，英国在国联中也并未起到想象中的领导作用。④尤其面对二战的爆发，一些支持民主的知识分子备受打击，纷纷倒戈：一部分人的主张日趋保守，如《国际联盟盟约》的起草者之一、国际政治学科首任讲席教授阿尔弗雷德·齐默恩（Alfred Zimmern，1879—1957）在 1936 年出版的《国联与法治》(*The League of Nations and the Rule of Law*)中就提议在国际联盟中发挥大国协调的作用，组建一个由大国（包括英、法、意、日、美，以及有条件地加入德、俄）组成的常设委员会，作为所有成员国的代表，每年举行会议并交换意见⑤；而另一派则逐渐激进，例如1941 年施瓦岑贝格由支持普及民主转向建立世界国家（world state）。⑥

---

① Wilson，*The international theory of Leonard Woolf*，pp.157—158.

② 亨利·基辛格：《大外交》，顾淑馨等译，海南出版社 1998 年版，第 33 页。

③ Suganami，*The Domestic Analogy and Word Order Proposals*，pp.96—97.

④ Ibid.，p.97；Paul Rich，"Alfred Zimmern's Cautious Idealism：The League of Nations，International Education，and the Commonwealth，" in Long and Wilson eds.，*Thinkers of the Twenty Years' Crisis：Inter-War Idealism Reassessed*，p.85.

⑤ Alfred Zimmern，*The League of Nations and the Rule of Law*，*1918—1935*，London：Macmillan，1936，p.203.

⑥ Suganami，*The Domestic Analogy and Word Order Proposals*，pp.96—97.

不过即使到了 20 世纪 40 年代"二战"在欧洲战场爆发之后,伍尔夫对于国联的主张仍未改变。彼时,他的判断已不全部基于国际体系的物质性变化,一种强烈的国际主义心理因素起到更重要的作用。在伍尔夫看来,当时的国际关系存在两种现实:一种即残酷的权力政治,它源于国家间利益的不和谐。而正因为无法形成共识,所以才需要进行改良,建立一个更广泛的国际政府以协调各国关系①;此外,弥漫在欧洲的还有另一种"现实",即各国人民日益高涨的反战呼声和国际主义精神,为回应这些声音,各国更是必须联合起来。②面对卡尔掷地有声的现实主义批判,伍尔夫反击到:人的行为并不像卡尔声称的那样主要由本能决定,而是"由理性、本能、欲望和情感相互作用的复杂过程决定的"③,因此面对国际局势的变动,伍尔夫仍相信国际主义心理在推动国联运行的过程中扮演着重要作用。这种心理使他对国联给予过分的厚望:他不仅视国联为一个协调利益的行政机构,还将其看作现在乃至未来的提供国际合作机会的舞台,并多次声讨那些把国际政府视作"乌托邦"的反对人士。威尔森指出,这种国际主义心理的关键特点就在于相信"自者"和"他者"的区别能够得以消除。④在塑造国际社会的过程中,一些革命主义者赞成在建成国际社会的过程中首先需要实现全体成员在某种方面的同质化。⑤因此,伍尔夫坚称国际政府能够结束由国际无政府状态导致的主权国家间冲突。他对"联盟"这一词汇赋予过大的含义,而没能正确认识到其不足。⑥现实的变迁方能凸显心理因素的延续性作用。正如威尔森所言:"20 世纪的悲惨经历非但没有削弱、反而加强了他(伍尔夫)的信念。"⑦

---

① Long and Wilson eds., *Thinkers of the Twenty Years' Crisis*:*Inter-War Idealism Reassessed*, p.84.

② Leonard Woolf, "Utopia and Reality," *The Political Quarterly*, Vol.11, No.2, 1940, p.168.

③ Woolf, *The War for Peace*, p.63.

④ Peter Wilson, "Leonard Woolf, the League of Nations and Peace Between the Wars", p.535, p.538.

⑤ Martin Wight, *International Theory*:*The Three Traditions*, p.42.

⑥ Peter Wilson, "Leonard Woolf, the League of Nations and Peace Between the Wars," *The Political Quarterly*, Vol.86, No.4, 2015, p.535, p.538.

⑦ Long and Wilson eds., *Thinkers of the Twenty Years' Crisis*:*Inter-War Idealism Reassessed*, p.123.

三、全球功利主义与国联行政化设想

除应用民主制度这一宏观架构之外，伍尔夫还对国际政府的规划提出更具实践性的主张，即以已有的国际组织的行政架构作为蓝本，将其应用到国际政府中。这也不失为一种类比现象以及左翼思想向改良主义妥协的体现。在伍尔夫的设想中，国际政府应参照既有国际组织的行政架构进行设计，在国际体系中充当一个执行和管理机构的角色。在《国际政府》一书中，他提及成立于 1874 年的万国邮政联盟就是一个很好的样板——"经过四十多年的发展，万国邮政联盟仍然是国际管理的最完善和重要的案例。"自 19 世纪以来，随着工商业和贸易在欧洲的飞速发展，新的经济关系不断涌现，随之而来的是对新的行业规范和标准的呼唤。在此背景下，万国邮政联盟应运而生。伍尔夫认为，万国邮政联盟建立起一套可供国际政府参考的组织结构：(1)全权代表大会(The Congress of Pleni-potentiaries)：每五年召开一次，或者三分之二的政府提出要求时召开一次。每个国家在投票权上拥有一票；(2)行政代表会议(The Conference of Delegates of Administrations)：功能类似于前者；(3)国际事务局(The International Bureau)：常设行政机构。①

虽然伍尔夫坦言，万国邮政联盟在实际运行中有时并没有严格遵循每五年一次召开代表大会的规章，因为这种规章事实上并不具备强制力；但他也积极地指出"所有的人类组织，在实践中与在纸质宪法框架中表现出来的将会有很大的不同"，因此观察国际组织如何实践才是更重要的。②在欧洲各国商业和经济往来日益增多的局面下，万国邮政联盟成功地建立起国际间的邮政通信规则，实现了功能层面的国际合作。继而，伍尔夫已经意识到这种国际组织的超国家性，即国家让渡一部分主权，将其交由国际组织所掌管；但他也发现了其中的缺点：若不打破主权国家壁垒，主权的力量仍是不可小觑的，国内政府有权力拒绝批准国家参加国际组织

---

① Woolf, *International Government*, p.118, pp.121—122.本文引用的所有有关国际组织的规章和条例，均出自伍尔夫著作中的原文表述。一些情形或与时下有所出入，特此说明。

② Ibid., p.119, p.123.

或履行国际公约。①伍尔夫可谓预见到了未来——作为国联的倡议者,美国加入国联的提案却最终被国会否决;这也是二战后至今的国际组织和全球治理实践中常见的弊端。对此,伍尔夫试图建议国际组织在投票制度等方面作出改变②,但仍无法提出更激进的方案以对让渡主权过程中存在的矛盾进行彻底变革。

上述试图将国际政府行政化的主张体现了一种"全球功利主义"的思想:只要一个国际机构能够确保全球范围的进步,并且确保生活在殖民统治下的人们的经济和政治得以发展,那么这种框架就能够合法化。③其思想来源可上溯至 18 世纪至 19 世纪的功利主义政治哲学。以边沁和密尔等为代表的功利主义者提倡追求最大多数人的最大幸福④;将这种评判标准运用在公共政策层面,就导致一种促进社会利益最大化的制度的出现,从而推动专业化行政组织的发展。⑤国联也可视作这一思想的产物:国联的存在以功利原则为基础,重视其中理性和公共舆论的重要性。因此其支持者认为只要保证信息充分地开放,解决国际问题就不必再付诸武力,国联就可以存续下去。⑥相较于伍尔夫,美国总统伍德罗·威尔逊对这种国际行政有着更加系统的论述。19 世纪末期,威尔逊曾在哈佛大学担任政治学教授并创立了行政学,其目的恰好在于将科学管理的手段引进政府,并且试图将美国的行政经验科学化和普适化,使其能够包含适用于任何民主国家的原则。⑦可见,国际行政组织因符合功利主义利益最大化的

---

① Woolf, *International Government*, p.118, pp.122—123.

② Ibid., pp.126—128.

③ Reader, "*An Alternative to Imperialism*," p.9; David Long, "Paternalism and the Internalization of Imperialism: Hobson on the International Government of the 'Lower Races'," in David Long and Brian C. Schmidt eds., *Imperialism and Internationalism in the Discipline of International Relations*, New York: State University of New York Press, 2005, p.77.

④ 约翰·穆勒:《功利主义》,徐大建译,上海人民出版社 2008 年版,第 12 页。

⑤ 约翰·达尔文:《未终结的帝国》,冯宇、任思思、李昕译,中信出版社 2015 年版,第 24 页。

⑥ 托布约尔·克努岑:《国际关系理论史导论》,复旦大学出版社 1998 年版,第 219—220 页。

⑦ Woodrow Wilson, "The Study of Administration," *Political Science Quarterly*, Vol.2, No.2, 1887, p.221.

评判标准，得到伍尔夫和威尔逊等人的支持；相反，通过战争手段分配利益造成的巨大破坏和庞大开支从结果上来看永远是得不偿失的。①

不过，一些同时期的其他知识分子早已察觉到这种功利主义带来的国际合作在防止战争上的作用仍是有限的——这种国际行政组织并非基于人性中永恒的原则，而只是一个功能性的、为了预防"下一次"战争而设立的权宜之计。②更直白地说，包括伍尔夫在内的一众欧美左翼人士虽然再三强调战争的恐怖和呼吁反战，但并没有真正提议在国际法领域将战争非法化，或视为犯罪行为③——假若主权国家认为战争带来的收益大于其成本，那么各国是否还会投身到和平事业的建设呢？另外，这种看似"科学"的行政化构想的背后，实则也体现了英美强国在国际层面推广本国式价值观的政治主张。正如威尔逊所言，这种"科学"的行政管理旗号实则是美国式的。他试图通过将美国的行政科学化，使其包含适用于任何民主国家的原则——"世界性的'做什么'永远应该由美国式的'如何做'所支配"。④尽管伍尔夫警惕苏联式的社会主义，认为其带有强烈的意识形态色彩，但在他的语境中，他并无反思这种看似中立的"科学"思想是否也是一种新兴的意识形态。

四、国际托管与帝国"责任"

虽然独特的左翼政治思想塑造了伍尔夫反战、反殖民的立场和主张，但走中间道路的选择却不允许他彻底挑战帝国的海外利益和道德权威。在一战后，当国际政府真正投入运行时，伍尔夫却隐晦地在其中强化了帝国的管理责任，尤其体现在他对国际托管的设想中。⑤根据 1919 年 6 月 28

---

① See James S. Mill, *Commerce Defended*, London: C. and R. Baldwin, 1808, Chapter 7.

② Zimmern, *The League of Nations and the Rule of Law*, 1918—1935, p.163.

③ Ibid., p.162.

④ Wilson, "The Study of Administration," p.221.

⑤ Long, "Paternalism and the Internalization of Imperialism: Hobson on the International Government of the 'Lower Races'," p.77; Reader, "An Alternative to Imperialism: Leonard Woolf, The Labour Party and Imperial Internationalism, 1915—1922," p.9.

日签订的《国际联盟规约》第二十二条,国际联盟设置了一部分托管地,授权托管委员会(The Mandates Commission)来管理战败国的殖民地。①然而在国际托管的背后,实则暗藏着多方利益的讨价还价。虽然伍尔夫屡次反驳"那些为帝国主义和资本主义辩护的人",称他们"不可避免地为帝国主义的灾难性动机所驱使"②,但他对殖民地的政策取向仍是暧昧的,甚至试图通过一系列步骤将他的帝国愿景合法化,嵌入对国联的政策建构中。

1919 年至 1945 年,伍尔夫先后担任英国工党国际问题咨询委员会和帝国问题咨询委员会秘书,负责处理英国的对外政策事宜。在此过程中,他对"经济帝国主义"进行了深入的探讨,并认为这才是爆发国际冲突的根本性原因。其实早在伍尔夫之前,英国经济学家兼工党成员霍布森通过对 1898 年至 1902 年英布战争的观察,已对帝国主义与国际冲突之间的联系进行了探索。他在 1902 年出版著作《帝国主义:一项研究》(Imperialism: A Study),指出帝国扩张是由在海外寻找新市场和投资机会所驱动的,而非纯粹的军事行为。③这甚至为列宁的帝国主义论提供了思路,成为其发展其理论的重要参考。④在"一战"后,伍尔夫进一步发展了这些理论,提出"经济帝国主义"(Economic Imperialism)这一概念,并作为其著作的标题。伍尔夫首先指出:当下的帝国主义在本质上和影响上都与以往的帝国主义不同——"19 世纪前的帝国主义,或是宗教的,或是王朝的,或是经济的,抑或是感情用事的";而在眼下,经济因素驱使着欧洲的强国将其主张强加于其他国家,强迫他们与其进行贸易。⑤继而,对外的权力施放和获取经济利益相结合形成了经济帝国主义,并造成欧洲各国在海外贸易、

① 《国际条约集(1917—1923)》,世界知识出版社 1961 年版,第 552—605 页。

② Leonard Woolf, *Economic Imperialism*, London: Swarthmore Press, 1920, p.104.

③ See John Atkinson Hobson, *Imperialism: A Study*.

④ 列宁在 1916 年出版的《帝国主义是资本主义的最高阶段》(*Империализм как высшая стадия капитализма*)一书的序言中就提及他着重关注了霍布森的《帝国主义:一项研究》一书。列宁:《帝国主义是资本主义的最高阶段》,人民出版社 1959 年版,第 3 页;Casper Sylvest, "Interwar Internationalism, the British Labour Party, and the Historiography of International Relations," p.414.

⑤ Leonard Woolf, *Empire and Commerce in Africa: A Study of Economic Imperialism*, Labour Party Research Dept. and George Allen and Unwin, 1920(originally published in 1919), pp.22—23.

殖民地等方面的利益冲突，成为世界性总体战爆发的根源。①在国际关系层面，欧洲列强经济剥削不仅对殖民地有极大影响，也波及欧洲国家间的关系。伍尔夫一针见血地指出，在投资者、实业家和民众情绪的推动下，欧洲的经济、帝国主义和外交政策交织在一起，这使欧洲列强认为帝国是富裕的保证。②欧洲殖民者为掠夺殖民地而"相互争斗和欺骗，结成不同的军事同盟，使得在战争一触即发时各国的外交政策并不倾向于阻止大战的爆发"。③可见，伍尔夫观测到了经济因素引发了国际体系的结构变动，这也和国际无政府状态息息相关——"若没有法律和行为准则加以约束、没有和平解决争端的方法"，尽管大多数民众是爱好和平的，但同室操戈仍然不可避免。④

为缓和上述矛盾，伍尔夫在建立调节欧洲列强间、列强与殖民地间矛盾的国际规范上倾注了大量心血。一战结束后，国际社会的要务之一就是在国际政府的监督之下解决殖民问题，而这一问题正是由经济帝国主义一手造就的。伍尔夫在历史和现实中都未否认欧洲殖民者的罪行，承认"政治上的奴役、剥削和经济上的奴役绝不会让受害者（殖民地）感到愉快"；"只要欧洲人在经济上的信仰和欲望继续在欧洲维系资本主义制度"，那么对殖民地的政治和经济剥削就将持续下去。⑤因此，他于1919年出版专著《帝国与非洲商业》(*Empire and Commerce in Africa*)，呼吁国际政府的成员国对非洲殖民地进行帮扶，其中涉及一些具体事务性举措，大多数还只与殖民地的社会经济发展相关，主要包括：(1)向非洲归还土地；(2)禁止对非洲进行各种形式的剥削；(3)按照欧洲方式在非洲各国建立社会体系；(4)发展当地教育、卫生等；(5)禁酒；(6)使非洲在军事上中立化。⑥翌年，他又笔耕不辍地出版了《经济帝国主义》(*Economic Imperialism*)，重申了欧洲列强解决殖民地问题的几种措施，并开始更多地涉猎宏观的制度

---

① Woolf, *International Government*, p.10.

② Woolf, *Empire and Commerce in Africa*, pp.18—27, pp.318—325, pp.330—336.

③ Ibid., p.360; Woolf, *International Government*, pp.130—132.

④ Woolf, *International Government*, p.9.

⑤ Woolf, *Economic Imperialism*, p.102; Leonard Woolf, *Imperialism and Civilization*, Hogarth Press, 1928, p.75; Woolf, *Empire and Commerce in Africa*, p.362.

⑥ Woolf, *Empire and Commerce in Africa*, pp.362—363.

性安排。在非洲问题上,他提议:(1)向非洲归还土地,鼓励本地人在其领土上的经济活动,并提供相应的教育和专家等;(2)禁止各种形式的强迫劳动和剥削;(3)向当地人提供知识并教导其逐渐获得经济和政治上的自由;(4)帮助其建立负责任的政府体系①;面对中国的殖民问题,他还专门提出:(1)向中国归还所有领土;(2)在中国如实地(honestly)贯彻"门户开放"政策;(3)向中国归还所有铁路;(4)禁止他国资助中国发动内战;(5)帮助中国建立自己的财政秩序;(6)向中国提供欧洲专家。②此时,他反复提及国际政府应该发挥自己的使命,帮助殖民地"建立财政秩序"、"建立负责任的政府"、"使其获得经济和政治上的自由"等。

在伍尔夫看来,殖民地显然是没有能力独自完成这些课题的,此时国际托管就应发挥作用。他表示,虽然国际托管是以国联的名义行使的,但一战结束后很多声音质疑国联"不能承担领土的实际管理",批评这是一种"乌托邦式"的设想。伍尔夫对这种观点表示反对,认为国际委员会可以承担托管的责任;但矛盾的是,为保证托管的强制性、明确性和最终的顺利执行,伍尔夫又明确指出在实际运作中,国际托管可以交由"特定的国家"。③这表明,虽然伍尔夫设想一种主权平等的国际政府,但他并不赞同每个国家都有进行国际托管的能力和权利,这不啻为一种对大国权力和等级制的支持——尽管伍尔夫曾与在国联中支持等级制的学者论战。例如,伍尔夫在其创办的刊物《政治学季刊》中对上文提到的齐默恩的《国联与法治》中的观点进行了批评,指责齐默恩在关于国联的设想中混入了以大国为主导的权力政治因素。④然而在面对非洲殖民地问题时,伍尔夫却直截了当地指出:欧洲国家不得不继续留在非洲作为托管人,它们"唯一的职责是促进非洲人的政治、社会和经济利益",帮助殖民地建立起政治和社会体系,最终使其在"现代世界的艰苦条件下"成为一名"自由人"。⑤这其中也包含伍尔夫一以贯之的改良主义思想,即并未想从本质上革新

① Woolf, *Economic Imperialism*, p.111.
② Ibid., p.109.
③ Ibid., p.110.
④ Leonard Woolf, "Review Article, Untitled," *Political Quarterly*, Vol.7, 1936, pp.290—291.
⑤ Woolf, *Empire and Commerce in Africa*, p.362; Woolf, *Economic Imperialism*, p.111.

国际秩序、只是从欧洲立场出发进行改革。对此，伍尔夫的心态与其说是殖民者的傲慢与偏见，不如说是试图对国际政府加以利用，在推动殖民地条件得到"改善"的同时赋予欧洲各国以道德感。正如威尔森和利德尔将这种主张概括为"费边式家长主义"（Fabian Paternalism），即一种"对有教养的头脑的能力的信仰"，尤其体现在大国有责任、有义务对殖民地进行开化、最终促使其建立起西方式的政府和社会秩序的道德责任感中。①

结果，不管是从伍尔夫的主张来看，还是国联的实际运行上看，国际托管都成了一种"名义上在国联监管之下，实际上却由战胜国主导的监管"。②伍尔夫并非从未对这种情况产生警惕。事实上，他也意识到由"殖民者"向"托管者"的转变很可能只是新瓶装旧酒——"旧的体系很可能在一个新的名义下继续运作，直到它积攒的恶摧毁其自身"，这种托管很可能只是一群"善良的"欧洲强国赶走了另一群"邪恶的"强国。考虑到经济帝国主义这一既成事实，伍尔夫也担心这种托管制度会轻易给所谓"正义国家"的不公正行为"披上一层伪国际主义的外衣"，最终只沦为一种对正义之人良心的安抚；然而，他又立刻妥协道：这个新的名义将会击败旧的体系，这至少是一种改进（improvement）。③伍尔夫并非没有意识到这种国际托管也不过是另一种帝国主义，但他仍期待着这种改进的发生——国联的托管制度，其意义不仅在于对殖民地的改善，更作为一场对欧洲列强国家的道德教化而存在；相比之下，激进的变革反而并不能带来这种效果。

五、国际政治思想的百年回响

总的来说，伍尔夫的国际政府思想中同时汇聚了英美左翼政治思想和自由主义两种迥然不同的色彩。他的左翼部分体现在支持国家平等、

---

① Wilson, *The International Theory of Leonard Woolf*: *A Study in Twentieth-Century Idealism*, pp.109—113, pp.130—135, 137—141; Reader, "'An Alternative to Imperialism': Leonard Woolf, The Labour Party and Imperial Internationalism, 1915—1922," p.3.

② Kathleen Gibberd, *The League Its Successes and Failures*: *A Short History of the Social and Political Activities of the League of Nations*, J. M. Dent & Sons ltd, 1936, p.94.

③ Woolf, *Empire and Commerce in Africa*, pp.366—367.

让渡国家主权、反对帝国主义等方面,这些思想也通过联合国、国际法等制度设计,不断延续至今。但上述思想并非指向对现行体制进行彻底的革命,而更像是一种"软性"的社会主义,即在承认既有资本主义政治制度和国际秩序的合理性的基础上对其中的不合理之处加以改革。事实上,这种思想很大程度是与英国本土政治思想相融合的产物——不同于马克思所说的社会主义,英式的"社会主义"实则指涉"人是一种社会存在",即从人文主义的角度来理解社会。①因此,相较于马克思主义的激进的、物质层面的革命,英式社会主义思想倾向于渐进的、理念层面的改革。这种张力塑造了伍尔夫走中间道路的改良主义政治倾向,也使其思想在社会主义阵营中显得迥然不同。对此,利德尔认为伍尔夫的这种矛盾心态是实则一种无奈的政治妥协——国际主义运动必然具有妥协的倾向,其重要原因就是为了谋求他人的支持②;换言之,若想在资本主义国际体系内进行颠覆性的社会主义革命,必然招致大国的反对,因此只能取而代之进行改良运动。

然而,伍尔夫的思想是否仅止步于两种思潮的妥协? 笔者认为这种分析仍是不彻底的。伍尔夫思想中的社会主义和自由主义之争实则并非二元对立,而是融进了一个更宏大的时代主题和认识论背景中,那就是进步信仰下帝国思想的渗透。史学家霍布斯鲍姆就认为 19 世纪至 20 世纪早期是"帝国的年代"。③自 19 世纪起,幅员辽阔的英帝国就"为自由主义者重塑世界秩序的祈愿提供了实践和畅想的空间"。④从思想史的角度来看,"帝国"不仅是一种政体类型或历史现象,它实则关乎政体内部的同质化程度问题。⑤到了自 19 世纪末,由俾斯麦精心构筑的大陆均势体系逐步分崩离析,列强间的殖民争霸愈演愈烈;一战后,集体安全、裁军和民族自决的呼声逐步兴起,新生力量登上国际舞台。这股新生力量和传统帝国

---

① 迈克尔·弗里登:《英国进步主义思想》,曾一璇译,商务印书馆 2018 年版,第 61 页。

② Reader, "An Alternative to Imperialism: Leonard Woolf, The Labour Party and Imperial Internationalism, 1915—1922," p.14.

③ 见艾瑞克·霍布斯鲍姆:《帝国的年代:1875—1914》,贾士蘅译,中信出版社 2014 年版。

④ Duncan Bell, *Reordering the World: Essays on Liberalism and Empire*, Princeton: Princeton University Press, 2016, pp.15—16.

⑤ 章永乐:《此疆尔界:"门罗主义"与近代空间政治》,三联书店 2021 年版,第 33 页。

思想的碰撞昭示了一个时代的辉煌与落幕，同时也凝聚在了伍尔夫这一粒"微尘"的身上。

面对这一时代大变革，伍尔夫借法国大革命表达了自己对于历史进程的较为积极的看法："……历史上没有真正的高潮和灾难，有的只是蹒跚前进的脚步——先往这边走一点，然后又拐向那一边，但总归是一步步地朝着一个方向前进。对于每一个人来说，法国大革命都是一个世界的结束或是另一个世界的开始：一位巴黎贵族被人们拖着游街示众，拖向断头台，他眼睁睁看着所有的法与序、美与德付之一炬，自己也将同它们一道死去；而拖着他走的人，满眼却只见正义和绝对自由的曙光喷薄欲出。"①这种观念体现了强烈的历史进步色彩，也凝结在伍尔夫对国际政府的期待之中：建立国际政府最终是为了不让欧洲历经百年发展起来的优越的政治和经济制度遭受战火的荼毒。并且，国际政府也是一种欧洲优越的政治经济制度的象征，发达国家有责任去引领殖民地，让其社会按照欧洲的模式进行改造，以发达国家的标准引领他们走向"文明"。可见，时代的局限使伍尔夫不可能主张从根本上变革等级制的国际秩序。上述种种主张实则只是另一种形态的"白人统治"，折射出进步思想的深刻烙印和西方国家对非西方的"文明等级"。

正如《分裂的自由主义》（*Liberalism Divided*）一书中弗里登对霍布森的评价：不管其思想是自由主义的，还是社会主义的，抑或是"自由社会主义"的，他的思想指向的并不是一个中间地带，而是一个一以贯之的进步主义立场。它已脱胎于自由主义和社会主义而独立存在，致力于使资本主义经过和平转型从而步入社会主义；而这也是英国政治文化的特殊产物。②自启蒙运动和工业革命以来，"进步"和"文明"的叙事充斥着西方社会思想和学术研究的每个角落；我们甚至可以说，达尔文提出的进化论固然是科学事实，也是维多利亚时期大英帝国进步思想的具体体现。两次世界大战和随之兴起的反殖民、民族自决和现代化运动，既是对这种浪潮的打断，某种程度上也是一种继承——文明与进步依旧构成了战后诸多

① Woolf, *International Government*, p.9.

② See Michael Freeden, *Liberalism Divided*: *A Study in British Political Thought 1914—1939*, Oxford University Press, 1986.

理论和思想的价值底色,使一百余年前的争论通过全球化过程不断延续至今,潜移默化地塑造者我们当今看待世界的视角。

如今,提及包括伍尔夫在内的两次世界大战期间的理论家,学术界往往将其学说冠名为自由国际主义。自 20 世纪以来,自由国际主义不断经历着周期性的自我完善和改造:开放市场、国际机构、集体安全、民主法治……这些自由主义愿景在过去的几十年里以各种组合和变化的方式不断出现,并塑造着当今的国际秩序。[①]同时,我们也可以看到二战后,自由国际主义的旗手由欧洲转向美国;而冷战后,我们或许正面临着一个新的权力转移的过程,以及一个更加碎片化的国际秩序。[②]然而,通过对两次世界大战期间的国际政治思想的解读,我们可以发现:不管是权力转移,还是所谓的"非西方"国家的崛起,这些视角无不透露出西方文明对于世界秩序的规划和西方中心论的价值预设。对此,伍尔夫的思想通过对 19 世纪末至 20 世纪初的帝国主义剥削的深刻剖析,为当代的国际政治学研究提出了一种批判性的质疑:在全球化、现代化的发展过程中,我们是否应当,以及如何将某些预设的价值立场进行剥离;在融入世界的同质化过程中,我们是否应当,以及如何不失去我们自身的本土性? 回顾 20 世纪初期,如同伍尔夫一样的西方"国际主义者"在勾画他们的全球蓝图时并没能很好地回答这些问题;而现如今,距离那个时代已有百年。面临着这一新的时代大变革,当下的国际政治学者更应高举批判的向度,超越非此即彼的二元对立思维,对我们一直以来所经历的世界秩序的变革进行反思,并给出自己的答案。

六、结 论

在国际政治理论多元主义化发展的今天,我们已很少提及"左"与"右"的意识形态之争。然而我们不能因此就忽视思想史在理论构建中的重要

---

① G. John Ikenberry, "Liberal Internationalism 3.0: America and the Dilemmas of Liberal World Order," *Perspectives on Politics*, Vol.7, No.1, 2009, p.71.

② Ikenberry, "The Future of the Liberal World Order: Internationalism After America," p.56.

作用。正如卡尔在《历史是什么》一书中所说，历史是现在与过去之间永无休止的对话。①可以说，当代的国际政治理论是对冷战时期的回望，而某种程度上冷战又是两次世界大战带来的后果，因此探索其中的历史转型和对其进行反思也有助于更深入地探究学科中的根本性问题。从思想史之纬对国际关系进行研究，是推动学科发展、破除当下理论发展难题、开拓新议题领域和解决实际问题的一种方式。

哈佛大学国际思想史学者阿米蒂奇总结道，一切国际政治思想的影响都"一直延续至今，渗透进各种国际组织、新闻机构和学术讨论的知识基因"，并且围绕着这些历史展开的争论"将会继续生成新的未来。如何用历史给予我们的知识来武装自己，面对这些未来，将会影响到全球上万甚至是上百万人的命运"。②例如，一战后知识分子对国联的设想进一步延续至联合国的托管理事会、五大常任理事国等组织架构中，直接影响到二战后的集体安全、全球治理等议题的设置；与此同时，一战后的中国在国际舞台上的"民国外交"也在塑造战后国际体系中扮演着至关重要的角色，近年来也成为国内外学术界争相研究的热点课题。因此，本文也希望能够为我国相关领域的研究提供些许支持，以便进一步开辟更多议题领域。

在新冠疫情持续蔓延的今天，我们仍能够清晰地看到联合国、世界卫生组织等政府间国际组织在国际实践发挥中的不可小觑的作用。近年来，世界各国内部的民族主义、民粹主义倾向的加剧勾画了主权国家壁垒的强化与国际社会的回缩逻辑，然而在全球流行的疫情中，诸多国际合作仍得以可能，这背后也体现出国际主义思想的持续性力量和人文关怀的蔓延。同时，各项国际组织改革在日益深化，中国在联合国等政府间国际组织中也扮演着越发重要的角色。作为新兴国家，我们应如何承担好在国际组织中的责任、推进联合国改革？当日本、德国、印度等国家反复呼吁加入安理会时，我们应该如何应对他们的声音，如何承担好自身的责任？意大利历史学家克罗齐曾言及：一切历史都是当代史。研究国际政治思想也有助于当代观念的塑造和解决当代问题。故笔者认为，为回答好上述这些问题，我们仍需从 20 世纪早期的争论中汲取养分。

---

① 爱德华·霍列特·卡尔：《历史是什么？》，吴柱存译，商务印书馆 1981 年版，第 28 页。
② 同上书，第 22—23 页。

"容易加入而难以颠覆"?
自由国际秩序与地位承认的难题[*]

王梓元[**]

【内容提要】 20世纪以来，一个由西方主导、以自由市场经济为发展蓝图、以西式民主为政治样本、多边主义为合作框架的国际秩序被统称为"自由国际秩序"。该秩序被认为"容易加入而难以颠覆"。既有的研究尚未注意到自由国际秩序带有"地位共同体"的属性。特别是，民主政体这一身份特质一方面界定了该秩序的成员资格，划定出区分"秩序内—秩序外"国家的标准，另一方面也为秩序内的地位等级提供了正当性。然而，这一身份特质会刺激秩序外（或处于秩序边缘）的大国的地位焦虑和挫败感，加剧秩序内（西方）国家对非西方大国的不信任，以及促使双方的政治精英利用身份政治来动员国内的支持者。本文着重考察"一战"后的日本和"二战"后的苏联与"自由国际秩序"的冲突，该案例在经验上说明即便是大战后胜利的一方也难以克服"自由国际秩序"预设的身份门槛，而且这些身份门槛会刺激非西方大国对该秩序的不满和激化新的国际矛盾。

【关键词】 自由国际秩序，地位承认，大国政治

【Abstract】 Since the 20th century, an international order dominated by the West, with free market economy as its development blueprint, domestic democracy as its political model, and multilateralism as its cooperation framework, has been referred to as the "liberal international order". This order is considered "easy to join and hard to overturn". Existing research has not yet noticed that the liberal international order has the attributes of being "status community". In particular, the identity trait of democratic regime determines the order membership; on the other hand, it provides legitimacy for the status hierarchy within the order. However, this identity trait can fuel status anxiety and frustration among great powers outside the order(or on the fringes of the order), exacerbate mistrust of non-Western powers toward(Western) states within the order, and prompt political elites on both sides to use identity politics to mobilize domestic supporters. This article focuses on the conflicts of Japan after World War I and the Soviet Union after World War II with the liberal international order. The cases show that even the victorious side after the war is difficult to overcome the thresholds associated with the liberal international order, and these thresholds could fuel non-Western powers' dissatisfaction with the order and intensify international conflicts.

【Key Words】 Liberal International Order, Status Recognition, Great Power Politics

* 本文系国家社科基金重点项目"弘扬人类共同价值：国际关系'价值驱动理论'研究"（项目编号:22AZD103）的阶段性研究成果。

** 王梓元,外交学院国际关系研究所讲师。

20 世纪以来，一个由西方主导、以自由市场经济为发展蓝图、西式民主为政治样本、多边主义为合作框架的国际秩序被统称为"自由国际秩序"。该秩序被认为"容易加入且难以颠覆"（easy to join and hard to overturn）。①拥护这一秩序的观察家们普遍相信该秩序有利于促进全球经济，造福新兴经济体，而在此过程中受益的大国无疑会加强对这一秩序的拥护。随着中美战略竞争时代的到来，国际学界开始反思这一乐观的断言。纵观 20 世纪，自由国际秩序曾先后受到诸多大国的挑战。尽管一战中战败的德国通过一系列经济协定恢复了实力，但是纳粹党依然利用人们对该秩序不满上台，进而发动了第二次世界大战。"一战"的战胜国日本在经历 20 年代的经济繁荣和政治民主转型之后却突然转向了军国主义，退出国联并对外发动大规模侵略战争。第二次世界大战的战胜国苏联也未能继续成为自由国际秩序的维护者。出于对自身安全的顾虑以及对美国战后政策的怀疑，苏联领导层着手巩固社会主义阵营，由此同美国展开了被称为"冷战"的长期对抗。如今，即便是主导该秩序的美国，在国内也出现了不少反对该秩序的力量。

这一系列现象中让人困惑的是，为什么一个可以让大国受益的秩序会招致不满？自由国际秩序是否比历史上其他秩序更利于接纳新兴大国，因此也更具韧性？本文试图从"地位政治"的角度回答以上问题。具体而言，自由主义意识形态一方面界定了成为该秩序成员的资格，划定出区分"秩序内—秩序外"国家的标准，另一方面也为秩序内的等级体系提供了正当性。这些因素会刺激秩序外（或处于秩序边缘）的大国的地位焦虑和挫败感，加剧秩序内（西方）国家对非西方大国的不信任，以及促使双方的政治精英利用民族主义和身份政治来动员国内的支持者。上述假说在一战后日本的对外政策和二战后美苏关系的变化中均得到了充分的证据支持。这两个案例还说明，即便是大战后胜利的一方也难以克服自由国际秩序预设的身份门槛，因此，自由国际秩序并不像其拥护者宣称的那样"容易加入"。此外，鉴于其设定的成员资格会让秩序外（或处于秩序边缘的）大国感到地位受挫，进而产生对该秩序的不满，激化新的国际矛盾，甚

---

① G. John Ikenberry, *Liberal Leviathan*：*The Origins*，*Crisis*，*and Transformation of the American World Order*，Princeton：Princeton University Press，2011，p.340.

至酿成大国战争,自由国际秩序也并非"难以颠覆"。

本文分为六个部分展开。文章首先介绍了当前学者们对自由国际秩序的争论,并提出这些争论中被忽略的问题,即自由国际秩序面临的"地位承认"难题。之后,文章将在理论上强调地位承认对于促进国际秩序和平变迁的重要性。第三部分将探讨自由国际秩序的地位承认标准,并解释该标准为何会激化新兴大国和守成国之间的矛盾。接下来的两部分会展开案例研究,并通过经验证据来验证理论设定的因果机制。文章的结论部分将总结文章观点、评估替代解释并讨论自由国际秩序的未来。

一、自由国际秩序的危机

过去的十年目睹了美国实力的相对衰落、全球影响力的式微和民粹主义、身份政治的兴起,它们加剧了国际观察家们对于一个由美国主导的国际秩序的忧虑。2017 年以后,特朗普政府的一系列行为进一步削弱了美国主导的自由国际秩序的核心规范,尤其是多边机制、开放的经济环境和民主国家间的团结,事态的变化进一步促使学者们反思自由国际秩序的危机。[①]

在这场反思中,学者们已经充分认识到了自由国际秩序内在的缺陷和危机,但是他们尚未充分分析该秩序接纳崛起大国的能力。自 2008 年金融海啸发生以来,学者们便开始争论中国与该秩序关系的前景。约翰·米尔斯海默(John Mearsheimer)一直坚持中国崛起让中美矛盾不可避免的宿命论,认为中国实力的增长会对以美国主导的自由国际秩序难以维系。与之相对的观点来自约翰·伊肯伯里(John Ikenberry),他认为中国的崛起得益于参与了由美国主导的自由国际秩序,而中国在世界经济格局以及亚洲地区中的中心位置也可以让其持续发挥其影响力。既然中国可以从该秩序中持续受益,其挑战该秩序的动机必然不高,而美国也

---

① David A. Lake, Lisa L. Martin, and Thomas Risse, "Challenges to the Liberal Order: Reflections on *International Organization*," *International Organization*, Vol. 75, 2021, pp.225—257.

应当让中国深度融入该秩序。[1]在两种立场中间，也有学者强调中国和美国之间尚存明显的实力差距，因此中国既会在一定程度上支持现存国际秩序的核心规范（尤其是在经济领域），也会试图对美国的行为施加成本，并通过外交手段削弱其正当性。[2]

　　然而，上述观点并未充分考虑自由国际秩序的特殊属性。拥护这一秩序的理论家夸大了自由国际秩序的优越性，而对这一秩序持怀疑态度的理论家仅注意到了新兴大国与自由国际秩序在物质利益上的矛盾。在拥护一方，学者们从没怀疑过自由国际秩序接纳新兴大国的能力，因而他们的分析更多聚焦在新兴大国如何蚕食了自由国际秩序的规范。譬如，有观点认为自由国际秩序内部的制度安排正悄然发生着变化，主权国家正在减少对该秩序下日常事务的直接管辖，而这一格局便于一些国家运用信息操控和资助民粹运动等手段消解自由国际秩序的正当性。[3]还有一些观点强调全球化对西方国家国内秩序的冲击。全球化扩大了西方国家内部的贫富差距并加剧了阶级对立、阶层隔阂与排外思潮，因而削弱了支持自由国际秩序（以及各国民主制度）的社会力量。[4]

　　在另一方面，自由国际秩序的批评者忽略了该秩序本身的规范性。

---

[1]　G. John Ikenberry, "The Rise of China and the Future of the West: Can the Liberal System Survive?" *Foreign Affairs*, Vol.87, No.1, 2008, pp.23—37.

[2]　Randall Schweller and Xiaoyu Pu, "After Unipolarity: China's Visions of International Order in an Era of U.S. Decline," *International Security*, Vol.36, No.1, 2011, pp.41—72.

[3]　Henry Farrell and Abraham L. Newman, "The Janus Face of the Liberal International Information Order: When Global Institutions are Self-Undermining," *International Organization*, Vol.75, Special Issue, 2021, pp.333—358; Alexander Cooley and Daniel Nexon, *Exit from Hegemony: The Unravelling of the American Global Order*, New York: Oxford University Press, 2020.

[4]　Guoguang Wu, *Globalization against Democracy: A Political Economy of Capitalism after Its Global Triumph*, Cambridge: Cambridge University Press, 2017; Edward D. Mansfield and Nita Rudra, "Embedded Liberalism in the Digital Era," *International Organization*, Vol.75, Special Issue, 2021, pp.558—585; Lawrence J. Broz, Jeffry Frieden, and Stephen Weymouth, "Populism in Place: The Economic Geography of the Globalization Backlash," *International Organization*, Vol.75, Special Issue, 2021, pp.464—494; Carla Norrlof, "Hegemony and Inequality: Trump and the Liberal Playbook," *International Affairs*, Vol.91, No.1, 2018, pp.63—88; Christian Joppke, *Neoliberal Nationalism: Immigration and the Rise of Populist Right*, Cambridge: Cambridge University Press, 2021.

譬如,查理斯·格莱泽(Charles Glaser)认为,自由国际秩序本身是美国为实现其国家利益所支持的一套国际格局,该秩序并无内涵可言,其外在特征可以等同于美国冷战时期的政策目标。同时,格莱泽还强调,自由国际秩序作为一种国际格局描述的是其内部成员(即美国盟友)间的关系。因此他认为,聚焦于自由国际秩序本身的特点无助于学者们讨论该秩序与秩序外国家的关系。[1]同样是自由国际秩序的批评者,米尔斯海默和史蒂芬·沃尔特(Steven Walt)所持立场与格莱泽有所不同:他们强调自由国际秩序并非没有特殊的规范,而是这些规范(包括民主和平、经济依存和多边机制)与国际政治的现实相悖,而由于美国外交政策界对自由主义深信不疑,华盛顿就不计地缘政治后果而努力推广这些规范。结果,冷战后自由国际秩序在全球的扩张刺激了非西方大国对该秩序的不满,让美国透支了实力,并加速了大国竞争时代的来临。[2]这些学者对自由国际秩序与新兴大国的矛盾分析尚有不足之处。他们立足于现实主义范式的前提,认为在无政府的国际环境中一国实力的增长和势力扩张都会让他国感到不安。然而,这一前提并不能充分解释崛起大国对自由主义国际秩序不满的来源:如果一个大国可以在既定秩序下持续崛起,那么该大国在何时以及为何原因会想要颠覆该秩序?

针对这一问题,无论是自由国际秩序的捍卫者还是持现实主义立场的批判者都无法提供完整的答案。事实上,现实主义阵营内部对国家不安的来源也存在争议。一些观点则认为,国家可以通过释放善意等行为传达自身的意图,并消解他国疑虑从而降低冲突的风险。虽然国家在这方面的尝试并不总是成功,但是基于避免战争的共同利益,国家还是会反复尝试建立合作关系。[3]还有观点强调国家需要通过合作来增强自身的经

---

① Charles L. Glaser, "A Flawed Framework: Why the Liberal International Order Concept Is Misguided," *International Security*, Vol.43, No.4, 2019, pp.51—87.

② John J. Mearsheimer, *The Great Delusion: Liberal Dreams and International Realities*, New Haven: Yale University Press, 2018; Stephen M. Walt, *The Hell of Good Intentions: America's Foreign Policy Elite and the Decline of U.S. Primacy*, New York: Farrar, Straus and Giroux, 2018.

③ Charles L. Glaser, "Realists as Optimists: Cooperation as Self-Help," *International Security*, Vol.19, No.3, 1994/95, pp.50—90; Evan Braden Montgomery, "Breaking out of the Security Dilemma: Realism, Reassurance, and the Problem of Uncertainty," *International Security*, Vol.31, No.2, 2006, pp.151—185.

济实力,只有对国际环境悲观趋势的判断下一国才会转而采取具有竞争性的地缘战略。①在上述观点的基础上,伊肯伯里强调,大国提供的安全保障让加入自由国际秩序的国家免受威胁,从而在经济上发展起复杂的依存关系。诚然,要让加入该秩序的国家信任大国的安全保障绝非易事。正是在这一点上,伊肯伯里强调自由国际秩序具有特殊的优势,即国际制度可以约束加入该秩序的大国滥用权力和增加国家间释善的机会,而民主制度本身可以更加有效地促进国家间的沟通和信任。②这一论断值得商榷,即凭借上述两个核心特征(国际制度和民主国家间共同体),自由国际秩序是否真的足够坚韧?这些特征到底是有助于调和还是会加剧该秩序同试图融入该秩序的新兴大国之间的矛盾?通过回应这些问题,本文试图揭示自由国际秩序与秩序外国家冲突的一个重要原因:即地位承认的难题。寻求地位承认是新兴国家的重要目标,也是历史上导致该国与守成大国之间发生矛盾的重要原因之一。③自由国际秩序是否能够妥善解决这一难题依然有待考察。

二、地位、地位承认与和平变迁

国际秩序若要持久,就需要顺应新兴大国的要求,从而以和平的方式发生变迁。爱德华·卡尔(Edward Carr)在第一次世界大战后最早提出了这一"和平变迁"的命题。卡尔认为,和平变迁的实质在于调和权力与道德之间的张力。权力格局的变化促使不满于现状的国家提出新的要求,而道义规范能让新兴大国的要求具有正当性。因此,实现和平变迁的关键是守成国能够接纳新兴国家符合道义的正当权利。④亨利·基辛格(Henry Kissinger)在其早年的著作中指出,新兴大国要求变革秩序,并不必然让他

---

① Dale C. Copeland, *Economic Interdependence and War*, Princeton: Princeton University Press, 2016.

② G. John Ikenberry, *After Victory: Institutions, Strategic Restraint, and the Rebuilding of Order after Major Wars*, Princeton: Princeton University Press, 2001.

③ 王梓元:《权力转移中的地位承认》,《国际政治科学》2021年第4期,第41—76页。

④ Edward H. Carr, *The Twenty Years' Crisis 1919—1939: An Introduction to the Study of International Relations*, New York: Palgrave, 2001, pp.199—202.

们与守成大国之间的冲突毁灭整个国际体系。在他看来,秩序的稳固在于其中的国家(尤其是大国)可以认可其制度和规范的正当性,这种认可并不能避免国家间冲突,但是可以限定冲突的规模。当大国认为自身的利益诉求可以在既定秩序的规范和制度中得到解决时,它们也就无意推翻秩序本身了。①当今的学者也在呼应这一论点,并强调国际秩序的和平变迁既要确保大国之间的和平和国际体系的总体稳定又要促进国家间合作。②简言之,新兴大国融入现状秩序的核心标志就是满足于在现状的秩序中促进自身利益。

和平变迁意味着,守成国需要依靠既定的秩序帮助新兴国家促进国际地位(本文称之为"地位承认的难题")。地位承认的信号可以让新兴大国感受到其利益与国际现状秩序的常态是相容的。此外,得到地位承认的新兴大国还能进一步运用现状秩序中的规范和制度来为促进自身利益的行为进行辩护,从而让其政策具有更大的正当性。鉴于以上原因,地位承认是让新兴大国融入国际秩序和实现和平变迁的重要步骤。

国际地位既是一种"俱乐部产品"(club good),又是声望等级上的排位。作为俱乐部产品,地位表现在一国在一些享有较高声誉的国家团体中的成员资格。譬如,G7 和 G20 集团、联合国安理会常任理事国等团体的成员国都享有较高的国际地位,这些国家的优异特质(经济水平、社会治理和发展潜力)因而可以通过这些团体资格得以呈现。然而,地位不止于这种成员资格。在团体内部,国家还力求在日常的互动中突显自身的比较优势,从而建立较高的声望,声望的累积可以让一国得到更高的地位,甚至将地位化为权威。③当地位仅被作为俱乐部产品的时候,国家间的

---

① Henry A. Kissinger, *A World Restored: Metternich, Castlereagh, and the Problems of Peace, 1812—22*, New York: Mariner Books, 1973, pp.1—2.

② T.V. Paul et al. eds., *The Oxford Handbook of Peaceful Change in International Relations*, New York: Oxford University Press, 2021.

③ Deborah Welch Larson, T.V. Paul, and William C. Wohlforth, "Status and World Order," in Larson, Paul, and Wohlforth, eds., *Status in World Politics*, New York: Cambridge University Press, 2014, pp.11—12; David A. Lake, "Status, Authority, and the End of the American Century," in Larson, Paul, and Wohlforth, eds., *Status in World Politics*, New York: Cambridge University Press, 2014, pp.246—269.

地位竞争程度相对较低。尽管俱乐部性质的团体带有排他性，但是仍然可以容纳若干成员。①

不过，地位承认是否发生归根结底取决于他国（尤其是主导国际秩序的大国）的决定。②地位承认特指国际秩序的守成国通过"象征尊重和顺从的姿态和礼仪"公开承认新兴国家在国际等级体系中的特殊权益。地位承认的场合和方式须突出仪式性和表达尊重，它们包括首脑会议、公开演说、国事访问、战略对话，以及让一国在国际机构中承担领导角色或邀请其参与重要的国际决策机制等多种形式。通过这些地位承认的仪式，高地位国家能够脱颖而出，并在日常互动中得到他国的敬畏和尊重。③地位承认会促进新兴大国和守成国之间的信任；反之，对一国地位的误解或否定则会加剧大国间的矛盾。④守成国可以依据自身的利益需要而承认新兴国家的地位，也可能依据既定秩序中的主流规范来判定是否可以给予地位承认。⑤在这一问题上，新兴国家同守成国之间很可能发生许多摩

---

① Xiaoyu Pu, "Status Quest and Peaceful Change," in T.V. Paul et al. eds., *The Oxford Handbook of Peaceful Change in International Relations*, New York: Oxford University Press, 2021, pp.369—383.

② 在这一问题上，寻求地位的一国究竟在多大程度上可以塑造他国的决定依然有待考察。就已有的研究来看，一国塑造他国决定的程度是相对有限的。在这一过程中，双方对外交信号的错误认知还会造成新的矛盾。见 William Ziyuan Wang, "Destined for Misperception? Status Dilemma and the Early Origin of U.S.-China Antagonism," *Journal of Chinese Political Science*, Vol.24, No.1, 2019, pp.49—65。

③ Deborah Welch Larson, T.V. Paul, and William C. Wohlforth, "Status and World Order," in Larson, Paul, and Wohlforth, eds., *Status in World Politics*, New York: Cambridge University Press, 2014, pp.11—12; Jonas Schneider, "Beyond Assurance and Coercion: U.S. Alliances and the Psychology of Nuclear Reversal," *Security Studies*, Vol.29, No.5, 2021, pp.927—963.

④ Steven Ward, *Status and the Challenge of Rising Powers*, New York: Cambridge University Press, 2017; Michelle Murray, *The Struggle for Recognition in International Relations: Status, Revisionism, and Rising Powers*, New York: Oxford University Press, 2019; Deborah Welch Larson and Alexei Shevchenko, *Quest for Status: Chinese and Russian Foreign Policy*, New Haven: Yale University Press, 2019.

⑤ T.V. Paul and Mahesh Shankar, "Status Accommodation through Institutional Means: India's Rise and the Global Order," in T.V. Paul, Deborah Welch Larson, and William C. Wohlforth, eds., *Status in World Politics*, Cambridge: Cambridge University Press, 2014, pp.165—191.

擦。对地位的渴求可以促使新兴国家接纳这些规范,但是,如果该国在之后的政策行为上与这些规范的矛盾难以调和,或是守成国本身对这些规范的支持下降,那么新兴国家对国际现状的不满依然可能上升,直至其认定自身的利益无法通过在既定秩序内得到满足而决心颠覆或削弱该秩序。

自由国际秩序是否更有利于接纳新兴大国的地位诉求? 伊肯伯里认为,自由国际秩序有助于促进新兴大国的和平崛起,其原因是该秩序通过国际分工为新兴国家创造了充分的经济发展机遇,多边机制为新兴国家提供了发声机会,而国际制度中较为清晰的规则让新兴大国可以通过自身改革而提升地位。①鉴于自由国际秩序更加依赖正式制度来促进国家间合作,这些制度为新兴国家提供了更多发声机会且有利于他们参与国际社会的治理。当这些国家能够在多边机制中发挥突出作用的时候,其优越的特质也就更容易得到国际社会的承认。此外,这些国家也通常会通过参与或建立一些特殊的制度安排来发挥国际影响,这类制度安排的排他性更加有利于它们树立其国际地位标识。不过,即便在自由国际秩序下,一国的地位依然需要国际共同体(尤其是守成大国)的承认。

三、自由国际秩序与地位承认的难题

无论是自由国际秩序的拥护者还是该秩序的批评者都对该秩序的核心特征进行了概括。无论以何种方式解读,民主国家的共同体身份都是一个无法回避的特征,且该特征对于维系自由国际秩序的价值和利益一直是充分且必要的。因此,在地位承认的问题上,新兴大国是否是民主国家也是主导自由国际秩序的国家(守成大国)是否承认其地位的核心依据,围绕这一依据展开的地位政治又会加剧守成大国同新兴大国之间的矛盾。

---

① G. John Ikenberry, "The Rise of China and the Future of the West: Can the Liberal System Survive?" *Foreign Affairs*, Vol.87, No.1, 2008, pp.32—33.

（一）自由国际秩序：概念界定

国际秩序是一套让参与者在互动中形成稳定预期的规范和制度。[①]一套既定的秩序既包括日常的行为主体之间的互动关系，又涵盖了约束这些互动的规则体系。鉴于行为主体的复杂性和规则体系的争议性，界定一套秩序的核心特征并非易事。本文聚焦于自由国际秩序的核心规范上，这些规范必须是区分自由国际秩序同其他国际秩序的显著特征。如果这些规范还对守成大国接纳新兴大国的地位诉求起着关键作用，我们则可以从这些规范的视角出发，通过观察新兴大国同秩序内大国（尤其是守成大国）之间的关系来判定自由国际秩序是否便于承认新兴大国的地位。另外值得强调的是，尽管这些规范可以反映在现存秩序中处于主导地位的国家（霸权国）的偏好，且霸权国对这些规范还握有解释权，这些规范须独立于霸权国的对外政策而存在。这意味着霸权国也可能违背这些规范从而蒙受合法性损失，且新兴国家可以利用一些规范为自身的行为正名。[②]简言之，自由国际秩序的规范特征需要兼具特殊性和自主性。

在特殊性上，自由国际秩序的核心特征包括开放的市场经济、国内民主和多边主义。开放的市场经济让参与自由国际秩序的国家在经济上互惠，民主制度被认为有利于保护基本人权和促进公平竞争、创新与繁荣，而多边主义则让国家按照规则进行合作和解决争端。上述原则不仅被看作自由国际秩序存在的基石，还被认为是促进人类进步的动力。它们基于对个人权利与理性的推崇，并让自由国际秩序在历史实践和哲学上都富于进步性。[③]

---

① 伊肯伯里将秩序看作是国家间形成的规范和具有约束性的制度。何德利·布尔（Hedley Bull）则强调秩序是一种稳定的状态，该状态可塑造参与者的行为模式从而使他们一道促进共同价值（尤其是安全和繁荣）。唐世平结合社会科学中的制度分析强调秩序的核心特点是让参与者形成稳定的预期。本文使用的定义结合了上述三种视角。Ikenberry, *After Victory*, p.45；Hedley Bull, *The Anarchical Society: A Study of Order in World Politics*, London: Palgrave, 2012, p.8；唐世平：《国际秩序变迁与中国的选项》，《中国社会科学》2019 年第 3 期，第 189 页。

② Martha Finnemore, "Legitimacy, Hypocrisy, and the Social Structure of Unipolarity," *World Politics*, Vol.61, No.1, 2009, pp.58—85；Stacie E. Goddard, *When Right Makes Might: Rising Powers and World Order*, Ithaca: Cornell University Press, 2019.

③ Michael W. Doyle, "Kant, Liberal Legacies, and Foreign Affairs, Part I," *Philosophy and Public Affairs*, Vol.12, No.3, 1983, pp.205—235；Michael Barnett, "International Progress, International Order, and the Liberal International Order," *The Chinese Journal of International Politics*, Vol.14, No.1, 2021, pp.1—22.

尽管学者们对该秩序的现实后果褒贬不一,但是,他们均承认上述特征让自由国际秩序不同于人类在历史上实践过的其他秩序。譬如,伊肯伯里强调自由国际秩序比历史上的均衡秩序和帝国秩序都更加依仗国际制度的权威和约束力,因此在性质上与"宪制秩序"(constitutional order)也较为一致。① 米尔斯海默则认为正是对人类理性的过度乐观让该秩序在冷战后的扩张毫无节制,并在此过程中与地缘政治和民族主义的力量之间产生了巨大的张力。② 无论他们对自由国际秩序的评价如何,上述两种立场都认为,自由国际秩序还是一个旨在让国内民主制度生存和繁荣的国际秩序。

在自主性上,自由国际秩序的捍卫者强调该秩序本身带有的特征并非在秩序中处于强势地位的国家所能左右。这意味着该秩序所呈现的特征并不等同于个别国家的对外政策和完全。③ 尽管任何国际秩序的存续都需要大国的支持,但是大国利益并不必然与该秩序的制度和规范完全重合。大国的利益会因时因地而异,而制度和规则的特征则较为稳定和持久。譬如,即便在特朗普政府推出多个国际机制后,在该秩序中受益的日本和德国依然对该秩序的主要规范和制度给予了极大的支持。④

自由国际秩序的特殊性和自主性都与"西方"这一政治身份息息相关:该身份反映了自由国际秩序既独立于个别大国的对外政策,且在特征上也不同于其他秩序。在历史上人们对"西方"这一政治身份的认知不尽相同。今天人们想象的"西方"国家集团在很大程度上是冷战的产物。第二次世界大战结束后,美国通过恢复欧洲与东亚盟友的经济和改造德国与日本的制度而建立实力上的优势,从而与苏联进行了漫长的竞争。在此期间,美国主导的自由国际秩序内的国家间不仅建立了促进彼此间合作的一系列国际制度并加强了彼此间的经济联系,还塑造了作为民主国

---

① Ikenberry, *After Victory*, pp.29—35.

② Mearsheimer, *Great Illusion*.

③ 一些自由国际秩序的批判者否定这一点,因此他们并不赞同自由国际秩序因其特征而构成了一个完整的秩序。见 Alastair Iain Johnston, "China in a World of Orders: Rethinking Compliance and Challenge in Beijing's International Relations," *International Security*, Vol.44, No.2, 2019, pp.9—60。

④ Daniel Deudney and G. John Ikenberry, "Liberal World: The Resilient Order," *Foreign Affairs*, Vol.97, No.4, 2018, pp.16—24.

家间共同体的身份认知。冷战后,自由国际秩序在全球的扩张进一步减弱了关于"西方"的身份认知,却也加深了"民主"作为西方国家之共同身份这一印象。①不过,无论在历史还是当下,民主制度并非西方国家团体唯一的身份标识,西方这一政治身份还与盎格鲁-撒克逊(Anglo-Saxon)种族等身份标识并存。

（二）民主制度：一种身份标识

自由国际秩序的支持者们认为,多边机制有助于促进国家间的沟通和理解,规范国家行为,从而促进合作。②经贸联系则有助于扩大国家间的共同利益和跨国间交往,从而让各国不再将战争作为促进自身利益的手段。③这一视角突出了自由国际秩序的功能(而非道德价值),却淡化了地位承认这一难题。然而,在伊曼纽尔·康德(Immanuel Kant)康德的经典理论中,民主制度是多边机制和经济依存运行的前提。民主国家这一身份认知对大国间的地位承认——尤其是守成大国对新兴大国的地位承认——至关重要。民主制度的意义不仅仅是为了防止国家背叛合作协定而提供必要的信息,民主制度甚至是国家在订立合作协定前建立互信的基础。因而,对于自由国际秩序而言,民主制度也就成为了秩序内成员必备的身份标识。

民主和平论认为民主制度是实现"永久和平"(perpetual peace)的首要原则。在康德的定义中,"和平"的状态不仅是免于战争的暴力袭扰,而是免于对战争的恐惧,这要求国家不再拥有发动战争的手段(尤其是废除常备军)和建立彼此间充分的信任。④康德认为,只有拥有"共和"政体的国家之间才能建立这一关系,因为共和制可以通过代议机构和分权制衡让民意充分影响政治决策,而又不必让政治过程沦为多数人或者少

---

① 见 Francis Fukuyama, *The End of History and the Last Man*, London：Penguin Press, 1993。

② John Gerard Ruggie, "Multilateralism：The Anatomy of an Institution," *International Organization*, Vol.46, No.3, 1992, pp.561—598.

③ Patrick J. McDonald, *The Invisible Hand of Peace：Capitalism, the War Machine, and International Relations Theory*, New York：Cambridge University Press, 2009.

④ 洪涛：《论康德的永久和平理念》,《复旦学报(社会科学版)》2014 年第 3 期,第 134 页。

数人的专制。①鉴于民众在参与战争的问题上会深思熟虑,共和政体之间会倾向于合作。之后,共和国家之间的联盟逐步扩大,且共和政体下的公民会逐渐发展出"世界公民"的观念——也就是让共和国的公民能够超越国家的界限而形成共同的身份,并在此基础上彼此信任。随着这一进程的扩大,倾向于发动战争的国家会逐渐减少,最终实现世界范围内的永久和平。②

在康德看来,"共和"政体之间的联合是实现世界和平的基础。康德的"共和"概念在伍德罗·威尔逊(Woodrow Wilson)一代西方政治家的实践中成为了今日所谓的"自由民主国家"(liberal democracy)。③但是,关于这一类国家的标准难以得到客观衡量。直至今日,各国对该标准的认定具有极大的主观性,在现实中甚至还出现了不符合理想的施政原则(如充分保障公民权利)但是又具备民主制度的国家。④这意味着,建立民主制度也并不必然让一个国家具有民主国家的身份,而处在支配地位的民主国家对于认定他国的民主身份往往具有较大的裁量权和随意性。因而,在实践中,一国的民主身份需要其他国家认定,领导人要将彼此视作具有共同身份标识的共同体成员之后,才会依据民主政体的国内原则(即康德所说的共和主义之下的法治原则)进行协商,民主制度只有在此情况下才能削弱领导人的冲突偏好。相反,民主国家的领导人如果因某种原因将他国视作非民主国家,该国对于他国的不信任感和敌意只会上升。⑤

简言之,民主国家构成的国际秩序是它们身份特质的写照。维系该秩序不仅有赖于民主国家的国内制度,还需要具备民主制度的国家认可彼此的制度,并将其看作一种身份标识。该观点并不否认,民主国家的国内制度对于维系多边机制和开放的经济秩序是必要的。由于民主国家的

---

① 伊曼纽尔·康德:《历史理性批判文集》,何兆武译,商务印书馆 2020 年版,第 111—113 页。

② Doyle, "Kant, Liberal Legacies, and Foreign Affairs, Part I."

③ Tony Smith, *Why Wilson Matters: The Origin of American Liberal Internationalism and Its Crisis Today*, Princeton: Princeton University Press, 2017.

④ Fareed Zakaria, "The Rise of Illiberal Democracy," *Foreign Affairs*, Vol.76, No.6, 1997, pp.22—43.

⑤ John M. Owen, "How Liberalism Produces Democratic Peace," *International Security*, Vol.19, No.2, 1994, pp.87—125.

国内政治相对开放,决策程序涉及多个步骤和环节,这就让民主国家之间增加了相互了解的机会并促进信任。民主国家内部的利益集团还可以利用这些制度上的便利结成跨国同盟而推动合作议程。①不过,以上机制得以实现的条件是民主国家间的互信。在互信的基础上,民主国家间才会形成官方和民间的多重纽带,进而促进开放的经济秩序,与此同时也不必担心经济上的劣势会导致安全利益的损失。②因此,只有借助于民主国家这一身份标识、信任基础以及广泛的制度网络,多边机制和经济依存才得以在民主国家间蓬勃发展,当这些民主国家间的联合体壮大到一定程度之后,经济依存的红利和多边机制的功能则会吸引更多国家参与,从而让国际秩序更加稳定。③从这一视角出发,一部关于自由国际秩序的历史就是一部民主国家不断发展壮大和应对现代化变革的历史。④罗伯特·基欧汉(Robert Keohane)甚至断言:"在全球化的背景下,政治科学面临着同美国的建国者们几乎一样的挑战,即如何设计制度来处理空前庞大和多样的公共政策。"⑤

综上所述,民主国家间的永久和平与广泛合作是自由国际秩序的基础,民主国家的国内制度特征让加入自由国际秩序内国家的具有了一种特殊的身份。这一身份不仅有助于将民主国家同非民主国家区分开来,并由此界定了自由国际秩序的边界,还让自由国际秩序内部的地位等级具有了正当性。自由国际秩序内的等级体系并不完全依赖霸权国家的实力,而是依靠各个国家进行制度化的合作(institutionalized cooperation)。霸权国家依然是这一系列合作关系的最大受益者,它因此具有足够的理由支持这一秩序。此外,霸权国家出于地缘政治的竞争需要也会推广这

---

① Thomas Risse-Kappen, *Cooperation among Democracies：The European Influence on U.S. Foreign Policy*, Princeton：Princeton University Press, 1995.

② Stephen G. Brooks, *Producing Security：Multinational Corporations, Globalization, and the Changing Calculus of Conflict*, Princeton：Princeton University Press, 2005.

③ Michael Mousseau, "The End of War：How a Robust Marketplace and Liberal Hegemony are Leading to Perpetual World Peace," *International Security*, Vol.44, No.1, 2019, pp.160—196.

④ G. John Ikenberry, *A World Safe for Democracy：Liberal Internationalism and the Crisis of Global Order*, New Haven：Yale University Press, 2020.

⑤ Robert O. Keohane, "Governance in a Partially Globalized World," *American Political Science Review*, Vol.95, No.1, 2001, p.1.

一制度,以求巩固自身的势力范围。①另一方面,制度化程度较高的自由国际秩序也给予了中小国家运用规则和决策程序来约束霸权国家的机会,因而这些国家亦会愿意加入该秩序并支持霸权国的国际权威。尽管霸权国家可以利用规则赋予的特权而占有更多权益,但是霸权国运用规则来巩固自身行为正当性的行为依然有助于促进国家间的合作习惯。②因此,对特殊身份的共同认知既促进了自由国际秩序中国家内部的合作,还能让内部的等级体系具有稳固的正当性,而合作中取得的收益则会进一步巩固这些国家将民主制度作为一种身份标识——即让自身区别于其他国家的突出特征。

(三)身份标识、地位承认与大国冲突

民主制度作为国内制度一方面让拥有该制度的国家具有了相对明确的身份标识,另一方面又加剧了新兴大国加入自由国际秩序的困难——即让它们难以在适应自由国际秩序规范的基础上让秩序内国家承认其大国地位。事实上,变革国内制度并非易事。无论是对现代化进程研究还是当前的民主化理论都表明,国内制度的全盘变革通常伴随巨大的代价和不确定性。③如果说,民主国家身份是自由国际秩序承认新兴大国地位的核心标准的话,那么新兴大国并不容易达到这一标准,因此自由国际秩序也并不像其支持者宣称的那样容易加入。相反,这一标准还会加剧新兴大国对该秩序的不满,从而导致该秩序易于被颠覆。

遭遇地位否决的国家则会对自由国际秩序本身产生强烈的不满。这些国家既可以在地缘政治上施加军事压力,从外部破坏自由国际秩序,也可以通过联合秩序内的边缘群体(即受到秩序规则排斥的社会团体和个

---

① John M. Owen, *The Clash of Ideas in World Politics: Transnational Networks, States, and Regime Change, 1510—2010*, Princeton, N.J.: Princeton University Press, 2010.

② Risse-Kappen, *Cooperation among Democracies*.

③ Ronald Inglehart, *Modernization and Post-Modernization: Cultural, Economic, and Political Change in 43 Societies*, Princeton: Princeton University Press, 1997; Steven Levitsky and Lucan A. Way, *Competitive Authoritarianism: Hybrid Regimes after the Cold War*, New York: Cambridge University Press, 2010; Stephan Haggard and Robert R. Kaufman, *Dictators and Democrats: Masses, Elites, and Regime Change*, Princeton: Princeton University Press, 2016.

人）从内部削弱该秩序的道义基础和再生能力。①地位承认导致大国冲突的主要机制在其他文献中已有所探讨。②在自由国际秩序的地位承认难题上，其具体表现如下：

首先，在缺乏国内民主这一身份标识的情况下，新兴国家的地位诉求会受到否决，这又会加剧该国对于现行秩序的不满（"不满机制"）。同时，身份差异也会造成秩序内的守成大国对于新兴大国的不信任（"不信任机制"）。最后，即便守成国的政治家愿意尝试通过地位承认的方式来换取新兴大国对国际秩序的支持，其他政治精英也可以利用身份政治来动员国内的支持者反对给予秩序外大国地位承认（"身份政治机制"），而新兴国内部的社会团体也会通过身份政治进行动员，从而加剧该国对现行秩序的不满。由于上述机制的作用，自由国际秩序并不能缓和秩序外大国同守成国的矛盾。因此，自由国际秩序的特殊属性亦不能让该秩序变得"容易加入"，在面对秩序外大国的竞争压力时，该秩序也会遭到颠覆。

20 世纪展现了自由国际秩序成长和壮大的历史进程，另一方面也展现出该秩序的脆弱。在此期间，纳粹德国、日本和苏联先后挑战该秩序，它们与该秩序的矛盾先后酿成了世界大战和冷战，对诸多国家造成了巨大的创伤。自由国际秩序不仅未能避免这些矛盾和冲突，事实上，正是自由国际秩序在地位承认上的困境推动了这些灾难的发生。日本和苏联的案例对于检验理论假说具有特殊的意义。作为"一战"和"二战"的战胜国，日苏两国都已在国际社会中充分展现出了优异的成就。然而，如果它们依然因其非民主国家的身份标识而导致地位承认受挫，那么这样的案例则能够充分说明自由国际秩序并不像其拥护者宣称的那样"容易加入"。因地位诉求受挫而触发的一系列机制所造成的国际政治灾难也能够说明该秩序在大国竞争的压力下并非"难以颠覆"。

---

① Stacie E. Goddard, "Embedded Revisionism: Networks, Institutions, and Challenges to World Order," *International Organization*, Vol.72, No.4, 2018, pp.763—97; Rebecca Adler-Nissen and Ayse Zarakol, "Struggles for Recognition: The Liberal International Order and the Merger of Its Discontents," *International Organization*, Vol.75, Special Issue, 2021, pp.611—634; Nexon and Cooley, *Exit from Hegemony*.

② Ward, *Status and the Challenge of Rising Powers*；王梓元：《权力转移中的地位承认》,《国际政治科学》2021 年第 4 期，第 41—76 页。

四、日本与自由国际秩序(1918—1933)

日本在 19 世纪通过明治维新改革迈入现代国家行列。与此同时,日本欲加入西方国际社会的地位诉求也与日俱增。1902 年,英国选择与日本结盟,不仅让日本获得了巨大的外交支持从而得以维护其在东亚的势力范围,还标志着日本的国际地位得到了西方列强的承认。日本又在 1904—1905 年通过战争攫取了俄国在中国东北的势力范围和对朝鲜的控制权。不仅如此,这场战争让日本的国际地位得到空前的提升:日本成为第一个得到西方列强承认的"大国"。1906 年之后,在英国、美国等西方大国首都,日本的外交使团机构由象征二等国家的"公使馆"升级为"大使馆"地位。[①]

第一次世界大战让日本获得了空前提升国际地位的机会。在第一次世界大战期间,日本与英国进行了海军合作,不仅在军事上夺取了德国在东亚的一系列海军和殖民据点,而且还保障了英国在印度洋和太平洋地区的海上通道,从而确保英国可以将全部军事力量集中于欧洲。[②]与英国的合作进一步提升了日本的国际地位,并让其在战后与英、美、法一道跻身于一等大国行列。此外,"一战"后的国际体系也发生了深刻的变革。威尔逊总统联合英法等西方大国共同创立了国际联盟,旨在从根本上改变国际体系的"无政府"状态。[③]威尔逊认为,国联是培育大国间合作习惯和塑造全球公民舆论的核心机制,另一方面,也只有民主国家才能体现公民的普遍一致,因而民主和平与国联的多边主义是相辅相成的。在这个意义上,"一战"后确立的国际秩序带有鲜明的自由国际秩序的特征。[④]

不过,威尔逊并不认为民主制度可以迅速产生。相反,他认为民主制度

---

① 《日本外交文书》,第 39 卷,第 1 册(明治 39 年,1906 年),日本国际联合协会 1959 年版。

② Timothy D. Saxon, "Anglo-Japanese Naval Cooperation, 1914—1918," *Naval War College Review*, Vol.53, No.1, 1999, pp.62—92.

③ 威尔逊所采纳的"国联"(League of Nations)一词由英国古典学家罗伊斯·迪金森(Lowes Dickinson)首创。也正是基于对国际体系的无政府状态的洞见,迪金森需要通过国联在国家之上建立起新的权威,从而避免战争。G. Lowes Dickinson, *The International Anarchy, 1904—1914*, New York: The Century Co., 1926.

④ Ikenberry, *A World Safe for Democracy*, pp.126—130.

的产生是一个缓慢的过程，而在当时的历史条件下也只有西欧国家和美国具备民主的条件。①事实上，就历史证据来看，威尔逊在公开场合或是政治磋商中鲜有提及日本的民主状况以及日本的民主发展，这也就意味着威尔逊及其那一代的美国精英并没有从制度特征看待日本。尽管日本在 1920 年代开启了民主化过程，但是民主并没有成为日本最为明确的国家身份标识。

另一方面，日本国内的政治家们将国联看作维护日本国家利益的手段。虽然日本顺利成为了国联的常任理事国，但是这一地位标识并不足以让日本完全获得与其期待的地位相一致的国际尊重。的确，日本在巴黎和会上并未达成它的全部目标。尤其是，其代表团没能将"种族平等"这一原则写入《国联盟约》(The League Covenant)之中。②日本朝野对这一结果迅速做出了的回应。部分政治和社会团体倡导改革日本的国内制度进而适应战后初生的自由国际秩序下的规范。年轻的外交官有田八郎(Hachiro Arita)率先组织了"革新同志会"，号召政府在社会范围内选拔更加出众的外交人才，从而让日本更加积极地参与到国联的日常活动，在全球治理的事务中扮演重要的角色。③这一倡议无疑表达出日本加入自由国际秩序的多边机制中的愿望。社会上的另一种呼声则要求日本不仅在政策行动上，而是在政治制度上更加民主，从而顺应国联对新兴国家的身份要求。早在 1919 年 8 月，45 名学者、记者和政治人物就发起名为"改造同盟"的民间社团，要求在进一步推动日本的民主改革。该社团的一些成员甚至参加了巴黎和会，他们认为导致日本在和会上不尽如人意的表现的原因之一就是官僚制度阻挠了民意的表达。④

这一呼声与日本国内的民主化潮流相得益彰。在一战期间，日本的政党团体异常活跃。君主制德国的战败让他们将民主制度视作是世界政治的发展潮流和国家间合作的基础。即便是政治立场一贯保守的山县有朋(Yamagata Aritomo)也承认君主立宪制和民主可以让日本应对战后的问题。⑤

---

① Ikenberry，*A World Safe for Democracy*，pp.137—138.

② Thomas W. Burkman，*Japan and the League of Nations：Empire and World Order*，Honolulu：University of Hawaii Press，2008，pp.113—114.

③④ Burkman，*Japan and the League of Nations*，p.108.

⑤ Frederick R. Dickinson，*World War I and the Triumph of a New Japan*，*1919—1930*，Cambridge：Cambridge University Press，2013，p.87.

也正是在这一时期,日本著名的政治家和教育家吉野造作(Yoshino Sazuko)呼吁,日本作为民主国家应当与英美一道维护世界公正。比他更为激进的声音来自石田湛山(Ishibashi Tanzan),在他看来,日本在尚未完全实现国内的民主改革之前,亦无法在国际上享有足够的道德威望来要求英美国家承认与之国际地位相符的权益和诉求。①由此可见,日本的部分精英群体已将建立国内民主制度看作是加入自由国际秩序的入场券。

不过,一国的地位终究需要他国的承认,而秩序内国家承认新兴国家地位诉求的依据来自其主观判断。事实上,该判断对基础不完全来自新兴国家的政治制度特点。尽管日本在政治发展上已经开始另民主化进程,但是其民主雏形在西方国家看来尚不足以成其最为突出的民族特征。十九世纪末以来,美国政界都倾向于从种族而非民主化的视角看待亚洲民族。正如历史学家韩德(Michael Hunt)所见,当日本的崛起对美国在东亚利益构成挑战的时候,美国就倾向于将日本看作是可憎和未开化的民族,而对中国的发展和进步抱以希望。反之,当中国的表现与美国的期待不符时,日本的形象则得到改善。中日之间的对比让美国人在种族的偏见和基于自由主义的进步性之间找到了微妙的平衡。②早在 1908 年,美国总统西奥多·罗斯福(Theodore Roosevelt)就号召整个英语世界联合起来抵制亚洲移民,从而捍卫自身的种族特质。在一战前后,罗斯福作为前总统在美国社会广泛地宣传了美国社会学家爱德华·罗斯(Edward A. Ross)的学说,其预言,世界范围内必然形成各种移民限制,直至世界范围内的人口与资源数量达到平衡。③在这一学说及其思潮的影响下,美国在1924 年推出《排外法案》(Exclusion Act)。该法案虽然并不明确针对日本群体,但是在其条款之下日本移民成为了主要受到遣返的群体。④

由此可见,自由主义的信条并未让该秩序更具包容性,而特定历史条

---

① Naoko Shimazu, *Japan*, *Race*, *and Equality*, London: Routledge, 1998, pp.60—61.

② Michael H. Hunt, *Ideology and U.S. Foreign Policy*, New Haven: Yale University Press, 2009, p.77.

③ Matthew Connelly, *Fatal Misconception*: *The Struggle to Control World Population*, Cambridge: Harvard University Press, 2008, pp.41—42.

④ Walter LaFeber, *The Clash*: *A History of U.S.-Japan Relations*, New York: Norton, 1998, p.141.

件下形成的种族偏见会加深该秩序内的守成大国对新兴国家的不信任。在包括威尔逊在内的美国精英看来，日本初生的民主制度并不足以成为该国最显著的身份的标识，相比之下，种族差异更为突出。换言之，正是由于对"民主国家"的判定具有主观性，且英美两国在这种问题上拥有较大的裁量权，日本由于其缺乏民主制度的特质而受到了自由国际秩序的排斥。事实上，日本的移民问题一直让日本外务省倍感压力。驻美大使埴原正直(Hanihara Masanao)在美国国务卿理查德·休斯(Richard Hughes)都希望平息事态。在后者的许可下，埴原写信向美国表达了抗议，但是国会依然以压倒性多数通过了法案。① 与部分政治精英和社会活动家试图通过民主改革而加入自由国际秩序相反的是，这些力量要求日本在自由国际秩序以外建立以亚洲种族为身份标识的新秩序（即"泛亚主义"）。巴黎和会之后日本国内涌现出了大量军国主义团体否定自由国际秩序的正当性。北一辉(Kita Ikki)的《日本改造大纲》则反映了日本国内广泛出现的反对自由国际秩序的情绪，正因为如此，该书宣扬建立以国防为中心的政治架构和绝对效忠天皇的理念，并在这一时期塑造了民间的主流舆论。与其具有同样影响力的则是大川周明(Shumei Okawa)鼓吹的"美日必有一战"之论调，而北一辉也加入了大川周明组织"犹存社"(Yuzonsha)。②

诚然，自由国际秩序中的多边机制可以缓解这种不信任，并让国家间建立起务实合作的关系。在日本方面，代表这一立场的核心人物则是加藤友三郎(Kato Tomosaburo)和币原喜重郎(Shidehara Kijūrō)。币原在外交上较为亲近英美立场，他个人也充分相信，日本需要在自由国际秩序之内才能合理地维护国家利益。诚然，这并不意味着币原甘愿放弃日本通过战争在中国攫取的利益，但是他深信日本应当通过与英美国家的合作来保障这些利益。加藤在海军中享有崇高的声望，但是他本人则善于从文官的视角和国家利益的高度审视军事问题。他认为，达成与美国和英国的军备协定可以避免军备竞赛，维持与美国之间的经贸联系从而发展国内经济，同时也可以维持日美之间的海上均势。加藤相信，如果军备竞赛一开，日本甚至无法将海军实力维持在相当于美国 60% 的水平上。因此，他放弃了之前要求的

---

① LaFeber, *The Clash*, p.145.

② Naoko Shimazu, *Japan, Race, and Equality*, London: Routledge, 1998, p.177.

70％的实力对比,从而换取美方承诺不再新建太平洋上的海军基地。①

币原的务实外交原则和加藤的战略远见的确顺应了自由国际秩序下的多边合作制度和经济依存下的安全需要,而英美方面的政界和军界领袖也对此表示赞赏,这才成就了 1920 年代的东亚和平。尽管日本在表面上接受了海军规模上的劣势,但是海军协定的达成让日本避免了一场(与英美两国)无法取胜的军备竞赛,而鉴于日本的地缘战略环境,美国承诺不再扩建海军(包括基地)事实上确保了日本在东亚地区的海权优势。②然而,日本民间和军界内部的不满情绪却日益高涨。就在华盛顿会议的谈判期间,务实外交的支持者原敬(Hara Kei)首相遇刺身亡,这让加藤失去了国内的政治支持,并且他个人的妥协倡议也缺乏海军同僚的支持。因此,他只有以个人的力量承担起全部的谈判任务,这对他的身心带来巨大的压力。加藤友三郎也在 1923 年因病逝世。之后,海军部门迅速被以加藤宽治(Kato Kanji)为首的强硬派把持。加藤宽治将与 70％的海军力量对比视为日本大国地位的象征。此外,从加州的排日风波中,他还判定美国对日本怀有长期敌意。③在 1930 年的伦敦海军会议上,加藤为了捍卫海军的强硬立场而利用舆论机构进行了广泛的社会动员。这一举动与陆军军官策动"九一八"事件一道推动了日本军国主义在朝野上下的全面崛起。

"九一八"事变标志着日本国内力量对自由国际秩序的一次集体抗议。在 1920 年代不满于日本社会的不平等与利益分配格局的民粹团体正是通过移民和海军议题下集结了起来。日本体制内的部分精英们不仅因自身的地位诉求受到屈辱,从而对英美主导的自由国际秩序深感不满,他们还利用了地位诉求受挫这一叙事在民间与体制内进行了广泛动员来试图重塑日本与自由国际秩序的关系。诚然,在 1920 年代发生的一系列针对政治人物的谋杀事件已经表现出下层民众试图反叛日本精英采取的亲西方政策。然而,这股力量在此之前还并未得到当权者的响应。直到日本通过武力占领东三省并扶持起溥仪政权之后,军方才通过制造既定事实显示出他们的权威。其后果是文官政府迅速被边缘化,而币原等务实派

---

① Sadao Asada, *From Mahan to Pearl Harbor*: *The Imperil Japanese Navy and the United States*, Annapolis: Naval Institute Press, 2006, pp.83—84.

② Dickinson, *World War I and the Triumph of a New Japan*, pp.107—113.

③ Asada, *From Mahan to Pearl Harbor*, p.102.

政治家也退出了政治舞台。国联通过在 1933 年以压倒性多数通过了《李顿调查报告》(*Lytton Report*)，明晰了日本军人制造九一八事变的责任，日本随即退出国联。虽然日本的外交官们在此之前做出了一定的努力试图修复日本与西方国家的关系，但是这些努力效果甚微。事实上，正是日本在"九一八"事变之后的激进行为，让西方世界加深对日本疑虑。特别是，日本在 1932 年调动军队进攻上海，试图以武力恫吓中国的反日力量，而这一事件让西方的观察家们普遍感到日本已不再愿意顺应国际主流规范（即不以武力解决国家间争端）。此外，日本还在《李顿调查报告》公布之前就承认了伪满洲国这一傀儡政权，这一举动加之日本之后退出国联的行为则直接表达出日本对自由国际秩序的蔑视，并让其走向了发动第二次世界大战的深渊。[①]

作为一战的战胜国，日本未能通过顺应自由国际秩序的规范而进一步提升自身的国际地位。在地位诉求受挫的情况下，日本蜕变为自由国际秩序的颠覆者。从地位承认的视角出发，日本初生的民主制度尚不能成为其最为突出的身份标识，因而难以满足自由国际秩序对于其成员必须是民主国家的身份要求。日本与自由国际秩序之间的矛盾符合地位承认理论的三个机制（即"不满""不信任"和"身份政治"），这些机制在案例中得到较为充分的证据支持。其内容可以被总结如下：

案　例	不满机制	不信任机制	身份政治机制
日　本 (1918—1933)	日本军方因海军权益未得到华盛顿会议的公开认可而感到不满；日本民间因移民问题而感到屈辱，认为日本的国际地位遭到贬低。	以美国为代表的西方世界并未将日本看作民主国家，而是以种族差异的视角看待日本并质疑其崛起的正当性。	虽然务实政治家和外交家尽力通过多边外交和同西方世界的经济依存关系来促进日本的发展，但是日本国内的民粹主义和军方的强硬派利用日本地位受挫的屈辱性事件进行广泛的社会动员，试图激起各界力量对于英美主导的自由国际秩序的不满。

资料来源：作者自制。

---

① Sandra Wilson, "Containing the Crisis: Japan's Diplomatic Offensive in the West, 1931—1933," *Modern Asian Studies*, Vol.29, No.2, 1995, pp.366—368.

五、战后苏联与自由国际秩序(1945—1950)

　　1917 年爆发的"十月革命"对于苏联和世界历史都不同凡响。对苏联而言,"十月革命"下诞生的新政权具有同沙俄政权全然不同的身份标识——即一套抛弃了专制王权和致力于建立新的国际和国内秩序的革命意识形态。对世界而言,"一战"后产生的自由国际秩序也面临着重大挑战,即该秩序是否可以包容一个推行激进社会革命的新兴国家?苏联在 1930 年代迅速建成工业化强国,又在第二次世界反法西斯战争中发挥了中坚作用。时至 1944 年底,反法西斯战争的胜利已初现曙光,苏联则寻求在第二次世界大战后的秩序中重新确立其大国地位。

　　尽管苏联在 1934 年加入了国联,并在此之前得到西方大国的主权承认,但是斯大林治下的苏联尚未充分取得西方国家的信任。英法两国均为充分考虑苏联提出的强化欧洲集体安全体系的倡议,并对纳粹德国奉行绥靖政策。苏联无论在国际地位和国家利益上都没有得到尊重,因而,在战后国际秩序中重获地位承认成为了斯大林的主要诉求。[1]在寻求地位承认的基础上,斯大林还希望追求与其大国地位一致的国家利益,包括将苏联在东欧的势力范围合法化和在处置战后德国的问题上享有充分的发言权。在 1945 年召开的雅尔塔会议上,斯大林首先提出了大国应当在全球性国际组织(即后来成立的联合国)中享有特殊权益,他的理由正是苏联为战争所做出的巨大牺牲和贡献。[2]在斯大林看来,苏联在战争中的表现足以证明其优异的民族品质。斯大林的地位诉求源于他的民族主义信念,即俄国人在宗教、种族和文化上的特殊品质理应得到世界各国的尊重。这意味着俄国在地缘政治上应当将斯拉夫种族纳入自己的"安全范围"(security sphere),并免受其他国家的政治干预。[3]

　　西方国家曾一度表示出同苏联建立友好合作的关系的意愿。英国首

　　[1]　Larson and Shevchenko, *Quest for Status*, pp.90—93.
　　[2]　S. M. Plokhy, *Yalta: The Price of Peace*, New York: Viking, 2010, p.121.
　　[3]　"安全范围"这一概念由苏联的高级别外交官员以匿名方式在 1944 年底正式提出,其含义为带有排他性的"势力范围"。见 Plokhy, *Yalta*, p.149。

相温斯顿·丘吉尔（Winston Churchill）早在 1944 年就与斯大林达成了在巴尔干地区划分势力范围的协定，其动机是确保巴尔干地区与印度之间航运的畅通。美国总统富兰克林·德拉诺·罗斯福（Franklin Delano Roosevelt）尽管反对以势力范围来划定大国利益，但是他依然愿意承认苏联在东欧地区的安全利益。相比于丘吉尔，罗斯福更加关注在战后重建自由国际秩序。这意味着他不仅愿意同斯大林进行务实的合作，也愿意让苏联在自由国际秩序中确立大国地位。尽管斯大林在意识形态上与英美国家存在巨大差异，但是他依然将英美两国的领导人视作重要的合作伙伴。事实上，斯大林对战后东欧国家内部的政治安排采取了较为灵活的态度，他认为这些国家内的共产党可以和其他党派共存，并在十至十五年后完成向社会主义政权的过渡。①尽管斯大林认为亲苏的共产主义力量必将在苏联解放的国家中最终控制政权，但是他认为这一结果需要通过一个渐进的过程来完成，且不应以牺牲同英美的合作为代价。②

然而，在东欧问题中，波兰成为了舆论和大国博弈的焦点。作为邻国，波兰的版图及其国内政治动态直接关乎苏联的安全。然而，对于英美两国而言，波兰不仅关乎与苏联的政治协定还关乎战后自由国际秩序的道义基础。从理论上说，自由国际秩序是围绕民主国家的共同体所建立起来的国际制度与规范，而多边机制下达成的外交协定与经济依存关系下的收益依然需要民主国家间的持久和平才能得以保障。罗斯福和丘吉尔都深刻地认同上述原则。英美两国在 1941 年 8 月公布的《大西洋宪章》（*Atlantic Charter*）就声明了战后秩序要以民主国家的共同体作为基石。在珍珠港事变的前夕，罗斯福希望这一宣言可以有助于动员国内民众支持美国以某种方式参与对德作战，不过，该宣言所伸张的原则也切实反映了罗斯福对战后自由国际秩序的构想。③不仅如此，在战争期间，大批鼓励大西洋民主国家合作的非官方团体英就在美两国之间活跃起来。其中最

---

① Plokhy, *Yalta*, p.379.

② Edward Mark, *Revolution by Degrees: Stalin's National Front Strategy for Europe*, CWIHP Working Paper, No.31, Washington D.C.: Woodrow Wilson Center, 2001.

③ Robert Dallek, *Franklin D. Roosevelt and American Foreign Policy*, 1932—1945, New York: Oxford University Press, 1995, pp.281—285; Ikenberry, *World Safe for Democracy*, p.167.

为显耀的跨国民间机构当属大西洋联邦委员会（Atlantic Union Committee）。虽然该委员会对战后秩序规划并未提出切实可行的方案，但是其真切反映了英美民间渴望以民主国家的联合为基础建立战后国际秩序。①

与英美民主国家之间的信任关系形成鲜明对比的是，罗斯福和丘吉尔对斯大林的意图则十分焦虑。在对苏政策上，他们更加在意维持地缘政治上的均势和约束苏联的行为。1944 年下旬，丘吉尔就提议将英国的军事力量部署至希腊地区，以免苏联在控制了罗马尼亚和保加利亚之后进一步扩张其势力范围，而罗斯福也对此表示赞同。罗斯福还同意美国通过租借法案在战后帮助英国恢复其实力。②在私下中，罗斯福并不信任斯大林能够遵循战后协定，英美领导人倡导的首脑外交以及多边机制也带有约束苏联行为的功能。③罗斯福还有意帮助中国在战后享有大国地位，并认为战后的中国将帮助美国制衡苏联在亚洲的影响力。④丘吉尔及其幕僚尽管在对苏联的立场上更加倾向维护英国自身在地中海地区的势力范围，但是他们出于国内政治的考虑依然对波兰的伦敦流亡政府表示同情，并与罗斯福一道要求流亡政府成员加入苏联在解放领土上扶持起来的新政府。⑤罗斯福相信，民主制度产生的波兰政府依然能够与苏联保持友好关系，任何意识形态立场的波兰政府领导人都无法漠视苏联的安全需求，因为在实力对比悬殊的情况下波兰领导人会不得不接受苏联的主张。⑥然而，包括罗斯福在内的美国领导人始终无法理解的一点是，如果苏联方面认定民主制度可能产生一个反苏的波兰政府，那么苏联又是否允许波兰按照英美模式建立民主呢？

正是这一问题加深了美苏双方之间的互疑。波兰问题随即成为了西方世界与苏联关系迅速恶化的导火索。其症结并非双方在安全利益上的

---

① Ikenberry, *After Victory*, pp.177—179.

② Dallek, *Roosevelt and American Foreign Policy*, pp.468—470.

③ John Lewis Gaddis, *Strategies of Containment：A Critical Appraisal of American National Security Policy during the Cold War*, New York：Oxford University Press, 2005, pp.9—12；Dallek, *Roosevelt and American Foreign Policy*, p.521.

④ Dallek, *Roosevelt and American Foreign Policy*, pp.389—391, p.415, p.420, pp.422—423, pp.428—429, pp.493—494, pp.501—502.

⑤ Plokhy, *Yalta*, pp.196—201.

⑥ Marc Trachtenberg, *A Constructed Peace：The Making of the European Settlement, 1945—1963*, Princeton：Princeton University Press, 1999, pp.9—10.

冲突，而是美苏领导人之间因固有的意识形态差异而产生的不信任感。诚然，美苏在政治制度和意识形态的差异由来已久，可是该差异并未阻碍美苏在第二次世界大战期间的合作，而只有当意识形态的差异导致苏联无法在自由国际秩序中得到地位承认的时候，美苏关系才开始恶化。

罗斯福的继任者哈里·杜鲁门（Harry Truman）一方面希望继续保持美苏间的合作关系，但在另一方面，由于缺乏外交经验，杜鲁门则极易受到自身政治立场及其幕僚的左右。尽管波兰直至 1947 年才按照美苏在雅尔塔的协定举行选举，而杜鲁门本人对罗斯福与斯大林在波兰问题上达成的默契也并不了解。但是，杜鲁门已经从他的幕僚中了解到苏联开始在波兰排斥亲美力量，这让杜鲁门及其幕僚们已经开始质疑苏联的诚意，他还因此当面斥责了苏联外长维亚切斯拉夫·莫洛托夫（Vyacheslav Molotov）。[1]在杜鲁门的训斥后，莫洛托夫说自己从来没有受到"如此待遇"，而怨恨的情绪迅速扩散到了苏联的整个外交团队。[2]

诚然，杜鲁门马上派出了特使哈里·霍普金斯（Harry Hopkins）与斯大林接洽，并且承认了一个由亲苏力量控制的波兰政府。[3]不过，美苏间的不信任却因这次外交摩擦而加深了。当杜鲁门的幕僚们感受到了总统对苏联态度的转变之后，他们迅速将杜鲁门的情绪转化为了对苏强硬政策。苏联大使艾维尔·哈里曼（Averell Harriman）曾在早先建议罗斯福强化对苏立场，这一建议得到了杜鲁门的采纳。于是，美国政府在 1945 年 8 月亚洲战事一结束就停止了对苏联的《租借法案》（Lend-Lease Act）援助。[4]杜鲁门和哈里曼不仅相信这一举动不仅有助于向苏联表达美国的立场，他们还一厢情愿地认为有助于推动美苏关系从战事援助向和平时期的互利合作进行转变。毕竟，美苏间的经济合作并未因租借法案而终止。[5]然

---

① Harry S. Truman, *1945: Year of Decisions*, New York: Smithmark, 1955, pp.79—82.

② Vladislav M. Zubok, *A Failed Empire: The Soviet Union in the Cold War from Stalin to Gorbachev*, Chapel Hill: The University of North Carolina Press, 2007, pp.14—15.

③ Trachtenberg, *Constructed Peace*, pp.12—13.

④ Gaddis, *Strategies of Containment*, pp.15—16.

⑤ 关于对苏联《租借法案》的考察，见 George C. Herring, "Lend-Lease to Russia and the Origins of the Cold War, 1944—1945," *The Journal of American History*, Vol.56, No.1, 1969, pp.93—114.

而,美国的挑衅之举让苏联领导人蒙羞。斯大林批评美国的行为是"野蛮行径"。①在战后,斯大林则对丘吉尔对他个人的赞誉以及英国媒体对苏联社会的广泛报道感到不安。在 1945 年,苏联与西方因战时合作而存在着诸多民间交流,西方社会对苏联也尚存好感。随着苏联社会与西方社会的交流丰富起来,斯大林担心苏联的社会主义制度受到侵蚀。②开放社会和言论自由作为自由国际秩序的核心规范,是斯大林难以接受的。1946年 2 月 9 日斯大林在自己的"选区"内发表演说,一改同英美合作的基调,开始强调资本主义世界内部的危机,并强调第二次世界大战的根源于资本主义生产方式而非大国在地缘政治上的矛盾。③

正是这一演说加深了美国对苏联意图的警觉,并促成那份著名的"长电报"的产生。④其撰写者乔治·凯南(George Kennan)时任美国驻苏联代办,在此之前凯南对俄国民众深有好感,但是对布尔什维克政权却充满不信任,因为其缺乏西方国家的民主特征。在美苏关系解冻的三十年代初,凯南曾热切期盼自己的官方背景和对苏联风土人情的了解可以充分促进美苏的民间往来。但是,"大清洗"很快就切断了他与苏联民间和官方建立起来的各种纽带。在 1944 年重返苏联后,凯南及其他驻苏联外交官普遍对苏联的各种言论和行动上的约束感到不满,在 1945 年初的雅尔塔会议之前,他便认为苏联政权"充满了无与伦比的无情与戒备心",同时也强调美国无法与之交往。⑤在其中,凯南将苏联描绘成缺乏安全感的国家,在字

---

① Vladimir O. Pechatnov, "The Soviet Union and the World, 1944—1953," in Melvyn P. Leffler and Odd Arne Westad, eds., *The Cambridge History of the Cold War*, Cambridge: Cambridge University Press, 2011, p.96.

② Vladimir O. Pechatnov, "*The Allies are pressing on you to break your will…*": *Foreign Policy Correspondence between Stalin and Molotov and other Politburo Members, September 1945—December 1946*, Vladislav M. Zubok, trans., CWIHP Working Paper, No.26 (Washington D.C.: Woodrow Wilson Center, 1999), pp.10—11.

③ Vladimir O. Pechatnov, "The Soviet Union and the World, 1944—1953," in Melvyn P. Leffler and Odd Arne Westad, eds., *The Cambridge History of the Cold War*, Vol.1, p.100.

④ 关于这一电报产生的来龙去脉,见张小明:《重读乔治·凯南(George Kennan)凯南的"长电报"》,《美国研究》2021 年第 2 期。

⑤ Frank Costigliola, "'Unceasing Pressure for Penetration': Gender, Pathology, and Emotion in George Kennan's Formation of the Cold War," *The Journal of American History*, Vol.83, No.4, 1997, p.1330.

里行间他暗示这个政权的特质缺乏健全的人格，没有道德的顾虑，并天然地倾向于扩张。这些对苏联的刻画与美国决策层内长期存在的对苏联的刻板印象不谋而合，而杜鲁门本人也深受其影响。①

"长电报"让凯南在政策界声誉鹊起，因为其逻辑与美国决策层中不满于对苏合作政策的力量关于苏联的认知不谋而合。凯南很快被调回华盛顿到国家战争学院（National War College）进行教学工作。凯南的课程专门为在职中高层的军官和外交官开设，在任教期间，凯南还与大批涉及国家安全事务的部门高官会面。在整个1946年，凯南都忙于试图扭转美国朝野对苏联的认识，并让他的观众做好一个与苏联进行长期竞争的心理准备。②从凯南任教到参与决策的时期内，他系统地阐述了"遏制战略"的原则和实施方式，其中包括三个阶段：恢复全球均势；制造苏联阵营的内部分裂；以及最终改变苏联的行为模式。③美苏关系在1945年末至1946年急转直下，在土耳其和伊朗的两次危机让美苏领导人都意识到双方的关系正在转向零和博弈。当凯南在1947年重返国务院并参与包括马歇尔计划在内的一系列重大政策的制定和实施的时候，美国朝野几乎已经形成了一致意见，将苏联看作是现状秩序的挑战者，而非一个可以按照秩序内的规范进行长期合作的伙伴。

事实上，早在第二次世界大战期间，美国的地缘政治学家及其影响下的美国军方战略规划部门就已经开始讨论和制定遏制苏联扩张的军事计划。④不过，正是凯南的"长电报"让这一行动路线具备了哲学内涵，为军方计划执行的政策提供了正当性，并促使国务院等部门与军方加强联络与沟通，从而让军事领域以外的国家政策服务于遏制战略的需要。凯南将苏联政策归因于政权的属性而非外部环境的压力，他因而暗示美国无法通过释放善意和外交上的妥协而恢复与苏联在战后秩序的合作。这些论断展现了自由国际秩序的准入资格：苏联的政体特征让其难以符合自由

① Hunt, *Ideology and U.S Foreign Policy*, pp.154—157.
② John Lewis Gaddis, *George F. Kennan: An American Life*, pp.225—275.
③ Gaddis, *Strategies of Containment*, pp.35—49.
④ Ikenberry, *After Victory*, pp.179—180. Mark A. Stoler, *Allies and Adversaries: The Joint Chiefs of Staff, the Grand Alliance, and the U.S. Strategy in World War II*, Chapel Hill: The University of North Carolina Press, 2000.

民主国家的特质,因而也就难以取得西方国家的普遍信任和加入由美国主导的战后秩序。确切地讲,并非"长电报"制定了美国对苏联的遏制战略,而是让美国朝野在遏制苏联的行动选择上形成了一致。

1946 年之后的美苏关系进入了敌意行为不断和关系持续恶化的循环之中。就在凯南的"长电报"发出之后的一个月内,在野的英国前首相丘吉尔发表了著名的"铁幕"演讲,将世界格局描述成两个运行在不同规范和制度下的秩序。丘吉尔描述的两个秩序随着美国在 1947 年推出"欧洲复兴计划"(即马歇尔计划)而成为现实。在挽救西欧国家经济的同时,马歇尔计划还促成了多个多边合作机制的产生,而苏联阵营则被排斥在外。东西方对立的形成不仅意味着美苏两国会进入长期的地缘政治和意识形态竞争,还意味着自由国际秩序不再是罗斯福设想的全球性秩序,该秩序的作用不再是增进全球的安全和福祉,而是促进了地缘政治和意识形态的竞争。不过,也正是外部的竞争压力让该秩序产生了韧性。冷战后的理论家们将该秩序的成功归功于其制度与规范,而忽略了其失败的一面:即未能接纳苏联成为秩序的拥护者。

历史学家梅尔文·莱福勒(Melvyn Leffler)将冷战起源描述成安全困境导致敌意螺旋上升的过程,[①]这或许符合 1946 年之后的美苏关系演变的特征。但是,在临近第二次世界大战结束之际以及结束后的短暂时期内,美苏之间战略互疑的加深并不是因为双方促进自身安全的行为引起对方的恐惧。事实上,英美对波兰问题的关切并不是为了维护自身的安全利益,而是出于意识形态上的承诺;斯大林对苏联社会对英美好感的警惕,也是出于意识形态的顾虑;凯南对苏联的认知更是反映了意识形态的偏见。简言之,自由国际秩序对民主身份的要求刺激了苏联的不满,而对民主身份的评判又取决于主导该秩序的国家(即英美)的意识形态信条。当苏联因自身的制度差异而与英美等西方国家的外交摩擦与日俱增以后,其领导层便倾向于将美苏的举动看作是对苏联安全利益的威胁,并采取预防性的行动提升自身的实力和维护安全利益(包括加强对东欧国家和东德占领区的控制、在土耳其和伊朗地区试探西方的战略决心,以及阻

---

① Melvyn P. Leffler, *A Preponderance of Power: National Security, the Truman Administration, and the Cold War*, Stanford: Stanford University Press, 1993.

断柏林的交通要道等)，而这些行动在英美看来则反映了苏联方面的长期敌意，同样，英美的一系列政策(包括使用原子弹结束对日作战、促进西德地区的行政独立，以及在苏联压力面前表现出强硬姿态等)也被苏联领导层看作是安全威胁。

此外，现实主义范式下的同盟理论预测到随着纳粹和日本的战败，美苏同盟必将瓦解，但是同盟理论无法解释美苏之间的矛盾会以何种方式恶化。以米尔斯海默为代表的进攻性现实主义理论同样认为大国间必然走向冲突，但是该理论同样难以解释冲突发生的时机和方式。事实上，即便是那些从意识形态或国家利益分歧出发，而对美苏关系感到悲观的当事人，也对美苏关系的恶化感到意外。1945 年担任国务卿的詹姆斯·贝尔纳斯(James Byrnes)曾认为美苏无法长期合作，但是他依然相信双方可以在妥协的基础上妥善管理分歧，而不必因意识形态的差异而让双边关系急剧恶化。[1]战后声名鹊起的国际关系理论家汉斯·摩根索(Hans Morgenthau)则更是猛烈抨击美国的政治家们忽略了现实主义原则。[2]很显然，如果现实主义原则可以充分解释美苏冷战的发生，现实主义的理论大师也就无从批判美国的对外政策了。此外，需要澄清的是，本文聚焦于自由国际秩序的成员资格(即地位承认的标准)，而非美苏关系恶化的根源。因而，聚焦于解释美苏关系恶化的理论也难以关注到民主国家这一身份标识在美苏互动中的作用。

最后，意识形态上的差异也不足以解释苏联同英美领导的西方集团的矛盾。苏联从建政之日起与英美之间的意识形态矛盾就一直存在。这种意识形态差异无疑加剧了双方的互不信任，甚至在 1939 年导致了英国与苏联共同对抗希特勒的结盟流产。然而，意识形态上的差异并不足以解释为什么苏联起初加入自由国际秩序的愿望以及罗斯福愿意帮助苏联融入该秩序的努力。它更无法解释美苏从合作走向战后分裂的具体经

---

① 贝尔纳斯或许早已预见到美苏两国要在德国问题上分道扬镳，以及德国分裂是不可避免的结果，但是为了让美国政府内部、美国公众和西德民众形成一致意见，他依然支持了统一德国的政策，这让美国的政策看上去背离了现实主义的原则。见 Trachtenberg, *Constructed Peace*, pp.43—55。

② Hans J. Morgenthau, "The Political Science of E. H. Carr," *World Politics*, Vol.1, No.1, 1948, pp.127—134.

过。作为第二次世界大战的战胜国,苏联曾参与自由国际秩序的建立,并在以联合国为核心的多边机制中得到了大国地位的承认。需要指出的是,在罗斯福对战后世界的构想中,自由国际秩序将是一个以联合国体系为中心的制度框架,在制度的权益上,安理会的常任理事国将占有特殊的份额。罗斯福对于民主国家这一身份标识是否构成了加入自由国际秩序的成员资格态度暧昧,因为他认为,自由国际秩序的基础是大国间合作。尽管罗斯福本人并未将民主制度作为衡量苏联成为自由国际秩序核心成员的标准,但是,在杜鲁门继任之后,其内阁成员开始倾向于这样认知苏联的威胁,塑造国内的反苏共识。另一方面,斯大林在感到苏联的地位诉求遭遇否决之后,也随即对未来的自由国际秩序感到不满和怀疑。诚然,无论是美国的战后构想还是斯大林的对外政策都掺杂着包括地位在内的各种动机。不过,苏联同美英为代表的西方阵营的博弈在很大程度上是围绕着与大国地位相关的特权与权益进行的。特别是,斯大林倾向于通过他国对其地位诉求的反馈来判断苏联加入自由国际秩序的前景。

苏联与自由国际秩序之间的矛盾符合地位承认理论的三个机制(即"不满""不信任"和"身份政治"),这些机制在案例中得到较为充分的证据支持。其内容可以被总结如下:

案 例	不满机制	不信任机制	身份政治机制
苏 联 (1944—1946)	苏联在波兰国内的政治安排上不断受到西方国家的干预,因而感受到自身无法依照自由国际秩序的规范得到大国地位的承认。	英美领导人难以接受苏联作为平等地位的国家与他们共同管理国际事务。	尽管罗斯福竭力维持与苏联的合作关系,但是其强硬派幕僚(以凯南为代表)和继任者杜鲁门则试图通过渲染苏联与美国在民主身份上的差异进行动员,并逐步在朝野上下形成了对苏联更加强烈的威胁认知。在苏联方面,斯大林一方面愿意同英美维持合作关系,但是随着其态度的转变,苏联领导人也开始在社会上下强调资本主义与社会主义之间的意识形态竞争关系。

资料来源:作者自制。

简言之，自由国际秩序对民主国家这一制度身份的要求依然加剧了苏联领导人同西方国家之间的不信任并导致他们对该秩序的不满。自由国际秩序在战后的建立并未满足其创立者的初衷，即成为一个有助于实现国家间普遍和平的全球性的秩序。苏联的缺席及其建立起的"东方阵营"不仅让该秩序在地理范围上大大缩减（仅限于西欧和部分东亚国家），还让其功能发生了异化。因而，战后出现的自由国际秩序一方面为西方国家提供安全与经贸合作机制，另一方面也服务于大国竞争的需要。作为自由国际秩序的核心机制的联合国也成为了大国竞争的工具和意识形态对立的场所。

六、结　语

20世纪经历了三波"民主化"浪潮。不少非西方文明国家在其间纷纷建立了民主制度。尽管新兴民主国家在其他方面的表现差强人意，但是它们的出现让民主成为了国际主流规范。这一历史变迁淡化了自由国际秩序的"西方"身份。然而，正如个人具有多重身份一样，国家作为复杂的集体也在地理、人口、种族、经济形态、政治制度等方面也具有多样性。自由国际秩序则将西式民主制度看作是成为其秩序成员的资格，尤其是享有多边主义和经济依存所带来的福祉的基本条件，而这又取决于该秩序中的守成国如何认知想要加入这一秩序的新兴国家。当新兴国家显现出民主制度之外（或是与民主原则相抵触的）身份标识之时，守成国则会倾向于排斥这些国家，怀疑其政策意图，甚至采取强硬政策遏制其国际影响力。对新兴国家而言，改革国内制度并非易事。其涉及复杂的国内政治经济利益，并让领导人为此面对重大的挑战和风险。即便一国已经在民主制度上做出了一定改革（如一战后的日本），其民主制度也并不必然成为最为显著的身份标识。这让自由国际秩序内的守成国难以对新兴国家产生长期信任，因此也就难以充分认可其在自由国际秩序内的各种权益。

日本尽管输掉了第二次世界大战，但是其完全颠覆了一战后建立的自由国际秩序。第二次世界大战之后建立起的自由国际秩序已经与威尔逊理想中的秩序存在较大差异（尤其是在尊重大小国家的平等权益和大国的势力范围方面）。苏联起初同意加入以联合国机构为中心的自由国际秩序,然而,在第二次世界大战结束的前后较短时间里,苏联领导层深感受到该秩序的排斥,自此之后苏联与西方世界进行了长期的冷战对抗。在此过程中,美国则在联合国体系以外建立了一系列多边机制(包括北约、关税总协定和世界银行),由此而建立起来的自由国际秩序与美国的地缘政治需要达成了一致,而未能如罗斯福设想的那样成为全球性的维持和平的普遍安全机制。

诚然,自由国际秩序在促进经济依存和多边外交方面具有一定的包容性。在冷战后的世界中,正是以上两方面之间的张力促使该秩序在一定程度上接纳了中国与俄罗斯在内的非西方国家的地位诉求。中国在本世纪初加入世界贸易组织;俄罗斯在同期也加入了西方主导的“八国集团”。这些事件尽管表明自由国际秩序在一定程度上能够承认中俄两国的大国地位,但是中俄两国若要在此基础上进一步伸张地位(尤其是想要获得与大国地位相符的权益),其之后就会遇到与民主制度相关的规范压力。这些压力的根源在于,自由国际秩序要求其核心成员具有民主身份。在这个意义上,自由国际秩序并不如伊肯伯里所断言的那样“容易加入”,而一旦具有雄厚实力的新兴大国对该秩序产生不满,其颠覆该秩序的力量和决心在历史上被证明是巨大的。

最后,本文的观点对于理解当今国际政治和自由国际秩序的未来也有一定意义。拜登政府于 2021 年底召集的“民主峰会”已表明了该秩序对民主国家的身份要求,而西方在俄乌战争中的逡巡不定也表露出该秩序在地缘政治压力下的脆弱性。这并不意味着自由国际秩序会在短期内迅速瓦解,但是,该秩序在维持全球的繁荣与安宁方面已经捉襟见肘。自由国际秩序正在道义权威上迅速衰退,大国竞争时代的来临意味着不同区域内会发展出不同的规范结构,而这些规范的排他性可能比以往更强。在这个意义上,美国重振自由国际秩序的努力实际上与其地缘政治的竞争需要更为一致,而中美间的竞争也已延伸至规范层面。运用规范向对手施压,削弱对方行为的正当性,以及为自身行为正名将成为大国竞争的主要手段之一。[1]这既是自由国际秩序式微的表现,或许也是一个新秩序浮现之前的酝酿阶段。

---

① Randall L. Schweller and Xiaoyu Pu, "After Unipolarity: China's Visions of International Order in an Era of U.S. Decline," *International Security* Vol.36, No.1, 2011, pp.41—72.

ICANN 与网络空间
全球治理中非政府国际组织角色[*]

耿 召[**]

【内容提要】 当前,以 ICANN 为代表的非政府国际组织掌握核心基础资源,在网络空间全球治理进程中扮演重要角色。多利益攸关方模式也成为 ICANN 内部以及网络空间治理的主要架构。"互联网域名管理权"转移对 ICANN 等非政府国际组织参与网络空间国际治理进程产生了一定影响。未来,从事网络空间治理的非政府国际组织需要转变自身定位,与各国政府、跨国互联网企业以及其他社群开展广泛对话与合作。同时,网络空间总体治理层面的多利益攸关方模式需要深化改革,从扩大发展中国家参与的角度推进建立公正合理的网络空间秩序,但在内部治理机制层面,诸多非政府组织运用这一模式越发成熟,并具备各自特质。

【关键词】 非政府国际组织,网络空间全球治理,ICANN,多利益攸关方模式

【Abstract】 Nowadays, international non-governmental organizations（INGOs）have played important roles in this arena represented by ICANN which is responsible for managing Internet core resources and relevant infrastructure. At the same time, the multistakeholder model has become the main method for overall cyberspace governance and ICANN's inner operation. The IANA stewardship transition in 2016 affected the role of INGOs in cyberspace governance. The multistakeholder model appears different trends in both INGOs' inner management construction and overall governance area. Therefore, cyber INGOs need to have extensive consultation and cooperation with governments, transnational corporations, and other internet communities. Meanwhile, the multi-stakeholder model should reform deeply in the macroscopic cyberspace governance, improving to realize the fair and rational international order in cyberspace with more developing countries' participation. However, in the internal mechanism of international organizations, the model has been the mature model in many cyber international organizations with different characteristics.

【Key Words】 International Non-Governmental Organizations(INGOs), Cyberspace Governance, ICANN, Multistakeholder Model

* 本文系 2022 年国家社会科学基金青年项目"中美数字技术国际标准制定竞争及我国对策研究"(项目编号:22CGJ021)的阶段性研究成果。

** 耿召,中共上海市委党校(上海行政学院)政治学教研部讲师。

从 20 世纪 60 年代开始,互联网由单纯军方及科研人员使用的专业性技术手段逐渐转变为覆盖面极其广泛的民用科学技术,互联网技术形成的虚拟空间成为各国博弈与合作的又一新疆域。面对网络空间层出不穷的各类议题,网络空间的安全问题越发影响国家总体安全与国际体系的演进。网络犯罪、网络攻击、网络基础设施建设等问题也成为各类国际关系行为体参与网络空间治理协商对话的重要内容。

国际组织是重要的国际关系行为体,非政府国际组织是国际组织的重要门类。非政府国际组织是由各国的自然人或法人根据国内法订立协议自愿成立或加入的,属民间性质,在政治、经济上独立于各国政府;它们的构成是国际性的,活动范围是跨国的,设有总部与常设机构,通常享有总部所在国的法人资格;它们是非营利的社会组织,自主经营,以服务于国际社会的公共利益为宗旨。①同时,非政府国际组织也有着各类别称,包括"独立部门"(independent sector)、"非营利组织"(non-profit sector),或是"慈善组织"(charitable sector)、"免税组织"(tax-exempt sector)等。②在许多情况下,这些不同术语的使用并不十分严谨,而更多受到不同文化和历史发展背景的影响,如"非营利组织"在美国就经常被使用。③

表 1　当前专业从事网络空间治理的主要国际组织

国际组织	自身定位	主要职责
互联网名称与数字地址分配机构(The Internet Corporation for Assigned Names and Numbers, ICANN)	非营利公益型机构	互联网协议(IP)地址与协议以及根服务器的分配与管理
互联网协会(Internet Society, ISOC)	全球非营利性组织	互联网相关标准制定以及相关法律与相关政策研究

---

① 高晓雁编著:《当代国际组织与国际关系》,河北大学出版社 2007 年版,第 39 页。

② 徐莹:《当代国际政治中的非政府组织》,当代世界出版社 2006 年版,第 13 页。

③ David Lewis, "Nongovernmental Organizations, Definition and History," in Helmut K. Anheier and Stefan Toepler, eds., *International Encyclopedia of Civil Society*, New York: Springer-Verlag, 2010, p.1057.

（续表）

国际组织	自身定位	主要职责
互联网工程任务组 （Internet Engineering Task Force，IETF）	大型开放的国际社群	互联网技术标准的制定与研究
万维网联盟 （World Wide Web Consortium，W3C）	国际社群	制定 Web 技术标准
国际标准化组织 （International Organization for Standardization，ISO）	独立的非政府国际组织	绝大多数行业的标准化工作
国际电工委员会 （International Electrotechnical Commission，IEC）	全球性的非营利会员组织	电气工程和电子工程领域国际标准化
电气与电子工程师协会 （Institute of Electrical and Electronics Engineers，IEEE）	世界上最大的技术专业组织	电气、电子、计算机工程等领域的研究及相关标准的制定
国际电信联盟 （International Telecommunication Union，ITU）	联合国负责信息通信技术（Information and Communications Technology，ICT）事务的专门机构	与信息通信技术事务相关的国际工作

资料来源：笔者依据上述组织官网资料自制，具体信息参见 ICANN：《互联网名称与数字地址分配机构（ICANN）简介》，https：//www.icann.org/zh/system/files/files/getting-to-know-icann-quicklook-30apr20-zh.pdf；Internet Society，"The Internet is for Everyone This Vision Drives Everything we do.，"https：//www.internetsociety.org/about-internet-society/；IETF，"Who we are，"https：//www.ietf.org/about/who/；W3C，"About W3C，"https：//www.w3.org/Consortium/；ISO，"About us，"https：//www.iso.org/about-us.html；IEC，"About us，"https：//www.iec.ch/about-us；IEEE，"About IEEE，"https：//www.ieee.org/about/index.html?utm_source = dhtml_footer&utm_medium = hp&utm_campaign = learn-more；ITU：《国际电信联盟（ITU）简介》，https https：//www.itu.int/zh/about/Pages/default.aspx.//www.itu.int/zh/about/Pages/default.aspx。

表 1 汇总了当下从事 ICT 产业治理的主要全球性的专业化国际组织，并列出上述组织对自身属性的官方表述，这些机构一直是网络空间治理领域重要参与主体，拥有较为关键的行业资源。由表 1 可见，除了国际电信联盟作为联合国下属机构，是重要的政府间国际组织，其他组织对自身的表述存在多样化，涉及社群、非营利、公益性、组织等关键词汇。这些组织明显表现出非政府属性，号召包括政府、社群、跨国公司、专业技术人员在内的各类行为体共同就网络及 ICT 产业治理议题商议讨论，这些机构呈现专业性、非营利性、成员跨国分布的特质。因此，根据非政府国际组织的概念，本文把上述提及的各类参与网络空间治理的相关电信行业协会机构统称为非政府国际组织，并以 ICANN 为案例进行分析，以期对上述此类机构如何更好地参与网络空间治理提供可行方略。

在早期互联网技术人员的推动下，以互联网名称与数字地址分配机构（The Internet Corporation for Assigned Names and Numbers，ICANN）为首的非政府机构牢牢把握根服务器和互联网域名的监管权力，并一直延续至今。由于 ICANN 参与网络空间治理历史悠久，掌握着互联网核心资源，并深度影响网络治理模式走向与网络空间规范的建构，可谓网络空间全球治理最具代表性的非政府国际组织，因而本文选取 ICANN 作为研究案例，探讨非政府国际组织参与网络空间全球治理的重要意义。

一、已有研究及不足

当前，研究非政府国际组织参与网络空间治理的文献数量有限，而聚焦于 ICANN 的中外研究成果较为丰富，尤其是国外学术界对其进行了较为深入的分析。

网络空间数据的跨边境流动特质，决定了仅靠主权国家参与网络空间治理是不够的。ICANN 是非政府国际组织深度参与网络空间治理的重要代表。对于 ICANN 的治理能力，汉斯·克莱因（Hans Klein）认为，ICANN 实现了利用互联网域名系统（Domain Name System，DNS）促使互联网寻址实现全球治理的潜力，其不仅开创了相关法规，还具备了监管能力。①ICANN 还凭借自身在互联网域名系统(DNS)中的作用实施四种治理机制,即权威、法律、制裁和管辖权,这为网络治理奠定了基础,促进了互联网全球性法规的实施。上述与治理相关的功能在 ICANN 机构设计的技术特征中得以体现。②就 ICANN 的总体特质,沃夫冈·科纳沃茨特(Wolfgang Kleinwächter)强调 ICANN 的建立是根植于互联网服务的提供者和使用者,其自身应具备决策能力,而政府只具有咨询角色。③亚历山德拉·库利科娃(Alexandra Kulikova)把确保互联网唯一标识符系统的稳定和安全运行看作是 ICANN 的重要使命。④对于 ICANN 的责任问题,维罗尼卡·佐尔内契科娃(Veronika Žolnerčíková)提出,ICANN 的职责过渡并未解决所有问题。目前为止,ICANN 不受法律约束,它正试图通过制定自己的行为准则和政策。尽管如此,可以预计不明确的职责仍是 ICANN 的主要问题,在未来将再次受到挑战。⑤针对 ICANN 的治理模式,中国学者近年来多有关注。郎平认为,在互联网关键资源领域,ICANN 的多利益相关方模式表现为一种自下而上、基于共识基础上的政府有限参与的治理。⑥虽然 ICANN 版本的多利益相关方模式得到国际社会的普遍认同,但这只是多利益相关方的一种具体实践形式,并不能据此认为多利益相关方等同于 ICANN 模式。⑦薛虹认为,ICANN 的多利益相关方模式是传统的互联网工程任务组(IETF)个人模式和国际组织多边模

---

① Hans Klein, "ICANN and Internet Governance: Leveraging Technical Coordination to Realize Global Public Policy," *The Information Society*, Vol.18, No.3, 2002, p.201.

② Hans Klein, "ICANN and Internet Governance: Leveraging Technical Coordination to Realize Global Public Policy," p.193.

③ Wolfgang Kleinwächter, "Beyond ICANN vs ITU? How WSIS Tries to Enter the New Territory of Internet Governance," *International Communication Gazette Formerly Gazette*, Vol.66, No.3—4, 2004, p.239.

④ Alexandra Kulikova, "ICANN and Cyberawareness: Roles and Remit," October 2, 2017, http://armigf.am/wp-content/uploads/2017/10/ICANN%20cyberawareness.pdf, p.6.

⑤ Veronika Žolnerčíková, "ICANN: Transformation of Approach towards Internet Governance," *Masaryk University Journal of Law & Technology*, Vol.11, No.1, 2017, p.171.

⑥ 郎平:《从全球治理视角解读互联网治理"多利益相关方"框架》,《现代国际关系》2017 年第 4 期,第 51 页。

⑦ 同上书,第 51—52 页。

式的混合。这种模式一定程度上也恰当地反映出 ICANN 职责的复杂性。①关于 ICANN 的作用与意义，发达国家与发展中国家形成不同解释。科纳沃茨特分析，以美国和欧盟为代表的国家与国际组织，在私营企业的支持下，认为私营的 ICANN 基于其详细界定的技术授权，应继续成为互联网治理的中心组织。而以中国为首的其他国家以及巴西、南非和印度等 G20 成员国，基于自身情况提出了更宽泛的定义。他们对互联网治理的理解不仅包括域名和根服务器，还包括其他互联网相关议题，如垃圾邮件和非法内容。他们希望将整个互联网管理系统应置于联合国这一政府间国际组织的框架之下。②

"multi-stakeholder"一词主要被翻译为"多利益攸关方"或"多利益相关方"，两种说法虽然都被不同学者使用，但均指同一概念。这一模式与网络空间治理以及 ICANN 的管理架构有着紧密的联系。劳拉·德拉迪斯（Laura Denardis）提出，在私营企业、国际协调治理机构、政府以及民间团体等各方不断变化的权力平衡点充分体现了当代互联网治理的特点，这种权力平衡通常被称作"多利益相关方主义"。它不是一个普遍适用的价值观，而是在一个特定情境中"决定采用什么必要的管理形式"时应运而生的一个理念。③此外，约翰尼斯·蒂姆（Johannes Thimm）和克里斯蒂安·沙勒（Christian Schaller）也对该模式进行了解释。从互联网存在之初，这一领域的治理一直受制于多利益攸关方模式。此模式背后理念是，所有利益相关者，包括政府、商业部门、民间团体、学者和其他技术专家密切合作，共同制定运营互联网的共同规则和标准。多利益攸关方模式的显著特征在于这些规则和标准是以自下而上发展起来的。④

---

① 薛虹：《互联网全球治理的新篇章：IANA 管理权移交与 ICANN 问责制度改革》，《汕头大学学报》（人文社会科学版）2016 年第 6 期，第 59 页。

② Wolfgang Kleinwächter, "Beyond ICANN vs ITU? How WSIS Tries to Enter the New Territory of Internet Governance," *International Communication Gazette Formerly Gazette*, Vol.66, No.3—4, 2004, p.233.

③ 劳拉·德拉迪斯：《互联网治理全球博弈》，覃庆玲、陈慧慧译，中国人民大学出版社 2017 年版，第 253—254 页。

④ Johannes Thimm and Christian Schaller, "Internet Governance and the ITU: Maintaining the Multistakeholder Approach: The German Perspective", Council on Foreign Relations, October 22, 2014, https://www.cfr.org/report/internet-governance-and-itu-maintaining-multistakeholder-approach.

当前在网络空间治理模式中,多利益攸关方已经成为网络空间治理的核心理念,郎平认为根据议题的性质不同其表现出不同的实践形式,①因而多利益攸关方模式是一种普遍意义上的治理路径和方法。②德里克·考伯恩(Derrick L. Cogburn)强调,把多利益攸关方模式摆在全球网络政策制定中的重要位置,能为民间社会组织、私营部门、政府和国际组织在协商谈判中创造空间。但当前互联网治理政策流程的工作方法并不能充分吸引发展中国家和民间社会。而在互联网基础设施建设领域,发展中国家与民间机构在一定程度上参与了全球互联网治理相关制度化的政策制定。③

通过对上述已有研究的梳理能够看出,既有文献更多是从 ICANN 自身的视角阐述其属性和运作机制,同时针对网络空间多利益攸关方治理模式也进行了有益探讨,不同学者针对这一模式的意义也呈现出不同的态度。但就本文的研究问题而言,ICANN 的非政府国际组织属性并没有得到充分体现,而且既有研究尚未从整体层面就非政府国际组织参与网络空间治理的现状及影响进行全面分析和总结。非政府国际组织对现有多利益攸关方治理模式的作用以及未来该模式的演进路径也未得到深入讨论。因而,本文旨在回答以下问题,ICANN 作为参与网络空间全球治理最具代表性的非政府组织,其发挥了怎样的作用? 多利益攸关方模式的理论基础及其在 ICANN 内部管理架构呈现怎样的发展态势? 面对当前政府越发注重参与网络空间治理议题,以 ICANN 为代表的非政府国际组织如何更好发挥自身优势? 本文通过梳理 ICANN 网络空间治理历程,分析 ICANN 等非政府国际组织在网络空间治理中的作用及行为特征,阐明既有多利益攸关方模式的理论架构与实践操作,为未来非政府国际组织的发展、多利益攸关方治理模式的走向以及各行为体之间良好关系的

① 郎平:《网络空间国际治理机制的比较与应对》,《战略决策研究》2018 年第 2 期,第89 页。

② 郎平:《从全球治理视角解读互联网治理"多利益相关方"框架》,《现代国际关系》2017 年第 4 期,第 52 页。

③ Derrick L. Cogburn, "Enabling Effective Multi-stakeholder Participation in Global Internet Governance Through Accessible Cyber-infrastructure," in Andrew Chadwick and Philip N. Howard, eds., *Routledge Handbook of Internet Politics*, New York: Routledge, 2009, p.401.

建立提供观察和思考。

二、ICANN 参与网络空间全球治理的沿革与影响

早在互联网出现初始,创建互联网的科研人员深受 20 世纪 60 年代美国反战民权运动以及无政府主义的影响,希望网络空间成为一个不受政府控制的独立社群,所以力推互联网私有化。网络技术进入民用领域后,互联网技术团体在与美国政府的多次博弈过程中,逐渐使互联网核心资源,即根服务器和网络域名的管理权掌握在私营且非营利性质的 ICANN 手中。但从 ICANN 参与网络空间治理的成效来看,ICANN 已与美国的网络霸权战略深度契合,成为西方推广其网络治理理念与模式的重要代表性组织。

(一)ICANN 在互联网创始过程中的主导作用

ICANN 成立于 1998 年 10 月,该机构的成立是 20 世纪 90 年代互联网由军事及科研领域全面转为民用的重要标志,这也是互联网民用管理迫切需要中间机构来分配并管理互联网协议(IP)地址的结果。起初美国政府并没放弃对互联网域名地址的管理权,但在其他国家及国际组织的干预下,美国政府不得不在 1998 年 10 月宣布成立一家第三方民间性质机构(也可谓之公司),即为 ICANN,让其对全球互联网地址与域名进行分配管理,但美国政府依然保持对它的巨大影响力。伴随互联网技术的不断发展,深度影响国家安全与稳定。一些国家开始不断反对美国政府对 ICANN 的操控。2008 年,ICANN 终于取得独立地位,不再受美国政府管理。2016 年,ICANN 由美国商务部电管局(National Telecommunications and Information Administration, NTIA)获得互联网数字分配机构(Internet Assigned Numbers Authority, IANA)的监管权限。ICANN 对全球互联网域名及地址管理权进一步扩大。现有的 13 台根服务器以及相关的域名体系、IP 地址等方面由 ICANN 统一管理,但该管理权仍由美国政府授权。

ICANN 与生俱来的私有属性离不开被称为"Internet 之父"——乔·

波斯特尔(Jon Postel)的努力,这位早期互联网规则创建者认为,网络空间是以追求真正的个体解放、社群主导和公平的国际化为目标,努力避免代表资本力量的大财团,以及代表国家权力的政府部门,实质性地介入网络空间关键资源的管理。①可以说这是非政府国际组织在互联网出现伊始就能掌握互联网关键技术资源的重要基础。克林顿时期,美国政府开始推动互联网私有化。1997 年 7 月,克林顿签署了一项行政备忘录,要求商务部推动域名的私有化。备忘录强调,为了电子商务蓬勃发展,私营部门必须发挥领导作用。联邦政府应在适当情况下鼓励行业自律,并支持私营部门的发展。②

随后经过美国政府与互联网技术人员的协商,创建了持续至今的互联网域名管理体系,成立了这一私有化机构。ICANN 解决了网络域名稳定问题,稀释淡化了互联网的个体化色彩。ICANN 核心属性依然是非政府和私有化,未与国家主权原则发生冲突。③在 ICANN 的架构设计中,既能够满足国际化因素,又能够确保避免其他国家的政府人员在其中获得决策权。④

可见,网络空间治理中非政府组织的优势地位源于互联网技术开发者在创建互联网时期就予以确立的原则。早期互联网技术人员希望网络空间能够成为一片所谓纯粹的、不受任何威权政治干涉的"净土"。这种颇具乌托邦主义的愿景在网络技术日益发展以及互联网产业全面商业化的进程中越发成为一种理想主义图景。虽然并不能够完全实现,但在与美国政府的博弈过程中,互联网的私有化很大程度上得到体现,并影响至今。同时,非政府组织能够发挥主导作用也满足了美国主导网络空间治理的实际需要,非政府组织也一直深受西方国家的主导,成为西方价值理念的积极推行者,这与资本主义私有制模式的发展相契合。可以说,上述

① 沈逸:《ICANN 治理架构变革进程中的方向之争:国际化还是私有化?》,《汕头大学学报》(人文社会科学版)2016 年第 6 期,第 63 页。

② The White House Office of the Press Secretary,"Memorandum for the Heads of Executive Departments and Agencies,"Presidential Directive Electronic Commerce,July 1,1997,https://clintonwhitehouse4.archives.gov/WH/New/Commerce/directive.html.

③ Hans Klein,"ICANN and Internet Governance:Leveraging Technical Coordination to Realize Global Public Policy,"p.201.

④ 沈逸:《ICANN 治理架构变革进程中的方向之争:国际化还是私有化?》,第 63 页。

多重因素导致非政府组织能够在网络空间治理进程中发挥重要作用。

（二）"互联网域名管理权"的转移及影响

经过 20 余年的发展，作为互联网领域最为重要的互联网社群机构，ICANN 已成为全球性的互联网非政府国际组织，在全球多个城市设立办事机构。在网络核心资源分配、人才培养、企业合作等方面，提供了较为丰富的资源。其中网络域名系统（DNS）是 ICANN 管理的核心领域。DNS 的核心是互联网的"名称空间"。控制了名称空间数据库，便可以有效控制互联网。[1]掌握根服务器与域名的管理权一定程度上保证了 ICANN 在网络空间的重要地位。

互联网数字分配机构（IANA）是互联网运营的重要基础性机构。其职能在于负责协调使互联网能够平稳运营的一些核心要素。早在 1998 年，南加州大学和 ICANN 签署了一份《移交协议》，规定 ICANN 将接手 IANA 的职能执行和此前南加州大学的职责。[2]伴随互联网的商业发展，越来越多的国家对 ICANN 作为美国政府监管的私营机构表示不满，力推 ICANN 的国际化。2013 年"棱镜门"事件使得美国滥用互联网监控问题浮出水面，骤增的舆论压力在一定程度上推动了美国向 ICANN 转让监管权限的进程。在 2016 年 10 月 1 日，美国政府宣布 IANA 的监管权限由美国商务部电信管理局（NTIA）转移到 ICANN。转移后的 ICANN 这一机构依然需要遵守美国加州公司法，确保 ICANN 的活动在加州公司法的框架内展开，因而这种互联网域名管理权的转移是一种"私有化"模式而非"国际化"道路。[3]名义上此次转移虽在某种程度标志着网络空间全球治理新的时代来临，但对于当前网络空间治理格局中实际控制方来说，影响并不大。美国依然牢牢控制着互联网域名与根服务器，只是管理模式由行政监管转化为更加间接的司法管辖。面对 ICANN 控制的网络域名资源和 IP 资源的减少，ICANN 为了追求自身利益必须增加其独立性、代表性

---

① 汉斯·克莱因：《ICANN 与互联网治理：利用技术协调实现全球公共政策》，田华译，载王艳主编：《互联网全球治理》，中央编译出版社 2017 年版，第 43 页。

② ICANN, "ICANN's Early Days," https://www.icann.org/en/history/early-days.

③ 沈逸：《美国移交互联网域名管理权，不是前进，而是倒退》，观察者网：http://www.guancha.cn/ShenYi/2016_10_05_376204.shtml。

和合法性,消减所面临的国际化压力。①ICANN 的国际化需要全面改变资源分布和能力分配的不对称性,明确国际化和私有化的实质性区别,并提出具有吸引力,符合各方合理利益需求的解决方案。②虽然管理权的移交进一步提升了 ICANN 的国际化和私有属性,从另一层面观察这一进程也可以看出,美国之所以维护网络空间自由主义秩序深层次目的在于保证自身的优势地位不被削弱,ICANN 成为美国推行网络霸权、维护其网络空间既得利益的一个有效工具。未来各方依然会在 ICANN 治理模式与自身属性等一系列问题上进行协商与博弈,ICANN 背后的大国竞争、理念之争、模式之争短时间内难以消除。因此,ICANN 所谓的非政府组织属性需要从多个层面来审视,当下非政府属性更像是 ICANN 的"外壳",这种非政府性质在域名管理权转移之后更侧重私有属性,美国在技术社群、行业协会的极大优势保证了这种非政府特质最符合美国的利益,因而美国也默许了在这种属性下的 ICANN 能够持续运营下去。

(三)对互联网关键资源的主导权虽优势明显但也面临挑战

互联网治理旨在平衡多方复杂力量,确保网络生态系统具备健康与合作的特性,这对互联网治理的深入发展至关重要。③ICANN 作为管理互联网基础设施的重要机构,其在互联网根服务器与域名管理方面处于主导地位,ICANN 已成为管理互联网关键资源的非政府组织。在网络核心资源分配、人才培养、企业合作等方面,ICANN 提供了丰富的资源。根域名作为互联网的关键基础性资源保证了 ICANN 在网络空间治理中的重要地位。ICANN 对互联网的关键核心资源的掌握则意味着其所对网络空间治理的意义超越了传统的专业技术维度。

ICANN 在网络空间治理中重要地位的延续还离不开美国政府的支持。虽然 ICANN 也一直希望能够摆脱美国政府的束缚,扩大自身独立发展空间,但作为植根美国的非官方机构,美国政府依旧希望 ICANN 未来能够依旧牢牢掌握网络空间核心资源,这符合美国核心利益的同时,也保

---

① 鲁传颖:《网络空间治理与多利益攸关方理论》,第 152 页。

② 沈逸:《ICANN 治理架构变革进程中的方向之争:国际化还是私有化?》,《汕头大学学报》(人文社会科学版)2016 年第 6 期,第 67—68 页。

③ ICANN:《互联网治理(IG)》,https://www.icann.org/resources/pages/internet-governance-2013-06-14-zh。

证了 ICANN 在网络空间中的核心地位。但近年来,伴随中国等新兴国家 ICT 产业蓬勃发展,新兴国家越发深入参与网络空间治理,旧有的以美国为主导的互联网治理规范与运营机制越发不适应网络空间治理的演进。以中国为首的网络新兴大国开始逐渐参与并积极影响未来的治理模式。作为互联网核心资源,ICANN 管理的 13 个根服务器与运营协调互联网唯一标识符系统是其在该领域占据重要地位的保证。全球 13 台根服务器,唯一的主根服务器在美国,其余 12 台辅根服务器有 9 台在美国,2 台在欧洲,1 台在日本。面对旧有的 IPv4 域名容纳的连接互联网终端数远远不能满足互联网终端数据的增量,IPv6 开始得到广泛使用。虽然中国主导的"雪人计划"(Yeti DNS Project)仍处于试验阶段,尚未得到 IETF、ICANN 等机构的运营授权许可。但这一计划若能实现根服务器的增加,会为互联网新兴国家参与网络空间治理提供重要机遇。2019 年 11 月,中国工信部同意中国信息通信研究院设立域名根服务器(L 根镜像服务器)及成为域名根服务器运行机构,负责运行、维护和管理编号分别为 JX0008L、JX0009L 的域名根服务器。①

伴随互联网与信息通信技术的迭代跃迁,网络空间与全球政治、经济、金融、文化的联系日益密切。尤其随着 6G、人工智能等技术研发与推广应用,互联网核心资源的重要性被放大,互联网越发成为各类智能设备的"神经中枢",掌握着互联万物的重要使命,ICANN 的优势不言而喻。同时个人与各级组织越发把网络与数据安全摆在重要位置,各方围绕网络空间核心与基础资源的博弈日益激烈。如何推动互联网域名与寻址系统更为科学有效地为各利益攸关方所使用,成为各方与 ICANN 协商讨论的重要内容。网络空间的军事化发展使其对国家总体安全的重要性得到提升,智能武器研发、军备更新均离不开网络及信息通信技术的支持。因而,网络空间治理逐渐具备迈入"高级政治"维度的潜质,与国际政治、军事、经济的联系日益紧密。ICANN 自身属性难以满足各国运用网络空间服务于保障国家安全的需求,尤其是新兴国家势必会谋求改革 ICANN 的

---

① 工业和信息化部:《工业和信息化部关于同意中国信息通信研究院设立域名根服务器(L 根镜像服务器)及域名根服务器运行机构的批复》,2019 年 11 月 21 日,https://www.miit.gov.cn/jgsj/xgj/wjfb/art/2020/art_0a79262742b8480ca553e801b278f1ba.html。

现有运营机制,这其中网络大国之间的博弈为 ICANN 的发展带来诸多不确定性因素。

三、多利益攸关方模式的运用

当前,多利益攸关方已明确成为 ICANN 遵循的内部治理模式,并逐渐成为各方参与网络空间全球治理的主流形式。该模式最早出现在公司治理领域,后逐渐运用于气候环境治理。伴随互联网技术的广泛运用,这一模式逐渐成为网络空间治理的主导模式,并具备升级为一种理论的潜质。宏观层面上,尽管多利益攸关方模式被美国所推崇,但网络新兴大国参与网络空间全球治理的深入使得该模式的主导地位发生动摇。通过微观层面对 ICANN 的运营架构进行分析,这一模式在其中得到了充分运用。

（一）多利益攸关方模式的理论内核

如今,多利益攸关方模式有效协调了各方核心利益,不论在相关国际组织内部管理,还是全球网络空间总体治理模式的构建中,均发挥了重要作用。作为在实践中形成的治理方式,多利益攸关方模式已具备理论建构的基础。因而有学者把这一模式上升为一种"理论"和"主义"进行分析。①诚然,该模式发展至今确已形成相当成熟的运营流程,基于利益、资源、理念的协调所形成的这一协商模式得到各方认可。广义上而言,只要是主权国家、国际组织、个人和社群等多方参与的网络空间治理形式均可称为多利益攸关方模式。互联网治理运转流程中实施开放式讨论层面便

---

① 参见鲁传颖:《网络空间治理与多利益攸关方理论》;Christine Kaufmann, "Multi-stakeholder Participation in Cyberspace," *Swiss Review of International and European Law*, Vol.26, No.2, 2016, p.223; Derrick L. Cogburn, *Transnational Advocacy Networks in the Information Society Partners or Pawns?* New York: Palgrave Macmillan, 2017, pp.3—21; Avri Doria, "Chapter 6 Use[and Abuse] of Multistakeholderism in the Internet," in Roxana Radu, Jean-Marie Chenou and Rolf H. Weber, eds., *The Evolution of Global Internet Governance Principles and Policies in the Making*, Berlin, Heidelberg: Springer, 2014, pp.115—138; Madeline Carr, "Power Plays in Global Internet Governance," *Millennium: Journal of International Studies*, Vol.43, No.2, 2015, pp.648—650。

通过这一模式运行,即采取各种正式和非正式的讨论途径,包括探讨、提出互联网草案、公共论坛或出版物等形式,对与互联网运转相关的政策与标准提出建议。①

多利益攸关方模式具备三个重要的理论特质:其一,基于各方平等。平等并不意味着在各种情况下所有利益攸关方都具有相同的作用,其能力和需求因环境而异。这表明利益攸关方具有相同地位,可以平等地参与审议与决策。②参与治理主体的平等性源自互联网技术公开公平的原则,网络空间的健康运行保证了各类群体在终端面前具有平等的权力。基于民主环境浸润的美国社会,早期网络技术人员对网络空间核心资源的掌握使得政府难以全面控制这一领域。多利益攸关方模式与多边主义的重要区别在于前者各方地位相对平等,而不是主权国家发挥主导作用。这种各方平等参与,共同就具体议题参与讨论可以说是多利益攸关方模式最为主要的特质。

其二,基于共有的利益。尽管人类文明的进步促使国际关系中传统现实主义推崇的权力与利益要素受到一定程度的削弱,但不能否认的是,伴随网络空间与国家总体安全关联度的提升,各国在这一空间领域涉及的国家利益日益增多。其中,安全成为利益最为重要的体现,多利益攸关方模式的一个重要目的在于全方位保证各方进行网络空间活动的安全性。网络空间安全与实体空间安全的保障具有较大差异,网络空间具有自身的虚拟性以及与现实空间紧密联系的二重属性。根植于跨境数据流动,一方仅做好自身的网络防御是不现实的,各方掌握着不同的技术资源,只有相互支持才能建立有效的信任机制,共同保证集体安全。

其三,基于共有的规则和共识。多利益攸关方模式促使各类行为体形成有效协商制定规则的平台。既有的规范原则使得各方通过这一模式参与治理,各方也通过这种治理形式促进网络空间国际规范的发展。所形成的良性循环保证了各类治理主体既能按照这一治理模式维护自身安全,又确保自身内部网络治理的规范性与合法性。准则的制定对网络空

① 李艳:《网络空间治理机制探索:分析框架与参与路径》,时事出版社 2018 年版,第76 页。

② Avri Doria, "Chapter 6 Use[and Abuse] of Multistakeholderism in the Internet," p.123.

间治理具有重要意义,尤其伴随网络技术的不断迭代跃迁,相关标准规则需要及时跟进。各方遵守现有的治理规范也保证了这一模式的稳定运行。但需要明确的是,形成共有认知是普遍规范制定的重要基础,共有理念的增加能够增强各方相互信任,保证了制度与标准能够得到认真执行。现有各方意识形态与政治制度的差异会对网络空间治理共识的形成造成挑战,而量子技术、人工智能等网络新技术的出现也是影响共有认知产生的重要变量。

从现有多利益攸关方模式的理论架构中,能够看出其有效借鉴了现实主义、自由主义和建构主义三大国际关系理论流派的精髓,既保证了各方能够从这一模式中获得实际利益,维护了各方自身的互联网安全,又尽可能使得这一模式保证全球网络空间的总体稳定。在早期技术人员的推动下,非政府国际组织得以掌握网络核心资源,并在网络标准构建中掌握较强话语权,与政府等行为体平等对话。但该模式未来也面临一定挑战,其所基于的共有认知很大程度上源于西方民主自由理念。由于意识形态的差异,网络新兴国家的崛起将会对既有共识带来一定影响,未来多利益攸关方模式很大程度上会进入一段改革与调适时期。

(二)多利益攸关方模式下 ICANN 内部治理架构

多利益攸关方模式有效协调了各方核心利益,不论在相关国际组织内部管理,还是全球网络空间总体治理模式的构建中,均发挥了重要作用。ICANN 遵循多利益攸关方模式,个人、非商业利益攸关方团体、行业和政府在其基于社区的,以共识为导向的决策程序中发挥重要作用。其中,一般会员咨询委员会(At-Large Advisory Committee,ALAC)、根服务器系统咨询委员会(DNS Root Server System Advisory Committee,RSSAC)、政府咨询委员会(Government Advisory Committee,GAC)、安全与稳定咨询委员会(Security and Stability Advisory Committee,SSAC)四个咨询委员会是 ICANN 董事会的正式咨询机构,由互联网社区的代表组成,并就特定问题及政策领域提供建议。

地址支持组织(Address Supporting Organization, ASO)、国家或地区代码名称支持组织(Country Code Names Supporting Organization,ccNSO)和通用名称支持组织(Generic Names Supporting Organization,GNSO)组成"支持组织"(Supporting Organizations),在专业领域指定和推

荐有关互联网技术管理的政策。ICANN 董事会(ICANN Board of Directors，Board)由 15 名有投票权的成员组成，拥有通过或拒绝政策建议的权力。提名委员会(ICANN Nominating Committee，NOMCOM)与调查员(ICANN Ombudsman，OMBUD)确保内部包容的代表和问责机制。ICANN 的机构详情与管理架构详见图 1。

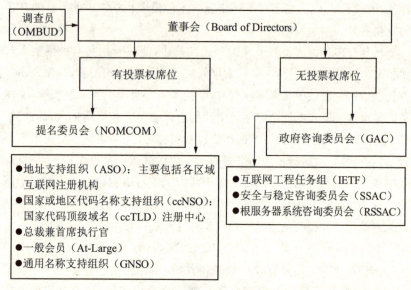

图 1　ICANN 的管理架构图

资料来源：ICANN，"ICANN Organizational Chart，" https：//www.icann.org/sites/default/files/assets/org-chart-1800x1000-04mar14-en.png。

在各部门内部具体管理架构中，多利益攸关方模式起到突出作用。董事会在部门管理指南中明确规定，指导董事会的决策与行动受到以下重要价值理念的指导。第一，在适当范围内把协调功能委托给那些能够反映攸关方利益的其他负责实体以及 ICANN 内部机构和有关外部专家；第二，全球广泛且知情地参与，反映出网络在各级政策制定与决策中功能、地缘和文化的多样性，以确保利用自下而上的多利益攸关方模式进行治理；第三，通过自上而下的多利益攸关方制定政策，引入和促进域名注册竞争。① 在

① 参见 ICANN，"Board Governance Guidelines，" July 18，2018，https：//www.icann.org/resources/pages/governance/guidelines-en。

ICANN 的核心业务即在互联网名称与数字地址分配业务方面,多利益攸关方是核心管理模式。董事会在问责制跨社群工作组(Cross-Community Working Group on Enhancing ICANN Accountability,CCWG-Accountability)工作中明确指出需支持并加强该模式。①凭借该模式,ICANN 协调技术人员、企业家、政府官员以及网络社群等参与方加入其内部支持组织与提名组织的讨论,就网络域名寻址、网络基础设施建设等议题进行协商与合作。这一模式也可被描述为异构多元政策,因为正式权力因行为者而异:支持组织制定并向 ICANN 董事会提出政策建议,董事会拥有批准或拒绝这些建议的最终权力。咨询委员会为董事会提供建议,并提出政策制定方面的问题。ICANN 工作人员被委托执行和实施由 ICANN 社群制定并已被董事会采纳的政策。②因此,多利益攸关方不仅是 ICANN 内部机构管理的主要模式,也是其内部治理的重要指导理念。

ICANN 治理架构的原则是保持地址和根服务器稳定可靠的运行、推动域名业务参与者之间的竞争以及促进多利益攸关方模式。③这一模式的特色在于普遍性、包容性、透明性、不受单一集团主导、具备一切影响议程的条件以及基于共识的决策过程,④这有助于将技术社区、商业支持者、非营利社群、个人用户和政府聚集起来。⑤但 ICANN 商业属性较强,攸关方甚少涉及发展中国家成员,导致其利益攸关方架构未能充分呈现各行为体共同开展协商讨论的目标。

(三)多利益攸关方模式在网络空间总体治理中的演进

虽然多利益攸关方模式并非源自网络空间治理,但这一模式深度契合网络空间特质,受到各方的青睐。网络空间各具体议题的治理存在跨

---

① ICANN, "Bylaws for Internet Corporation for Assigned Names and Numbers｜A California Nonprofit Public-Benefit Corporation," June 18, 2018, https://www.icann.org/resources/pages/governance/bylaws-en/#annexA.

② Christine Kaufmann, "Multistakeholder Participation in Cyberspace," p.226.

③ Filiz Yilmaz, "Introduction to ICANN Multi-Stakeholder Model Helping Shape the Future of the Internet," https://gnso.icann.org/sites/default/files/filefield_34765/presentation-multi-stakeholder-model-14oct12-en.pdf, p.15.

④ Filiz Yilmaz, "Introduction to ICANN Multi-Stakeholder Model Helping Shape the Future of the Internet," p.16.

⑤ Derrick L. Cogburn, "Enabling Effective Multi-stakeholder Participation in Global Internet Governance Through Accessible Cyber-infrastructure," p.406.

边境、跨部门属性,这也需要各方能够平等参与相关议题的治理。2005年,在联合国信息社会世界峰会(World Summit on the Information Society,WSIS)结束时,多利益攸关方一词进入互联网治理领域。这一概念在此次峰会后迅速传播,并开始广泛影响互联网治理组织的话语体系。①该模式倡导的各方平等参与西方价值理念相符,也是其能够成为网络空间治理主导模式的重要原因。

虽然多利益攸关方模式契合了互联网治理的特征和趋势,是当前全球治理的大势所趋,但它不是唯一的解决方案,而是一种普遍意义上的治理路径和方法。在实践中,根据议题的不同,它可以有多种表现形式,各利益相关方依据其行为体特性,发挥不同作用;"多边主义"作为一种具体实践形式,与现有的多利益攸关方实践并不彼此对立,而是一种相互补充。②多利益攸关方模式伴随互联网的诞生发展壮大,网络技术人员是最早推动互联网运营、参与网络治理的主体参与方,他们中的很多人秉持无政府主义思想。同时在西方资本主义运作模式以及美式民主自由价值观念引领的背景下,网络空间在从其诞生之初就具有很强的非政府即私有化属性。这在很大程度上导致如今非政府组织能够在网络空间核心资源掌控、互联网相关标准制定等领域发挥主导作用。而伴随网络空间对国家安全与全球事务重要性的不断提升,政府开始深度介入网络治理。在各方博弈与协调中,多利益攸关方模式逐渐被各方接受。因而在西方看来,现有的多利益攸关方模式是保证互联网开放、有弹性且安全的最佳机制,包括企业、技术专家、民间社会和政府在内互联网治理的广泛基础,通过自下而上的方式达成共识。③但面对发展中国家的崛起,这种模式未能实现西方希望的成效。

作为网络空间的发源地,美国对网络空间采取何种治理模式有着极大的影响力,美国推崇多利益攸关方模式在表面上存在多种托辞。譬如,

---

① Jeanette Hofmann, "Multi-stakeholderism in Internet Governance: Putting a Fiction into Practice," *Journal of Cyber Policy*, Vol.1, No.1, 2016, p.35.

② 郎平:《从全球治理视角解读互联网治理"多利益相关方"框架》,《现代国际关系》2017 年第 4 期,第 47 页。

③ Stuart N. Brotman, "Multistakeholder Internet Governance: A Pathway Completed, the Road Ahead," Center for Technology Innovation at Brookings, July 2015, https://www.brookings.edu/wp-content/uploads/2016/06/multistakeholder-1.pdf, p.1.

前国务卿克里认为这一模式对互联网在全球的持续活力至关重要。建立在所谓自由基础上的技术需要规则才能蓬勃发展并正常运作。与自上而下的政府治理模式不同,互联网允许所有利益攸关方,包括私营部门、民间社会、学者、工程师和政府在内均有席位参与讨论。①在 2018 年 9 月发布的《国家网络战略》中,美国在推崇既有多利益攸关方模式的同时,明确反对建立以国家为中心的治理框架。总统特朗普认为这会破坏开放和自由,阻碍创新,并危及互联网的功能。美国推崇多利益攸关方模式的理由在于认为该模式具备透明性与自下而上性,是共识驱动的过程,政府、私营部门、民间社会、学术界和技术领域的相关人员能够平等参与。②但也应理性看到,多利益攸关方模式这种单一强调参与行为体类型的多元性未能完全体现网络空间治理公平正义的价值追求,美国虽然表现出对这一模式的充分支持,但在实际行动上联邦政府始终发挥充分的领导力,注重对网络基础设施等与国家安全紧密相关领域议题的主导。同时,这一模式在实际操作中虽强调攸关方类型的多样化,但这些多元行为体更多来自西方世界,进而有利于西方国家获得更多网络治理资源,从而发展中国家与多数中小国家在网络治理中的地位日趋边缘。

但伴随网络新兴国家的崛起,西方世界在网络空间治理中的绝对优势地位正在丧失,因而现有治理模式面临一系列变化。在 2012 年 12 月于迪拜召开的国际电信世界大会上,国际电信联盟成员对由成员国政府组成的国际电联是否应该控制互联网产生分歧。大多数国家支持政府加大控制权,但在美国及其主要盟国的反对下,关于采取何种治理模式的讨论陷入僵局。美国的立场与经合组织(The Organization for Economic Co-operation and Development,OECD)相呼应,经合组织早些时候采用了一套互联网决策原则,发现"多利益攸关方已被证明可以提供解决互联网政策挑战所需的灵活性和全球可扩展性"。③以欧美为代表的发达国家支持

---

① Stuart N. Brotman, "Multistakeholder Internet Governance: A Pathway Completed, the Road Ahead," p.3.

② The White House, "National Cyber Strategy of United States of America," September 2018, https://www.whitehouse.gov/wp-content/uploads/2018/09/National-Cyber-Strategy.pdf, p.25.

③ Stuart N. Brotman, "Multistakeholder Internet Governance: A Pathway Completed, the Road Ahead," p.2.

这一治理模式,主张由非营利机构如 ICANN 来管理互联网;而中国、俄罗斯、巴西等新兴国家提倡政府主导的"多边主义"治理模式以及"网络边界"和"网络主权"的概念。这种划分是基于国家间信息技术发展水平的差距和治理理念的不同。前者作为既得利益者希望维护现有的治理模式,而后者则希望打破发达国家的垄断,争取更大的话语权。①因而多利益攸关方模式可以说是私营部门主导的治理机制中的亮点,其与多边主义的争论成为国际社会斗争的焦点。该模式更多体现了西方所谓民主、开放、包容、自由的价值观,主张各方平等参与,是一种扁平化的治理方式,与多边主义模式中政府作为治理主体形成鲜明对比。②面对网络空间对国家总体安全重要性的上升。维护国家安全的紧迫性决定了政府在网络空间治理过程中需要发挥更大作用,这使得未来的网络空间治理模式将进入演进与调适阶段,网络空间安全存在向传统安全治理模式靠拢的趋势。

作为网络空间全球治理的重要形式,多利益攸关方模式强调网络空间治理在多方协商合作下进行。这并未突出政府在其中的作用,视之为与其他各方平等参与的一员,但这表面上所谓的平等性导致西方能够牢牢把握自身优势,发展中国家难以充分融入治理进程。网络空间作为专业性要求较高的治理领域,很大程度上在于该议题具备的专业技术属性从而形成现有的治理模式。伴随网络技术发展与全球政治经济的联系日益紧密,使得网络空间安全越发影响国家总体安全,为了维护国家安全与社会稳定,以网络新兴国家为主的政府机构希望能够增强其在现有治理模式中的地位。

总之,既有的多利益攸关方模式在互联网国际准则、网络新技术以及互联网基础设施建设与发展中得到应用,得到网络非政府国际组织的极大支持。作为互联网的诞生地,美国对该模式的护持也更加凸显该模式的重要性。非政府组织也一直在行动实践上推动网络空间治理多利益攸关方模式的发展,ICANN 所主导的网络治理模式在实践中强调各类利益攸关方共同参与,这从 ICANN 在全球不同地区积极举办各类会议得以体现。

---

① 郎平:《国际互联网治理:挑战与应对》,《国际经济评论》2016 年第 2 期,第 131 页。

② 郎平:《网络空间国际治理机制的比较与应对》,《战略决策研究》2018 年第 2 期,第 93—94 页。

四、非政府国际组织角色评估与发展路径

面对未来网络空间与现实世界的紧密衔接,域名在网络技术的管理过程中越发重要,非政府国际组织在该治理议题方面有着较为丰富的经验,能卓有成效地在其中发挥重要作用。但同时,非政府组织如何与各国政府通力合作,合力解决越发重要的网络安全问题,是关乎全球社会发展的大事。

(一)当前网络空间非政府国际组织总体态势

多利益攸关方模式强调网络空间治理应由各国政府、非政府组织和各类社会群体共同开展。各类非政府机构是不可忽略的重要一方。其中,从互联网技术层面来看,域名是互联网存在的重要标志,也是互联网存在的根本基础。ICANN 在互联网域名和根服务器的管理中具有极其重要的作用。各类网络非政府组织聚焦互联网核心资源管理以及网络及信息通信技术标准制定,聚集了相对全面的专业技术人员,形成的多利益攸关方治理模式极大促进互联网技术惠及全体民众,保障个人及团体的网络安全,促进网络空间国际规范的形成,为网络空间全球治理的有效开展奠定基础。

不同于参与其他议题治理的非政府国际组织通常在外围发起各种形式的活动影响政府及政府间国际组织的决策,非政府国际组织参与的网络空间治理存在趋向传统安全治理的态势,原因在于:一方面网络空间安全与传统安全的联系日益紧密;另一方面,网络非政府国际组织对互联网核心资源具有实际控制权。掌握着关键核心资源可以说是网络非政府国际组织参与全球治理的独特之处。传统的现实主义理论在各类传统安全议题上忽视非政府国际组织的作用,始终强调主权国家在相关议题治理中的主导地位。而在网络空间治理领域,出于历史原因以及互联网技术的特殊性,ICANN 能够在域名与根服务器等核心资源以及重要技术标准层面掌握重要权力。互联网工程任务组(IETF)、万维网联盟(W3C)、国际标准化组织(ISO)等非政府组织聚焦网络标准建设,组织成员的专业化也使得其掌握相关领域重要的话语权。上述组织遍布全球主要地区的分支

机构推动此类组织更好地与政府、社会团体、技术人员等其他攸关方密切对话，从而进一步促进网络空间的健康发展。

当下，各方围绕网络空间核心资源的协作与博弈日益加剧。网络空间的发展越发显现出其对国家总体安全的重要性，网络空间治理逐渐具备迈入"高级政治"维度的特质，[①]与国际政治、军事、经济的联系日益紧密。非政府国际组织涉及的互联网域名与根服务器、数字标准等一系列技术性问题越发体现出高级政治属性。虽然相当一部分网络非政府组织掌握着网络核心技术资源，在与各国政府协商博弈中拥有较多筹码。但这种关键作用更多是美国等关键大国主动赋予的制度性与非制度性权力，在西方对网络空间治理体系的主导、西方政治体系与意识形态依旧占据国际主流话语的大背景下，网络非政府组织对关键基础资源的掌控得到美国等西方国家的支持，符合其自身利益。伴随网络空间治理体系的沿革，中国等发展中国家的在技术与制度层面能力的提升，现有非政府组织具备的优势资源能否长期持续下去依旧有待观察。

（二）成为各利益攸关方通力协作的国际平台

凭借自身技术优势以及与美国等网络守成大国的紧密关系，ICANN较早地掌握了行业重要资源。通过主导网络空间核心业务，推动互联网迅速普及与商业化的同时，自身也获得较多利益。互联网技术在创立初期完全基于国防与科研考量，此后互联网被广泛运用到商业领域，涉及的治理议题基本归于"低级政治"维度，网络空间安全也成为非传统安全领域的重要议题。技术领域的非政府组织在积累了丰富治理经验的同时，也开始主导这一层面的议题治理。

而如今，网络新技术的出现使得网络空间越发具有在高级与低级政治领域全面发展的态势。网络技术的更迭带来5G、6G、人工智能、大数据、物联网等新兴产业促使网络空间与现实空间的联系更为紧密，其自身的虚拟属性一定程度被稀释。这使得网络空间与现实空间形成一种相互嵌入的关系，很难将其单独剥离。正是这种嵌入使得网络空间在很大程

---

① 文中关于"高级政治"（high politics）与"低级政治"（low politics）概念的论述参见詹姆斯·多尔蒂、小罗伯特·普法尔茨格拉夫：《争论中的国际关系理论》，阎学通、陈寒溪等译，世界知识出版社 2003 年版，第 549 页。

度上仍然遵循现实空间的运转逻辑,传统空间赖以规范的、以国家主体为单位的国家管理体系与国际关系体系仍然适用于网络空间。①同时,新技术的发展使得网络技术逐渐深入国家政治、经济、金融、国防等事关国家安全的核心领域,国家总体安全的维护更加离不开网络空间安全。因此,网络空间逐渐成为联系"高级政治"与"低级政治"的一个复杂系统。在这其中,不同于西方传统治理模式,网络新兴大国更注重政府等官方机构在网络空间治理的主导性,对此,网络非政府组织需调整自身角色,努力成为促进各方沟通对话的重要平台。

第一,面对网络治理现有变革,非政府组织应协调好与其他行为体的关系。伴随新兴大国进一步深层次参与网络空间治理,政府将凸显其对各类相关资源的掌控,这或将打破已有多利益攸关方治理模式的平衡。但对非政府国际组织来说,也可将其视为一个新机遇。维持网络空间治理模式的动态平衡,有利于推动网络新技术的发展与维护全球网络空间安全。互联网前沿技术的发展必将产生并分化更多治理子议题,牵涉更多国际关系行为体。因而多利益攸关方模式的演进在一定程度上将使得各具体议题存在不同治理形式的"机制复合体"模式,这或将进一步推动现有网络空间治理模式的分化与演进,亦可被视为增强多利益攸关方模式弹性的结果。尤其是在涉及国家安全的网络攻击与防御、网络黑客、网络恐怖主义以及网络犯罪等子议题的治理中,政府不可避免地在其中发挥主导作用。而在 5G 商业化、6G 研发、人工智能技术推广以及网络空间技术准则制定等领域,非政府组织的跨境属性和从业人员的多行业背景有助于其更为有效地就相关议题协商合作。非政府组织在推进网络空间治理体系演进的过程中,应当积极融入联合国框架下的互联网治理论坛(Internet Governance Forum,IGF)和信息社会世界峰会(World Summit on the Information Society,WSIS),也应积极参与欧安组织、东盟、美洲国家组织等区域组织建立的地区对话机制,促进各方充分表达自身利益关切。例如,IGF 的区域论坛即亚太地区互联网治理论坛(Asia Pacific regional IGF,APrIGF)作为讨论、交流与合作的平台,旨在推进亚太地区

---

① 李艳:《网络空间国际治理中的国家主体与中美网络关系》,《现代国际关系》2018 年第 11 期,第 44 页。

互联网治理的发展进程。这一论坛也是由多利益攸关方自下而上地召集而成。①非政府组织需要在融入各层级机制中，拓展自身效用，尤其在技术层面推进全球数字产业的平稳发展。

第二，非政府组织应在深入参与各类多边机制的过程中协调自身角色。在协作形式上，非政府国际组织与政府合作的方式并不必拘泥于传统的双边形式。如今，类似于互联网治理论坛等全球性网络治理多边对话机制对全球网络空间合作产生了巨大影响。各类多边对话机制论坛的建立成为非政府国际组织与其他各行为体践行多利益攸关方治理模式的重要手段。各类新技术的出现为非政府组织参与网络空间治理提供更多机遇。万物互联的未来社会将进一步提升网络空间准则建构与安全防护的重要性。既有 ICANN 等非政府国际组织对网络核心资源的主导地位面临来自政府的挑战，中国、俄罗斯等网络空间新兴大国注重政府在网络空间治理中的主导作用，这在一定程度上与现有非政府国际组织掌握网络核心基础资源形成对冲。非政府组织需要与有关国家就网络核心资源的分配进行深度协调，建立长远的信任措施与互信机制。

第三，非政府国际组织应进一步与其他类型的国际组织协作融合。其一，非政府组织应积极与联合国为代表的全球性政府间国际组织围绕网络核心技术议题开展合作。在很大程度上，政府间国际组织符合网络新兴大国推崇的官方机构主导的网络空间治理模式。联合国涉及主权国家众多，国际电信联盟作为联合国附属重要机构为各方协商制定 ICT 国际标准提供重要平台，信息安全开放式工作组（Open-ended Working Group，OEWG）则召集更多发展中国家共同商议建立可行的信息技术国际规则。因而，为了推动与新兴国家的协作，网络非政府组织需要在域名等网络核心资源以及 ICT 技术标准建设方面增强与 ITU 等政府间国际机构的联系，共同形成科学的网络治理机制。其二，地区组织也已成为网络治理的重要行为体，非政府组织应积极与之对话。欧盟、东盟、美洲国家组织等地区机构在推进形成区域性网络治理机制方面进行了良好实践。这

---

① Jia-Rong Low：《提高亚太地区社群在多利益相关方模型中的参与度，第 2 部分》，ICANN，2017 年 11 月 17 日，https://www.icann.org/news/blog/2-345d5750-8ef3-4ce5-a7ed-d6a18323cc7a。

些区域层面的网络治理机制应与非政府治理机制相融合,针对不同区域层面的 ICT 产业发展现状,推进利益攸关方制定更适用于区域发展的治理机制。其三,包括经合组织、二十国集团在内的专业化国际组织也围绕数字经济、数字贸易开展治理活动,非政府机构应充分发挥自身在技术上的优势,联合上述经贸组织共同推动全球数字经济的平稳发展。

第四,非政府组织应努力成为网络守成大国和新兴大国沟通对话的桥梁。中俄等网络新兴国家与西方世界在网络空间理念界定与治理模式上长期存在分歧。既有政府间国际组织也尚未有效处理上述分歧,原因既包括大国博弈,也涉及各类攸关方的利益,因而各方分歧的化解是一个复杂且长期的过程。而相较政府间组织,网络非政府组织的非官方属性使其负担较轻,更容易通过一系列的非正式协调机制,促使各方扩大共识,寻求可期的共同利益。同时,当下众多发展中国家仍未深入参与网络空间治理,在 ICANN、互联网协会(ISOC)、电气与电子工程师协会(IEEE)等机构中话语权较弱。当然,发展中国家市场前景广阔,互联网产业发展的未来在于发展中国家。在全球互联网基础设施建设中,发展中国家占据重要地位,因而 ICANN 等非政府机构支持发展中国家的发展不仅存在道德优势,也符合自身利益。①

建立各层次高效的协作机制,非政府组织离不开与各国政府之间的良好关系。面对网络安全已成为国家总体安全的重要组成部分,各国政府会在网络空间治理中加强彼此合作。各国政府有能力协调各方资源,在网络安全防御过程中势必发挥主导作用。网络空间数据的跨境属性决定着各国的网络安全防御是一个互相联动的过程。这种联动的前提在于相互尊重各自在网络治理方面的地位,互相认可有关理念认知,如此才能够寻求共有利益。近年来 ICANN 重视与中国的合作。早在 2013 年,ICANN 就在北京设立了首个代表处,中国的互联网技术专家也在 ICANN 担任过高级职务。曾任中国互联网络信息中心主任的李晓东在 2011 年被任命为 ICANN 全球副总裁,负责亚太事务,他是首位担任 ICANN 高级职

----

① 参见 Katim S. Touray, "I Had a Dream: ICANN Has 2 Billion Reasons to Support Developing Countries," CircleID, September 2, 2013, https://circleid. com/posts/ 20130901_icann_has_2_billion_reasons_to_support_developing_countries。

务的中国人。但需要清楚认识到,中国主张多利益攸关方与多边主义相融合的治理模式,希望主权国家与政府间国际组织发挥更多作用。对于网络核心基础设施的管理,中国希望建立一个多边的网络治理模式,进一步把 ICANN 的职责移交给国际电信联盟。①因而,ICANN 等非政府组织应理性认识中国等网络新兴大国的诉求,科学调整自身定位,维护与网络大国尤其是新兴大国的长远关系。对于缓解当前各方对网络空间理念与治理模式的分野,网络非政府组织参与协调不失为一种可行方式。

（三）推进多利益攸关方模式在总体治理与微观层面发展路径的优化

伴随中国近年来积极参与全球网络空间治理,网络空间全球治理进程逐渐进入一个新的阶段。各类互联网后发国家更加意识到网络技术对本国总体安全的重要意义。对 ICANN 这样掌握互联网核心资源管理权的国际组织,面对主权国家积极介入网络空间治理核心领域,其对自身优势地位能否维持产生一定忧虑。既有的多利益攸关方模式推动互联网国际准则、网络新技术以及互联网基础设施建设与发展,并得到网络非政府国际组织的极大支持。作为互联网的诞生地,美国对该模式的护持也更加凸显该模式的重要性。但多利益攸关方模式在网络空间总体治理以及具体国际组织内部微观层面的运用存在两种不同的发展方向。虽然在网络空间治理宏观层面多利益攸关方依然发挥重要作用,但面对美国借助推崇自由主义国际秩序扩展自身霸权,发展中国家以及中小国家的利益难以得到充分维护,这一模式造成的网络空间治理赤字更加突出,但在微观层面,诸多网络治理相关国际组织在内部管理机制上奉行这一模式,形成了较为成熟的精细化治理体系,因而多利益攸关方模式的发展需要从微观和总体层面分别进行优化。

在网络空间总体治理层面,多利益攸关方治理模式的演进更加成为各方关注的关键问题,非政府组织应主动迎接这一改革进程。伴随互联网新兴国家的发展,以美国为首的西方世界所提倡的多利益攸关方模式

---

① Marika Van Laan, "ICANN, Russia, China, and Internet Reform: What You Need to Know," October 23, 2016, https://ramenir.com/2016/10/23/icann-russia-china-and-internet-reform-what-you-need-to-know/.

很大程度被贴上美式民主自由的标签,各方在治理模式上的争论存在愈演愈烈的趋势。尤其是互联网技术的迭代跃迁以及新兴国家参与网络空间治理的不断深入,网络空间治理既有模式存在变革的可能。

首先,可以通过提升多利益攸关方模式弹性,即扩大这一模式的解释力,推进这一模式得到各方尤其是新兴国家的支持。增强多利益攸关方模式的解释性与适用范围有助于达成一个各方均能接受的网络空间治理框架,从而促进各方深度对接彼此核心利益与理念认知,寻求并扩大彼此的合作基础。非政府组织若在模式之争中固守传统西方网络治理理念,无视新兴国家诉求,必将逐渐丧失已掌控的优势资源,弱化在网络空间治理中的主导作用。因此,主动推进这一模式的改革,提升这一模式的解释力,听取网络新兴国家的治理意见,是非政府组织在网络空间治理领域能够长远发展的务实选择。

其次,多利益攸关方模式也可以和多边主义模式相融合,提升政府在网络治理中的参与地位,从发达国家与发展中国家、网络大国与网络中小国家的视角保证网络空间治理的公平正义,进而走出以往西方世界把维护行为体类型的多元化视作保障网络空间治理平等自由的圭臬,但这种演进路径中短期仍会受到西方国家的阻碍,这种发展道路或将扩大东西方网络空间治理理念分歧。

最后,在实操层面,约瑟夫·奈(Joseph Nye)提出的机制复合体模式或为多利益攸关方模式的演进提供一个可参考的方向,既在现有总体多利益攸关方治理模式下,推进机制复合体模式在子系统领域的融入。①根据具体不同的治理议题决定是否增强政府等官方机构参与度,事关国家安全的网络治理维度需要政府的深入参与。这一模式有助于推动网络空间治理框架下各类具体议题形成子系统治理领域,在子系统中各方就具体议题进行协商,但不再强调保障多利益攸关方模式要求的各方平等性。但网络非政府组织仍需要保证总体模式下各方就不同议题充分发挥自身优势,而不是纯粹地占据平等地位。非政府国际组织需要与政府就各类

①　这里所提到的网络空间机制复合体(Regime Complex)概念由约瑟夫·奈(Joseph Nye)提出,详细论述详见 Joseph S. Nye Jr.,"The Regime Complex for Managing Global Cyber Activities," Paper Series:No.1, Global Commission on Internet Governance,May 2014, https://www.cigionline.org/sites/default/files/gcig_paper_no1.pdf.

网络安全问题分工合作,譬如在打击网络犯罪以及打击网络恐怖主义层面,各类政府官方机构已成为实施这一行动的主体,非政府属性的国际组织与社群在必要情况下可以向政府机构提供相关核心数据等资源。在升级互联网软硬件方面,尤其是在改进广大发展中国家落后的互联网基础设施问题上,非政府组织有能力与所在国政府一道在这些国家与地区开展网络设施建设,推动全球网络资源均衡发展。

具体到不同的国际组织,多利益攸关方模式基本上已成为各类参与网络空间治理的国际组织认同的内部治理形式。这不仅在 ICANN、互联网协会(ISOC)、互联网工程任务组(IETF)、国际标准化组织(ISO)与国际电工委员会(IEC)等非政府组织中得到体现,在联合国信息安全政府专家组(United Nations Governmental Group of Expert,UNGGE)、国际电信联盟(ITU)等政府间国际组织中也得到认同。可以说,多利益攸关方模式在具体国际组织内部得到深层次的运用。这种强调多元行为体共同参与协商讨论的治理模式在微观层面确有其优势。除了 ICANN 内部运用多利益攸关方治理模式相对成熟之外,IETF 进行的网络标准建设体系完善,附属工作组是主要的网络标准制定者,征求意见书是其开展网络标准化建设的主要载体,IETF 内部各类机构紧密配合,密切联系,形成执行力度与效率颇高的标准化体系。这种从深度和广度涉及广泛行为体的标准建设方式是多利益攸关方模式更为具体的体现。ISOC 明确提出多利益攸关方模式对构建网络空间规范乃至网络空间治理的适用性。多利益攸关方模式被视作政策工具箱,而并不是一种单一的解决方案。多利益攸关方模式在其中作为一组共享的基础性实践形式,来自不同领域的个人和组织彼此分享认知,制定政策。ISOC 指出这一模式存在四项属性,包括:包容与透明、集体责任、有效决策与实施,以及通过分散与互通治理实现协作。①ISOC 也认为政府不应当干扰互联网的日常技术管理,确保互联网技术标准建设流程的独立性,IETF 内部运作流程被认为是多利益攸关方模式的推广。此外,ISO与 IEC 也从多利益攸关方概念最初的公司治理视角出发,从"供求关系"

---

① 《多方利害关系人模式运作原则》,财团法人台湾网路咨询中心,https://www.twnic.tw/mps/page6.html。

角度解读利益攸关方概念。①因而国际组织尤其是非政府组织内部对这一模式的具体实践是国际组织参与网络空间治理的重要基础,这一模式在微观层面应用的成熟提升了国际组织参与网络空间治理的效率。

从宏观和微观视角分析多利益攸关方模式的不同应用可以看出,在宏观层面多利益攸关方模式需要进行调整,未来的网络空间治理,网络安全及网络防御的协作形式应该趋向多元与多层次化。根植于治理议题自身的属性,政府、国际组织、社群和个人等各类攸关方可以以存在差异化的形式参与其中,协调自身角色与分工。非政府组织尤其应客观认识到,网络空间与国家安全更加紧密的联系决定着这一维度不再是与现实政治无关的"乌托邦",官方机构必然深层次地介入网络治理进程之中。网络空间治理模式的演进不仅要保证政府有效发挥治理效用,也应顾及不同攸关方的利益和诉求。非政府国际组织自身就是各方建立互信,达成共识的产物,这保证了自身能够积极协调政府、社群、个人等行为体的关系,更容易在较少涉及国家安全的领域发挥突出作用。围绕互联网基础设施建设、专业人才培训、网络公共外交等方面,非政府组织利用自身的国际影响力及其在网络技术核心资源上的优势,推动现有治理机制向扩大参与行为体的宽度进行良性变革,进而推进更多新兴国家与中小国家的深入参与,与政府间国际组织、地区组织等其他类型治理机构形成良性的互动机制,共同促进现有治理模式吸纳多元参与行为体,推进网络空间治理体系的成熟。而在微观层面,相关国际组织把多利益攸关方模式当作内部管理的重要方式,包括从"供求关系"等管理学学科视角运用这一模式,推动利益攸关方模式在宽度与深度上具备更强解释力,提升这一模式的活力,这为参与网络空间治理的其他国际机构提升内部管理效能提供可期的经验启示。

五、结　语

从互联网发展及网络空间治理历程可见,以美国为首的西方世界在

---

① 参见耿召:《网络空间技术标准建设及其对国际宏观规则制定的启示》,《国际政治研究》2021 年第 6 期,第 122—124 页。

技术层面掌握先发优势，在早期技术人员对互联网核心资源的管理、西方资本主义发展模式、西方意识形态与政治制度的多重因素作用下，非政府国际组织掌握了网络治理的核心资源，在网络空间治理进程中发挥关键作用，进而推进多利益攸关方模式的形成，这也与美国既往主导网络空间全球治理密切相关。当下，互联网发展正在迎来新的机遇，伴随大数据、人工智能、区块链、量子信息技术等新技术的应用，网络技术创新正呈现从传统发达国家向新兴经济体转移的态势。在诸多新因素影响下，过去已建立起来的网络空间传统资源分配及运营模式势必进行新一轮调整。面对各类互联网新技术的出现以及网络空间对国家总体安全重要性的日益提升，对于网络空间治理模式的未来，宏观层面，既有的网络空间治理多利益攸关方模式存在进一步发展演进趋势，甚或进入深度调整与变革时期。而在微观层面，基于已有 ICANN 内部多利益攸关方治理架构运作的成熟，这一模式存在被其他网络非政府国际组织借鉴的可能。显然，多利益攸关方模式存在宏观和微观治理层面差异化发展的可能。

鉴于此，在既有治理模式动荡与演进过程中，ICANN 等具备网络空间治理较大影响力的非政府国际组织也迫切需要突出自身优势，努力成为协调各利益攸关方协商对话的重要平台，推进网络空间既有治理模式的变革。非政府国际组织还应积极与政府等官方机构以及互联网跨国企业等机构开展协商对话，在合作中把握未来自身在网络空间全球治理中的优势，提升现有网络治理模式的包容性与执行力。伴随数字前沿技术的不断发展，各级机构参与的治理领域也会更加细化，网络非政府国际组织需要调整好自身定位。针对各类国际关系行为体在该领域的不同关切，网络非政府国际组织有必要发挥自身的独特优势，积极协调各利益攸关方的利益关切，推动各方在理念上求同存异，在实践中追求共赢。

论构建人类命运共同体理念下的联合国和平安全法治体系的完善*

马忠法　王悦玥**

【内容提要】 构建人类命运共同体理念中蕴含着和平、安全的法治元素，其法治核心与联合国的和平安全法治体系改革的宗旨、原则相一致。自冷战结束后，"改革"就成为了联合国的重要议题。然而和平安全领域的改革面临如下困境：立法上，会员国对安全问题的认知存在鸿沟；执法上，联合国大会等机构决议的法律约束力及执行力缺陷一直未能改善；合作路径上，多边机制持续遭遇冲击；合作前景上，南北国家在价值选择上存在激烈的冲突。在未来的和平安全法治体系的完善中，应当以构建人类命运共同体理念为指引，以《联合国宪章》和国际法为基础，实现多边框架下的全球共治。中国应当积极参与和平安全体系的治理，抓住联合国改革的契机，将构建人类命运共同体理念制度化。

【关键词】 联合国改革，和平安全，构建人类命运共同体

【Abstract】 The idea of building a Community of Shared Future for Mankind contains elements of peace and security under the rule of law, and its core of rule of law is consistent with the aims and principles of the reform of the United Nations' rule of law system of peace and security. "Reform" has become an important issue of the United Nations since the end of the Cold War. However, the reform in the field of peace and security faces the following difficulties: From the legislative point of view, there is a gap between members' opinions on security issues; From the law enforcement point of view, the defects of legal binding force and enforcement of UN resolutions have not been solved; From the perspective of cooperation path, the multilateral mechanism is continuously being destabilized; From the perspective of cooperation, there is a fierce conflict between North and South countries in value selection. In the future improvement, we should take the Community of Shared Future for Mankind as the guide, take the United Nations Charter and international law as the criterion, and achieve global co-governance under the multilateral framework. China should actively participate in the governance of the peace and security system, seize the opportunity of the United Nations reform, institutionalize the Community of Shared Future for Mankind.

【Key Words】 United Nations Reform, Peace and Security, Community of Shared Future for Mankind

* 本文系国家社会科学基金重大项目"构建人类命运共同体国际法治创新研究"（项目编号：18ZDA153）及国家社会科学基金重点项目"人类命运共同体国际法理论与实践研究"（项目编号：18AFX025）；上海市教育委员会人文社科重大项目"创新驱动发展战略下知识产权公共领域问题研究"（2019-01-07—00-07-E00077）的阶段性研究成果。

** 马忠法，复旦大学法学院教授，博士生导师；王悦玥，复旦大学法学院博士研究生。

自联合国诞生以来,它在维护全球和平与安全方面与之前相比,取得了诸多成就,特别是有效阻止了全球性战争的再次爆发。然而,必须看到,虽然世界大战没有发生,但局部战争时有发生;传统安全有较大保障,但大规模杀伤性武器扩散、恐怖主义、生态环境安全、经济安全、金融安全、跨国犯罪、走私贩毒、非法移民、洗钱、疾病蔓延与贫富差距等非传统安全危机频繁出现,使得全球和平安全治理体系面临越来越多的新问题及挑战。冷战结束之后,以完善和平安全机制为核心的"改革"就成了联合国的重要议题。作为战后维护世界和平与安全的核心组织,联合国将和平安全领域的改革作为其改革工作的最重要的内容之一。从 20 世纪 90 年代第七任联合国秘书长科菲·安南到现任联合国秘书长安东尼奥·古特雷斯,均在不同的时代背景下提出对于联合国和平安全体系改革的建议。联合国大会、安理会近年来的重要文件也反映出对和平安全体系改革问题的关注。

构建人类命运共同体理念蕴含着丰富的国际法思想,是我国参与全球法治,推进国际法治文明进程的重要国际法指引。在维护世界和平与地区安全的问题上,该理念蕴含的"和"文化中"和平安全"的国际法思想,[1]是我国参与以联合国为核心的和平安全领域法治合作的重要指导思想。该理念未来的发展方向必然是法律化、制度化,联合国和平安全法治体系的改革则为这一目标的实现提供了契机。

一、构建人类命运共同体理念下的联合国和平安全法治体系

(一)构建人类命运共同体理念中的和平、安全法治元素

"和平"(peace)一词在《现代汉语词典》中的定义为"没有战争、没有敌视暴力行为或严重冲突的状态"。有观点认为应当以"避免暴力冲突"来理解和平,也有观点认为和平的内涵不止于避免暴力冲突,可以用"消极和

---

① 马忠法:《构建人类命运共同体理念的演进及其蕴含的国际法思想》,《辽宁师范大学学报》(社会科学版)2020 年第 4 期,第 1—11 页。

平"表示战争和身体暴力的消除,用"积极和平"描绘与他人和谐共处的状态。①有各得其所下的和平,也有委曲求全下的和平。前者从古至今都是人类的美好追求,后者则与人类文明发展趋势相违背。本文所说的和平指前者。新中国成立以来,我国一直奉行独立自主的和平外交政策,从曾经的"和平共处五项原则"到如今的构建人类命运共同体理念中倡导的"持久和平",均是我国反对战争、追求以和平的方式解决争端的重要体现。

"安全"(security)指"没有危险",安全问题即"与没有危险相关的问题"。进一步划分,又衍生出"传统安全"和"非传统安全"两大概念。"传统安全"指军事、国防等国家安全,这一类安全问题在冷战前占据主要地位;冷战后,恐怖主义、严重的环境污染、气候变化、传染病疫情等未被"传统安全"纳入的新问题频繁出现,学术界逐渐开始关注对"非传统安全"事件的研究。目前非传统安全问题逐步取代了传统安全问题在安全领域占据的地位。②

从和平与安全的关系上看,理想的状况是和平、安全始终相随,这样才能使各国政局稳定国泰民安,国际社会长治久安。然而,在某些情况下,和平状态并不意味着一定安全,和平之下也可能潜含着危险与恐惧,而这种危险、恐惧累积到一定程度可能就会导致冲突与战争,进而失去和平。因此,和平与安全相辅相成,但从某种意义上说,安全比和平更重要,安全应该是和平的最终目标和追求:和平未必来带来安全,但安全的国际社会一定会带来和平。然而,如果世界是持久和平的,则一定会带来普遍安全;普遍安全也肯定会与持久和平相生相伴;可以说,持久和平与普遍安全是孪生兄弟。

追求和平与维护安全自古以来就是中华文明的宝贵财富和精神内核。③构建人类命运共同体理念主张构建一个持久和平与普遍安全的世

---

① 安德鲁·瑞格比:《和平、暴力与正义:和平研究的核心概念》,熊莹译,《学海》2004年第3期。

② 刘跃进:《安全领域"传统""非传统"相关概念与理论辨析》,《学术论坛》2021年第1期,第27—48页。

③ 云新雷、马忠法:《构建人类命运共同体:大国外交法治文明的逻辑》,《时代法学》2021年第5期。

界。持久和平要求各国"相互尊重、平等协商,坚决摒弃冷战思维和强权政治。任何国家都不能随意发动战争,不能破坏国际法治。"①普遍安全则要求"一国安全不能建立在别国不安全之上,别国面临的威胁也可能成为本国的挑战。要坚持以对话解决争端、以协商化解分歧,统筹应对传统和非传统安全威胁,反对一切形式的恐怖主义。"②这两者均清楚地展现了构建人类命运共同体理念中的和平、安全元素。

(二)联合国和平安全法治体系的内涵及其本质

联合国和平安全法治体系是指以联合国安理会为核心,以《联合国宪章》(以下简称《宪章》)为根本大法,以反对战争、规制国际恐怖主义等传统与非传统和平安全威胁的国际条约、国际习惯法以及各国认可的一般法律原则为主要法律依据,以维护世界持久和平与普遍安全为目标的全球治理体系。和平安全领域的治理是全球治理的重要组成部分。多边框架下的和平安全治理包括由联合国主导的以《联合国宪章》为基础的全球层面的和平安全治理,以及区域层面的和平安全治理。区域和平安全治理同样不能背离《联合国宪章》的宗旨和精神。法治是全球治理的重要手段,无论是联合国层面还是区域层面的和平安全治理均应以法治为准则。和平安全法治体系的构建同时也是全球法治的重要组成部分。因此,联合国作为各国参与全球治理的重要舞台,作为全球法治的重要实践场所,联合国的和平安全法治体系的构建正是各国共同参与全球治理实践的重要内容,是实现全球和平、安全有序的重要保障,同时也是与世界上所有国家的利益均密切相关的治理活动。

联合国和平安全法治体系的本质是为了人类共同和长远利益,通过基于各国意志妥协基础上的合作而形成的确保全球和平、安全、有序的法治体系。之所以要维护联合国在其中的核心地位,是因为联合国为多边合作、和平解决争端提供了一个有效而广阔的平台。联合国有 193 个会员国,会员国又按区域、国家发展水平,组成区域组织、国家集团等。即使区域性政府间组织在维护区域和平安全中同样发挥着重要作用,但是和平

---

① 中共中央宣传部编:《习近平新时代中国特色社会主义思想学习纲要》,学习出版社、人民出版社 2019 年版,第 219 页。

② 同上书,第 219—220 页。

安全问题不是简单的区域性问题,而是全球性的重要议题,任何其他区域都不能在某一区域问题引发的全球性安全危机中独善其身。对于不同区域共同面对且区域组织内部无法解决的问题,联合国为区域间的谈判及法律协调搭建了桥梁。单边霸凌、冷战思维不但不能维护和平,反而是破坏和平的主要因素。因此,联合国的多边框架的重要性不言而喻。除此之外,联合国成立至今开展的维和行动也取得了较多积极成果。安理会之外的其他联合国机关或专门机构,例如联合国大会、经社理事会、教科文组织以及粮农组织等,也都在各自的领域为全球和平安全法治体系的构建与完善助力。这些是仅凭一国或一个区域组织的力量难以做到的。例如,维和行动由于涉及军队、警察进入他国领土,没有联合国的协调与监督,容易引发与国家安全、内政、主权等相关的国际争端。联合国成立至今,世界范围没有发生如两次世界大战一般的大规模战争,在联合国及其各个专门机构、其他政府间和非政府间国际组织以及世界各国的共同努力之下,战后世界经济、政治、文化的交往都在朝着积极的方向发展,虽然有时会出现逆潮流而上的不和谐因素,但总体而言,联合国的实践大体上是成功的,始终在全球治理中发挥着引领作用。①

（三）构建人类命运共同体理念与联合国和平安全法治体系改革的宗旨、原则相一致

构建人类命运共同体理念在当下的联合国和平安全法治体系改革中凸显着时代意义及价值。

首先,构建人类命运共同体理念倡导以国际法为基础的法治,这与和平安全体系的"法治化改革路径"不谋而合。构建人类命运共同体理念倡导营造公道正义、共商共建共享的安全格局。②公道正义的内涵则是法治,联合国和平安全法治体系的核心正是法治,而非政治。因此,构建人类命运共同体理念的法治目标与联合国设立时的初衷以及当下改革的目标与

---

① 参见刘恩东:《大变局下的联合国与全球治理新议题》,《人民论坛》2021年第12期,第94—97页。邹志强:《理念、机制、能力:联合国与全球发展治理的关系及其启示》,《国际关系研究》2020年第6期,第148—156页;贾烈英、张贵洪、陈健、吴红波:《联合国75年,革新全球治理的契机》,《世界知识》2020年第17期,第12—13页。

② 陈金钊:《"人类命运共同体"的法理诠释》,《法学论坛》2018年第11期,第5—13页。

价值取向相匹配。

其次,构建人类命运共同体理念蕴含着我国的"和合文化",其兼容并包的精神使该理念对西方和平安全治理理念进行了扬弃:以整体性思维代替西方分析式思维,避免了西方和平治理理念及实践存在的碎片化的问题;注重发展、和平、人权三大问题的关联性、逻辑性和整体性,避免了在和平安全领域的治理过程中将这三者进行对立。注重三者的平衡能够避免激化发达国家和发展中国家之间的矛盾,为联合国设计的"全支柱"改革路径提供理论支撑。

最后,构建人类命运共同体倡导"全球共治",必然打破当前由某些国家主导全球治理体系的霸道状态,它与美国鼓吹并极力推行的"美国优先"和单边主义形成鲜明的对比。①全球共治正是当前联合国和平安全领域的改革所极力倡导的,是维护多边主义加强多边行动的理论基础。

人类命运共同体理念体现了与联合国改革宗旨及本质的契合之处,我们要做的就是在未来的改革中,在该理念的指导下传递代表人类历史发展趋势与规律的中国声音,传播体现人类共同价值的中国话语,通过构建人类命运共同体理念倡导的良法善治,为联合国和平安全法治体系的改革贡献代表人类共同意愿的中国方案,最终以法治的方式促成持久和平目标的实现。

二、联合国和平安全法治体系改革及其趋势

(一)联合国和平安全领域的改革进程

1. 科菲·安南的改革

20 世纪 90 年代,冷战结束后世界政治经济格局相比于冷战时期有了较为剧烈的转变。冷战期间国际关系波谲云诡,美苏的对立使得联合国尤其是安理会难以发挥维护世界和平与安全的作用。虽然美苏并未使冷

---

① 马忠法:《构建人类命运共同体理念的国际法实践》,《贵州省党校学报》2019 年第 6 期,第 12—21 页。

战发展成有硝烟的热战,但是冷战期间安理会"停摆",甚至其在美国的"操纵"之下,在程序明显违法的情况下作出有关朝鲜问题的决议,不得不引发各国对于联合国维持和平、改善人类生存环境以及促进人权和法治的能力的质疑。可以说,冷战不仅为二战后的世界政治经济秩序带来不小的冲击,也在一定程度上动摇了联合国构建的和平安全法治体系。在此背景下,1997 年科菲·安南就任联合国秘书长后,对世纪之交全球面临的威胁、联合国体制所面临的问题进行了剖析,并提议通过制度层面以及机构层面的改革来回应这些问题,在总结冷战经验的基础上,促使联合国在21 世纪继续发挥其维护世界和平与安全的核心作用。

安南在上任当年即发布《革新联合国:改革方案》报告,①指出《宪章》关于一个可行的集体安全体系的设想尚未得到充分实现。面对武器扩散、安理会对冲突的反应缓慢以及其决议执行困难、制裁效果差等问题,主张进行机构改革,例如对裁军事务中心、安理会等进行改革。在 2000 年联合国发布《联合国千年宣言》(以下简称《千年宣言》)后,为配合《千年宣言》提出的发展问题,安南又于 2002 年作出《加强联合国:进一步改革纲领》报告,②其中也提及为促进发展、实现《千年宣言》所设置的目标,对联合国大会和经社理事会进行变革,以发挥这些机构对于维持和平与安全的潜能,同时需要进一步推动安理会的改革。此前的"9·11"事件对全球和平安全造成剧烈冲击,因此报告亦指出打击恐怖主义的问题。2004年,为深入探讨和平安全领域改革的困难及其应对方案,安南组建的"威胁、挑战和改革问题高级别小组"(以下简称"高级别小组")发布《一个更安全的世界:我们共同的责任》报告③,与以往联合国任何一次改革方案都不同,它不是简单的联合国机构改革方案,而是以确立和落实"综合安全观"为核心的一系列国际法规范与制度的完善和创新。④该报告提出的"综合安全观"即将恐怖主义、生物安全、跨国有组织犯罪、大规模杀伤性武器扩散甚至是贫穷、致命传染病以及环境退化等非传统威胁纳入"和平安

---

① 联合国大会文件 A/51/950。
② 联合国大会文件 A/57/387。
③ 联合国大会文件 A/59/565。
④ 姚琨、赵敬雅、韩一元:《〈我们的共同议程〉:联合国全面改革和转型倡议》,《国际研究参考》2021 年第 11 期,第 1—6 页。

全之威胁"的范围,期望安理会对这些事项进行管辖。该报告还提出了改革安理会的四项原则①,以提升安理会成员的代表性,决策的民主性及责任性。2005 年安南基于高级别小组的报告发布《大自由:实现人人共享的发展、安全与人权》报告②,指出联合国的弱点日益明显,重塑联合国需要彻底革新基本管理工作,提升联合国系统的透明度以及工作效率,改革包括安理会在内的主要政府间机构。为应对恐怖主义问题,报告指出要制定一项全面公约,并提出了反恐的"五大支柱"。而对于传统的安全威胁即战争,应通过加强制裁、建立一个政府间"建设和平委员会"以预防战争的爆发和减少战事的频度。该报告作出前,美国在没有获得安理会授权使用武力的情况下以"预防性自卫"为由入侵伊拉克。战争给伊拉克人民带来巨大伤害,使得国际社会对于联合国及其机构(尤其是安理会)的作用产生严重怀疑。该报告同时明确,安理会在维护和平与安全事务中的核心地位。为了更好地发挥安理会的作用,建议通过一项决议阐明安理会授权使用武力的原则。2006 年,安南又在联合国成立 60 周年《世界首脑会议成果文件》的基础上作出《着力改革联合国:构建一个更强有力的世界性组织》报告,③从预算管理的角度探讨安理会成员的代表权问题。

安南在任的十年间推行的改革措施部分得以实现,例如其提出的"建设和平委员会"于 2005 年成立,其"综合安全观"中所重视的"恐怖主义""大规模杀伤性武器"问题也得到大会及安理会的认可,反恐的"五大支柱"也被部分吸收进《联合国反恐战略》,至今对打击恐怖主义活动仍产生重大影响。

2. 安东尼奥·古特雷斯的改革

在安南卸任十年后,改革仍是联合国工作的重要内容。和安南所在时期不同,曾经的改革背景是冷战结束新千年到来,经济全球化逐渐展

---

① 这四项原则分别是:(1)改革应遵循《联合国宪章》第 23 条,让那些在财务、军事和外交方面对联合国贡献最大的国家,更多地参与决策;(2)改革应让更能代表广大会员国,特别是代表发展中国家的国家,参加决策进程;(3)改革不应损害安全理事会的效力;(4)改革应加强安理会的民主性和责任性。(参见联合国大会文件 A/59/565 第 169 段。)

② 联合国大会文件 A/59/2005。

③ 联合国大会文件 A/60/692。

开,恐怖主义、网络空间安全危机等新问题成为全球和平与安全的重大隐患。然而,2017年古特雷斯上任之时,国际政治、经济格局已经有了较大的变化。美国在冷战之后虽然企图成为全球霸主,但是随着以中国为代表的发展中国家在以联合国、世界贸易组织(WTO)等为代表的国际组织中逐渐取得话语权,美国等西方发达国家认为它们在全球治理领域的长期垄断地位日益受到挑战。伴随着经济全球化的加深,合作成为当下时代的主题之一,多边主义、国际法治成为主流,国际层面也日益认可抵制单边主义强权政治的重要性。然而,西方发达国家并未放弃对霸权的追求,即使多极化、多边主义、全球化已经是历史大趋势,其仍然要追求单极化的世界,大行单边主义甚至是逆全球化的政策,为全球秩序的稳定性带来严重威胁。除此之外,恐怖主义已经开始从个别国家或地区向全球蔓延;互联网的迅速普及和发展使得网络空间的安全问题日益受到关注;2020年以来在全球范围爆发的新冠肺炎疫情更使得并不稳定的国际和平与安全局势雪上加霜。新冠肺炎疫情引发的不只是公共健康危机,疫情加剧了地区的不稳定性,失业等问题也使得各种社会矛盾加剧,严重地威胁着全球的和平与安全。

2017年古特雷斯上任后即发布《联合国和平与安全支柱的结构改革》报告①,指出和平与安全作为联合国三大支柱(其他两个为发展和人权)之一,对其进行改革是至关重要的,需要增强这一支柱的成效,减少各种努力碎片化的发生。碎片化的问题已对联合国有效应对危机和冲突的能力造成损害,要确保以更为紧密地将和平、发展与人权联合在一起的方式执行任务,加强跨越支柱的合作。该报告提议在秘书处设立一个政治与建设和平事务部及一个和平行动部以协调三大支柱间的合作,将和平与安全支柱与发展支柱和人权支柱更紧密地对接,增强其协调性与一致性。古特雷斯对联合国曾经的相关决议进行审查②,指出联合国的战略和行动的一致性受到经费安排、机构官僚化以及行政框架和机构竞争等问题的阻碍。未来的改革中需要加强与其他非联合国实体的区域合作以及全球

---

① 联合国大会文件 A/72/525。

② 例如和平行动问题高级别独立小组的 2015 年报告(A/70/95-S/2015/446)、建设和平架构专家咨询小组的 2015 年报告(A/69/968-S/2015/490)和关于安全理事会第 1325(2000)号决议执行情况的 2015 年全球研究报告。

合作,发展与这些实体的伙伴关系,集体处理当代多层面的和平与安全挑战。同时,该报告强调将预防作为保持和平的优先工作,确保政治解决、预防外交作为解决冲突的首要方式。该报告明确了古特雷斯对和平安全架构进行改革的目标以及方向,其之后发布的专门报告以及年度工作报告在提及和平安全领域的改革时也大体上延续了先前的思路。

古特雷斯在 2017 年的工作报告中进一步提出,恐怖主义等犯罪使得之前已经减少的冲突又开始增多,冲突的持续时间也更长。对此,联合国应以更为主动、更为集中的方式应对日益复杂的全球性风险,彰显其现实意义和可靠价值。因此,应进一步有效地开展预防性工作,而非在和平与安全危机发生之后被动应对。为主动应对危机,首先需要有效利用秘书长的斡旋职能,同时必须与国家和区域伙伴建立并维持友好关系,要强调并加强多边主义,除此之外还需关注国家层面的国家建设和体制建设的合法性。该报告再次强调了三大支柱的协调,指出从三大支柱着手预防工作能够消除冲突根源。①2018 年的工作报告,古特雷斯指出改变曾经的预算审查方式,开始对所有维持和平行动进行独立战略审查。继续审查和平与安全架构,解决分散无序状况、供资和体制的问题。但是审查并非为了建立新的架构和程序,而是为了使得有限的资源尽可能发挥更大的作用,更有针对性地广泛预防会员国面临的威胁与挑战,同时,也能够进一步加强三大支柱的协调。为应对日益严峻的恐怖主义威胁,设立反恐怖主义办公室,加强执行《全球反恐战略》。面对冲突区域化的问题,区域、国家和国家以下各级的应对方式都不可或缺。②2019 年的工作报告中,古特雷斯指出,通过近年来的改革,和平方案之间结合得愈加紧密,仍要朝着"全支柱"的方向前进。③该报告还提及了古特雷斯曾于 2018 年发布的"以行动促维和"的倡议宣言,该宣言在 8 个行动领域④作出 45 项商定承诺,得到 150 多个会员国和 4 个政府间组织的认可,可以说是维持和平行

---

① 联合国大会文件 A/72/1。
② 联合国大会文件 A/71/1。
③ 联合国大会文件 A/74/1。
④ 8 个行动领域分别是:支持有效履约和问责;推动政治解决和提高政治影响力;加强维和对保持和平的影响力;加强维和人员操守;改善维和伙伴关系;加大维和保护力度;执行妇女、和平与安全议程;改善维和人员的安全防护。(参见联合国大会文件:A/74/1 第 55 页。)

动的一大成果。

2020 年,古特雷斯在工作报告①中指出自其上任以来对和平与安全架构进行的改革已经使得预防被放在了优先地位,维和工作相较于之前也更具有针对性,区域、伙伴关系战略得以落实,同时,其在之前提出建立政治与建设和平事务部及和平行动部,这两个机构也已于 2019 年成立,三大支柱间的对接也更为紧密。未来的工作核心仍然是以外交促和平,同时强调法治也是维护稳定的核心支柱之一。2021 年随着新冠肺炎疫情的持续肆虐,全球安全形势令人担忧,在此背景下,古特雷斯发布《我们的共同议程》报告②,指出在各种形式的和平与安全危机的冲击之下,全球层面的"社会契约"③已支离破碎,联合国应当重续以人权为基础的社会契约。传统的预防、管控和解决方式不适合新出现的风险和危险趋势,核武器、气候变化、区域行为体参与战争的意愿提升、网络空间治理等方面还存在漏洞,现有的系统已经不再能够满足应对这些新威胁的要求。鉴于此,古特雷斯提出了包含六个领域内容的"新和平纲领"④,其涉及的和平安全问题覆盖裁军、恐怖主义、对民用基础设施的网络攻击等。应对措施包含集中联合国的资源为会员国预判与极端、灾难性和生死有关的风险、建立全球性的危机应急平台、进行区域层面的合作等等。值得关注的是,该纲领指出建设和平委员会应从预防的角度处理安全、气候变化的问题。可见,曾经建设和平委员会的职能主要是冲突后的应对,而根据该纲领,其职能进一步转向了冲突前的预防。该报告还专门提及进一步改革安理会,指出经过长达十余年的辩论,大多会员国都承认应扩大安理会代表性,并提出包括让更广泛的行为体参与协商、公开承诺克制否决权的行使、对于敏

---

① 联合国大会文件 A/75/1。

② 联合国大会文件 A/75/982。

③ 该社会契约是指:"社会内部对人们如何解决共同问题、管控风险、集中资源提供公益物,以及对他们的集体机构和规范如何运作的共识。"(参见联合国大会文件:A/75/982 第 17 段。)

④ 六个领域分别是:(1)降低战略风险;(2)加强国际前瞻力以及识别和适应新的和平与安全风险的能力;(3)重新打造我们对一切形式暴力行为的对策;(4)投资于预防和建设和平;(5)支持区域预防;(6)把妇女和女童放在安全政策的中心位置。(参见联合国大会文件:A/75/982 第 89 段。)

感问题更多地采用非正式机制解决、让建设和平委员会在预防问题上发挥更大作用等有关加强安理会的包容性与合法性的建议。

（二）和平安全领域的改革趋势

对比安南和古特雷斯的改革中关注的重点问题及其提出的建议，可以发现两者的改革有着明显不同的侧重点，能够反映出改革的趋势。

首先，避开对《宪章》的修改，用更加灵活的方式提升安理会的代表性。安南的改革更多是从制度入手，意图通过《宪章》的修改来落实改革，而古特雷斯的改革并非如此。虽然两者都提及应当扩大安理会成员组成，提升安理会成员的代表性，但是安南的方式更多集中于直接改变安理会成员的组成①，而这一目标只有通过修正《宪章》才能实现。《宪章》自 1945年生效之后，仅在 1965 年将第 23 条进行修正，增加了安理会成员的数量，此后再无修订。根据《宪章》的规定，修订《宪章》需要的条件十分严苛②，在当今国际关系错综复杂的情况之下，通过修订《宪章》的方式来改变安理会成员代表性较为困难。古特雷斯提出了更多无需修改《宪章》的方式，甚至提出"能够在安理会'发声'的实体不一定是成员政府，非政府实体也应当可以为安理会的决策提供意见。"

其次，加强预防成为改革的着眼点。安南的改革更注重冲突后的应对，例如要求安理会明确冲突后授权使用武力的条件；而古特雷斯更加注重冲突前的预防。古特雷斯在其 2017 年的工作报告中明确指出，"过去，建设和平被视为纯属冲突后的工作，如今却着眼于预防暴力的爆发、升级、持续和再度发生，着眼于在整个冲突周期保持和平。"③虽然安南的改革也认同联合国的预防作用，例如 2004 年的高级别小组报告中指出要制

---

① 威胁、挑战和改革问题高级别小组关于安全理事会改革所提出的立场是：改革应遵循《联合国宪章》第 23 条，让那些在财务、军事和外交方面，具体而言，在联合国分摊预算的缴款、参加已获授权和平行动、赞助联合国在安全和发展领域开展的自愿活动和支持联合国的目标和任务规定的外交活动等方面对联合国贡献最大的国家，更多地参与决策。对发达国家来说，实现把国产总值的 0.7%用作官方发展援助的商定目标或在这方面取得重大进展，应是这种贡献的一个重要标准。（参见联合国大会文件：A/59/2005 第 169 段）

② 依据《联合国宪章》第 108 条，《宪章》修正案须经大会成员 2/3 表决并由联合国会员国三分之二，包括安全理事会全体常任理事国批准。

③ 参见联合国大会文件 A/72/1 第 70 段。

定"预防性行动框架",但是与古特雷斯相比,安南对于如何做好对和平安全威胁的预防性工作的思路还较为粗糙。

第三,和平安全领域的改革议题逐渐与发展和人权相联系。安南的改革更加注重和平安全这一议题;古特雷斯更加注重和平与安全、发展、人权三大支柱之间的协调,主张以"全支柱"的模式促成和平。从宗旨和价值上看,虽然安南在《大自由:实现人人共享的发展、安全与人权》报告中也提及发展、安全以及人权的关系①,但是在和平安全领域的改革中,其并未过多讨论其他两者的问题。古特雷斯的改革受到 2015 年联合国成立 70 周年时通过的《2030 可持续发展议程》的影响,较为重视发展问题,因此强调将发展和人权与和平安全议题相结合,甚至指出"发展决定安全"。在《我们的共同议程》报告中,还指出需要重塑的社会契约应当以人权为基础,将人权也纳入安全问题的范围中。②从和平与安全架构的预算管理来看,古特雷斯的工作报告也体现出在构建和平支柱的过程中对发展问题的重视,多次提及两者之间的协调。

最后,区域层面、国家层面的支持活动受到重视。安南的改革主要立足于联合国自身的改革,注重联合国自己的和平行动及制度建设,是一种自上而下的改革模式。在《加强联合国:进一步改革纲领》报告③中,安南虽肯定了地方和区域的作用,但实际上还是更加重视联合国自身的建设,并且其后的改革措施也都集中于讨论联合国层面的制度及机构改革,尤其是安理会的改革,除了上文提出的关于安理会组成的问题,还注重通过对概念的厘清,扩大对于"安全威胁"的定义进而扩大安理会的职权,认为安理会应当把高级别小组所认定的非传统危机例如致命传染病、环境退

---

① 大自由概念还包涵一个理念,即发展、安全和人权三者密不可分。……因此,没有发展,我们就无法享有安全;没有安全,我们就无法享有发展;不尊重人权,我们既不能享有安全,也不能享有发展。除非这些事业齐头并进,否则,其中任何一项事业都不会成功。(参见联合国大会文件 A/59/2005 第 17 段)

② 联合国大会文件 A/75/982。

③ 该报告中,安南指出:地方、国家和国际一级的善政或许确是促进发展和推动和平事业的唯一最重要因素。但是,如果联合国不能同时进一步建立能力,减缓全球使用武器的威胁,特别是大规模毁灭性武器所产生的威胁及使用常规武器造成平民大规模死亡的威胁,为防止冲突而做的很多良好工作就会变得毫无作用。(参见联合国大会文件 A/57/387 第 41 段)

化等都纳入安理会所认定的"威胁"的范围,也就是说安理会可以对这些问题授权使用武力或进行制裁,其提出的"建设和平委员会"也主要是对安理会负责,为安理会提供协助。古特雷斯更加注重和平的"内生性",即由下而上地以一国国内、区域内的和平建设促成国际社会的和平与安全,而非依靠对安理会等联合国机构的改革实现这一目标。古特雷斯将联合国的角色进行了一定的转变,其上任后成立的两个部门也并非为增强安理会的力量而使其受制于安理会的管辖之下,而是通过该两部门促成区域层面、国家层面以及与其他政府间、非政府间伙伴关系的建设,实现由小及大,由点到面的和平建设路径。纵观其上任之后的工作报告,可以发现其完成的工作中存在较多与非洲地区的区域组织以及其他政府间或非政府间组织的合作,例如与非洲联盟、世界银行的合作,十分强调建设和这些组织的伙伴关系。同时,在国家层面积极帮助一些国家尤其是非洲国家进行和平体制建设、进行选举协助,等等。

三、联合国和平安全法治体系
改革面对的挑战

(一)立法上:对安全问题认知差异的鸿沟

和平安全威胁显然是人类面临的共同威胁,是所有国家都较为重视的问题。经历了两次世界大战、冷战,进入新千年后虽未发生全球性的大战,但先后爆发了海湾战争、科索沃战争、阿富汗战争、伊拉克战争、利比亚战争,以及目前引发全球极大关注的俄乌战争等,大规模国际性战争带来的创伤使得维护世界和平进一步成为全球共识。然而,和平与安全是一个含义较为宽泛的议题,当将其细化、具体至某一个范围更小的领域后,所有会员国就不一定能够对其形成共识。

首先,对于"安全威胁"一词涵盖的范围,会员国间的认识就不一致。早在安南进行改革时就指出,"对于威胁本身的评估,会员就不能达成一致,那么即使执行工作得以落实,也往往存在争议"。①安南及其成立的高级别小

---

① 参见联合国大会文件 A/59/2005 第 74、75 段。

组在其报告中界定的诸多"威胁"中①,得到会员广泛认同的非传统安全威胁只有恐怖主义和大规模毁灭性武器扩散这两项。安南曾经提出的将"国内暴力"纳入"威胁"范围的建议遭到众多国家的反对,因为它有干涉他国内政之嫌。除此之外,无论是安南还是古特雷斯,都将环境问题、气候变化等纳入"威胁"的范围,但是正如众多国家指出的,不应将所有问题都"泛安全化"。例如爱尔兰和尼日尔曾向安理会提议将气候变化视为威胁和平与安全的因素,呼吁将气候安全纳入古特雷斯提出的预防战略的"核心部分",该提案遭到俄罗斯和印度的反对。俄方指出,该提案是富裕的发达国家干涉别国内政的借口,气候问题不能损害各国的发展权利。②

其次,在已经被广泛接受的可被认定为"威胁"的范畴内,一些威胁的定义尚未明确,最为典型的就是恐怖主义问题。自"9·11"事件之后,打击恐怖主义就成了被广泛讨论的议题,安理会也明确将其纳入工作议程,安南的改革中多次提及尽快对恐怖主义进行定义并基于此出台一项全面反恐公约。然而"9·11"事件发生至今已过去20多年,国际层面至今未对恐怖主义的定义达成共识,正式的全面公约也未生效,导致反恐领域的合作困难重重。即使各国认同要打击恐怖主义,但是实际行动上却存在很大困难,联合国的作用也难以发挥。

最后,对现代战争的新概念认知不足。纵观2022年爆发的俄乌之战的全过程,值得注意的是此次战争中除了包含已经有较多规则规制的传统"热战"之外,还含有"网络战",俄乌双方都遭到大规模网络攻击。与线下战争不同,网络战的启动成本低、效率高,基本不存在物理上的人员直接伤亡。从传统战争的定义看,网络战似乎不属于战争,然而其能够带来的可量化的损失不一定低于线下战争。与传统战争相比,网络空间的虚拟性使得网络战的情况极为复杂,参与到网络战的也不一定是交战双方的本国人员③,以

---

① 内容包括:国内暴力、有组织犯罪、恐怖主义、大规模毁灭性武器、贫穷、致命传染病和环境退化等。参见联合国大会文件 A/59/2005 第78段。

② 郑璇等:《俄印反对"气候影响安全"决议案,中方:不应把气候问题"泛安全化"》,《环球时报》2021年12月15日。

③ 例如此次俄乌网络战中,今日俄罗斯电视台自战火燃起以来持续遭到"分布式拒绝服务(DDoS)攻击",即短时间内以巨大访问量使服务器瘫痪。然而其中约27%的攻击发起地址位于美国,而非乌克兰境内。

传统反战国际规则约束跨越国家物理界限的网络战明显存在困难,较多问题无法解决。俄乌之间的网络战为我们敲响了警钟,网络空间究竟如何进行安全治理,网络空间的"战争"究竟如何防范,需要联合国及其会员进一步达成共识。

(二)执法上:联合国主要机构决议的法律约束力及执行力缺陷仍未改善

无论是安南还是古特雷斯,都提及加强会员国对于联合国决议的执行,然而,联合国并不是一个"世界政府",在国际法长期以来存在执行缺陷的情况下,各国在落实联合国改革过程中出台的各种决议时存在很大问题。

首先,有关和平安全改革的联合国大会决议的"软法"特征使其没有真正意义上的法律约束力。根据《宪章》的规定,联合国大会根据《宪章》的明确授权,或基于授权而引申出的为处置联合国大会内部事务,或对内部机关进行监督管理而作出的决议自始具有法律效力。而基于实践需要,针对会员国作出的涉及维持和平安全等方面的决议是否具有法律效力或者说是约束力,具有极大争议。①从主流观点看,联合国大会的这类决议只具有"建议性"而不具有强制性,因此和平安全领域的改革的大多决议实际上属于这类没有约束力的决议,其效果通常是从"道德"和"舆论"上为会员施加压力造成影响。在国际法调整的利益关系中,居于本质属性地位的是国家之间的共同体利益和全人类的共同利益。②当前与和平安全相关的国际条约的内容基本上是以"预防"为目的。因此,与一国自身乃至地区利益密切相关的有助于促进参与国和平安全事业发展的国际条约更容易得到遵守。国家的遵守使得这些国际条约成为有约束力的硬法。然而,大部分与和平安全相关的联合国大会决议针对的是某一已经发生的且受到关注的问题。例如对此次俄乌冲突作出的决议基本只涉及俄乌两国,且决议内容是为当事方施加"义务",敦促其尽快解决争端恢复地区和平。因

---

① 蒋圣力:《联合国大会决议法律效力问题重探——以外层空间国际法治实践为例》,《国际法研究》2020 年第 5 期,第 55—69 页。
② 胡城军:《论国际法所调整的利益关系——兼谈国际法的本质属性及其影响》,《时代法学》2005 年第 4 期,第 52—59 页。

此,相比于《宪章》等约束力较强的普遍性国际条约,已处于争端中的当事方没有动力遵循大会决议的要求。相比于安理会,联合国大会在和平安全治理领域能够发挥的作用相对较小。从最初的决策上,其能够产生的效果就弱于安理会,因此决策的执行上必然更是不足。也因此,近年来在和平安全领域改革中,除了改革安理会的运行结构和机制外,增强联合国大会在决策中的作用这一提议也被重视。例如,俄乌冲突促使联合国大会通过决议,创设了所有会员都能参与对安理会五大常任理事国的"一票否决权"实行的审查和辩论的权利。这种方式实际上变相限制了五常的权利,一定程度上改革了安理会的机制。然而正如中国代表所述,联大这一针对安理会决策的审议机制虽然能够让会员国在事关和平安全的重大问题上发挥作用,但是在实践中很可能引发程序上的困惑和混淆,难以确定这样的安排能否达到决议的预期目的。①

其次,安理会决议虽有法律约束力,但安理会存在"造法"的趋势,其合法性存疑。近年来安理会出台了较多的给会员国施加实际义务的决议,最典型的就是在国际反恐的问题上作出的"造法性决议"。之所以说安理会在"造法",是因为安理会的决议实际上既具有"准立法性"也具有"准司法性"。②正是因为安理会的决议对联合国会员国具有法律约束力,而联合国会员国囊括了世界上95%以上的国家,因此,可以说安理会是在为国际社会普遍立法。③有学者因此将其称为"第二等级立法"。④也就是说,安理会决议所造之"法",实际上能和条约起到同样的甚至是超越条约的作用。通过这种方式进行造法是否合法且合理? 支持的观点认为,不论在法律文件中还是在国际法理论中抑或是在国际实践中,都没有全然否定安理会准立法职能的观点。⑤然而也有学者表示质疑,认为与国际法的规则的传统造法模式进行比较,安理会通过决议造法的方式在形式合法

---

① 刘彩玉、吴鸣:《联大新决议针对五常否决权》,《环球时报》2022 年 4 月 28 日。

② 王佳:《从反恐决议看联合国安理会职能的扩张》,《国际论坛》2011 年第 4 期。

③ 李鸣:《在联合国框架下解决危机——评"9.11"事件后安理会反恐决议》,《政法论坛》2002 年第 4 期。

④ Thomas M. Franck, Faiza Patel, "UN Police Action in lieu of War: 'The Old Order Changeth'," *American Journal of International Law*, Vol.85, No.1, 1991, p.85.

⑤ 王佳:《从反恐决议看联合国安理会职能的扩张》,《国际论坛》2011 年第 4 期。

性上可能存在一定的瑕疵。①除此之外,安理会决议的内容应当仅限于根据特定情势向特定国家施加义务,而不应具有创设被普遍遵守的国际法规则的功能。②当其决议的普遍性及合法性存疑时,必然导致后续执行上的困难。

第三,安理会决议的执行可能与国内法产生抵触。以我国为例,我国针对条约的国内法适用暂且存在一定的问题,对于安理会决议的国内执行问题,更是缺乏国内法依据。根据《宪章》,执行安理会决议是我国的义务,然而从条约的定义上来看③,安理会决议并不属于"条约",虽然前文指出安理会决议实际上有着"造法"的功能,其内容与"条约"无异,但是对于安理会决议能否与条约一样在我国进行本土化,还是一个未知的问题。安理会决议在我国的执行机制及执行程序当前也处于立法空白的状态。其他国家同样面临这一问题。以反恐决议的实施为例,对于实施安理会反恐决议,各国尚未形成统一的实施途径,而是各有各的做法,于是在实践中产生了很多问题。④除了一些国家没有动力及能力执行决议,未将决议施加的义务纳入国内法,甚至还出现了决议要求执行的某些事项与本国法的规定存在冲突的情况。例如资产的冻结问题,根据国内法规定,经过国内法院审判之后才可以对资产进行冻结,若法院审理之后认定不应

---

① 在联合国或其任何机构主持下谈判的条约是经联合国大会决议通过的,而根据《联合国宪章》第 18 条,与维护和平安全相关的决议需有三分之二的成员表决通过。如果为了通过一项条约专门举行一次国际会议,该条约可以出席及参加表决国家三分之二多数之表决通过。条约通过之后开放给国家签署,国家可以不签署,也可在签署时对特定的事项作出保留。只有加入或签署条约成为缔约国,一国才受到条约的约束。而安理会只有十五个理事国,根据《联合国宪章》第 27 条,除程序性事项外,安理会的决议以九个理事国进行投票,同时五大常任理事国需投赞成票。也就是说,从参与决议的会员国数量来看,联合国大会通过的条约明显有着更多成员参与表决,而条约最后也只对缔约国有效。而安理会的决议过程仅十五个国家参与,但最终对联合国所有的会员都有约束力。这与传统造法方式中所要求的"利益受到影响的所有国家都参与谈判"这一要求明显不符,这种实质上具有"普适性"的立法形式值得质疑,难免产生"大国意志强加于小国"之嫌。

② Happold M. "The Security Council. Resolution 1373 and the constitution of the United Nations," *Leiden Journal of International Law*, Vol.16, No.3, 2003, p.600.

③ 1969 年《维也纳公约》将条约定义为"国家间所缔约而以国际法为准之国际书面协定,不论其载于一项单独文书或两项以上相互有关之文书内,亦不论其特定名称为何"。

④ 王佳:《联合国安理会反恐决议实施问题研究》,《学理论》2016 年第 6 期,第 53—54 页。

该冻结,那么相当于否定了安理会的制裁决议。①

最后,对于国家执行问题的"问责"效果因国家实力而不同。虽然改革中提及加强对国家执行上的问责,但是这种问责能够产生的作用实际并不大,能够对问责作出回应的一般都是受到联合国资金援助的非洲国家,其对联合国工作的配合也通常是因为联合国的援助资金是其重要的经济来源。而对于较为发达本身就是出资国的国家,联合国要对其进行问责实际上是困难的。还有一些国家,即使联合国对其进行问责甚至进行制裁,也并不会对其造成较大影响,更何况改革进程中多次强调安理会制裁要"适度"。

可以看出,对于决议施加的强制性义务,各国的执行程度及实施水平都参差不齐,更不用说那些被表述为"呼吁各国……"的"建议",更是容易被直接忽略。

(三)合作路径上:多边机制持续遭遇冲击

从改革之初"多边主义"就成为改革的关键词之一。尤其是新冠肺炎疫情爆发以来,全球对于多边主义的重视有了进一步的提升。面对各种威胁与挑战,现在比以往任何时候都需要多边行动。②在《我们的共同议程》中,古特雷斯重申集体行动需要更具有网络化及包容性的多边主义,让各区域、各国家平等地参与到集体行动中来。③这种平等应当是实质平等,即让发展中国家在决策中拥有更大的话语权。只有这样才能应对仅凭一国或几国之力无法应对的危机。基于国际法基本原则的多边主义,首先必然包含对以联合国为中心的多边体制的维护、改进及完善。④然而在疫情的冲击之下,冷战思维似乎有复苏态势。部分西方发达国家在各个领域搞小圈子。在国际经贸领域的谈判中进行"场所转移",在和平安全领域,虽然无法脱离联合国,但利用其影响力在联合国之外的活动中与相关国家结盟、抱团。当然,积极的区域多边主义合作也是值得肯定的;如今,区域安全共同体、区域经济一体化等合作方式存在于全球各地,也在

---

① 联合国反恐委员会认为这相当于赋予国内法院"审判"安理会决议的权力。(参见联合国安理会文件 S/2005/572)

② 参见联合国大会文件 A/72/1 第 4 段。

③ 联合国大会文件 A/75/982。

④ 张乃根:《国际法上的多边主义及其当代涵义》,《国际法研究》2021 年第 3 期。

发挥积极作用。如欧盟这样的较为成熟的区域政治、经济同盟也在很大程度上保障了区域的和平与发展。亚洲地区发展中国家之间同样存在区域安全合作和经贸合作。这样的合作同样是践行多边主义，是一种以区域稳定促成全球稳定的途径。需要明确的是，真正的多边合作应当是以《宪章》为基础的多边机制。换句话说，真正的多边主义的安全、经济同盟应当是以维持国际和平与安全、发展各国间的友好关系以及促进国际经济、社会及文化等方面之合作为目的的同盟。当前以美国为首的西方国家进行"抱团"的方式早已背离《宪章》的宗旨，通过其"多边合作"实施的脱钩、断供、极限施压、干涉他国内政、威胁他国安全的行径不但没有带来和平安全与发展，反而一再加剧地区的不稳定性。这样的小团体和小圈子并非真正的多边主义，而是以看似多边的方式行追求极端利己的单边主义之实。

（四）合作前景上：南北国家价值选择上的激烈冲突

按照改革文件中有关多边行动的思路，发展中国家应当有更多参与和平安全治理的机会及更多的话语权，发达国家应当与发展中国家一道对维护世界和平与安全作出贡献。然而，改革中各国对于安全问题的看法存在巨大的差异，发达国家和发展中国家难以达成共识，使得多边治理推进缓慢。归根结底还是因为两者发展背景、发展程度不同，因此对于维护和平与安全的具体需求也不同，进而倾向的价值并不相同。最典型的就是对于和平、发展以及人权这三大支柱的顺序问题的巨大分歧。

1. 发展与和平安全

随着发展中国家开始参与全球治理，发展中国家关注的发展问题日益得到重视，尤其是《千年宣言》中明确指出，经济全球化产生的惠益分配非常不均，各方付出的代价也不公平。发展中国家和转型期经济国家为应付经济全球化的挑战面临特殊的困难。[1]在和平安全领域的治理中，发达国家十分重视本国的安全问题，尤其是恐怖主义的问题；发展中国家虽然同样重视和平与安全，但是还要更多地考虑某些措施、提议是否会影响到其发展。可以说，与和平安全相比，发展才是当前发展中国家的核心议题，发展中国家必然反对将用于发展的资源转移到建设和平之上。

---

① 《联合国千年宣言》（联合国大会文件 A/RES/55/2）。

发展与和平不存在冲突和对立,之所以改革过程中南北国家在这一问题上出现较大分歧,是因为发达国家在早期已经占尽先机,利用完了各种有利于其发展的资源,其发展可以说是建立在对其他国家尤其是如今的发展中国家和最不发达国家的剥削之上的。历史上这些发达国家在其工业化过程中为了完成资本的原始积累,不但掠夺资源、污染环境以及剥削殖民地人民,还给殖民地带去战火;可以说当前众多发展中国家的动荡不安以及贫困落后很大程度上与发达国家的在先行为密切相关。在这一背景下,发达国家不但不承担起更多的责任帮助发展中国家恢复发展,还极力推动各个领域的"泛安全化",无疑会进一步激发南北双方的矛盾。

2. 人权与和平安全

主权与人权的关系一直以来都是国际法理论研究上的重要问题,两者分别反映了"国家的价值"(即一国国家体系中的自治、不受干涉的国家价值)①及"人的价值"。无论是传统还是非传统的安全威胁,维护和平安全的根本目的都是增强人类的福祉,国际和平服务于全人类的利益,②最终要保障人的生存权和健康权等人权。然而在个人并非完全国际法主体的情况下,直接参与国际和平安全领域的治理,相互开展合作的是国家而非个人。联合国决议的执行也依赖于国家。若无法保证各国平等地参与治理,无法保证国家对本国事务的管辖权,那么国际合作最终是否能够成功必然是令人怀疑的。因此,一方面,若一国境内的和平安全威胁已经造成"人权危机",国际社会若不加以干涉,人的价值则无法得以保障;另一方面,若国家主权不受尊重,一国国内的事务被他国随意干涉,同样是违背《宪章》宗旨和原则的。虽然《宪章》明确了不干涉内政原则,但是二战后人权国际化成为趋势,国际人权保护的发展使得人权问题逐渐突破一国内政的范畴,人道主义干预和"保护的责任"规范的出现逐渐对国际秩序产生影响。③联合国体系下的国际人权条约及人权机构同样为协调各主权国家参与人权治理构建了一套逐步成熟的机制。和平安全问题与公民的生命健康关联最为密切,因此可以说,相较于其他治理领域,和平安全领域

---

① 亨金:《国际法:政治与价值》,张乃根等译,北京:中国政法大学出版社 2005 年版,第 145 页。

② 同上书,第 246 页。

③ 邱昌情:《"保护的责任"与国际人权规范建构》,复旦大学 2014 年博士学位论文。

人权与主权的冲突最为激烈。国际法学家亨金认为,"国家价值和人的价值并不一定会处于对立状态,但两者的确不同,要求的重点和优先权都不同。"①而这两大价值何者优先,则是南北国家争议较大的问题。

早在 2004 年的高级别小组报告中就明确了"国际社会提供保护的集体责任"的概念②,从联合国近年来有关和平安全治理的改革趋势看,"人权"在改革中的地位被抬得越来越高,古特雷斯在《我们的共同议程》中多次强调人权问题,甚至直接将将人权问题纳入安全问题的范畴,将人权直接和安全挂钩。这一做法实际上存在非常大的风险。正如有学者指出的,"在当前国际社会仍然未能摆脱权力和利益争斗的现实中,保护的责任范围并不确定,因而缺乏可操作性。"③"保护的责任"能否真正实现人权保护目标同样是个问题。"西方不断打着'保护的责任'旗号,推行'新干涉主义',在国际上引起混乱。"④以美国为首的西方国家近年来更是利用人权问题大做文章,在政治、经济领域大肆干涉他国内政,从其推行"人权外交"的斑斑劣迹来看,人权问题"安全化"和人权问题"政治化"结合在一起必然产生"安全问题政治化"的化学反应。当前安理会更多的是在威胁已较为紧迫以及冲突已经发生之时才发挥职能,至少能够表明一国境内的人权危机已经"有迹可循";然而,如果当前改革中强调的"预防"威胁的建议被采纳,在"预防"阶段国际社会就介入可能还没有发生的所谓的"人权危机",则很有可能演变为干涉内政的问题,引发被介入国家的不满甚至因国家间由于人权观上的对立而引发更大的矛盾,这无疑会背离维护和平安全的出发点。上文提及的改革中将"国内暴力"这一非常典型的内政事务也认定为可以被安理会直接干预的"安全威胁"的提议也有同样的风险。发达国家一味强调"人权高于主权"因此极力干涉发展中国家尤其是落后发展中国家和最不发达国家的国内事务,是因为基于其国家实力,长期的国际合作中其几乎一直处于领导者的地位,发展中国家和最不发达

---

① 亨金:《国际法:政治与价值》,第 146 页。

② 联合国大会文件 A/59/565。

③ 刘波:《国际人权保障机制中的"保护责任"研究》,《国际关系学院学报》2011 年第 4 期,第 40—47 页。

④ 阮宗泽:《负责任的保护:建立更安全的世界》,《国际问题研究》2012 年第 3 期,第 9—22 页。

国家难以甚至是完全不具有干涉发达国家内政的能力。因此,发达国家并不担心也无需担心发展中国家利用人权问题在各个领域对其进行攻击。而发展中国家极力维护主权是因为大多数发展中国家曾经沦为发达国家的殖民地或半殖民地,主权遭遇践踏。即使战后政治经济格局转变,大多数发展中国家也都逐渐摆脱了发达国家的控制,争取到民族独立并获得完整的主权,但是由于经济、技术及社会管理等多方面因素,国内事务被发达国家肆意干涉的情况仍然存在。因此,即使保障人权同样也是发展中国家认同的价值,但当改革中的人权议题触及发展中国家的主权底线,必然引发双方的激烈对抗,拖慢改革的进度。

四、构建人类命运共同体理念下联合国和平安全法治体系的完善路径

(一)不忘初心:坚持共商、共建、共享的法治之路

面对上述改革困境,联合国今后的改革始终需要坚持以法治为基础,联合国机构的运作也必然需要守法。近年来安理会的决议中也多次承诺维护《宪章》和国际法,确保联合国所有关于和平与安全的工作都尊重和促进法治,其制裁制度应符合法治原则。[①]因此,无论是对安全威胁范畴的划定,还是对具体安全问题,例如对于恐怖主义的定义,抑或是对安理会代表权的改革,以及对联合国大会决议约束力的提升等,均需以法治为起点。法治基于的"法",必然是国际法。构建人类命运共同体理念是共商、共建、共享国际法的终极目标使然,更是人类法治文明发展程度的至高标识。[②]西方国家虽然历来强调法治,然而在其法治所依据的"法"是什么法这一问题上鲜明地反映出其双重甚至多重标准:为实现自身利益,以其国内法为依据,以其自创的"规则"作为所谓的"国际法准则",通过其霸权、强权强硬地进行价值观和制度的输出,这无疑是违反国际法治精神的。构

---

① "在维护国际和平与安全过程中增进和加强法治"项目主席声明(联合国安理会文件:S/PRST/2010/11。)

② 云新雷、马忠法:《构建人类命运共同体:大国外交法治文明的逻辑》,《时代法学》2021年第5期,第81—86页。

建人类命运共同体理念历来强调以联合国为中心,尊重各国主权,各国平等独立地参与国际规则的制定,以维护全人类的共同利益为终极目标,通过共商、共建国际法的方式为国际合作提供法律依据,最终共享合作成果。基于此,中国参与的和平安全领域治理必然是以符合国际法的方式,走法治的道路,而非以武力等违背《宪章》的手段"争夺"治理的主导权。

总而言之,国际法的效力源于各国的共同同意,而非某一国家或某几个国家的意志。未来和平安全领域的改革应严格根据《宪章》的精神以及国际法原则对诸如恐怖主义等当前还较为模糊的问题进行澄清;抵制违背《宪章》宗旨和原则的单边主义行为;严格按照国际法的标准而非某个国家设定的"标准"(或"规则")行事;遵循共商、共建、共享的原则,保障各国沟通顺畅,使各国都有效地参与规则的制定,而非任由霸权、强权打破法治这一根本出发点。只有这样做才能推动全球和平安全领域的改革措施得到广泛支持,最大程度地减小分歧,进而保障措施能够被高效实施。全球和平安全治理也将朝着合理、合法同时符合人类共同利益的方向前进。

(二)包容共进:坚持多边框架下的全球共治

包容是构建人类命运共同体理念的核心,与我国传统的"和合"文化有着密不可分的关系。在当前冷战思维复苏,以美国为首的部分发达国家妄图继续垄断和平安全治理话语权,南北双方在价值选择上存在明显分歧的背景之下,应当以构建人类命运共同体理念及其蕴含的和合文化为指导思想,坚持天下为公的国际观,打破发达国家对于和平安全治理话语的垄断,提升发展中国家参与决策及参与和平立法的话语权,从欧洲中心、美国中心的治理向全球共治转变;坚持同舟共济的发展观,协调南北双方的利益,避免定义威胁的过程中出现不顾及发展中国家发展权利的泛安全化的问题,避免阻碍发展中国家的发展,导致贫困加剧,加深南北鸿沟,最终导致发展问题转变成安全问题,给已经岌岌可危的全球和平安全法治体系带来更为猛烈的冲击;坚持和而不同的文明观、以和为贵的交往观,以包容的态度与不同意识形态、不同政治体制、不同文化背景、不同宗教的国家进行和平安全领域的合作,抵制以意识形态划分阵营的冷战思维,携手应对恐怖主义等人类共同的安全威胁,而非以所谓的民主外交、人权外交拉帮结派转移矛盾甚至直接干涉他国内政引发更大的冲突。

简言之,坚持多边立场,维护以《宪章》为核心的集体安全保障体系,保障"集体安全"而非个别国家或部分国家的安全,以集体强制力保障对武力的国际法律管制;协调好各国的共同利益,进一步提升"维护和平安全是全人类共同利益"之意识;正如上文所述,联合国大会对于安理会决策的审议机制为各会员参与和平安全决策提供了机会,有助于共同推进安理会结构及运行机制的改革,最终也将促进各国遵守决议,形成相互之间的监督,避免某些国家选择性遵守决议,对于与己无关的决议采取"事不关己高高挂起"的态度。只有这样才能进一步提升国际法规则的约束力,使决议不再是仅具有"软法"效力的建议,最终保障普遍的、持久的和平。

(三)循序渐进:从理念到原则再到制度

中国提出构建人类命运共同体理念,意在将这一具有中国特色的国际法理念通过制度化的路径,使之逐步成为实证国际法和全球治理体系的组成部分。①正如前文所述,构建人类命运共同体理念作为东方的智慧,并未与西方的法治理念形成对立,构建人类命运共同体理念的包容性也使得其并未全盘否定西方法治理念的积极因素,展现出对西方法治理念的扬弃。在百年不遇之变局下,积极探索在国际治理的各具体领域融入构建人类命运共同体思想,以其为基础主动引领国际法的发展方向。将构建人类命运共同体理念融入现存的国际法基本框架,是将其发展成为真正的国际法的路径。②曾经的和平共处五项原则被接受为国际法基本原则的发展路径即是如此。未来构建人类命运共同体理念同样应当遵循该路径,最终实现制度化,以减少甚至消除战争的起因,为人类持久和平与普遍安全的实现助力。当前我国已经通过"一带一路"倡议等多边、双边合作,使该理念被吸纳为相关实践的行动指南,未来,在和平安全治理领域,应进一步通过将其运用于该领域的治理活动,主动将该理念与以《宪章》为基础的国际法体系进行衔接,在坚持《宪章》宗旨和原则的基础上不断推动相关制度、原则、规则的发展③,更好地应对国际社会共同面临的和平与安全威胁,为完善和平安全法治体系贡献中国的智慧。

---

① 张乃根:《试论人类命运共同体制度化及其国际法原则》,《中国国际法年刊》2019 年第 1 期,第 3—29 页。

② 参见黄惠康:《中国特色大国外交与国际法》,法律出版社 2019 年版,第 491 页。

③ 同上书,第 493 页。

五、结　语

无论是古代还是现代,无论东方还是西方,无论是发达国家还是发展中国家,在经历了大大小小各式各样的战争之后,尤其是在整个国际社会共同经历两次世界大战之后,人们都意识到和平与安全的重要意义,塑造一个持久和平普遍安全的世界是全人类共同的目标。联合国的成立正是为实现这一目标所进行的重大实践与伟大尝试。然而俄乌的兵戎相见及近年来以恐怖主义为代表的非传统安全危机的频繁发生也让我们清楚地认识到联合国的和平安全体系存在不足,要及时对存在的问题进行修正,避免漏洞越来越大,最终导致更大范围的战火的重燃及危险的扩散。对于世界来说,构建人类命运共同体理念作为东方智慧,吸收了西方和平安全理论、法治思想中的积极因素,同时展现了中华传统文化的现代价值。对于中国来说,和平安全法治体系的改革是为中国参与全球治理以及中国参与国际法、国际规则的制定提供的重要机会。我国应当以构建人类命运共同体理念为指导,积极参与改革,通过这一具有重大历史意义及重大影响的国际法实践将构建人类命运共同体理念制度化,使其成为真正意义上的国际法原则。

"双一流"建设背景下北大复旦人大清华国关青年教师的发展现状与思考[*]

【内容提要】 北京大学、复旦大学、中国人民大学、清华大学是中国国际关系学科建设的重镇。本文选取四校国际关系学科的青年教师,进行"双一流"建设前后的纵向对比分析和四校之间的横向对比分析。相比 2010 年,2020 年时在职的四校国关青年教师学历更高、受教育的国际化程度更高、代表性科研成果数更多、更加注重研究方法和研究规范等。四校国关青年教师在高级职称占比、国家社会科学基金立项数、期刊论文发表等方面各具优势。四校国关青年教师的未来成长,需要处理好国际培养和国内培养、学科建设和支撑平台、学科边界和学科融合、代际差异和代际传承、学术研究和政策研究、校际竞争和校际合作这六对关系。

【关键词】 "双一流",国际关系,北大复旦人大清华,国关青年教师

【Abstract】 Peking University, Fudan University, Renmin University of China and Tsinghua University are of strategic importance for the development of China's international relations disciplines. This article conducts a longitudinal comparative analysis of young faculties in international relations from above four universities before and after "Double First-Class" construction and the horizontal comparative analysis among the four universities. Compared with the year 2010, young faculties in 2020 have more advanced degrees, greater internationalization of education, more research outputs with representativeness and more emphasis on research methods and academic conventions. Each university does have its own advantages in the proportion of senior professional titles, the number of projects approved by the National Social Science Fund of China and good journal publications. As for the future development, it is necessary for them to manage six relationships, including international and domestic cultivation, disciplinary construction and supporting platform, disciplinary boundaries and integration, intergenerational differences and inheritance, academic and policy research, inter-school competition and cooperation.

【Key Words】 "Double First-Class", International Relations, Peking University, Fudan University, Renmin University of China, Tsinghua University, Young Faculty in International Relations

---

* 感谢以下学者对本文写作提供的帮助:复旦大学国际问题研究院吴心伯教授、冯玉军研究员、谢超副研究员;复旦大学国际关系与公共事务学院刘季平研究员、郑宇教授、张骥教授、陈拯青年研究员;清华大学国际关系学系孙学峰教授、刘丰教授;北京大学国际关系学院项佐涛副教授;中国人民大学国际关系学院左希迎教授。感谢复旦大学国际关系与公共事务学院硕士研究生陆吉、中国与周边国家关系研究中心科研助理张泽宇帮助整理相关数据。本文为作者个人观点,不代表任何机构。

** 祁怀高,复旦大学国际问题研究院研究员、副院长。

一、介　绍

"双一流"是世界一流大学和世界一流学科的简称。"双一流"是中共中央、国务院作出的重大战略决策,也是中国高等教育领域继"211 工程""985 工程"之后的又一国家战略,旨在实现中国从高等教育大国到高等教育强国的历史性跨越。①2017 年 9 月 21 日,教育部、财政部、国家发展改革委联合发布《关于公布世界一流大学和一流学科建设高校及建设学科名单的通知》(简称《第一轮"双一流"名单通知》),世界一流大学和一流学科建设高校及建设学科名单正式确认公布。②2022 年 2 月 11 日,教育部、财政部、国家发展改革委联合发布《关于公布第二轮"双一流"建设高校及建设学科名单的通知》(简称《第二轮"双一流"名单通知》),公布第二轮"双一流"建设高校及建设学科名单。③

《第一轮"双一流"名单通知》中,进入"双一流"建设学科名单的政治学建设高校六所。具体包括(按学校代码排序):北京大学、中国人民大学、清华大学、外交学院、复旦大学、华中师范大学。其中,外交学院的政治学学科加"自定"标示,意思是根据"双一流"建设专家委员会建议由高校自主确定的学科;除外交学院外的其他五所高校,政治学学科不加"自定"标示,意思是根据"双一流"建设专家委员会确定的标准而认定的学科。④

《第二轮"双一流"名单通知》中,进入"双一流"建设学科名单的政治学

①　国务院:《国务院关于印发统筹推进世界一流大学和一流学科建设总体方案的通知》,国发〔2015〕64 号,2015 年 10 月 24 日,http://www.gov.cn/zhengce/content/2015-11/05/content_10269.htm。

②　教育部、财政部、国家发展改革委:《教育部　财政部　国家发展改革委关于公布世界一流大学和一流学科建设高校及建设学科名单的通知》,教研函〔2017〕2 号,2017 年 9 月 21 日。

③　教育部、财政部、国家发展改革委:《教育部　财政部　国家发展改革委关于公布第二轮"双一流"建设高校及建设学科名单的通知》,教研函〔2022〕1 号,2022 年 2 月 11 日。

④　教育部、财政部、国家发展改革委:《教育部　财政部　国家发展改革委关于公布世界一流大学和一流学科建设高校及建设学科名单的通知》。

建设高校四所,另有两所高校自主确定建设学科并自行公布。进入"双一流"建设学科名单的政治学建设四所高校为(按学校代码排序):中国人民大学、外交学院、复旦大学、华中师范大学。自主确定建设学科并自行公布的两所高校为(按学校代码排序):北京大学、清华大学。

2017 年 12 月,教育部学位与研究生教育发展中心(简称"教育部学位中心")组织的第四轮学科评估结果公布。①在第四轮学科评估中,参评政治学学科的高校 76 所。其中,北京大学和复旦大学(按学校代码排序)的政治学学科被评为"A+",中国人民大学被评为"A",清华大学被评为"A-"。

从学科整体排名来看,北京大学(简称"北大")、复旦大学(简称"复旦")、中国人民大学(简称"人大")、清华大学(简称"清华")四校的政治学(和国际研究)学科排名稳居中国大陆高校前列。2019 年以来四校的政治学学科排名(QS 世界学科排名)均在前 100 名之列。在 2013 年至 2021 年

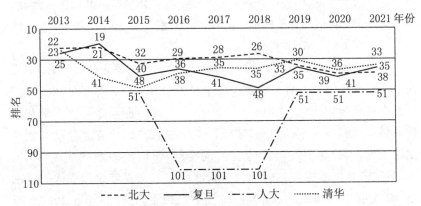

图 1 四校 QS 世界学科(政治学和国际研究)排名(2013—2021 年)

数据来源:QS Quacquarelli Symonds Limited," Peking University," https://www.topuniversities.com/universities/peking-university;"Fudan University," https://www. topuniversities. com/universities/fudan-university;" Renmin (People's) University of China," https://www.topuniversities.com/universities/renmin-peoples-university-china;"Tsinghua University," https://www. topuniversities.com/universities/tsinghua-university.

---

① 教育部学位与研究生教育发展中心:《第四轮学科评估高校评估结果》,中国学位与研究生教育信息网,2017 年 12 月,https://www.cdgdc.edu.cn/dslxkpgjggb/。

的 QS 世界学科排名中,北大、复旦、清华的政治学学科排名始终位居中国大陆高校排名前三;2015 年至 2021 年的 QS 世界学科排名中,人大的政治学学科排名始终位居中国大陆高校排名第四。①2013 年至 2021 年间,北大的政治学学科 QS 排名,在第 21 和 39 之间,排名均位数为 30;复旦的政治学学科 QS 排名在第 19 和 48 之间,排名均位数为第 36;清华的政治学学科 QS 排名在第 23 和 48 之间,排名均位数为第 35。2015 年至 2021 年间,人大的政治学学科 QS 排名在第 51 和第 150 之间,排名均位数为第 72。四校在政治学和国际研究学科的卓越排名,为吸引优秀的青年教师入职提供了良好的平台。

国际关系(简称"国关")是政治学一级学科下的二级学科。②本文为了行文方便,将国际政治、国际关系、外交学这三个二级学科,都统称为国际关系;并将四校中从事上述三个二级学科和区域国别教学科研的青年教师统称为国关青年教师。在本文的统计数据中,国关青年教师不包括主要聚焦政治学理论、中外政治制度、科学社会主义与国际共产主义运动、中共党史教学科研的青年教师。没有正式入编的博士后研究人员没有统计在四校国关青年教师内。

鉴于四校的政治学/国际关系学科处于全国的领先位置,因此本文选取这四所高校作为研究对象。在学科发展中,青年教师在"双一流"建设中扮演重要角色。《国务院关于印发统筹推进世界一流大学和一流学科建设总体方案的通知》建设任务中提到,"以中青年教师和创新团队为重点,优化中青年教师成长发展、脱颖而出的制度环境"。③因此,我把四校国关青年教师作为分析样本。本文青年教师群体的范围是,截至 2020 年 12 月,年龄在 45 周岁及以下,出生日期在 1975 年 1 月 1 日及以后。

---

① QS Quacquarelli Symonds Limited, "QS World University Rankings by Subject 2021:Politics 2021," https://www.qschina.cn/en/university-rankings/university-subject-rankings/2021/politics,2022-02-27。

② 中国学位与研究生教育信息网:《学科、专业目录》,访问时间:2022 年 2 月 27 日。

③ 国务院:《国务院关于印发统筹推进世界一流大学和一流学科建设总体方案的通知》。

二、文 献 综 述

我未发现专门研究四校国关青年教师的公开发表学术论文。不过，一些研究"双一流"建设学科、学科评估、高校青年教师成长等的文献为本文提供了重要启示。

研究"双一流"建设学科的相关文献有：赵星、蔡前黎、乔利利研究了中国当前"双一流"建设学科的分布格局与合作态势，76％的"双一流"建设学科高校间科研合作强度低于全国平均值，主要"双一流"建设学科之间的合作并不活跃。①赵星等的论文启示：四校政治学（和国际关系）"双一流"学科建设应当规避过度竞争，强调合作与差异化特色。刘小强、蒋喜锋研究了世界一流大学建设的"学科模式"和"中心模式"，认为中国建设世界一流大学采用的是"学科模式"，而发达国家地区大多采取的是"中心模式"，中国的"双一流"建设既要坚持"学科模式"，又要借鉴"中心模式"，跨越学科、高校、行业组建研究中心。②刘小强等的论文为我思考四校国关青年教师的校际合作提供了启示。沈健、胡娟对中美两国29所世界一流高校的学科数据进行了比较分析，他们的研究发现：美国高校相对更为重视基础学科建设，中国高水平大学的理科基础学科覆盖率比美国一流高校低12％，文科基础学科覆盖率低30％。③沈健等的论文启示我应思考四校政治学学科建设可借鉴美国哈佛大学、普林斯顿大学、耶鲁大学、斯坦福大学等的优秀经验。

研究中国高校学科评估的相关文献有：教育部学位中心组织的学科评估，迄今已公布四轮评估结果。2012年第三轮评估结果中，政治学学

① 赵星、蔡前黎、乔利利：《合作与竞争：我国高校"双一流"建设学科的分布格局》，《图书与情报》2018年第4期，第1—9页。

② 刘小强、蒋喜锋：《论世界一流大学建设的"学科模式"和"中心模式"——"双一流"首轮建设期满之际的反思》，《中国高教研究》2020年第10期，第27—33页。

③ 沈健、胡娟：《高水平大学优势学科布局与选择的量化分析——基于中美两国29所世界一流高校的数据》，《中国高教研究》2013年第9期，第61—67页。

科,北京大学、中国人民大学、复旦大学得分都是"89",并列第一。①2017 年第四轮学科评估结果中,政治学学科,北京大学和复旦大学被评为"A＋",中国人民大学被评为"A",清华大学被评为"A－"。②英国 QS 公司发布的世界学科排名,四校的政治学(和国际研究)学科自 2019 年以来全球排名均在前 100 名之列。③教育部学位中心的学科评估和英国 QS 公司的世界学科排名,是笔者选取北大复旦人大清华四校的重要依据。黄宝印撰文分析需着力构建新时代中国特色学科评估新体系,提到评价科研水平不唯"论文""奖项",设置"代表性著作"等指标,进行多维度科研成效评价,规定代表作中必须包含一定比例的中国期刊论文,突出标志性学术成果的创新质量和学术贡献。④黄宝印的论文启示,评估四校国关青年教师的核心科研能力,需要以代表作为主,且需包含一定比例的国际关系类中国期刊论文。

研究中国高水平研究型大学青年教师成长的相关文献:徐昭恒、王琪、朱军文撰文分析了高校青年教师缘何参与大学国际化,他们认为,青年教师参与国际化的主要动机在于加强科研产出、获取学术资源、建立一种广义的学术声誉,其核心诉求是积累推动学术工作发展的各类学术资本。⑤李健、薛二勇认为,在创建世界一流大学的目标驱动下,"海归"青年教师的学术竞争力和学术表现力需要在国内和国际层面都得以良好展现;将国际学术界的匿名评审机制和长聘机制引入中国高等教育体系,有助于达到世界一流大学的国际学术标准。⑥上述 2 篇文献为笔者思考四校

① 教育部学位与研究生教育发展中心:《2012 年全国高校学科评估结果》,中国学位与研究生教育信息网,http://www.chinadegrees.cn/xwyyjsjyxx/xxsbdxz/index.shtml。

② 教育部学位与研究生教育发展中心:《第四轮学科评估高校评估结果》,中国学位与研究生教育信息网,2017 年 12 月,http://www.cdgdc.edu.cn/xwyyjsjyxx/xkpgjg/。

③ QS Quacquarelli Symonds Limited,"QS World University Rankings by Subject 2021:Politics 2021," https://www.qschina.cn/en/university-rankings/university-subject-rankings/2021/politics。

④ 黄宝印:《努力构建新时代中国特色学科评估新体系》,《中国高等教育》2021 年第 17 期,第 4—6 页。

⑤ 徐昭恒、王琪、朱军文:《激情背后的"理性":高校青年教师缘何参与大学国际化》,《复旦教育论坛》2018 年第 5 期,第 83—90 页。

⑥ Jian Li & Eryong Xue,"Returnee Faculty Responses to Internationalizing 'academic ecology' for Creating World-class Universities in China' Elite Universities," *Higher Education*,Vol.81,No.5(2021),pp.1063—1078.

青年教师如何培养国际视野提供了启示。

三、"双一流"建设前后四校国关
青年教师的纵向对比分析

"双一流"建设启动于 2015 年,其目标之一是"到 2020 年,若干所大学和一批学科进入世界一流行列,若干学科进入世界一流学科前列"。为了分析"双一流"建设启动前后四校国关青年教师的变化,笔者分别选取 2010 年①和 2020 年②这两个年份的数据,进行纵向对比分析。

四校国关青年教师的相关数据包括以下方面:(1)性别。分析男性和女性的人数比率,并重点分析女性国关青年教师的占比。(2)职称。职称分为中级、副高级、正高级三类。中级职称包括讲师、助理教授、助理研究员、青年副研究员;副高级职称包括副教授、副研究员、青年研究员;正高级职称包括教授、研究员。在职称信息中,本文将重点关注正高级国关青年教师的人数及占比。(3)博士学位,本文将重点关注国关青年教师入职前获国内、国外博士学位的比例。(4)博士后研究经历。(5)国家社会科学基金立项数,以国家社会科学基金这一代表性科研项目立项数来评估四校国关青年教师的科研能力。(6)《世界经济与政治》学术论文发表数,以《世界经济与政治》这一中文代表性学术期刊为例分析四校国关青年教师的中文代表性论文发表情况。(7)SSCI 期刊论文发表数,评估四校国关青年教师的英文代表性论文发表情况。

四校国关青年教师群体将细分 75 后、80 后、85 后、90 后四个不同年龄梯队。就 2020 年的统计数据而言,75 后统计 1975 年 1 月 1 日及其以后出生的青年教师;80 后统计 1980 年 1 月 1 日及其以后出生的青年教师;85 后统计 1985 年 1 月 1 日及其以后出生的青年教师;90 后统计 1990 年 1 月 1 日及其以后出生的青年教师。就 2010 年的统计数据而言,"45 周岁及以下"统计 1965 年 1 月 1 日及其以后出生的教师;"40 周岁及以下"统计

---

① "2010 年"的统计数据截至 2010 年 12 月 31 日。
② "2020 年"的统计数据截至 2020 年 12 月 31 日。

1970 年 1 月 1 日及其以后出生的教师;"35 周岁及以下"统计 1975 年 1 月 1 日及其以后出生的教师;"30 周岁及以下"统计 1980 年 1 月 1 日及其以后出生的青年教师。

表 1　2010 年和 2020 年四校国关青年教师的人数变化

年龄段 机构	1965 年以后出生且 2010 年时在职				1975 年以后出生且 2020 年时在职			
	45 周岁及以下（1965 年及以后出生）人数（女性）	40 周岁及以下（1970 年及以后出生）人数（女性）	35 周岁及以下（1975 年及以后出生）人数（女性）	30 周岁及以下（1980 年及以后出生）人数（女性）	75 后（1975 年及以后出生）人数（女性）	80 后（1980 年及以后出生）人数（女性）	85 后（1985 年及以后出生）人数（女性）	90 后（1990 年及以后出生）人数（女性）
北大	26(4)	10(3)	6(2)	1(1)	19(7)	11(6)	6(4)	1(1)
复旦	36(10)	24(9)	15(5)	3(1)	34(8)	17(5)	12(4)	2(0)
人大	23(12)	12(5)	5(2)	0(0)	22(7)	15(5)	7(3)	2(2)
清华	7(2)	4(1)	3(1)	0(0)	19(4)	14(2)	11(2)	2(0)
合计 女性占比	92(28) 30%	50(18) 36%	29(10) 34%	4(2) 50%	94(26) 28%	57(18) 32%	37(13) 35%	7(3) 43%

数据来源:北京大学国际关系学院网站 https://www.sis.pku.edu.cn/;复旦大学国际关系与公共事务学院网站 https://sirpa.fudan.edu.cn/;复旦大学国际问题研究院网站 https://iis.fudan.edu.cn/;复旦大学"一带一路"及全球治理研究院网站 https://brgg.fudan.edu.cn/;中国人民大学国际关系学院网站 http://sis.ruc.edu.cn/;清华大学国际关系学系网站 https://www.dir.tsinghua.edu.cn/;清华大学国际与地区研究院网站 http://iias.tsinghua.edu.cn/。部分缺省数据为笔者访谈获得。

从 2010 年和 2020 年的人数对比来看,10 年间四校国关青年教师人数稍有增长。从 2010 年的 92 人小幅增长到 2020 年的 94 人(见表1)。但四校的人数变化不一样,其中,北大从 2010 年的 26 人减少到 2020 年的 19 人,复旦从 2010 年的 36 人减少到 2020 年的 34 人,人大从 2010 年 23 人减少到 2020 年的 22 人,清华从 2010 年的 7 人增加到 2020 年的 19 人(见图 2)。人数变化幅度最大的是清华,2020 年与 2010 年相比增长 171%。清华国关青年教师人数增长最快,主要原因是 2017 年 9 月清华成立的国际与地区研究院,为清华大学实体科研机构①,自成立以来留任了大批清华大学"发展中国家研究博士项目"的青年教师。

1965 年后出生且 2010 年时在职

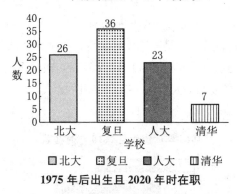

1975 年后出生且 2020 年时在职

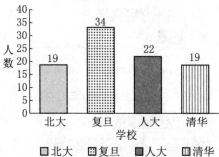

图 2 2010 年和 2020 年四校国关青年教师的人数变化

数据来源:同表 1。部分缺省数据为笔者访谈获得。

从 2010 年和 2020 年的性别数据来看,四校国关青年教师女性占比随着年龄段的年轻化而呈总体增加趋势(见表 1)。2010 年时在职的四校国关青年教师数据显示,45 周岁及以下的女性青年教师人数占 30%、40 周岁及以下占 36%,35 周岁及以下占 34%,30 周岁及以下占 50%。2020 年时在职的四校国关青年教师数据显示,75 后女性青年教师人数占 28%,80 后占 32%,85 后占 35%,90 后占 43%。以北大为例,75 后女性青年教

---

① 清华大学国际与地区研究院:《研究院概况》,http://iias.tsinghua.edu.cn/about/general-information/,访问时间:2022-03-14。

师人数占 37%(7/19)，80 后占 55%(6/11)，85 后占 67%(4/6)，90 后占 100%(1/1)。

从三类职称的人数来看，四校国关青年教师在 2010 年和 2020 年呈现不同的变化(见图 3 和表 2)。其中，四校国关青年教师中级职称人数从 2010 年时的 28 人(占 30%)增加到 2020 年时的 40 名(占 43%，40/94)，增加 13 个百分点。四校国关青年教师副高级职称人数从 2010 年时的 45 人(占 49%)减少到 2020 年时的 30 名(占 32%)，减少 17 个百分点。四校国关青年教师正高级职称人数从 2010 年时的 18 人(占 20%)增加到 2020 年时的 24 名(占 26%)，增加 6 个百分点。

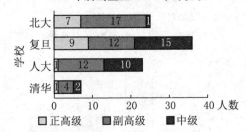

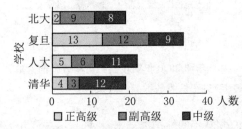

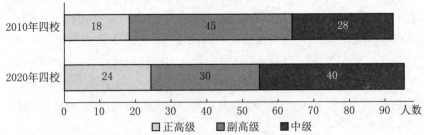

图 3　四校国关青年教师在 2010 年和 2020 年时的职称变化

数据来源：同表 1。部分缺省数据为笔者访谈获得。

从 2010 年和 2020 年博士学位数据来看,10 年间四校国关青年教师从国外学术机构获得博士学位的比率大幅上升(见图 4 和表 3)。2010 年时在职的四校 92 名青年教师中,89 名获得博士学位,但有 3 人最高学位为硕士;20 人从国外获得博士学位,在 92 名青年教师中占 22%。2020 年时在职的四校 94 名青年教师,全部获得博士学位,其中 40 名从国外获得博士学位,在 94 名青年教师中占 43%。2020 年时在职的国关青年教师相对于 2010 年时在职的国关青年教师而言,从国外学术机构获得博士学位的比率上升 21 个百分点。另外一个值得注意的趋势是,2020 年时在职的国关青年教师相对于 2010 年时在职的国关青年教师而言,获国内国外双博士学位的人数增长 125%。[①]

1965 年出生且 2010 年在职

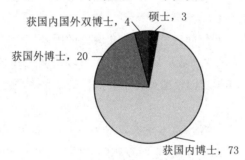

1975 年出生且 2020 年在职

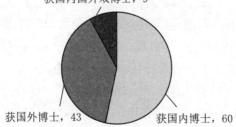

图 4　四校国关青年教师在 2010 年和 2020 年时的博士学位变化

注:获港澳台地区博士学位统计为获国内博士学位。

数据来源:同表 1。部分缺省数据为笔者访谈获得。

---

① 2010 年时在职的国关青年教师获国内国外双博士学位人数为 4 人;2020 年时在职的国关青年教师获国内国外双博士学位人数为 9 人。

从 2010 年和 2020 年博士后研究经历数据来看,10 年间四校国关青年教师在国内/国外学术机构从事博士后研究的人数有较大增加。2010年时在职的四校国关青年教师(92 名)中,12 名有博士后研究经历。2020 年时在职的四校国关青年教师(94 名)中,19 名有博士后研究经历。2020 年相对于 2010 年而言,有博士后研究经历的青年教师增加 58 个百分点。

从国家社会科学基金立项数①来看,2020 年时在职的四校国关青年教师立项数是 2010 年时在职的近 2 倍。通过对全国哲学社会科学工作办公室"国家社科基金项目数据库"②进行项目查询,2010 年时在职的四校国关青年教师累计共获得国家社会科学基金项目 23 项。其中,北大 10项、复旦 9 项、人大 3 项、清华 1 项。2020 年时在职的四校国关青年教师累计共获得国家社会科学基金项目 45 项,其中,北大 5 项、复旦 25 项、人大10 项、清华 5 项。10 年间四校国关青年教师的国家社会科学基金项目立项数增长 96%,人均立项数从 2010 年的 0.25 项增加到 2020 年的 0.48 项。这显示"双一流"建设对四校国关青年教师科研项目立项能力有积极促进作用。

从《世界经济与政治》学术论文发表数③来看,2020 年时在职的四校国关青年教师发表数是 2010 年时在职的 2 倍多。2010 年时在职的四校国关青年教师在《世界经济与政治》上累计发表学术论文 75 篇,其中,北大33 篇、复旦 50 篇、人大 19 篇、清华 19 篇。2020 年时在职的四校国关青年教师在《世界经济与政治》上累计发表学术论文 165 篇,其中,北大 12 篇、复旦 60 篇、人大 53 篇、清华 40 篇。10 年间四校国关青年教师的《世界经济与政治》学术论文发表数增长 120%,人均发表数从 2010 年的 0.82 篇增加到 2020 年的 1.76 篇。这显示"双一流"建设对四校国关青年教师中文权威期刊发表能力有积极促进作用。

---

① 包括国家社会科学基金青年项目、一般项目、重点项目、重大项目、后期资助项目。
② 全国哲学社会科学工作办公室:《国家社科基金项目数据库》,http://fz.people. com.cn/skygb/sk/index.php/Index/seach。
③ 本文仅统计相关青年教师以独著或第一作者身份发表在《世界经济与政治》期刊上的学术论文。学术随笔短文、研讨会发言摘要、商榷类短文、会议综述、学者访谈类文章不纳入本文统计范围。

2020 年和 2010 年相比,四校青年教师在《世界经济与政治》学术论文发表数①相比国内其他学术机构青年教师发表数,增加了 15 个百分点。2010 年,《世界经济与政治》共刊发学术论文 106 篇,国内学术机构青年教师发表学术论文 60 篇,其中,四校青年教师发表 7 篇。2010 年,四校青年教师在《世界经济与政治》学术论文发表数占国内学术机构青年教师发表数的 12%。2020 年,《世界经济与政治》共刊发学术论文 72 篇,国内学术机构青年教师发表学术论文 41 篇,其中,四校青年教师发表 11 篇。2020 年,四校青年教师在《世界经济与政治》学术论文发表数占国内学术机构青年教师发表数的 27%。2020 年的数据和 2010 年的数据相比,四校青年教师在《世界经济与政治》学术论文发表比率上升 15 个百分点。一方面,似乎说明四校青年教师相对于国内其他学术机构的青年教师而言,在国内高水平学术刊物发表的能力日益增强;另一方面,可能表明"双一流"建设使得四校的政治学和国际研究学科资源更丰富,使得四校青年教师的整体学术科研能力更强。

从 SSCI 期刊论文发表数②来看,2020 年时在职的四校国关青年教师发表数是 2010 年时在职的 3 倍多。2010 年时在职的四校国关青年教师在 SSCI 期刊上发表学术论文 24 篇,发表者 14 人。2020 年时在职的四校国关青年教师在 SSCI 期刊上发表学术论文 76 篇,发表者 35 人。10 年间,四校国关青年教师的 SSCI 期刊论文人均发表数从 2010 年的 0.26 篇增加到 2020 年的 0.81 篇。这显示"双一流"建设对四校国关青年教师英文高水平期刊发表能力有积极促进作用。

综上,"双一流"建设启动后,四校青年教师的科研能力和国际化程度都有了较大提升。2020 年时在职的四校国关青年教师和 2010 年时在职的四校国关青年教师相比较,2020 年时的国家社会科学基金立项数是 2010 年时的近 2 倍,2020 年时的《世界经济与政治》学术论文发表数是

---

① 本文仅统计相关青年教师以独著或第一作者身份发表在《世界经济与政治》期刊上的学术论文。学术随笔短文、研讨会发言摘要、商榷类短文、会议综述、学者访谈类文章不纳入本文统计范围。

② SSCI 期刊的目录,来自:https://mjl.clarivate.com/collection-list-downloads。本文仅统计相关青年教师以独著或第一作者身份发表在 SSCI 期刊上的学术论文。

2010 年时的 2 倍多,2020 年时的 SSCI 期刊论文发表数是 2010 年时的 3 倍多,2020 年时从国外学术机构获得博士学位的比率比 2010 年时上升 21 个百分点。

四、2020 年四校国关青年教师的整体分析及横向比较分析

本文选取了 1975 年以后出生且 2020 年时在职的四校国关青年教师 94 人。其中,北大 19 人,来自北京大学国际关系学院;复旦 34 人,来自复旦大学国际关系与公共事务学院、国际问题研究院、"一带一路"及全球治理研究院;人大 22 人,来自中国人民大学国际关系学院;清华 19 人,来自清华大学国际关系学系、国际与地区研究院。

接下来将对 2020 年时在职的四校国关青年教师数据进行整体分析和横向比较分析。

从性别来看,2020 年时在职的四校国关青年教师女性占比随着年龄段的年轻化总体呈递增趋势(见表 1)。北大 75 后女性国关青年教师人数占 37%(7/19),80 后占 55%(6/11),85 后占 67%(4/6)。复旦 75 后女性国关青年教师人数占 24%(8/34),80 后占 29%(5/17),85 后占 33%(4/12)。人大 75 后女性国关青年教师人数占 32%(7/22),80 后占 33%(5/15),85 后占 43%(3/7)。清华 75 后女性国关青年教师人数占 21%(4/19),80 后占 14%(2/14),85 后占 17%(2/12)。如果对四校国关青年教师女性占比做横向对比,从高到低分别是北大、人大、复旦、清华。女性占比随着年龄段的年轻化总体呈递增趋势,表明更多优秀的女性教师入职四校,也表明性别更趋平等。

从三类职称的人数来看,2020 年时在职的四校国关青年教师各有优势(见表 2 和图 5)。从高级职称(含正高级和副高级)占比来看,从高到低分别是复旦(74%)、北大(58%)、人大(50%)、清华(37%)。清华的高级职称占比较低,主要原因是清华大学国际与地区研究院(8 名助理研究员)、战略与安全研究中心(2 名助理研究员)这两个机构的青年教师全部为助

理研究员(中级职称),从而拉低了清华国关教师的高级职称整体占比。从正高级占比来看,最高的是复旦(13人,占38%),这显示复旦国关青年教师在四校中的高级职称优势。复旦的13名正高职称国关青年教师,绝大部分集中在复旦大学国际问题研究院(9名正高职称)。如果职称晋升机制设计合理,从长远来看,目前中级职称占比较高的清华(63%)和人大(50%)未来将有很大的人才发展潜力。前面的分析提到女性国关青年教师人数占比28%(见表1),但女性高级职称(含正高级和副高级)占比却只有11%(见表2),这显示女性如果要晋升到四校的高级职称头衔,取得高质量的两性平等,仍然任重道远。

表2　2020年时在职的四校国关青年教师职称信息

机构＼职称	高级(正高级+副高级)		正高级		副高级		中级	
	人数(占比)	女性(占比)	人数(占比)	女性(占比)	人数(占比)	女性(占比)	人数(占比)	女性(占比)
北大(19人)	11(58%)	2(11%)	2(11%)	0(0%)	9(47%)	2(11%)	8(42%)	5(26%)
复旦(34人)	25(74%)	4(12%)	13(38%)	3(9%)	12(35%)	1(3%)	9(26%)	4(12%)
人大(22人)	11(50%)	2(9%)	5(23%)	0(0%)	6(27%)	2(9%)	11(50%)	5(23%)
清华(19人)	7(37%)	2(11%)	4(21%)	1(5%)	3(16%)	1(6%)	12(63%)	2(11%)
四校合计(94人)	54(57%)	10(11%)	24(26%)	4(4%)	30(32%)	6(6%)	40(43%)	16(17%)

数据来源:同表1。部分缺省数据为笔者访谈获得。

从博士学位来源来看,2020年时在职的四校国关青年教师各有特色(见表3和图6)。四校国关青年教师获国外博士学位的比例随着年龄段的年轻化而呈总体增加趋势。比如,四校75后获国外博士学位的比率为46%,四校80后获国外博士学位的比率为49%,四校85后获国外博士学位的比率为57%。四校国关青年教师(75后)获国外博士学位的比率,从

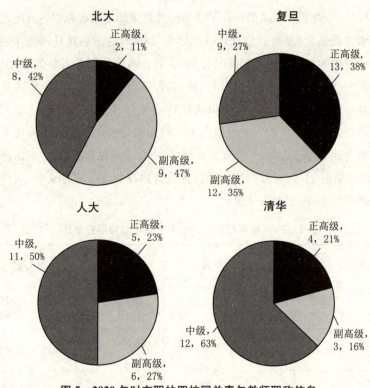

图 5　2020 年时在职的四校国关青年教师职称信息

数据来源:同表 1。部分缺省数据为笔者访谈获得。

高到低,分别是:北大(74%)、人大(50%)、复旦(35%)、清华(32%)。四校国关青年教师("75 后")获国内博士学位[①]的比率,从高到低,分别是:清华(68%)、复旦(65%)、人大(64%)、北大(53%)。本校博士学位获得率,从高到低,分别是:清华(53%)、北大(42%)、复旦(35%)、人大(18%)。这表明,清华北大复旦三校国关青年教师有相当大比率是从各自大学获得博士学位。另外,值得注意的一个现象是,北大、复旦、人大的国关青年教师都有获国内国外双博士学位者。其中,5 位青年教师获得北京大学/早稻田大学双博士学位,占获国内国外双博士学位青年教师人数(9 人)的 56%。

———————

①　获港澳台地区博士学位统计为获国内博士学位。

表 3 2020 年时在职的四校国关青年教师获得博士学位信息

机构;博士学位		75 后(1975 年及以后出生)人数(占比)	80 后(1980 年及以后出生)人数(占比)	85 后(1985 年及以后出生)人数(占比)
北大(19 人)	获国内博士	10(53%;10/19)其中,获本校博士学位 8 人(42%)	6(55%;6/11)其中,获本校博士学位 4 人(36%)	1(17%;1/6)其中,获本校博士学位 0 人(0%)
	获国外博士	14(74%;14/19)	8(73%;8/11)	6(100%;6/6)
	获国内国外双博士	5(26%;5/19)	3(27%;3/11)	1(17%;1/6)
复旦(34 人)	获国内博士学位	23(65%;22/34)其中,获本校博士学位 12 人(35%)	9(47%;8/17)其中,获本校博士学位 3 人(18%)	5(42%;5/12)其中,获本校博士学位 1 人(8%)
	获国外博士	12(35%;12/34)	9(59%;10/17)	7(58%;7/12)
	获国内国外双博士	1(3%;1/34)	1(6%;1/17)	0(0%;0/12)
人大(22 人)	获国内博士	14(64%;14/22)其中,获本校博士学位 4 人(18%)	8(53%;8/15)其中,获本校博士学位 1 人(7%)	2(29%;2/7)其中,获本校博士学位 0 人(0%)
	获国外博士	11(50%;11/22)	8(53%;8/15)	5(71%;5/7)
	获国内国外双博士	3(14%;3/22)	1(7%;1/15)	0(0%;0/7)
清华(19 人)	获国内博士	13(68%;13/19)其中,获本校博士学位 10 人(53%)	11(79%;11/14)其中,获本校博士学位 9 人(64%)	9(75%;9/12)其中,获本校博士学位 8 人(67%)
	获国外博士	6(32%;6/19)	3(21%;3/14)	3(25%;3/12)
	获国内国外双博士	0(0%;0/19)	0(0%;0/14)	0(0%;0/12)
四校合计(94 人)	获国内博士	60(64%;60/94)	34(60%;34/57)	17(46%;17/37)
	获国外博士	43(46%;43/94)	28(49%;28/57)	21(57%;21/37)
	获国内国外双博士	9(10%;9/94)	5(9%;5/57)	1(3%;1/37)

注:获港澳台地区博士学位统计为获国内博士学位。

数据来源:同表 1。部分缺省数据为笔者访谈获得。

　　2020 年时在职的四校国关青年教师中有博士后研究经历的为 19 人。其中,北大国关青年教师有 2 人,复旦 8 人,人大 5 人,清华 4 人。19 位有博士后经历的教师中,17 人为加入现职前从事博士后研究,占 89%,这显示博士后研究经历对于相关青年教师获得现职具有重要的帮助。19 位有博士后经历的教师中,国内博士后研究经历以北大、复旦、人大、清华四校为主,国外博士后研究经历涉及牛津大学—普林斯顿大学"全球领袖"博士后项目(Global Leaders Fellowship)、牛津大学圣安东尼学院地区研究项目、日内瓦高级国际与发展研究院项目等。

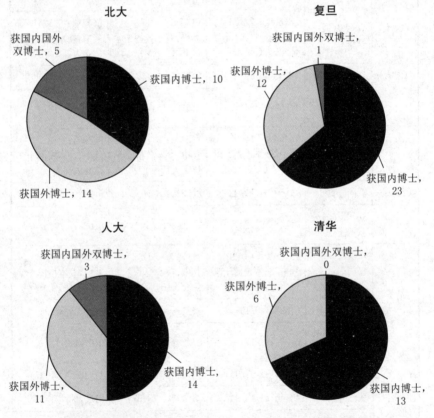

图 6　2020 年时在职的四校国关青年教师获得博士学位信息

注:获港澳台地区博士学位统计为获国内博士学位。
数据来源:同表 1。部分缺省数据为笔者访谈获得。

2020 年时在职的四校国关青年教师国家社会科学基金立项数①比 2010 年有了显著增长,但四校的具体表现不一样。2020 年时在职的四校国关青年教师共获得国家社会科学基金项目 45 项。其中,复旦国关青年教师立项表现最佳,共立项 25 项(获立项者 17 人),人均 0.74 项(25 项/34 人);复旦有 2 位青年教师各获得 3 项国家社会科学基金项目立项,有 4 位青年教师各获得 2 项国家社会科学基金项目立项。人大国关青年教师的立项表现不俗,共立项 10 项(获立项者 8 人),人均 0.45 项(10 项/22 人)。人大有 2 位青年教师各获得 2 项国家社会科学基金项目立项。北大国关青年教师的立项数为 5 项(获立项者 5 人),人均 0.26 项(5 项/19 人);清华国关青年教师的立项数为 5 项(获立项者 5 人),人均 0.26 项(5 项/19 人)。

2020 年时在职的四校国关青年教师《世界经济与政治》学术论文发表数②是 2010 年时的 2 倍多,但四校的具体表现不一样。2020 年时在职的四校国关青年教师在《世界经济与政治》上发表学术论文 165 篇。其中,复旦、人大、清华的国关青年教师的表现较佳,复旦发表 60 篇(发表者 20 人),人均发表 1.76 篇(60 篇/34 人);人大发表 53 篇,人均发表 2.41 篇(53 篇/22 人);清华发表 40 篇,人均 2.11 篇(40 篇/19 人)。2020 年时在职的北大国关青年教师在《世界经济与政治》上发表学术论文 12 篇,人均 0.63 篇(12 篇/19 人)。从个人发文数超过 5 篇的数据来看,人大有 4 位国关青年教师(发表 13 篇 1 位、发表 11 篇 1 位、发表 8 篇 1 位、发表 6 篇 1 位),清华有 4 位国关青年教师(各发表 10 篇 2 位、发表 8 篇 1 位,发表 5 篇 1 位),复旦有 3 位国关青年教师(发表 8 篇 1 位,发表 7 篇 1 位,发表 5 篇 1 位),北大有 1 位国关青年教师(发表 5 篇 1 位)。

2020 年时在职的四校国关青年教师在 SSCI 期刊上发表学术论文 76 篇。③其中,复旦、清华的国关青年教师表现较佳,复旦发表 33 篇(发表者 16 人),人均发表 0.97 篇(33 篇/34 人);清华发表 21 篇(发表者 9 人),人

---

① 包括国家社会科学基金青年项目、一般项目、重点项目、重大项目、后期资助项目。

② 本文仅统计相关青年教师以独著或第一作者身份发表在《世界经济与政治》期刊上的学术论文。学术随笔短文、研讨会发言摘要、商榷类短文、会议综述、学者访谈类文章不纳入本文统计范围。

③ SSCI 期刊的目录,来自:Clarivate,"Social Sciences Citation Index(SSCI)," https://mjl.clarivate.com/collection-list-downloads,访问时间:2022-03-23。本文仅统计相关青年教师以独著或第一作者身份发表在 SSCI 期刊上的学术论文。

均发表 1.11 篇（21 篇/19 人）。北大发表 13 篇，人均发表 0.68 篇（13 篇/19 人）；人大发表 9 篇，人均发表 0.41 篇（9 篇/22 人）。

五、四校国关青年教师的未来发展思考

2020 年时在职的四校国关青年教师相对于之前的国关青年教师，学历更高（100% 获得博士学位）、受教育的国际化程度更高（获国外博士占46%）、代表性科研成果数更多（国家社会科学基金项目、《世界经济与政治》论文、SSCI 期刊论文）、更加注重研究方法和研究规范等。根据中国政府的"双一流"建设总体方案，"到 2030 年，……，若干所大学进入世界一流大学前列，一批学科进入世界一流学科前列，……；到本世纪中叶，一流大学和一流学科的数量和实力进入世界前列，……"。①在"双一流"建设的要求下，四校的政治学一级学科建设正在瞄准世界一流学科前列，四校的国际问题研究将努力做到中国特色、世界一流。在"双一流"建设背景下，四校国关青年教师的未来发展需要妥善处理好以下六对关系。

（一）处理好国际培养和国内培养的关系，培养兼具中国情怀国际视野的世界一流国关青年师资队伍

四校的国际化程度较高且都注重推动青年教师参与国际化。2020 年时在职的四校国关青年教师获国外博士学位的比率高达 46%，且随着青年教师年龄段的年轻化，这一比率不断提升。如果再加上国外长期访学经历或者国外博士后研究经历，四校国关青年教师的国际化程度会更高。比如，2020 年时在职的四校青年教师中，19 名有博士后研究经历，其中，7位有国外博士后研究经历。另外，以"太古/国泰访问学者奖学金"项目（Swire Scholarship Academic Visitor）②为例，该项目资助了北大复旦清华

---

① 国务院：《国务院关于印发统筹推进世界一流大学和一流学科建设总体方案的通知》，国发〔2015〕64 号，2015 年 10 月 24 日。

② "太古/国泰访问学者奖学金"项目由英国太古集团（John Swire & Sons Ltd.）资助，中国教育部港澳台事务办公室组织实施。该项目刚开始时的资助对象为北京大学和复旦大学的青年教师，后来扩展至北京大学、清华大学、复旦大学、上海交通大学的青年教师。该项目每年资助 2 名上述高校的青年教师赴英国牛津大学圣安东尼学院进行为期一年的研修。

三校的不少学者赴牛津大学圣安东尼学院进行为期一年的研修,其中复旦大学 75 后国关青年教师有 6 位获得该项目资助。

把国内培养和国际培养结合起来,清华大学国际与地区研究院的"发展中国家研究博士项目"值得借鉴。清华"发展中国家研究博士项目"设立于 2011 年,招收对发展中国家或地区研究具有强烈的科研兴趣、并立志以其中的一国或多国研究作为学术事业的博士研究生。该项目的培养方式为:学生第一年在清华大学进行课程学习;然后到发达国家和对象国进行学习和研究,其中发展中国家学习时间不少于两年,发达国家学习时间不多于一年;最后至少半年回到清华完成博士论文并答辩。①本文选取的 19 名清华国关青年教师中有 8 名从该校的"发展中国家研究博士项目"获得博士学位,他们正在成长为对发展中国家或地区有较为深入研究的学术型人才。

在中国政府倡导坚持"四个自信"的背景下,四校将更加重视培养兼具中国情怀和国际视野的世界一流国关青年师资队伍。比如,北京大学国际关系学院的办学理念之一是"兼具国际视野与中国情怀",复旦大学国际关系与公共事务学院注重学生的"国家意识、人文情怀、科学精神、专业素养、国际视野"的综合培养。在"双一流"建设背景下,四校在继续重视国际化的同时,加大了对"扎根中国办大学"的重视力度。"扎根中国办大学"对一流教师的要求不再唯海归背景,而是强调教师需兼具中国情怀国际视野。"扎根中国办大学"对学科建设的要求不再单方面模仿发达国家著名大学的学科建设,而是强调学科建设既要学习世界先进经验又要形成中国特色。比如,自 2019 年起,复旦和人大两校的国关学院开展了"中国政治学知识体系"对话会议②,试图构建中国特色的政治学学科知识体系。

(二)处理好学科建设和支撑平台的关系,构建高水平研究型国关青年教师队伍

四校的国关院系是开展政治学和国际关系学科建设的主阵地。北京大学国际关系学院、复旦大学国际关系与公共事务学院、中国人民大学国

---

① 清华大学研究生招生网:《清华大学国际与地区研究院 2020 年发展中国家研究博士项目招生简章》,https://yz.tsinghua.edu.cn/__ local/5/27/C0/21D0D2D1F07A8C144078061622D_6421D0DC_EFFDF.pdf?e = .pdf。

② 2019 年 6 月,首届"中国政治学知识体系对话"对话会议举办;2020 年 7 月,第二届"中国政治学知识体系"对话会议举办;2021 年 7 月,第三届"中国政治学知识体系"对话会议举办。

际关系学院、清华大学国际关系学系依托政治学一级学科,开展国际政治、国际关系、外交学、区域国别学(交叉学科)的教学和育人工作。国际关系类的本科、硕士、博士专业招生和学位授予一般由上述四校的国关院系负责。北大复旦人大的国关学院还设立相关系,比如,北京大学国际关系学院设立了国际政治系、外交学与外事管理系、国际政治经济学系、比较政治学系、国际组织与国际公共政策系、国家安全学系;复旦大学国际关系与公共事务学院设立了政治学系、国际政治系、外交学系、公共行政系;中国人民大学国际关系学院设立了国际政治学系、外交学系、政治学系。

同时,四校依托政治学、区域国别学等学科,搭建了各具特色的支撑平台(研究基地)。比如,北京大学国际关系学院设立了国际关系研究所、亚非研究所、世界社会主义研究所。除此之外,北大还于 2013 年 10 月成立北京大学国际战略研究院,为北京大学国际关系学院内设的、直接冠名"北京大学"的实体机构,该研究院的重点是对当今中国所处的国际环境以及相关各国的国际战略进行分析。①复旦于 2000 年 11 月成立了复旦大学国际问题研究院,整合该校原有的美国研究中心、日本研究中心、韩国研究中心等研究机构,旨在办成一个综合性、开放型、以科研项目为纽带的多学科研究机构。②复旦于 2017 年 11 月成立了复旦大学"一带一路"及全球治理研究院,是以"一带一路"与全球治理研究为中心的校级跨学科研究机构。中国人民大学国际关系学院设立了俄罗斯东欧中亚研究所、世界社会主义研究所、国际发展研究所等内设研究机构。清华大学社会科学学院下设多个跨学科非实体研究机构,包括清华大学国际关系研究院③、清华大学"一带一路"战略研究院、清华大学战略与安全研究中心④等。

---

① 北京大学国际战略研究院:《研究院简介》,http://www.iiss.pku.edu.cn/about/brief/。

② 复旦大学党委办公室:《我校国际关系与公共事务学院及国际问题研究院成立》,载《复旦动态》2000 年第 64 期,2000 年 11 月 21 日。

③ 1997 年清华大学国际问题研究所成立,2010 年成立清华大学当代国际关系研究院。2015 年,清华大学国际问题研究所与当代国际关系研究院合并,成立清华大学国际关系研究院。参见清华大学国际关系研究院:《清华大学国际关系研究院介绍》,2019 年 8 月 30 日更新,http://www.tuiir.tsinghua.edu.cn/byjj/bygk.htm。

④ 清华大学战略与安全研究中心是清华大学校级研究机构,成立于 2018 年 11 月 7 日,旨在打造国际战略和安全领域的国际化和专业化高端智库。参见清华大学战略与安全研究中心:《中心简介》,http://ciss.tsinghua.edu.cn/column/zxjj。

　　四校以学科建设为依托、以研究平台为支撑，构建了"学院/系—研究院/所"矩阵结构。这一矩阵结构让四校国关青年教师承担科研与教学双重任务，既助力高水平研究型大学建设，也助力构建高水平研究型国关青年教师队伍。"学院/系—研究院/所"矩阵结构促进了四校国关青年教师国家社会科学基金项目立项数的大幅增长。"学院—研究院"矩阵结构在复旦体现得非常明显，2020 年时在职的复旦国关青年教师国家社会科学基金立项（25 项）中，14 项来自复旦大学国际问题研究院，7 项来自复旦大学国际关系与公共事务学院，3 项来自复旦大学一带一路及全球治理研究院，这表明"学院—研究院"矩阵结构在构建复旦高水平研究型国关青年教师队伍发挥了重要作用。

　　（三）处理好学科边界和学科融合的关系，推动国关青年教师的学科融合创新研究

　　自 20 世纪初政治学在中国创立起，中国的政治学就在确立学科独立性的同时开始了与其他学科的交叉与融合。[1]第一次世界大战结束后的第二年（1919 年），为了更好地理解和反思国家间和平与战争等紧迫问题，国际关系正式成为一个独立的研究领域。[2]国际关系作为政治学一级学科下的二级学科，其与其他社会科学甚至自然科学的交叉融合更加明显。从 2020 年时在职的四校国关青年教师从事的代表性科研项目和发表的代表性著作文章来看，涉及国际关系与经济学、国际法、民族学、人类学、计算机科学与技术、统计学、地理学、心理学等学科的交叉融合。

　　区域国别学将成为一级学科，凸显学科交叉融合的重要性。2022 年 9 月，国务院学位委员会和教育部印发《研究生教育学科专业目录（2022 年）》，在"交叉学科"门类下新增"区域国别学"一级学科。[3]区域国别学主要针对特定国家或者区域的人文、地理、政治、经济、社会、军事等进行全面深入研

---

　　① 陈岳、孙龙：《中国政治学的跨学科融合与方法论演进》，《教学与研究》2011 年第 4 期，第 57—63 页。

　　② 阿米塔·阿查亚、巴里·布赞：《迈向全球国际关系学：国际关系学科百年反思》，张发林译，《中国社会科学评价》2019 年第 4 期，第 25 页。

　　③ 中国教育部：《国务院学位委员会 教育部关于印发〈研究生教育学科专业目录（2022 年）〉〈研究生教育学科专业目录管理办法〉的通知》，2022 年 9 月 13 日，http://www.moe. gov.cn/srcsite/A22/moe_833/202209/t20220914_660828.html。

究,是多学科、跨学科、学科交叉融合的综合领域。①区域国别研究是以国别为基础,扩大到区域乃至整个世界范围全方位的研究。②四校中的北大和清华设立了专门的区域国别学研究平台。比如,2018 年 4 月成立的北京大学区域与国别研究院是北京大学开展国别与区域研究的综合性学术平台,面向世界重点国家、重点地区和重大问题开展基础性和前瞻性的研究。③2017 年9 月成立的清华大学国际与地区研究院是一个涵盖多个学科领域的综合性地区研究机构,开展涵盖东南亚地区、拉丁美洲和加勒比地区、南亚地区、欧亚地区、撒哈拉以南非洲地区、西亚北非地区六个区域的基础性地区研究。④

在推动国关青年教师的学科融合创新研究方面,清华的做法颇具特色。清华团队将中国古代的思想和实践与当前的国际问题结合起来进行实证研究,并将新型国际规范的设想系统化和理论化,形成了国际关系学界的"清华路径"(Tsinghua Approach)。⑤清华国关青年教师注重运用科学方法分析国际问题,在科研上以定量分析国际关系为主。比如,2020 年时在职的清华大学国际关系学系 9 位青年教师中,至少有 3 位教师的主要研究领域之一为政治学定量方法,涉及贝叶斯方法、博弈论实证综合法、计算社会科学、社会网络分析、预测模型、大数据分析等。清华大学国际关系学系在 2017 年 3 月建立了"国际关系数据与计算实验室",致力于将国际关系理论、多样化海量数据、社会统计方法和快速发展的计算机技术相结合,积极进行跨学科合作,进行创新性研究。⑥截至 2021 年 6 月,清华大

---

① 张译心:《区域国别学迎来发展新机遇》,载《中国社会科学报》2022 年 2 月 25 日,第 2 版。

② 钱乘旦:《区域国别研究人才培养该怎么做?》,中国社会科学网,2022 年 3 月 20 日,http://www.cssn.cn/gjgxx/gj_bwsf/202203/t20220320_5399647.shtml。

③ 北京大学区域与国别研究院:《学院简介》,https://ias.pku.edu.cn/xygk/xyjj/index.htm。

④ 清华大学国际与地区研究院:《研究院概况》,http://iias.tsinghua.edu.cn/about/general-information/。

⑤ Feng Zhang, "The Tsinghua Approach and the Inception of Chinese Theories of International Relations," *Chinese Journal of International Politics*, Vol.5, No.1(2012), pp.73—102;徐进、孙学峰:《"清华路径"与中国国际关系研究的发展方向》,载《国际展望》2014 年第 6 期,第 18—32 页。

⑥ 苗争鸣:《"计算国际关系学"的提出与学科构建》,中国社会科学网,2019 年 10 月 16日,http://ex.cssn.cn/gjgxx/gj_bwsf/201910/t20191016_5015074.shtml;清华大学国际关系学系:《清华大学国际关系数据与计算实验室首期"纸外谈兵"圆桌访谈》,2021 年 4 月 13 日,https://www.dir.tsinghua.edu.cn/info/1111/1827.htm。

学国际关系研究院已举办十九届"国际关系研究方法讲习班",向学员讲授国际关系研究的科学方法。①

（四）处理好代际差异和代际传承的关系,强调既体现时代特色又继承优良传统

中国的国际关系研究和学科化则主要是从第二次世界大战结束之后尤其是新中国成立之后开始的。中国人民大学的李巍将新中国成立以来的国际关系分为五代②:第一代学者集中于 1952 年之前接受大学教育,他们中的代表性学者有王绳祖(1905 年出生)、李慎之(1923 年出生)、资中筠(1930 年出生)等先生。第一代学者的贡献体现为推动中国的外交转型,着手文革后的学术机构重建,推动国际关系学科起步。第二代学者主要是文革前(即 1952 年和 1966 年之间)接受大学教育,集中出生于 1930—1945 年之间,他们中的代表性学者有冯特君(1932 年出生)、梁守德(1936 年出生)、方连庆(1936 年出生)、刘金质(1939 年)、倪世雄(1940 年出生)等。第二代学者的贡献体现为推动了国际关系独立学科的形成,培养了第一批专业博士,展开了大规模的学科建设等。第三代学者主要是在改革开放初期接受大学教育,并在 20 世纪 90 年代开始登上学术舞台,他们中的代表性学者有王缉思(1948 年出生)、阎学通(1952 年出生)等。第三代学者的贡献体现为大规模引进西方的国际关系理论,有意识地引进美国在国际关系研究中的科学思维,形成了初步的理论分野和学术流派等。第四代学者大多出生于 1961—1976 年,大多获得博士学位,是当下中国国际关系研究的主力,这些学者目前是中国主要学术机构的领导人。第五代学者集中出生于 1977—1989 年,目前正在逐渐成为国内国关学术共同体的主力成员。

李巍所描述的第四代/第五代国关学者分别和本文中的 2010 年/2020年时在职的四校国关青年教师大致对应。1965 年以后出生且 2010 年时在职的四校国关青年教师重视对西方国际关系理论流派的研究,开展了

① 清华大学国际关系研究院:《第十九届"国际关系研究方法讲习班"顺利举行》,2021年 7 月 17 日发布,http://www.tuiir.tsinghua.edu.cn/info/1091/5601.htm。

② 云南大学周边外交研究公众号:《李巍:中国国际关系学者的代际传承与超越》,2019年 5 月 20 日,https://mp.weixin.qq.com/s/uwT4p4X5i28zq_vcwzEKlg。

国际关系与其他社会科学的跨学科研究,开始把国际关系的科学规范方法用于国际关系分析中。1975 年以后出生且 2020 年时在职的四校国关青年教师是对西方国际关系理论"平视的一代",本文的数据显示,他们全部具有博士学位,日益主动地在国际主流学术期刊上发表学术论文,更加注重科学规范方法在国际关系分析中的运用,开展了国际关系与自然科学的文理融合研究。

新一代国关青年教师要注重代际传承,既体现这一代青年教师的时代特色又继承前几代学者的优良传统。新一代国关青年教师在继续学习国际先进知识的同时,更要重视对中国自身国关学科发展的了解和中国国关前辈学者学术成果的传承。以下三方面的做法可供参考:一是新一代国关青年教师可以和前辈学者合作编撰中国的国关学科发展史、国关学术史、院系史等,把前辈学者的优秀成果和优良作风记载下来,以便更好地传承。二是建立国关青年教师"职业发展导师(Mentor)制",邀请本校优秀资深国关教师或外校专家担任导师(Mentor),为国关青年教师提供精准指导,从而有助于国关青年教师更好地开展教学和科研工作。三是邀请国关前辈学者为青年教师分享治学人生感悟。

(五)处理好学术研究和政策研究的关系,开展学术性的政策研究

中国的国关研究存在学术研究与政策研究相脱离的现象[1],有学术和政策"两张皮"之说[2]。四校国关院系和研究院既是中国国际关系理论研究的重镇,又是为中国外交外事部门提供政策咨询的重要机构。尽管我们不需要四校的国关青年教师都要同时做好学术研究和政策研究,但是对有志于用才智贡献中国特色大国外交的青年教师来说,需要努力思考两者的兼顾。学术研究和政策研究并非对立或者不同的两个领域,高水平的政策研究不仅是学术研究的一部分,更是理论研究发展所不可缺少

---

① 王缉思:《学术研究与政策研究相脱节的症结与出路》,《国际政治研究》2009 年第 3 期,第 2 页。

② 达巍:《确认国际问题政策研究的学术性》,《国际政治研究》2009 年第 3 期,第 58 页。

的经验来源和动力。①国关青年教师兼顾两者的一个可行路径是开展学术性的政策研究。这需要青年教师具备扎实而全面的国际关系理论素养，对相关领域进行长期、细致和及时的政策跟踪，对政策对象国保持持续的"田野研究"，与政府部门开展密切的互动。

四校"学院/系—研究院/所"矩阵结构为青年教师开展学术性的政策研究提供了平台。其中，北京大学国际战略研究院、复旦大学国际问题研究院、清华大学国际关系研究院是"外交部政策研究重点合作单位"。②外交部会召开"重点合作智库工作总结会"和"重点合作智库专家学者务虚会"，邀请"外交部政策研究重点合作单位"参与会议，这是外交部与智库交流的重要机制。北大复旦清华等机构的一些国关青年教师也有机会通过上述机制和外交部高级官员开展交流，这有助于青年教师开展学术性的政策研究。

四校与外交部开展青年教师借调到驻外使馆工作也为青年教师开展学术性的政策研究提供了另外一个平台。其中，复旦积极与外交部合作把国关青年教师推荐到驻外使馆等外交一线工作。复旦大学国际问题研究院1975年以后出生且2020年时在职的16名青年教师中，有4名有驻外使馆借调经历，其中，2名借调中国驻印度大使馆、1名借调中国驻巴基斯坦大使馆、1名借调中国驻印度尼西亚大使馆。这些被借调驻外使馆工作的青年教师积累了外交一线工作经验，对他们个人开展学术性的政策研究颇有帮助，对所在机构开展国际问题研究和教学也颇有助益。

（六）处理好校际竞争和校际合作的关系，形成更高水平的差异化跨校合作

"双一流"为中国的大学和学科搭建了一个竞争场，这尤其体现在评估时。2017年9月《第一轮"双一流"名单通知》和2022年2月《第二轮"双一流"名单通知》③指出，进入"双一流"建设学科名单的政治学建设高校包

---

① 朱锋：《学术性的政策研究：路径与方法》，《国际政治研究》2009年第3期，第29页。
② 《第二轮"双一流"名单通知》中，北京大学、清华大学自主确定建设学科并自行公布。
③ 教育部学位与研究生教育发展中心：《第四轮学科评估高校评估结果》，中国学位与研究生教育信息网，2017年12月，http://www.cdgdc.edu.cn/xwyyjsjyxx/xkpgjg/。

括(按学校代码排序):北京大学、中国人民大学、清华大学、外交学院、复旦大学、华中师范大学。2017 年 12 月,教育部学位中心组织的第四轮学科评估结果中,南开大学和吉林大学的政治学都是 A－,这两所高校将是第三轮政治学一流学科的有力竞争者。①考虑到政治学一流学科数量有限,"强进弱出"和"强上弱下"导致校际之间的激烈学科竞争。目前中国"双一流"建设学科和所依托单位之间,存在过度强调竞争,而缺乏考虑合作推进中国在该学科整体迈向世界一流的考量。②

"双一流"建设中的校际竞争和学科竞争不是市场中企业的竞争,并非非此即彼或你死我活。中国高校的国关学科更需要携手共进,在更高水平上实现"百家争鸣"。四校国关青年教师尤其需要这样的情怀和担当,可以考虑在以下方面开展国关学科的校际合作。一是,四校国关青年教师可就共同的研究领域开展跨校协同创新研究,合作发表高水平科研成果。二是国关青年教师可形成各自的原创性研究特色,形成差异化,这是未来跨校合作的一个重要路径。三是开展校际之间的青年论坛活动。比如,复旦大学国际问题研究院和北京大学国际关系学院共同发起、轮流主办的"复旦—北大(北大—复旦)青年国关学者论坛"③,复旦大学和中国人民大学从 2019 年至 2021 年举办了三届青年学者论坛"中国政治学知识体系对话"研讨会。④

综上所述,"双一流"建设为四校为代表的中国高校国关青年教师提供了历史性契机。新一代的国关青年教师成长于中国改革开放时代,"中国日益走近世界舞台中央"期待他们做出高水平的学术成果和政策贡献。与此同时,他们需要处理好六对关系,即国际培养和国内培养、学科建设

---

① 教育部学位与研究生教育发展中心:《第四轮学科评估高校评估结果》,中国学位与研究生教育信息网,2017 年 12 月,http://www.cdgdc.edu.cn/xwyyjsjyxx/xkpgjg/。

② 赵星、蔡前黎、乔利利:《合作与竞争:我国高校"双一流"建设学科的分布格局》,载《图书与情报》,2018 年第 4 期,第 8 页。

③ 复旦大学国际问题研究院:《第一届复旦—北大(北大—复旦)青年国关学者论坛举办》,2015 年 11 月 12 日发布,https://iis.fudan.edu.cn/80/d3/c6840a98515/page.htm;北京大学国际关系学院:《第二届"北大—复旦(复旦—北大)青年国关学者论坛"成功举行》,2016 年 11 月 4 日发布,https://www.sis.pku.edu.cn/news64/1301838.htm。

④ 复旦大学国际关系与公共事务学院:《复旦大学—中国人民大学第二届青年学者论坛"中国政治学知识体系对话"研讨会顺利举办》,2020 年 7 月 26 日发布,https://sirpa.fudan.edu.cn/info/1079/3914.htm。

和研究平台、学科边界和学科融合、代际差异和代际传承、学术研究和政策研究、校际竞争和校际合作的关系。在未来的事业发展中，他们既需要努力学习前辈国关学者的优良作风，又要努力超越前辈学者，从而为中国和平发展和人类命运共同体建设做出应有的智力贡献。他们的未来成长可期。

笔　谈

当前学科发展与理论研究动向

国际政治心理学理论创新的微观基础

尹继武 *

国际政治心理学研究有多个特点,一是与现实实践的紧密相关性,比如关注领导人心理、决策特点、国际冲突等;二是理论探索聚焦于领导人心理规律研究,人性与政治互动的模式是重要的研究目标。当然也包括其他的特点,比如分析层次的微观特点,将领导人带回到外交与国际关系研究中。此外交叉学科的特点,给国际政治心理学理论研究及其创新带来了机遇,也是技术、方法和理论概念运用上的挑战。从基本动力来源上说,国际政治心理学理论创新受到国际关系新事实和心理学(政治心理学)新理论的驱动。基于此,如何把握新的研究事实,如何从微观(政治)心理学中提炼出新的关于政治人性的看法,成为国际政治心理学理论创新的微观基础。

一、新事实的辨析与提炼

新的事实成为一项研究领域不断取得研究范式突破的基本素材,这也是通常所说的,实践呼唤新理论的产生。当然,基于经典问题和历史典型素材与案例,同样可以揭示出新的理论规律。国际政治心理学的新事实,可以包括多个层面。

其一,从研究对象来看,国际政治心理学的核心对象包括领导人个体层次和宏观层次。领导人微观个体层次的人格、认知与情感,包括战略决策心理等,都依赖于国际关系中是否有新颖而独特的领导人的出现,这些

领导人对于政治世界有着重构的作用。如此而言,无论现代政治体制是什么,新的领导人的出现,甚至特定时期"强人政治"的回归,对于国际政治领导人心理学的理论研究而言,提供了最为基本的研究新素材。同时,在战略互动与关系层面,一些新的经验事实或场域,比如中美战略竞争,以及新的空间领域比如数字空间时代对于传统战略互动的影响,国家与区域的民粹时代和恐怖主义新时期,都为国际政治心理学的宏观研究事实提供了新的来源。

其二,从古今中外对国际政治心理学的新事实进行分类。冷战后的国际关系新变化,新领导人的出现,犹如上文所言,成为当今时代新事实的变化。但如果重新回归到古代的政治情境,也许能够重新发现一些与当下不一样的政治心理"新事实",以此重构关于领导人政治心理学、战略决策心理学的一些经典理论和范式,既可以是领导人的新特质,也可以是新的战略冲突与沟通形式等。进而,当今主流的国际政治心理学理论研究,主要来自欧美经验的基础,即欧美的领导人与国际关系,构成了当今主流国际政治心理学理论建构的经验基础。如果进一步将这种西方中心主义的视野扩大,非西方的经验事实在近些年随着新兴大国的崛起,也日益受到重视,比如中国对外关系能够提供什么样的新事实,以及在此基础上提炼新的心理特质与行为模式,日益凸显出其应有的理论价值。当然,这种类型辨析,更多是为理论创新提供不同类型和来源的新事实目的,而不是割裂、创造差异论的事实。

其三,根据更为理论化的标准,可以区分为心理特征和心理规律的新事实。一方面,心理特征与心理关系的新事实,是基于行为体的主体属性特质,包括人格特质强调人的差异性,以及新的认知偏差类型,比如单边默契等,以及提炼出一种新的次情感类型。这些都与特定领导人的心理特征相关,或者来自新近出现的独特领导人,或者是对旧有的领导人进行更为细致的讨论,也有来自心理学领域的理论进展,比如米洛(Keren Yarhi-Milo)关于领导人的"自我控制"(self-monitoring)信念对于领导人追求声誉差异的影响,以及认知神经科学关于情感类型的讨论,引发关于首脑外交中情感认知的理性功能的探究。另一方面,在于心理关系维度的新事实,有来自对于传统的国家间关系的微观心理要素的提炼,比如艾利森(Graham Allison)从古代事实中提炼出"修昔底德陷阱",而又包括来自新近国际关系事实发展,比如中美关系在传统的权力转移视角下的新特征,包括意图认知的可信性、战略决心、情感极化等。

总体而言,无论是基于领导人、战略互动和国际关系层面的新事实辨析,还是从古今中外的类型中提炼出新的事实,都构成国际政治心理学理论创新不可或缺的经验事实基础。

二、政治中人性的新认识

如上文所言,国际政治心理学的理论创新其实包括两个层面。一是理解政治中的人性要素,比如如何认识一个领导人,即他的人格特质、认知风格和情感模式;二是如何理解政治中的人性逻辑,即战略中微观心理规律有哪些,这些构成决策、信号、沟通等战略命题的逻辑,以及关系变化中的心理规律,即冲突与合作的心理基础。因此,国际政治心理学的理论创新,核心就是如何获取新的政治中的人性特点与规律的认识。就此而言,有三个层面的观察和思考,成为创新新认识的基础。

其一,微观认知神经科学。领导人政治心理学,包括人格、认知与情感,以及领导人的战略决策心理学研究,都必须建立在关于人性的科学认识基础上。传统的人格、认知与情感心理学,关于普通社会人的基本心理规律的研究,提供了理解领导人政治心理学的必要基础。但是,这种类比与借鉴,仍需要打开人脑的"黑箱"。为此,20世纪90年代以来,关于人脑的科学认识的学科,即认知与情感的神经科学的研究得到大力发展,对于理解人类的理性带来了重要的革命。关于人和国家的理性假定,构成现代社会科学研究的基本前提。在微观的认知神经科学基础上的突破,能够重构这种现代的理性基石的预设。比如,情感与理性的关系在神经科学中的重构,带动了近二十年来情感的战略研究、情感的理性研究的兴起。

其二,大历史数据所揭示的宏观规律。除了微观层面的科学进展之外,如果我们将国际政治心理学带回历史维度,则发现历史大数据的系统性整理,是辨析和提炼宏观国际政治心理变迁的基础。一方面是进化心理学的价值,从社会进化的角度,可以辨析出国际政治世界演进的系统性规律和方向,同时也能够揭示微观层面重要变量的理性适应价值,比如恐惧、信任等国际关系作用的研究。另一方面,重要的领导人心理特质、群体政治心理变量,在历史演进的谱系上的系统大历史数据呈现,则是观察和辨析宏观层面的国际政治心理变迁的必要环节。比如国家认同的历史变迁,领导人心理特质在全球历史维度上的总体变化,群体性情感在不同社会和区域中的政治影响的变迁等,在历史大视野的系统梳理都会体现出相应的动态和过程特点。

其三,调查实验的类比。由于政治情境的特殊性,及国际政治心理的相关规律特点,研究者难以直接通过参与式观察研究对象。这种研究对象的不可接近性,导致当下关于领导人与政治互动的心理规律新特点,很多是通过由社会民众模拟政治场景下的调查实验对比数据分析而形成。这种由大学生等社会民众模拟领导人决策、战略互动的情境,在相关控制比较的实验情境下,有助于辨析出理解领导人如何与政治环境互动的新特点。而传统的方式,一方面是借鉴心理学已有研究成果应用于政治场景,另一方面是通过定性的案例剖析,提炼出特定领导人、决策和关系互动的心理规律。这种实验模拟与类比,优点在于其逻辑清晰与可操作,而缺点在于情境的模拟与真实之间的合法性仍面临质疑且需进一步验证。

三、微观变量的宏观政治效应

从微观的心理变量解释宏观的政治效应,无疑面临着较为重大的挑战。因为政治系统是复杂的,重要的政治结果的产生,难以直接推论出是微观心理变量的结果。所以,国际政治心理学的理论创新,其解释层次、因果效力等一直受到宏观层次的竞争性理论群的质疑和挑战。为此,需要进一步辨析,国际政治心理学的理论创新是如何辨析、理解其所具有的理论价值。

第一,微观心理变量的因果机制。从政治行为的解释逻辑来看,政治心理变量所具有的理论因果力量受到重视,但国际关系研究对象传统上聚焦于关系层面,包括冲突、合作等经典问题。所以,领导人政治心理作用于其行为(判断、决策),进而影响到国际关系互动和变化(战略互动、规范、制度、合作与冲突)等,这个过程不是决定论,而是非决定论。因此,重要的不是在于对于结果的解释,而是在于对于这种因果作用的过程和机制(包括条件、情境)的分析。

第二,不确定性的差异化解释。国际关系、对外行为等居于较为宏观与体系的分析层次,关于上述关系和行为差异性的理解,构成了国际关系发展不确定性的来源。这种不确定性在一定程度上,是主流的宏观变量所不能解释的。所以国际政治心理学的理论创新,重点在于对于政治发展中的差异性、不确定性提供一种能动性的解释。国际政治心理学依赖的诸多核心微观变量,比如人格特质强调差异性,认知风格虽然有规律性,但相关认知偏差能够产生系统性的反转宏观政治结果的效应(如冲突效应),情感的策略和理性功能表明,理性选择的假定是需要重新思考的,而在战略互动层面,信号的传递和可信等问题都是影响战略关系走向的关键环节,等等。

第三,工具论与本体论的结合。政治事务的发展与变迁,是在特定的政治环境中实现的,因此,政治心理学创新所突破的方向,不是构建一种单纯强调微观变量的决定论,而是将这种微观变量的本体价值与工具价值结合起来理解。一方面,领导人的独特性,在一定意义上可以重塑相应的政治体系,包括制度设计、规范倡议、关系变迁等。特定的心理变量,包括认知偏差、情感表达、信号策略,都可以重构战略关系的不同走向,这是政治心理学强调的政治受到一定的心理变量的本体驱动的理念。另一方面,在特定的政治环境中,将心理要素当作众多影响政治行为和结果的要素之一时,从"政治分析"的视角来看,心理要素经常成为诸多策略、手段与工具中的一种,这是一种将心理要素政治化分析的策略。在此视角下,领导人、国家等特定政治力量,都可以策略性使用某些心理变量,比如人格塑造、认知操纵、情感表演、信号表达等,来实现特定的外交和战略目的。这种路径成为近些年国际政治心理学中理性主义理论创新的逻辑出发点,同时也取得了较多的创新成果,比如情感外交、信号表达等理论性研究。

四、结　语

综上,作为社会科学研究体系下的国际政治心理学的理论创新的源泉来源于多个方面,其创新的核心动力之一,便是相关特定的国际政治心理的新事实的不断涌现。这种事实的辨析与提炼,需要进行多层次的类型辨析,同时也来自不同的路径,包括从宏观到微观层面。这些表明,与传统的一些认识,或是来自宏观政治理论的批判不同的是,国际政治心理学理论创新的微观基础,具有从认知神经科学到宏观体系大历史数据的支持,也需要较高层次的理论、方法和技术的支持,即综合心理学、认知神经科学以及大历史数据科学的理论和方法。

当然,作为微观理论路径的代表,国际政治心理学的理论创新谱系一直受到批评与质疑,但政治世界的发展不是结构决定论,而行为体能动性的影响更应受关注。同时,需要辨析、澄清政治心理路径的非决定论特点,不确定性的差异化心理动力来源的价值,以及政治心理学其实可以与理性主义的逻辑较好地结合。

实践理论的变化导向与国际体系结构的演变

聂文娟[*]

当今的国际体系正在经历新一轮的大发展、大变革、大调整,在新的变化的时代,国际关系理论却没有响应这个时代的主题,因此我呼吁国际关系理论研究新议题——体系的演变问题。在此前的金砖国家会议上,习近平总书记提到了一个时代主题,或说时代之问,我们每个人都能感觉到国际体系在权力结构、观念结构、规则规范等方面的巨变,针对现实和实践的多样性,国际关系理论应该解答一些新的研究问题,所以我认为新的历史形势呼唤着一种新的以变化为导向的国际关系理论。

结构理论具有静态属性,学术界对此已经有很多批判,不做赘述。想指出的是,结构理论蒙蔽的变化视域主要包括三个方面。第一,国际体系的起源。因为体系结构是静态的,所以它没法解答体系的起源问题。对此,一些历史研究有助于我们认清国际关系体系发展的历史特征。诸如布赞《世界历史中的国际体系》一书就打开了体系演变的动态图景,国际体系从非常小的规模开始,经过次大陆和大陆规模,再到全球规模,从发展阶段上分为前国际体系、多重国际体系和全球国际体系即现代国际体系三个阶段。国际关系体系存在一个由弱到强的历史过程。第二,国际体系演变的方向。现在的结构理论最无法解答的问题是国际体系演变的方向,例如这个时代到底是走向和平还是冲突,向前发展还是倒退发展,开放还是封闭等等,以及我们最关心的现实问题,例如体系到底会走向单极、两极、多级、不断的循环和重复,还是会走向什么样的权力格局,中美关系竞争最终会走向哪里?第三,国际体系演变的机制,结构理论忽视了一些微变量,而这些微变量可能会产生宏大影响。

因此,我们应倡导一种变化为导向的理论,即从实践本体论的视角来

---

* 聂文娟,外交学院国际关系研究所副教授。

看国际体系。实践本体论的最根本特点，就是把本体看作动态的、不断发展、不断生成的过程，看作人类实际运动的过程。变化是事物的本质属性，主流的西方国际关系理论基本上都否定事物的变化属性，而采取一种"本质主义"立场，假定行为体具有本质属性，在社会互动之前已经存在，或者即使与他者产生了社会互动，其本质属性也不会改变。恩格斯在《反杜林论》中曾批判道，"把各种自然物和自然过程孤立起来，撇开宏大的总的联系去考察……不是把它们看作本质上变化的东西，而是看作固定不变的东西……这种考察方式造成了最近几个世纪所特有的局限性，即形而上学的思维方式。"恩格斯的这句话指出了实践本体论的一些核心概念，它促使研究者持有动态和联系的观念去研究国际体系。

从实践本体论的变化联系观念出发，可以从横向和纵向两个维度来理解国际体系。首先，从横向上来认识国际体系，即认识到国际体系的嵌入性。正如波兰尼所说"市场本身具有内嵌性"，那么我觉得政治、权力也是具有社会嵌入性的，国际体系的政治结构内嵌于人类的经济结构、社会结构以及文化结构、生态结构等，我们应该从更宏大的社会背景中理解国际体系的政治结构。如此一来，我们会从国际体系的对外联系中去理解体系结构的功能，从而再次反思国际体系结构的本质，是合作还是对抗呢？其次，在纵向关系上来认识国际体系，即认识到国际体系的系统累积性。结构的、限制性的因素会越来越累积，进而构成一个网络，形成体系给国家的压力。现有研究强调了体系对国家对外行为的影响，实际上体系影响已经渗透到国家内部，国家的本质属性也在发生变化。最后，在相互关系上认识国际体系，也就是多维度地理解国际体系结构的因果机制。在相互关系中看待结构和行为体的关系，意味着这种关系不仅是传统上所说的单一线性机制，而更多呈现为多线性或非线性的关系，甚至是逆向的，因此应超越线性的因果机制，从更广泛的关系视角来看待结构和国家行为体。

通过实践理论的变化这一概念，能够对当今国际体系权力结构变化的必然性有更为深刻的认识。首先，美国霸权经历了一个逐步生成的过程，也必将面临一个发展变化，乃至不断衰亡的过程。沃勒斯特曾经指出，一个主要的强国一旦取得霸权，就会千方百计地利用其霸权地位来延长其统治权。然而，正是这种延长统治权的努力对其权力基础具有破坏倾向,由此开始其相对衰落的长期过程,这就是资本主义世界体系的本质。同时,美国霸权背后的观念结构并不具有永恒的普世性,将会面临一个不断解构、最终被新的观念结构代替的历史变化过程。

最后,实践理论的变化导向与"中国学派"的兴起和发展密不可分。"中国国际关系学派"所要解答的研究问题本质上是一个关于体系变革以及中国融入国际体系的问题。中国的学者必须去研究这个问题,因为在西方现有理论之下,中国的政治经济发展都是"悖论",中国的经济发展不符合西方资本主义市场经济的"正统",中国的实力发展也不符合西方霸权稳定的"正统",因此中国需要变化的理论体系,通过变化的理论体系,打破西方理论所谓的"普世性",提供中国的理论视角,从而更好地服务于中国的实践,也最终增加人类的政治社会知识。

总之,任何理论都是一种视角,这样的视角来自时空,尤其是社会世界的时间和空间中的某种位置。主流国际关系理论的理论视角更多地反映了美国等西方国家的中心主义,反映了它们的历史位置感以及问题意识,实践理论的变化导向以及对关系性和互动性的强调更大程度上契合了非西方国家的历史位置观,在此意义上讲,随着人类社会生产力的进一步发展以及不同文化文明的交流融合,实践变化理论的发展和壮大将是不可避免的历史趋势。

国际关系理论的再界定:争论与创新

张发林*

对理论和国际关系理论的界定是讨论国际关系理论现状和创新的基本前提。"理论"的词典定义是:概念和原理的体系,系统化的理性认知,对客观事物的本质和规律的正确反映。由此可见,理论的对象是客观事物,核心目标是揭示本质和规律,构成内涵是概念和原理(即具有普遍意义的最基本规律),认知逻辑是系统化的理性主义。将这一定义套用到国际关系中便可得出国际关系理论的一个最基本定义——关于国际关系本质和规律的系统化理性认知。这一基本定义引发一系列相关问题和争论:什么是国际关系? 国际关系是否存在跨时空本质和规律的客观事物? 对这些本质和规律的认知是(或仅是)理性方式吗? 等等。对这些问题的不同解答是国际关系理论出现多层次(如范式、宏观理论、理论分支、中层理论等)和多流派(现实主义、自由主义、建构主义和反思主义理论等)的重要原因。

国际关系可简单理解为超越单个主权国家的关系,其复杂之处在于对关系主体、关系维度、关系内涵和关系形态,及其之间逻辑联系的界定。①主权国家是最核心的关系主体,为国际关系的界定提供了基本标尺,即超越主权国家的关系便是国际关系。但是,关系主体不仅限于主权国家,超国家、次国家和非国家行为体也是越发重要的关系主体,如国际组织、非政府组织(NGO)和决策者。这些不同主体间错综复杂的交往使得国际关系的现实较为混乱,形成国家间关系和跨国关系(transnational

---

* 张发林,南开大学周恩来政府管理学院副教授。

① 相关研究中常常将国际关系与国际政治混用,其区别在与国际关系是多元主体间的互动和关系,而国际政治往往限定于主权国家间的关系,国际关系包含国际政治,这里统一使用"国际关系"。参见秦亚青:《权力·制度·文化:国际关系理论与方法研究文集》(第2版),北京大学出版社2016年版,第259页。

relations)等不同维度。①主流国际关系理论都是将主权国家抽离出来，视为最基本（即不可还原）和最核心（甚至唯一）的行为主体，将国家间关系视为决定性和主导性的，由此建立简洁的理论。②除了国家间关系和跨国关系的维度外，另一种更重要的关系维度是问题领域，对军事（或安全）、经济和文化等不同问题领域内关系重要性的认知，使不同理论得以发展。现实主义关注军事和安全，新自由制度主义关注经济领域的复合相互依赖，建构主义使文化、观念等得到了更多关注。由此，国际关系的核心内涵被区分为权力、制度和文化。关系主体、维度和内涵的讨论，其最终目的是要解释或预测关系形态，即冲突或合作、战争或和平。关系形态是关系主体行为的结果，而主权国家又被认为是最核心的关系主体，由此，国际关系理论常被狭义地理解为解释、指导和预测国家行为的理论。

不同主体在不同维度所构建的具有不同内涵和形态的国际关系是客观事物吗？广义而言，这一问题是关于"政治科学或国际关系学是否是科学"争论中的重要部分，承认这种客观性是国际关系学成为科学的前提。狭义而言，是否存在国际关系理论中国学派本质上也依赖于这一问题的回答。一种一元论观点认为，社会科学和自然科学本质上是一样的，都是发现客观规律，国际关系学便是发现关于关系主体、维度、内涵和形态的客观规律的科学。③这种科学实在论观点既承认研究者的价值中立，即研究者与研究对象的分离，也承认研究对象的客观性和跨时空性。④由此，国际关系的客观规律和真理是存在的，国际关系理论的争论是揭示规律和发现真理的过程，国际关系的跨时空性决定中国学派是不存在的。⑤这种视角才会出现库恩式范式和范式转移，以及国际关系学知识的积累和科

① 一些学者较早便关注和讨论跨国关系，参见 Joseph S. Nye and Robert O. Keohane, "Transnational Relations and World Politics: An Introduction," *International Organization*, Vol.25, No.3, 1971, pp.329—349。

② 主流国际关系理论是指三种体系理论：结构现实主义、新自由制度主义和温和建构主义。参见秦亚青：《权力·制度·文化：国际政治学的三种体系理论》，《世界经济与政治》2002年第6期，第5页。

③ 秦亚青：《国际关系理论中国学派生成的可能和必然》，《世界经济与政治》2006年第3期，第7页。

④ 萨米尔·奥卡沙：《科学哲学》，韩广忠译，译林出版社2013年版，第56—57页。

⑤ 阎学通：《再论为何没有"中国学派"》，《国际政治科学》2018年第1期，第4—7页。

学的进步。另一种观点则认为社会科学中研究对象和研究者都是人,既没有客观社会世界的存在,也没有价值中立的研究者,国际关系是具有时间性和空间性的。换言之,随着时间的推移和空间的变换,国际关系的本质和规律存在差异,不会出现库恩式的统领性范式和对抗性范式转移,而往往是多种拉里·劳丹(Larry Laudan)式"研究传统"的并存和争论,这些研究传统在特定时间和空间具有更强的解释力。①因此,依据中国文化和现实的中国学派既有可能,也是必然。②在当前国际关系理论界,上述两种观点交织并存,体现出国际关系的科学向往与人文现实的双重属性,这也是国际关系理论发展的困境之一。③

现有国际关系理论的认知逻辑不仅仅是理性主义。国际关系理论中所指的"理性主义"至少存在三种不同的用法。一种是与经验主义相对的哲学方法论,将理性和推理作为知识的主要来源,这种用法具有广泛接受的一般性内涵。另一种是与反思主义(reflectivism)相对应的研究范式,其普遍认同物质主义本体论、实证主义认识观、利己主义和功利主义方法论。④罗伯特·基欧汉(Robert O. Keohane)对国际制度研究的理性路径和反思路径的论述正是这个层面的理性主义。⑤秦亚青将国际关系理论分类为行为主义、理性主义、批判理论、建构主义等,并认为理性主义理论主要包含新现实主义与新自由主义。⑥第三种用法是指具体的理论,可被视为自由主义的代名词,与现实主义和革命主义等并列,强调人"与其他个体友好交往并且结合成有序社会的天然倾向"。⑦无论就哪种理论而言,国

---

① Larry Laudan, *Beyond Positivism and Relativism: Theory, Method, and Evidence*, Boulder: Westview Press, 1996, p.83;林定夷:《科学理论的演变与科学革命》,中山大学出版社 2016 年版,第 1—16 页。

② 秦亚青:《国际关系理论中国学派生成的可能和必然》,《世界经济与政治》2006 年第 3 期,第 7—13 页。

③ 张发林:《国际关系的理论回归与基础路径:以国际制度理论为例》,《国际论坛》2021 年第 1 期,第 85—86 页。

④ 胡宗山:《西方国际关系理论中的理性主义论析》,《现代国际关系》2003 年第 10 期,第 56—61 页。

⑤ Robert O. Keohane, "International Institutions: Two Approaches," *International Studies Quarterly*, Vol.32, No.4, pp.379—396.

⑥ 秦亚青:《国际关系研究中科学与人文的契合》,《中国社会科学》2004 年第 1 期,第 78—82 页。

⑦ 时殷弘、叶凤丽:《现实主义、理性主义、革命主义:国际关系思想传统及其当代典型表现》,《欧洲研究》1995 年第 3 期,第 7 页。

际关系理论都不全然是系统性的理性认知。

由上述对理论三个核心问题的论述可知，国际关系理论与纯自然科学式的理论存在较大差异，传统意义的理论定义在国际关系学中存在诸多例外和反常，国际关系理论的发展也由此陷入困境。具体而言，国际关系的非完全客观性和非跨时空性，使得变化的经验世界与不变的理论间的错位不断加剧，而主流理论一旦建立，便会产生理论分野固化和学术话语束缚，其解释力和解释范围往往随着时间和空间的变化而波动。为解释复杂和变化的经验现实，问题导向研究兴起，构建针对具体问题的"中层理论"的呼声渐强，不同理论的边界逐渐模糊。[1]但即使在问题导向的研究中，国际关系的科学属性和人文属性并存，多种研究方法交织。于是，国际关系理论衰落之声渐强，甚至被认为"理论已逝"。[2]在此背景下，国际关系理论创新的需求迫切，尝试也屡屡不断。

以权力逻辑和制度逻辑的融合为例，相关研究主要呈现出两大进路。一是在权力或制度逻辑下对制度或权力加以考量，进行特定范式内的拓展，也即在制度逻辑下研究权力或在权力逻辑下研究制度。第二种是跳脱出特定理论范式的束缚，进行权力和制度两种逻辑不同程度的理论折中或合成，如在宏观理论层面有奥利·韦弗尔的"新新合成"，在中观理论层面可见肖恩·唐奈利在对欧盟的研究中提出的"现实制度主义"（realist institutionalism）理论，还有在分析框架层面的理论融合尝试。在分析框架层面的理论融合近年来更受青睐，最有影响的莫过于戴维·莱克提出的"中层理论"（mid-level theory），以及鲁德拉·希尔和彼得·卡桑斯坦提出的"折中主义"（eclecticism）。中国学者也有类似的尝试，如李巍的"现实制度主义"（realistic institutionalism）和贺凯的"制度现实主义"（institutional realism）等。此外，还有微观概念层面的创新，比如"国际制度性权力"（institutional power）。

在继续鼓励和推动理论创新之前，有必要提出一个更加符合国际关系学学科属性，且有利于创新的"理论"定义。华尔兹（Kenneth N. Waltz）

---

① 张发林：《国际关系的理论回归与基础路径：以国际制度理论为例》，《国际论坛》2021年第1期，第84—87页。

② 刘丰：《国际关系理论研究的困境、进展与前景》，《外交评论》2017年第1期，第24—25页；David Lake，"Theory is Dead，Long Live Theory：The End of the Great Debates and the Rise of Eclecticism in International Relations，" pp.567—587。

对理论定义有重要的借鉴意义。为构建简洁的国际关系理论,华尔兹认为理论不仅是规律的集合,更是对这些规律提出系统的解释,是"为了解释事实而进行的思辨过程",是"头脑中形成的一幅关于某一有限领域或范围内的行动的图画",并认为规律与理论不同,规律可被发现,而理论只能通过简化现实而构建。①这一定义强调理论的解释功能,忽略或弱化了理论的实践指导功能、现实发现功能和预测功能,是一种内涵较窄的理论定义,即理论是对规律的系统解释。上文对国际关系理论三个核心问题的讨论,使国际关系理论定义可通过三个方面被进一步限定。其一,规律是关于关系主体、关系维度、关系内涵和关系形态间的逻辑关系,其核心是通过对关系主体、维度和内涵的讨论,解释和预测关系形态。其二,国际关系并非自然科学视域下的客观事物,而是具有历时性和空间性。其三,理性主义不是国际关系理论的必要条件,能对特定时空下国际关系形态进行系统解释的认知逻辑,都能构建起国际关系理论,如国际政治的社会理论和国际政治的关系理论。由此,国际关系理论可被定义为:关于特定时间和空间中国际关系形态的规律发现和系统解释。

这一定义中的三方面内涵便是国际关系理论创新的重要维度。在关系主体层面,非国家行为体在国家间关系中的作用仍缺乏理论化的研究,既有国际关系理论是高度主权国家中心化的。温特甚至从量子力学的新视角挑起了对国际关系和社会科学本体论的再思考。②主体间的关系亦是争论的焦点,国际体系的无政府状态一直是主流理性理论的基石,而全球化和国际制度化是否会改变这种状态,也是亟待探索的新问题,相关创新如莱克的等级制(hierarchy)和制度性权力研究的兴起。在国际关系的时间性和空间性上,历史之于现实的启示,地区经验的一般性理论意义等,都成为理论创新的重要方面,如基于中国实践的关系理论和主张去西方中心化的全球国际关系理论。

理论创新和发展既是为了对现实进行更好的解释,以推动知识积累,也是为了更好地预测未来,为人类的发展服务,以助力政策和实践。学术和政策之间绝无天然鸿沟,国际关系理论的发展与创新,对国际关系学术和政策都是必要且关键的。

---

① 肯尼斯·华尔兹:《国际政治理论》,信强译,上海人民出版社 2003 年版,第 8—13 页。

② 亚历山大·温特:《量子心灵与社会科学》,祁昊天、方长平译,上海人民出版社 2021 年版。

地理想象、空间重构与国际关系中的空间政治经济学

张　昕[*]

　　近年来,多个社会科学和人文学科都在经历一个所谓的"空间转向","空间"概念正在被越来越多的学者重新思考和自觉运用。那么,国际关系研究中的"空间转向"是在什么样的背景下发生的? 这种"空间转向"的具体内涵是什么?"空间转向"为我们思考国际政治现象提供了哪些超越传统思维的新观念和分析工具? 在实证层面,"空间转向"针对特定区域的具体问题又有哪些应用? 围绕这些理论和现实问题,笔者拟从学科史角度加以梳理,并结合笔者所做欧亚研究中的具体案例,加以简要分析以飨读者。

　　从学科史角度加以回溯,国际关系研究中空间议题的兴起受到其他学科"空间转向"趋势的影响,包括社会学、历史、社会理论等学科、当然也包括与地理要素传统上就密切相关的地理学、城市规划等学科。社会科学整体性的"空间转向"也推动国际关系学者开始更具反思性地思考国际关系中的空间问题。

　　概括地说,在国际关系/政治学领域,"空间转向"基于以下一些理论洞见。(1)"空间"绝非仅为政治行为发生的背景,相反,空间本身就塑造了不同政治主体的政治行为;(2)在此塑造过程中,空间既是社会建构的结果,也通过空间想象影响社会建构的结果;(3)现代国家对抽象空间的表达、对传统意义上领土的塑造、对抽象空间的管制,一直是传统国家赖以生存和发展的基本政策工具;同时,空间的生产、再生产和重组始终是理解资本主义政治经济学的核心;(4)传统国家以领土为基础的空间想象与管理方式与现代资本主义对空间想象与管理的方式之间的关系一方面存在矛盾和内在张力,另一方面又呈现合流态势;(5)对空间的想象、生产与表达,涉

　　* 张昕,华东师范大学政治与国际关系学院、俄罗斯研究中心副教授。

及不同的主体,不同的主体往往呈现出高度差异化的认知;同时,空间的政治想象和实践往往具有多重维度。

我们可以借助上述理论洞见更具体地审视空间的政治经济学,具体可以从权力逻辑、"空间修复"(spatial fix)以及"地理重构"(geographic reconfiguration)三个维度来理解空间变迁。首先,就权力逻辑而言,不同的社会权力具备不同的空间逻辑。比如,宏观社会学中迈克尔·曼(Michael Mann)关于社会权力的经典研究中已经对不同形态的社会权力施展中的空间特征有所论述:经济权力的离散性、政治权力的横向边界和纵向集中的特征、意识形态权力往往有在"缝隙中"成长的间隙性特征等。类似的,在乔瓦尼·阿瑞基(Giovanni Arrighi)关于资本主义长周期中霸权起落地研究中,也清楚地区分了霸权行为的领土逻辑(territorial logic)与资本逻辑(capitalist logic),前者追求固定边界,后者则是去中心化、离散的。其次,大卫·哈维(David Harvey)等人推广的"空间修复"概念集中描述资本主义需要通过不断的地理扩张和地理重构来解决内部积累危机的过程。其中在一定的条件下,资本会选择将生产固定在特定的空间层面,以维持资本在灵活的空间上最终的再积累过程。上述努力都会沉淀在"地理想象"和"空间重构"的维度上,而差异化的社会权力又会导致差异化的空间表达和实践。

空间的政治经济学对国际关系研究的最大启示在于松动了传统国际关系分析的一个重要的前提,那就是作为主要研究对象的国家是有着明晰固定的空间边界的主体:边界内部高度均质化、边界内外则有鲜明差别。空间的政治经济学大大放松了这个前提,这为我们超越传统的、简单化的、以固定边界为指向的国家概念、理解更广义的"国际"关系提供了新的理论视角。尤其是,空间变迁的复杂性远远超过了传统意义上国际关系分析所侧重的通过战争、国际协议等方式改变国家领土边界的空间变迁形式,"空间重构"的可能性也远远比国家间的领土变迁、边界变化要灵活复杂。此外,由于"空间"还存在诸多不同的维度,通过分析不同行为主体主导的空间项目的多维度内涵,我们又可以把国家与空间关系的复杂性进一步打开,发现国家或者非国家主体在这些不同的维度上的不同认知和行为逻辑,这为我们深入分析广义的国际关系变迁提供了新视角。

过去几年,笔者和合作者将空间政治经济学的洞见应用到欧亚空间的研究中。空间政治经济学的应用当然并不必然局限于欧亚空间,但广义的欧亚空间过去三十年内经历的地理想象和空间重构确实有鲜明的特征。冷战以后在这个地区呈现出的多主体的大规模对地缘空间的重塑和想象,其幅度在历史上的和平年代是罕见的。回顾历史,大规模地缘空间想象重塑往往发生在大规模战争结束或者诸如"地理大发现"等巨幅空间新元素的引入。而冷战之后欧亚空间异常活跃空间想象是在非战争状态下发生的,涉及的多个、多种行为主体都选择性调用对于欧亚空间的古老想象和历史实践,转而为当今的地理想象和空间重构提供合法性和历史资源。当然,当前的俄乌冲突将在哪些维度和多大程度上重塑之前 30 年相对和平条件下展开的空间重构,仍需要学者进一步的观察。

在我们进行的针对欧亚地区的具体实证研究之中,"领土—地方—尺度—网络"(Territory-Place-Scale-Network, TPSN)有一个很强大的进行多维度空间分析的框架。在该框架里,我们习以为常的"空间"概念又被区分为至少"领土、地方、尺度、网络"四个基本维度。笔者及合作者在对该框架有所修正的基础上,将其运用于近三十年来欧亚空间变迁的分析和研究,理解欧亚空间内不同行为主体基于差异化的主体认知,在地理空间的上述四个维度上开展了怎样的地理想象和空间实践,以求按照自己的偏好来形塑欧亚空间,以及这样的互动过程中不同的地理想象和空间重构项目之间发生了怎样的关系。一个具体的实证案例是,笔者对中国主导的"一带一路"倡议以及俄罗斯主导的"欧亚经济联盟"(EAEU)的比较研究。在领土维度上,"一带一路"倡议对欧亚空间的想象是一个包含整个欧亚大陆、非领土化、水平的、开放的经济空间;而欧亚经济联盟背后的空间想象是领土化、以民族国家为单位的国家间区域融合的过程。两者差异化的地理想象自然也会投射到具体的政策层面。尤其是 2015 年以后,中俄两国政府提出了"一带一路"倡议与欧亚经济联盟对接的计划。而笔者的研究指出,上述两个在欧亚地区高度重合的空间项目在"领土—地方—尺度—网络"四个维度上都存在鲜明的差别,是两套高度异质的空间重构的安排,因此两者之间的"对接"存在相当的难度。推动"对接"也需要在不同空间维度采取不同的政策手段,因此需要双方在不同维度上有针对性的政策创新。这样的研究提供了一个跟之前主流国际关系理论中诸如"区域化""地区一体化"等研究不一样的分析视角和分析框架,也生发出不一样的理论和政策结论。

区域国别研究与国际关系理论的融合

林民旺*

近年来,随着周边外交形势的深刻变化,区域国别研究在中国快速兴起,不论官方还是学术界都将大量资源和精力倾注到区域国别研究的机构创设与项目推进中。区域国别研究的建设关乎一国对外部世界的认知与了解,不论从学理层面的知识累积还是从实践层面服务对外政策制定的角度来看,都具有重大意义,因而成为社会各界关注的热点问题。然而,随着区域国别研究的快速兴起,有关学科建设路径和前景的争论也快速涌现。比如说,区域国别研究的推进应当遵循什么样的路径? 区域国别研究和传统国际关系研究是什么关系? 如何推进务实导向的区域国别研究与学科导向的国际关系研究有机融合? 围绕这些学术界普遍关心的问题,本文拟从"区域国别研究与国际关系理论的融合"的宏观角度切入,并结合印度研究中的具体个案,从三个方面加以分析,以飨读者。

(一) 区域国别研究的路径问题

近期,随着"区域国别学"被升级为一级学科,各个学科中的研究者围绕区域国别研究所进行学术话语权的争夺也逐渐激烈化,各个学科的学者都希望将本学科的视角、方法和路径确立为区域国别研究的"正统"。当然,不难理解的是学术话语争夺的背后实则是对于学术资源的争夺。当前,主要是外国语言文学、国际关系、历史学(世界史)三个学科的学者围绕区域国别研究展开话语权的争夺。其中,外国语言文学遵循典型的人文路径,而国际关系和历史学(世界史)则是兼具社会科学路径与人文路径。具体而言,这两种路径有着明显的差异性,其中人文路径强调"现场感",强调经验以及感官认知,强调"感同身受",故而高度强调交流和田野调查在研究中的作用;而社会科学路径则强调理论和模型,强调客观数据的获

---

* 林民旺,复旦大学国际问题研究院研究员。

取,换言之,只要有模型和数据就能做研究,而"现场感"和"经验感受"则是研究过程中需要尽力去避免的方面。

在区域国别研究之中,这种人文路径与社会科学路径的分歧是深刻的。而就印度研究来看,20世纪90年代,西方大量从事中印经济比较研究的学者,或是从未到访印度或仅仅在印度短暂停留,却依靠理论模型和可获取的经济数据,几乎得出的结论都是印度经济发展前景要好于中国。显然,经过二十多年的实践检验,这些自诩为客观和科学的研究都被现实证伪了。由此,我们就不难看出追求极致的社会科学路径所展现出的局限性。社会科学路径看似是"高明""严谨"的,然而这可能也是另一种神话的再造。而强调人文路径的学者,则会走向"印度特殊论""印度例外论"的另一个极端,认为印度是难以被外部社会科学理论所能解释的,"印度不接受任何社会科学理论的解释",完全排斥理论的指导作用,并且将印度完全推向特殊化,同样陷入了另一类的"迷思"之中。这是因为感官认识只是暂时的,学者今天的感受未必就是明天的感受。仅就个人从事印度研究的经历而言,笔者能够明显地感受到如今的印度与十年前的印度的巨大差别。总而言之,两种路径都存在天然的缺陷,偏用其中任何一种都难以收到良好的研究效果,研究者不应当过度偏信模型和数据的"客观性",同样也不应当沉醉"移情理解"特定的研究对象。对此,国际问题专家秦亚青教授倡导"科学"与"人文"的结合,对于我们思考特定区域国别研究的问题,具有鲜明的启发意义。

(二)发展区域国际关系理论的问题

近年来,随着全球国际关系学(Global IR)的勃兴以及关于建构国际关系学"中国学派"讨论的兴起,中国诸多的国际关系学者积极展开创建有中国特色的国际关系理论的学术工作,展现出了建构有中国特色的国际关系理论体系的学术抱负。而其他国家的国际关系学者或多或少也有此类的学术追求。比如,在印度工作期间,有一次笔者访问尼赫鲁大学,有一位当地学者告知,其正在努力建构有印度特色的国际关系理论。此外,就笔者所知,在韩国和日本也有不少创建本国国际关系理论的学术尝试。这些学术努力在丰富国际关系理论知识体系的同时,也不是没有问题的。众所周知,创建区域或国别国际关系理论,势必要从本土的历史文化和哲学思想中汲取营养并且将其理论化。而日本和韩国传统政治文化的底色多半是儒家文化,在近现代又经历了较为深入的西化历程,在建构过程之中如果发生不恰当的移植和曲解,则有制造学术"高句丽事件"的危险。此外,从更深层次看,实际上,创建具有区域或国别特色的国际关系理论,是一种从学术思想层面与"盎格鲁—萨克逊"学术传统脱钩的表现,这一进程植根于东西方国家更为宏观的"脱钩"进程。

关于创建区域国别国际关系理论的问题,笔者的思考集中于两个问题。首先,有没有本体论层面牢靠的区域性国际关系的存在?这一问题的答案构成建构区域国际关系理论的前提和基础。其次,大量非西方、区域性国际关系理论问世,必将导致国际关系理论知识体系破碎化。对于第一个问题,实际上"区域"并不是自然生成的客观事物,相反是在特定权力结构之下人为塑造的产物。很大程度上,审视"区域"的中心和立足点变化了,对于"区域"的认识也随之发生巨大变化。比如,从事国际关系研究的学者普遍会使用"东亚""东南亚""南亚""中亚"之类的称谓,然而实际上上述称谓的出现可能不过才短短的几十年时间。当前广泛使用的"亚太"概念,被普遍接受也不过短短的二三十年时间。由之,我们发现"区域"的定义及其内涵在历史进程中是不断被建构和迭代的。而运用反事实分析的思维来思考,假设近代中国没有因为西方的冲击而衰落,那么当前我们界定中国周边的"区域",很可能使用"东洋""西洋""南洋""北洋"等等称谓。从这个意义上来说,当我们去接受一个"区域"概念及其衍生出来的"区域国际关系"的时候,我们实际是赋予了建构这种"区域"概念的权力关系和历史进程合法性。如,有学者研究"伊斯兰国际关系理论",实际上"伊斯兰世界"是一个建构概念;再比如我们如果接受"南亚"以及"南亚国际关系"的提法,从某种意义上就是变相地承认了印度以及印度教文化在这一区域的主导性地位。上述这些问题都是从事人文社会科学研究时,研究者应当警惕的问题。

(三)区域国别研究与国际关系理论的融合问题

当前,综合审视国际关系学科视域下的区域国别研究,大致有两种研究取向。其中一种取向是外交政策类的研究,另一种是外交和国际关系的学理类研究。而客观地讲,秉持这两种研究取向的学者之间交流是比较少的,从某种程度上反映了知识体系的碎裂化趋势。显然,外交政策类研究主要秉持人文路径,强调感观层面的经验观察、多是一些描述性研究。此类研究往往对特定国际问题有着细致深入的分析，但是其问题往往容易陷入细碎化、低水平重复的窠臼。比如，在当前的印度研究之中，学者围绕着"印度是不是美国的盟友""印度是否拥有战略自主性"等需要作主观定性判断的问题进行连篇累牍、周而复始的研究，却难以拿出令人信服的、一致性的结论。在外交和国际关系学理类研究之中，这样的问题似乎就少很多。那么，何以弥合外交政策类研究和学理类研究之间的鸿沟？依笔者所见，实际上国际关系理论中间大量的中层理论，为我们弥合两种取向间的分歧、推进对特定国际问题的研究具有重要的价值。比如，联盟理论作为一种中层理论，为我们认知印度和美国的关系提供了良好的思维工具；再比如，攻守平衡理论为我们思考中印边界的稳定性问题提供了重要的思想指引。最后，两种研究取向的融合贯通，对于提升区域国别研究的质量、推进我们对特定国际问题的认知具有重要的价值。

大国战略竞争的理论创新方向

左希迎*

大国战略竞争并非一个新议题,长期以来都是国际安全与战略研究的核心议题。近年来,随着美国将中国界定为首要竞争对手,大国战略竞争重新成为热点议题,在学术界引起广泛的关注和讨论。在中美战略竞争日益凸显的当下,重新考察大国竞争理论具有重要的理论意义和现实价值。那么,在当前学术谱系中,大国战略竞争研究主要有哪些代表性路径?未来的理论创新方向有哪些?中国学者能在哪些领域和方向做出贡献?学术界应该对这些问题作出回答。

（一）大国战略竞争的研究路径

大国战略竞争是指大国在安全、利益和权力上展开的激烈斗争,其根源在于国际社会中资源和权力的稀缺性。就其本质而言,大国战略竞争本质是一种权力竞争,更多是对国家之间相对收益的争夺,因此其表现形式充满暴力的特征。尽管特朗普政府和拜登政府强调与中国展开战略竞争,然而大国战略竞争并非一种战略,它描述的是一种现象,这在美国战略界有相当的共识。[1]梳理近代以来世界历史,国与国之间的竞争是常态,但是大国竞争的历史案例是有限的。二战以后只有冷战时期的美苏冷战与当下的中美竞争具有典型性。在国际关系学科的范畴内,学术界关于大国竞争的研究目前主要三种代表性路径。

第一种是历史的研究路径。这一路径主要研究军事史、战争史与战略史,试图通过历史来理解战略和现实,长于挖掘历史细节、探究历史过

---

* 左希迎,中国人民大学国际关系学院教授。

[1] Van Jackson, "Competition with China Isn't a Strategy," *War on the Rocks*, October 5, 2018, https://warontherocks.com/2018/10/competition-with-china-isnt-a-strategy/; Ali Wyne, "Great-Power Competition Isn't a Foreign Policy," *The Washington Quarterly*, Vol.45, No.2, 2022, pp.7—21.

程和提炼历史规律。英国学术界对于战略史和战争史的研究比较有特色,大概代表了这一路径的水平。不过,这一路径的不足之处在于过于倚重历史,理论化程度比较薄弱,对理论机制关注不足。

第二种是国际关系理论的研究路径,主要代表是美国的国际关系理论。这一路径主要关注国家的结盟、制衡、军备竞赛、威慑、强制外交和经济制裁等行为,通过归纳规律和构建理论来解释现实。中国学者,尤其是偏理论研究的学者,研究大国战略竞争也主要是在这一路径下。这一路径目前也存在着对大国竞争解释的庸俗化问题,当前理论创新的空间有限,并且西方知识体系占据了主导地位。

第三种是政策分析的研究路径,代表性的研究是净评估。[①]这一路径主要关注问题研究和政策分析,以美国政策界和美国智库的研究最受关注。其基本模式包括评估竞争本质、厘清竞争目标与发展有效竞争战略,来指导国家最终赢得竞争。例如,哈尔·布兰兹(Hal Brands)对大国战略竞争艺术的重新挖掘,从寻找自身优势和寻找对手缺陷两个角度来看战略竞争。[②]然而,准确评估国家的实力和意图是非常困难的。该路径存在比较严重的小圈子文化,在美国的某些智库中非常明显。

(二)未来的理论创新的方向

大国战略竞争未来的理论创新方向有以下几个:一是对竞争形态变化的研究。如果以中美竞争为蓝本,战略竞争可以包括三种形态,即中弱美强、中美势均力敌和中强美弱。在未来很长一段时间,中美之间的竞争可能更多是前两种形态。当前,中国学术界目前主要关注不对称竞争。然而,随着中美实力接近,竞争的形态正在从不对称竞争向对称竞争转变。在很多领域,中美战略竞争的对称性其实已经浮现。此外,中美战略竞争也涉及两种社会制度的有效性,这与美苏冷战时期具有相似性,成本收益平衡问题值得关注。

---

① Andrew Marshall, *Long-Term Competition with the Soviets: A Framework of Strategic Analysis*, Santa Monica, C.A.: Rand, R-862-PR, April 1972, https://www.rand.org/pubs/reports/R862.html.

② Hal Brands, "The Lost Art of Long-Term Competition," *The Washington Quarterly*, Vol.41, No.4, 2019, pp.31—51.

二是对自我和对手的评估。战略评估一般包括实力评估和意图评估,大部分国际关系学者关注这两个因素。然而,战略竞争涉及一个大国政治、经济、军事和社会等全方位因素。在美苏冷战和中美竞争中,社会形态差异性比较大,双方甚至在意识形态领域会展开激烈竞争,因此有必要对社会形态进行评估。对这三个领域的评估都存在困难,也是大国战略竞争理论研究中的难点。

三是关于创新和有效性问题。大国战略竞争中非常重要的方面就是:哪个国家的创新能力更强?哪个国家更能解决社会治理中的难题?哪个国家更能引导人类社会前进?这些问题超越了国际关系的范畴,需要多个学科合作。因此,应当突破纯粹的国际关系理论范畴,拓展整个学科边界。对理论研究而言,在大国战略竞争中,要深入研究计划和市场、个人主义与集体主义在社会和技术创新及有效性中的作用机制,再次审视美苏冷战中的创新和有效性问题,并与中美竞争进行对比。最近,已经有学者注意到大国战略竞争会削弱而非增强美国的力量和影响力[1],也有学者认为美国"在竞争的框架下,无法解决对民主而言最为紧迫的威胁。"[2]这些研究或反思,都值得引起我们的注意和思考。

四是大国战略竞争中的策略选择问题,这也是中国学者研究最多的。对此问题的研究受到美国战略界的影响颇深,强调寻找自身优势和对手缺陷,充满了工具理性主义的色彩。事实上,这涉及策略选择与优势转化两个问题,即尽量规避自身劣势,然后将自身战略优势转换为对对方的影响力。例如,鲁梅尔特的《好战略,坏战略》一书分析了大量此类战略,这本书不仅涉及商业行为中的战略选择问题,还有很多国际关系具体案例。[3]这也告诉我们,国际关系中的大国竞争策略在很大程度上与其他学科中

---

[1]　Daniel H. Nexon, "Against Great Power Competition: The U.S. Should Not Confuse Means for Ends," *Foreign Affairs*, February 15, 2021, https://www.foreignaffairs.com/articles/united-states/2021-02-15/against-great-power-competition.

[2]　Michael Brenes and Van Jackson, "Great-Power Competition Is Bad for Democracy: Rivalry with China and Russia Reinforces the Real Causes of American Decline," *Foreign Affairs*, July 14, 2022, https://www.foreignaffairs.com/articles/united-states/2022-07-14/great-power-competition-bad-democracy.

[3]　理查德·鲁梅尔特:《好战略,坏战略》,蒋宗强译,中信出版社 2017 年版。

的策略选择是相通的。在理论创新上,不妨多多借鉴其他学科的研究,在学科之间建立沟通的桥梁。

五是关于大国冲突的问题。受美国反恐战争的影响,过去 20 年的战争研究聚焦于非常规战争。然而,大国战略竞争正在推动学术界重新关注大国战争问题,以为旷日持久的大国冲突制定应急计划。①尤其是俄乌冲突爆发后,这个问题重新回到学术界的视野。然而,由于科学技术的快速变革,以及长期没有爆发大国战争,学术界对大国战争形态所知甚少。尽管俄乌冲突给我们展示了当前战争的大致形态,但是未来大国战争的形态如何,我们也只是看到了冰山一角。

(三)中国学者可能的贡献

在理论创新上,中国学者应该聚焦中国和世界面临的重大理论和战略问题,从中国的价值和立场出发,提出新思想、新理论和新方案。具体而言,中国学者可能的贡献包括三个一般性问题与三个具体问题。

三个一般性问题,即一是中国为世界能够提供什么方案? 作为一个严肃的学术问题,中国学术界需要认真思考并回答中国到底能够为世界提供什么方案,这里包含中国的价值观及利益要求,以及会给世界带来什么影响。回答这一问题,可能是一代甚至几代学人的重要任务。二是中国模式的理论提炼和理论化工作,即将中国的发展道路与自身特质理论化,对照其他国家经验考察其普遍性。第三个是中国外交与战略的行为逻辑,即回答中国在外交上与以往诸列强有什么不同这一问题。

三个具体问题包括:第一个是美苏冷战与当前中美竞争的比较。两者实际上具有非常大的可比性,值得学术界做严肃、深入的研究。第二个是对于中国政治经济体制在大国战略竞争中的效用评估。效用问题对大国竞争非常重要,关系到战略竞争能否维系,到底哪种体制在竞争中更有效是理论研究必须回答的问题。第三个是中国战略选择的经济、政治和军事优先次序及其内在逻辑。历史上,几乎所有占据优势地位的大国在

---

① Andrew Krepinevich, Jr., *Protracted Great-Power War: A Preliminary Assessment*, Washington, D.C.: CNAS, February 5, 2020, https://www.cnas.org/publications/reports/protracted-great-power-war.

战略竞争上都是以经济为优先的。如果大国选择了政治和军事优先，其竞争战略可持续性将面临诸多难题，苏联的遭遇就是深刻的教训。理论上回答如何做到经济优先以及政治和军事优先的战略后果，将对理解大国战略竞争的机理具有重要意义。

理论视野下的安全与发展

节大磊[*]

　　从近几年的政策文件来看,有关安全与发展的话题对中国来说越来越重要。统筹安全与发展提出已经有几年,但很重要的一个时间点是2020年10月29日,中共十九届五中全会通过的《中共中央关于制定国民经济和社会发展第十四个五年规划和二〇三五年远景目标的建议》,把统筹发展和安全放到十四五时期经济社会发展指导思想的高度。以前确实也提出要统筹发展与安全,但把它的高度放到经济社会发展指导思想的一部分,进一步凸显了它当前的重要性。文件的第13部分专门探讨了这个话题,强调要"统筹发展和安全,建设更高水平的平安中国"。另外就是提出了"新发展格局"和"新安全格局"。也是在《第十四个五年规划和二〇三五年远景目标的建议》这一文件中,提出要加快构建以国内大循环为主体、国内国际双循环相互促进的新发展格局。2021年年底中共中央政治局审议了《国家安全战略(2021—2025年)》,也提出必须牢固树立总体国家安全观,加快构建新安全格局。新发展格局与新安全格局显然是相互呼应的。最后,发展与安全的关系似乎也具有国际意义。例如,习近平主席2021年9月21日在第76届联大提出"全球发展倡议"。2022年4月21日又在博鳌亚洲论坛提出"全球安全倡议"。尽管内容并非完全新的,但却是以更加系统性的倡议而提出。这些重要文件和讲话体现了发展与安全的关系,也表明处理好这对关系对处于当前阶段的中国来说是非常重要的,也是非常具有挑战性的。如果跳出中国的语境,发展与安全在逻辑上和理论上可能存在什么样的关系呢?

　　理论视野下安全与发展可能存在三类比较复杂的关系。第一类就是相互增强、互为前提、互为基础的关系。如果两者只是停留在这一层关系,

---

　　* 节大磊,北京大学国际关系学院副教授。

那发展与安全的关系可能处理起来还比较容易,或者说根本就不用进行统筹或者处理。之所以需要统筹还是因为第二类关系,即需要进行权衡取舍(tradeoff),因为资源是相对有限的。第三类是一种非静态关系。前两种关系是把这两个概念单拎出来看安全和发展的关系。但国家存在于战略互动的空间,一国的选择会影响到其他国家。另外,将时间段拉长的话,它一定也是一种动态关系。

具体而言,就第一类关系而言,发展与安全的相互增强关系很好理解,即是一种正相关关系。也就是说,发展是安全的基础,没有发展、没有财富就没有权力、影响力或者国家安全的基础。像米尔斯海默等人说的,财富是一种"潜在的权力"。反过来,没有一个相对基本的安全可能也很难发展。极端的情况比如像霍布斯描述的完全没有安全的"自然状态",是不可能有经济生活的。如果安全得不到保障,很难想象一个国家可以实现持续而稳定的发展。因此,发展与安全呈现互为基础、相互增强的关系。该层面的关系非常直观,也容易理解。但如上所述,如果只存在相互增强这一层关系,那其实是不需要进行统筹的。关键问题在于两者还存在第二类的需要进行权衡取舍的关系,即在很多情况下,资源是相对有限的,因而会面临如何分配资源的问题。借用经济学中的无差异曲线来看,发展与安全存在边际效益递减。投入发展的资源越来越多,其边际效益可能呈现递减趋势。另外,投入安全的资源越来越多时,其边际效益也可能呈现递减。这类关系也存在两种机制,第一种机制是学习国际关系的人都非常熟悉的"大炮对黄油"的权衡。资源是相对有限的,如果资源配置过于失衡,就会造成问题。像冷战时期苏联过于倾向军工重工,长期来看最后确实导致了很大的问题。第二种机制可能更多是在经济层面的韧性和效率问题。增强韧性要突出的是自主、是冗余。但冗余和效率是相悖的,效率注重的是分工、是相互依赖,强调要没有冗余。冗余会提高韧性、降低脆弱性,但是也会降低效率。因此这是一个非常具有挑战性的平衡。

这两类关系实际上都是处于静态的环境中。但国家实际上是处于互动的关系中,安全困境是国际关系的经典概念。当发展到一定阶段,国家比较强大时,那无论是否公平,如果其他国家感到威胁,那它们可能要想办法限制、遏制该国的发展。此时,国家对于安全的追求反而会削弱自身的发展，或是对发展造成很大的挑战。随着自身发展，本国对安全的期待也会上升或膨胀，即安全目标不断地随着自身发展而变化。这类似于心理学中的"相对剥夺感"，虽然自身越来越强大，但自身的安全目标也越来越高、越来越宏大，反而会导致自己觉得越来越不安全。经典的现实主义者阿诺德·沃尔弗斯（Arnold Wolfers）认为国家的目标有两类，一类是占有性目标，例如领土、资源等，这些具有排他性。另外一类是环境性目标，例如对自身有利的权力格局与秩序等。随着国家的发展，一开始的目标可能更多的是占有性的，即要维护国家的领土完整等。但当自身越来越强大后，国家可能想要塑造环境，即追求环境性目标。如果能够塑造环境，无疑会使自身感觉更加安全。但可以在沃尔弗斯的基础上再增加一个重要的目标维度，即改造他者。像美国在自身强大后就试图改造他国，将他国塑造为自我偏好的角色。这对本国来说将会更加安全。因此，国家的安全目标随着自身发展得越来越强大而呈现出追求"自我安全—塑造环境—改造他者"的日益膨胀与上升，尽管这最终未必有利于自我安全。以美国为例，约翰·昆西·亚当斯在1821年美国独立日的经典讲话，表明美国要独善其身，不会参与外部事务，尤其是欧洲的冲突。20世纪40年代，随着二战的蔓延和法国的陷落，小罗斯福时期美国已经具有某种环境性目标，更加强调安全就是环境是否对自身有利、是否对自身友好，而不再仅仅是美国自身的领土完整与独立等。2005年，小布什第二任期刚开始时呈现出一个更加宏大的目标，即自由议程，要结束所谓"世界的暴政"。因此，可以看出随着自身的发展，本国的安全目标与安全期待也在上升与膨胀。当然这其中也会有"退化"的情况。比如，最近布林肯和拜登政府一些其他官员的讲话也表明，美国并不企图"改变"中国，但还是强调要"塑造"能够制约中国行为的有利于美国利益的战略环境。这可能就是倒退到了"塑造环境"这一步，改造他者的冲动相对弱化。

最后，简单对比一下几届中央外事工作会议对于战略机遇期的提法。相比于2006年的"维护和用好重要战略机遇期"，2014年强调要"维护和延长我国发展的重要战略机遇期"，2020年强调要"统筹维护国家安全与塑造国家安全"。其中，塑造环境的意味似乎越来越突出。中国在发展和安全上的目标，就是习近平总书记在2020年12月11日的政治局集体学习时所说的——"统筹发展和安全"，"实现高质量发展和高水平安全的良性互动","努力实现发展和安全的动态平衡"。前面谈到的发展与安全的关系对中国来说也是挑战。如果中国能够成功地去应对这些挑战,这不仅对中华民族的伟大复兴是一个非常重要的事情,也是对国际政治知识和理论的重要贡献。

中国知识体系建设的成绩和方向

中国国际关系理论的三大迷思[*]

王义桅[**]

构建中国特色的国际关系理论,开创国际关系理论的中国学派,是中国国际关系学者的夙愿,彰显国际关系理论的中国自信和中国自觉。然而,这些思想均以西方国际关系理论为参照系。全球国际关系学的提法超越了"西方(West)—非西方(Rest)"对立,但忽视"中国特色"和"天下无外"的中华文化传统。全球国际关系学如何确保不是西方国际关系理论的折射或另一种形式的全球扩张?而且其潜在的思维逻辑是:西方有的,中国也会有;中国崛起,自然带来理论崛起,却忽视了两大特色:西方特色,理论特色,是对三大核心概念的误读:西方、国际关系、理论。

一、理论之根(来自何处):国际关系的 起点与发展演变

西方国际关系理论的逻辑起点是现代国际关系,由"三十年战争"(1618—1648 年)——新教战胜天主教、确立主权国家体系开创的,即威斯特伐利亚体系。而国际关系史与世界历史呈现不同的价值判断。

世界历史研究表明,"一个常见的误解,人们认为《威斯特伐利亚和约》通过将宗教排除在政治之外,带来了和平。尽管从长远来看,《威斯特伐利

＊ 感谢匿名评审专家的批评指正,本文的错误和纰漏由作者负责。本文系中国人民大学习近平新时代中国特色社会主义思想研究院 2022 年度专项课题"习近平新时代中国特色社会主义思想对推动人类文明进步作出的世界性贡献"(项目编号:RDXY202204)阶段性成果。

＊＊ 王义桅,中国人民大学习近平新时代中国特色社会主义思想研究院副院长,当代政党研究平台研究员,国际关系学院教授,欧洲问题研究中心/欧盟研究中心研究员、主任。

亚和约》推进了世俗化,但它本身并不是完全世俗的和约。神圣罗马帝国只在基督教意义上才仍然是神圣的。宽容只拓展到加尔文宗信徒。其他异议者,以及东正教徒、犹太人和穆斯林,都被剥夺了类似的宪法权利。"

"三十年战争非但没有使政治世俗化,反而让武力在帝国内部获取教派或政治目标的做法,声名扫地。"

冷战结束后,美国学者亨廷顿提出"文明冲突论",担心儒家文明、伊斯兰文明复兴给基督教文明带来威胁。近年,美西方宣布对华"接触政策"失败,声称中国是"制度性对手"(systemic rival)。国际关系的宗教色彩暴露无遗。

中国的世俗文化没有产生中国国际关系理论,也使得中国人不经意忽略了西方国际关系理论的宗教性。

二、理论之核(你是谁):从探讨中国特色到探究西方特色

中国特色国际关系理论的提出,试图补充西方理论解释不了中国外交实践的遗憾。用中国的历史传统比如说春秋战国时期思想,或者历史文化去丰富完善西方国际关系理论,产生了道义现实主义、关系主义,引发国际学界高度关注,这是巨大进步。但相比而言,天下体系和共生学派,更具中国本土性、原创性,彰显国际关系理论的中国主体性。

概括起来说,国际关系理论的西方性体现在:

其一,强烈的基督教特色、强烈的国家性,主要指美国性。霸权只是美国性表现的结果,根源则是美国的基因:代表性的是"天定命运""美国例外论"。

其二,西方中心论,维护西方既得利益,维护西方话语霸权,其思维方式是:(1)主体:民族国家,如何适合部落或现代国家没有形成的或一种文明(中国)?(2)客体:主权,如何关注那些没有能力捍卫自身主权的弱国穷国?(3)逻辑:权力,如何关注权利(益)?发展在国际关系理论里是空场,碳中和时代既是权力也是权利,既是生产方式,还是生活、交通运输和思维方式的革命。(4)系统:无政府状态是基督教世界概念,如何涵盖非基督

教世界？

其三，无法剔除殖民色彩和种族主义阴影，为强者服务。人类步入工业 4.0 时代，出现"三非"现象——作为非西方、非美国盟友、非基督教文明的中国开始领先，而此前的工业革命 1.0、2.0、3.0 都是西方内部循环，最后全部被收编为美国盟友，触发美国白人至上的种族主义神经。这是国际政治的潜规则。

其四，分的逻辑而非整体思维，以所谓的科学面目出现，导致理论在片面中求深刻，方法论至上。其实，科学乃分科之学。问题本身是具体的，不可能分成哪个学科。

三、理论之场（谁的）：以人的全球化
超越资本的全球化

平视世界，首先要平视西方。正如梁鹤年先生所言，讨论"洋为中用"之前，要先知"洋为洋用"是怎么一回事。反思西方国际关系理论，之所以滥觞于世，在于其理论场——全球化。国际关系理论是全球化产物，"谁的全球化"？认清这一点，才能搞清楚，国际关系理论是"谁的理论"？

中国从参与到引领经济全球化，倡导世界多极化、社会信息化、文化多样化、国际关系民主化，以"一带一路""双循环"开启主场全球化，也在开启主场国际关系理论。

新冠肺炎疫情暴发后，以"华盛顿共识"（Washington Consensus）为特征的超级全球化（super-globalization）走向终结，全球化正在进入"人的全球化"阶段。人们所熟知的资本的全球化，即资本驱动的全球化，追求的是利润最大化；而人的全球化，是所有人的全球化，追求的是人的身体健康与生命安全。资本的全球化是有边界、关税等一系列概念的，是世界上部分人群所关注的；而"人的全球化"则表现为地球村的概念，是全世界所有人都需要关注的。疫情背景下世界各国的关系，不再是"你与我"的关系或者国与国之间博弈关系，而是人类与病毒的关系，只有共同战胜疫情，人类才能安全，更加凸显了人类是一个休戚与共的共同体。"人的全球化"逻辑是：我通过你而成为我，你安全，我才安全；你好，我才好。

从大历史观来看,人类命运共同体正在克服资本的全球化或曰庸俗的全球化,迎接真正的世界历史、真正的全球化,改变资本的全球化乃基督教文明—资本主义扩张造成的中心—边缘体系,迎来分布式、网格状互联互通的新体系,迎来各种文明的共同复兴,克服"安全靠美国、经济靠中国"的世界悖论,克服全球化三角——主权、民主、资本不可能兼顾,推动形成各国命运自主—命运与共—命运共同体。

四、理论之魂(去往何处):以全人类共同价值超越普世价值

去往何处? 国际关系理论很少问这个问题,但不是这个问题不存在,不重要。权力掩盖了权益,主权掩盖了谁的主权、如何捍卫主权这些根本性问题;西方的全球治理只问:为何治理? 治理什么? 如何治理? 却不问:为谁治理? 国际关系也不问:理论为了谁? 掩盖这些本质问题的核心,就是宣称理论是普世的。

中国的"天下大同"观并非认为历史会"终结"。中国传统文化秉承相对主义普世价值观,即"坚持价值观念的相对性和多样性,本身就是普世价值的体现"。这表明,中西方观念分歧的核心是关于"价值普世性"与"普世价值观"的争议。全体价值普世性的总和,才能拼出"普世价值"。宣称自己代表"普世价值",只是一种话语霸权,正如"文明"的概念一样。

中国共产党的领导和中国特色社会主义制度是中国国际关系理论的产生的理论基础和指引。"两个结合""两个确立"为新时代的学术研究提供丰厚的理论滋养,也为学术自信奠定了五千年博大精深中华文明的根基,是党在理论上的重大创新,呼唤我们打造通古今中外、融东西南北的学科体系、学术体系、话语体系。可以说,"两个结合""两个确立"树立新时代的学术自信与学术自觉。中国共产党领导中国从崛起到复兴,创造国内、国际模式新形态。国内模式——有为政府加有效市场;国际模式——赋能—铸魂全球化:道德(向善),开创人类文明新形态 1.0:中国式现代化;2.0:中国化全球化,从"被全球化"(globalized)到"主场全球化"(home-globalization),再到"真正全球化"(genuine-globalization);实现全球化的

中国化;中国化的全球化:"一带一路"、人类命运共同体。

五、理论之道:人类命运共同体

人类命运共同体超越国际关系视角,代之以整体世界观,包括安全观:你安全我才安全,你安全所以我安全,我们的安全;发展观:包容性发展,可持续发展,共同发展;合作观:平等合作,开放合作,包容合作;文明观:以文明交流超越文明隔阂,以文明互鉴超越文明冲突,以文明共存超越文明优越;生态观:天人合一超越人类中心主义。

作为人的全球化核心价值观——人类命运共同体(理一分殊),由五大支柱组成:持久和平、共同安全、经济繁荣、开放包容、清洁美丽,实现经济全球化、政治多极化、文化多样化、社会信息化的四位一体,并上升到人与自然生命共同体的生态文明高度。如果说工业革命是西方工业化国家对人类做出的重大贡献,那么生态文明的提出及其实践探索,则是中国在自身五千多年深厚文明基础上吸纳工业文明的优点又超越其负外部性,为人类发展可能做出的重大贡献。

总之,唤醒各国传统文化初心,共同面对人类挑战,弘扬全人类共同价值,构建人类共同身份,是学者的使命。人类命运共同体不仅是习近平外交思想的核心和精髓,新时代中国特色大国外交最鲜明的旗帜,还是习近平新时代中国特色社会主义思想最具国际感召力的理念,不仅弘扬了和平共处五项原则等传统中国外交准则,也为打造融通中外的学术体系、学科体系、话语体系提供了时代机遇,呼吁构建人本主义国际关系理论。

六、构建人本主义国际关系理论的中华学派

国际关系理论是欧洲经验和美国例外论相结合的产物,是在工业文明时代西方中心论在国际关系上的表达,又带有浓厚的美国霸权情结。纵观人类文明史,你我关系经历了代际转化:游牧—农业文明时代,我就是我,你就是你;工业文明时代,你中有我,我中有你;信息文明时代,你就

是我,我就是你;数字文明时代,我通过你,而成为我;生态文明时代,因为我们,我才为我(类似乌班图思想:I am because we are)。数字/生态文明是对工业文明的重要修正,"双碳"成为 100 多个国家的共识,更重要的是数字文明正在超越工业文明的逻辑,数据成为新的甚至是主要的生产要素。

数据使用而不占有,越用越值钱,新的生产方式不同于劳动力、资本的工业文明时代逻辑,这是美国强调与中国战略竞争,启动印太经济框架,重组全球供应链、产业链、价值链的战略出发点。数字技术、数字规则和数据竞争,塑造中美博弈的基本框架。这个世界是多层化的,不能以一种理论套用不同发展阶段、处于不同矛盾的国家,更不应以民族国家为单元的国际关系理论来理解中华民族的伟大复兴。

中国为国际关系理论到底贡献了什么呢?在西方国际关系理论里,大量强调中国因素,中国自己强调中国力量、中国市场,强调中国的外交实践,提出了很多外交理论,但是国际关系理论普遍不够。近年来,中国历史文化作为个案,丰富西方国际关系理论,无论是建构主义的关系主义,还是现实主义的道义现实主义,都是"我注六经"。还有,就是以中国的理念如人类命运共同体等作为研究主题,但是国际关系理论学界受美西方舆论影响认为这是宣传。其实,中华优秀传统文化是再造国际关系理论,这是时代的重大话题。我们提出了中国式的现代化,开创人类文明的新形态,但是国际关系理论方面并没有还原为人类文明的转型,即从工业文明走向数字文明,结合生态文明的思想,还原真正的世界历史来临的世界政治理论。国际关系理论还在人家土地上种庄稼,确立中国乃文明型国家形态,为世界秩序,乃至人类秩序塑造大理论,超越中国崛起思维,真正回到百年未有之大变局高度,开创自主的知识体系,来理解从文明自信到文明自觉,从现代化、现代性到全球性、人类性的主题转化,改变传统国际关系理论关注国家忽视人民、关注大国忽视小国、关注外交忽视内政、关注权力忽视权利、关注占有忽视分享的倾向。这是国际关系理论反思的应有道德。

讨论中国学派也好,中国国际关系理论也好,要告别崛起的冲动,走出理论的迷失,走出全球国际关系学的迷思和比较政治学、比较国际关系研究的陷阱。中国经验非对任何一国之启示,启示的是整个天下;中国不是崛起，而是复兴；超越民族性假说、崛起的思维和线性进化的逻辑。

中华民族伟大复兴不仅追求自己的复兴，而且还原世界多样性，立己达人，希望各民族都能复兴，开启人类文艺复兴，因而不是探讨中国特色的问题，而是还原西方特色，成就各国特色，从而世界才特色，其逻辑是命运自主—命运与共—命运共同体。中华民族伟大复兴推崇人民中心思想，国际关系理论倡导人本主义，超越近代西方的人文主义，告别西方基督教一神论的普世价值，推崇全人类共同价值，告别中心—边缘体系，倡导国际关系理论的各美其美、美美与共。

七、结　　语

汤用彤先生说过：中国接受佛学，第一阶段是求同，第二阶段是别异，第三阶段是合同异以达到更高的同。中国国际关系理论的探索似乎正在经历类似过程：首先是求同——中国特色国际关系理论，说的"特色"，实际上首先追求西方国际关系理论谱系的认同、认可；其次是别异——国际关系理论的中国学派，试图区别于美国学派、英国学派、哥本哈根学派；最后是合同异以达到更高的同——超越中国特色—西方普世的二元对立，倡导全人类共同价值，构建人类命运共同体，超越构建中国特色的国际关系理论、国际关系理论的中国学派、全球国际关系学的迷思。

当今世界正面临百年未有之大变局，必须走出国际关系理论的中国特色、中国学派和全球国际关系学的三大迷思，说到底是走出西方迷思，树立"四个自信"，迎接真正的世界历史来临，呼唤我们思考理论的原生问题：什么是理论，理论是谁的，理论为了谁，理论依靠谁，怎么构建理论？探讨国际关系的元理论。

中国共产党倡导"两个结合"，赋予国际关系理论以温度和厚度，推动形成人本主义国际关系理论，为多数人服务，关注发展中国家，以人民为中心，而不是以强者为中心，不是以权力为中心，不是以大国为中心，更不是以霸权为中心，不是简单的呼吁主权平等，而且确实增强这些国家维护主权的能力，参与主权平等的制度建构，强调命运自主、命运与共、命运共同体。

国际关系学科是第一次世界大战后形成的,国际关系理论是第二次世界大战后成形的。中华民族伟大复兴,不是反对西方理论,也不是去完善西方理论,而是超越国际关系理论本身。"一带一路"不是简单的国际关系理论的问题,而是超越现代学科、科学体系,回到"以天下观天下"主题。人类命运共同体已经超越中国与世界的关系层面,着眼时代之问、中国之答,是人间正道,引领时代潮流和人类进步的鲜明旗帜,推动从大历史观而非近代国际关系史,以人本主义而非人文主义作为底蕴,以真正的全球化、真正的世界历史作为理论之场,迈入真正的世界政治理论时代。

中国特色社会主义进入新时代,不仅开创了中国式现代化,也推动塑造人的全球化核心价值观:人类命运共同体。中国从参与到引领经济全球化,统筹政治多极化、社会信息化、国际关系民主化,提出"一带一路"倡议和人类命运共同体理念,不仅为全球化赋能、铸魂,且正在开创全球化文明新形态,即告别基督教文明扩张式的中心—边缘体系,开创各种文明共同复兴、引领人类文明向数字文明、生态文明转型的新进程。人类命运共同体是人的全球化核心价值观,主体上将全球上升到人类高度,形态上从相互依存上升到命运与共的层次,法则上从"化"(扩张)上升到共同体境界。中国开创了国际关系理论新的形态,超越西方国际关系理论,甚至超越国际关系理论本身,是人类文明的新形态的应有之义。

展望未来,在数字/生态文明时代,以中华民族伟大复兴超越中国崛起思维,把马克思主义基本原理同中国具体实际相结合、同中华优秀传统文化相结合,立足中华民族伟大复兴战略全局和世界百年未有之大变局,切实树立实现中华民族伟大复兴的大历史观、应对百年未有之大变局的大时代观、构建人类命运共同体的大未来观,充分发掘习近平外交思想的学术体系、理论体系、话语体系,创立人本主义国际关系理论的中华学派,才是正道。

观者如云,竞争共生
——国际政治经济学自主知识的累积与探索

黄琪轩*

2021 年底,哈佛大学教授格雷厄姆·艾利森(Graham Allison)等人发布了《伟大的科技竞争:中国对美国》(The Great Tech Rivalry:China vs the U.S.)报告。该报告发现:中国本土技术成长迅速。例如:在 2020 年左右,中国的科大讯飞已拥有 7 亿用户,大约是苹果 Siri 用户的两倍,已成为全球最大的语音识别初创企业。中国的微信支付拥有 9 亿中国用户,远超苹果支付在美国的 4 000 多万用户。中国国际政治经济学的学科发展与中国技术进步有一个共同点,就是两者都拥有一个超大的市场规模。中国新技术有众多消费者,中国学术界有众多听众。质言之,"观者如云"影响着中国国际政治经济学自主知识的积累与发展。

2010 年,首届国际政治经济学论坛在北京召开,到 2022 年已举办了十二届。该论坛是中国国际政治经济学学术共同体形成的一个标志。从该论坛的举办单位、年度主题、参会人员、主旨发言、会议论文等几个方面来看,它的一大特色就是"竞争共生"。

美国国际政治经济学有主导模式,即"IO"体,从选题、方法乃至结论,大都要吻合《国际组织》这本期刊的章法。而中国国际政治经济学的发展则更具多样性。中国的国际政治经济学有庞大的受众。"观者如云"带来了:第一,"并行不悖的共生"。一般而言,同一"生态位"的物种只能是竞争关系,而且生物能级越高,共存的可能性越低,除非两者位于不同地方。当只有一座山的时候,一山不容二虎,即"同业相仇"。而广阔的受众提供了充足的资源,开辟了更多的"生态位",为研究人员提供了"错位竞争"的空间。第二,"不拘一格的角逐"。观者如云,受众广阔,政府、企业、高校都是

* 黄琪轩,上海交通大学国际与公共事务学院教授。

受众,有多样需求,提供迥异的、丰富的激励。在国际政治经济学的大旗下,学者的角逐多种多样,有人专注学理,有人侧重资政,有人服务市场。该学科的竞争从多个维度同时展开。第三,"没有输赢的竞争"。众多的受众为研究者提供了迥异的标准,或重视理论精致,或重视通俗可读,或重视热点时效,或重视政策影响。大部分中国的国际政治经济学研究难以分出明确的输赢。和美国国际政治经济学主流学术队伍不同,中国的国际政治经济学发展是在没有"主导设计";没有"学术垄断";没有明确输赢的情况下展开的。广阔的受众让中国国际政治经济学不同理论抱负、不同学术眼界、不同研究方法、不同学术气质、不同研究侧重、形形色色的研究,都能在"国际政治经济学研究"的旗帜下找到生存和发展的空间,都能"共存""共生",并在持续的竞争中共生,主要表现在以下五个方面:

其一,普遍理论与特殊发现。中国国际政治经济学者可以找出两种迥异的理论诉求,一是希望通过发展普遍理论贡献知识积累,二是希望寻找中国特质的概念、总结中国特有的经验、提炼中国特色的理论来推进学科发展。普遍理论的来源也多样,既有马克思主义的国际政治经济学,同时也有兼收并蓄,吸纳国际学界的理论成果。强调中国特殊性的学者或探索中国的古典文化,如"和为贵""中庸""礼治",或探讨当代中国独特的政治经济结构及其世界政治经济意义。国际政治经济论坛的主题就曾聚焦过"新型大国关系""总体国家安全观""人类命运共同体"等极具中国特色的议题。两种截然不同的学术关注都能并行不悖,中国受众庞大的体量支撑着两类学者都有足够的听众,获得各自的资源,形成各自的标准。第二类学者另辟蹊径,其探索的意义在于,由于中国在世界政治经济中的体量巨大,如中国的减贫实践,即便是个案,总结提炼出来就有足够的理论意义,就可能改写世界政治经济的既定知识。中国独特的体量(人口、市场、读者等)让崛起的中国在创造新的国际政治经济事实。

其二,中国关怀与世界眼光。第一届国际政治经济学论坛的主题是"国际政治经济学与中国"。中国的国际政治经济学究竟需要更多地研究中国自身还是海外诸国?中国的国际政治经济学界存在这一现象,"英文发表有中国关切,中文发表有世界眼光"。众多中国学者在英文世界出版专著,发表论文,往往将目光聚焦"中国",往往"以中国为本";而诸多学者在中文世界出版论著的,有更大的余地关注世界其他国家和地区。在英文世界的发表往往需要遵循比较优势，中国学者聚焦中国议题，提供中国视角，介绍中国经验都符合中国学者的比较优势。同时，庞大的国内受众也为中文研究提供了足够的市场。崛起的中国亟须了解世界。"一带一路"倡议的推进，让中国政府、企业、高校对其他国家政治经济的了解诉求极大增强。中国的国际政治经济学和区域国别研究结合日益紧密。中国的国际政治经济既有一批"以中国为本"的中国专家，也有一批"放眼世界"的、出类拔萃的欧洲专家、非洲专家、东亚专家、拉美专家、美国专家。持有迥异学术关注的学者，都在中国国际政治经济学的学术共同体成长发展，竞争共生。

其三，科学方法与多样手段。第七届国际政治经济学的主题是：国际政治经济学：理论、方法与应用。中国的国际政治经济学理论引介与政策实践走在方法前面。在国际政治经济学蓬勃发展的同时，社会学科研究方法也在国内学界不断普及，迅速推广。从主要期刊的发表来看，定量研究与定性研究齐头并进，附之博弈论的运用，再到实验法的引入。科学方法的推广与使用为国际政治经济学自主知识的积累提供了一个"可积累的"平台。同时，由于受众的多样性，国际政治经济学仍然保留了多样化的方法，史学、哲学乃至文学的痕迹仍随处可见。这使得国际关系史、国际关系思想史在国际政治经济学的发展中仍有一席之地。众多的受众提供了多样的资源，采用不同的标准，保留了诸多"反主流"的要素。这些非主流方法，乃至"反对方法"的研究，尽管缺乏科学意义上的"累积性"，却保证了国际政治经济学的学科发展不是整齐划一、千人一面，而是更具多样性。

其四，精深学理与致用学问。大学研究者往往强调"大学是研究高深学问的地方"。国际政治经济学在中国发展，有着很好的理论起点。该科学在发展之初就精研学理，积累了深厚的理论功底。当前，中国的国际政治经济学者，无论将目光放在中国抑或海外，都有一批学者在专研高深学问。他们强调要使用"学术语言"而不是"政策语言"，希望以精深学理、基础研究推进国际政治经济学的发展。国际政治经济论坛的主题如：货币政治与国际关系等，都具有这样的学术气质。同时，还有一批学者关注政策研究，这也体现在国际政治经济学论坛的主题中，如：一带一路：国际政治经济学视角、大流行的短期冲击与长期政治经济影响；新时代和平发展与国家安全：以中美经贸关系为切入点等。一批学者关注迫切的现实议题,诸如人民币国际化、中国企业走出去、区域全面经济伙伴关系协定等。尽管大部分经世学问的研究成果,其学术周期可能会比较短,但是当前需求巨大。和美国学者不一样的在于,在中国,政策研究者也有很高的学术地位。来自政府部门的需求,来自企业的需求,来自民间爱好者的需求都在支撑国际政治经济学的应用研究、对策研究不断成长壮大。两类学者均有自己的一亩三分地,既存在画地为牢的情形,也呈现相互竞技,共同切磋的局面。

其五,引介模仿与自主探索。中国国际政治经济学早期很大程度是靠理论引介,学习模仿。在该科学发展的早期阶段,有一个角色在西方学术界不重要,在中国学术界却至关重要,即译者。正是由于这些翻译者、介绍者,国际政治经济学这个学科有了更多的受众,有了更多的追随者,有了更多的共同语言。同时,在学科发展早期,研究者"模仿"西方学术研究,尤其是美国国际政治经济学研究的痕迹非常明显。从模仿选题,到模仿理论,到模仿方法,到模仿写作技巧,这个时期是国际政治经济学的"山寨"阶段。逐渐地,国际政治经济学实现了"从模仿到创新"。中国学者从模仿中积累了研究经验,锻炼了研究能力,论文与专著越来越有独立探索的印记。和中国的技术发展一样,中国的国际政治经济学从整体上开始出现"从模仿到创新"的演进。

和中国的技术发展类似,由于中国学术界受众体量大,即"观者如云",中国国际政治经济学的发展演进有显著的特点:并行不悖的共生,不拘一格的竞角逐,没有输赢的竞争。和其他国家参与全球产业链的分工相比,中国的产业是全产业链,中国的国际政治经济学也是全覆盖。在国际政治经济学的旗帜下,中国的学者既做普遍理论,又做特殊规律;既做中国研究,又做区域国别;既用科学方法,又用多样手段;既做精深学理,又做经世学问。中国的听众多,读者多,分工取决于市场规模。市场规模不仅影响了分工,还带来了更多的资源,更多的需求,更多的标准。这是一个多样共存的知识演进。大家有竞争,形成风格,形成"特色",争取各自的受众,同时大家又是共生,在没有"主导设计"的研究路径下,各方都无法让迥异的研究消失,这是看不到尽头的长期博弈。

在一些人看来是鱼龙混杂、泥沙俱下、缺乏标准、野蛮生长,而换个视角看却是灵活变通、万众创新。这又恰恰为中国国际政治经济学自主知识的累积与探索创造平台。在分散中试错，从错误中学习，不断尝试积累，逐渐形成有自身特色的知识体系。由于没有明确的输赢，不同类型的竞争长期共存，既为未来的学术发展提供更多的可能，又为各方研究者的互动互补竞争共进提供学术平台。

如何解释中国的发展：
既有政治经济学理论的挑战与创新

陈沐阳[*]

近期我与合作者正在合写一篇文章，主要回答的问题是如何解释中国的发展。这个题目缘起于研究和教学中的困惑。我们发现了一组矛盾：一方面，中国崛起给既有国际秩序和全球治理带来了极大影响，另一方面，在既有的国际政治经济（IPE）话语体系之下，现有概念难以解释中国的发展。大多数既有的英文文献都将中国的案例视为一个异常值（outlier）。这是因为 IPE 理论和实证研究多是基于西方的经济历史形成，而全球体系中的"南方"国家具有自己的特性。这就产生一个问题：我们怎么看待中国？如今中国的体量和特殊性使其成为全球政治经济的重要组成部分，我们不能将其仅仅当作一个异常值。

首先，通过回顾既有 IPE 理论框架，我们能够知道中国有哪些特性是现有理论无法很好解释的。现有 IPE 分析框架主要基于国家与市场二分的假设（state-market dichotomy），需要将国家和市场看成两个不同的东西，在这个基础上讨论国家如何介入、干预、调控了市场，继而讨论国家与市场两者的关系。在这样的前提下，大部分英文文献认为中国是国家主导型经济（state-led）。具体体现在中国的对外投资、对外援助、发展融资以及整个经济发展过程都是由政府推动、政府引导。同时，中国市场中的很多重要经济行为体是国有的，比如国有银行、支柱产业的龙头企业等。主流英文文献大多认为政府与私营部门是对立的关系，然而这样的叙事框架无法解释中国经济发展的许多特点。比如改革开放以来，中国经历了一个市场化的过程，一些重要的产业逐渐由政府部门运营转向企业式治理，出现了公司化的现象。再比如，改革开放初期中国只有一个人民银

* 陈沐阳，北京大学国际关系学院助理教授。

行，之后慢慢恢复一些商业银行，并建立了政策性银行、金融资产管理公司等，渐渐地出现了一大批金融机构。在这个过程中，新兴的国有性质的市场机构就被赋予了趋利的动机。因此，在海外项目竞争中，一方面我们确实能看到中国机构突出的国家主导特征，另一方面，这些行为体争夺盈利的程度也不输于发达工业化国家的私营行为体。原有的市场—政府二分的分析框架就难以解释中国经济发展的二元属性。基于这一主流叙事框架得出的政策结论很多时候也是带有误导性的。举个例子，许多英文的政策报告都认为中国政府给予中国企业相当大的融资补贴，但如果进行实际调研，就会发现中国企业获得的贷款利率实际上也并不那么优惠。

为了解决这个问题，我们希望实现两部分工作。第一步是将比较政治经济学（CPE）与国际政治经济学（IPE）结合，帮助我们打破国家—市场二分的前提。当然已经有许多 IPE 学者讨论过这一研究路径，但在中国崛起的背景下，这一结合就显得更加重要。这里提供一些可供参考的方向。比如有许多文献在讨论 late development，即相对后发的经济体在实现产业发展时，通常会采用更为政府主导的方式。政府在后发经济体的追赶过程中对于私营部门产生了相对正面的效应。经典文献包括亚历山大·格申克龙（Alexander Gerchenkron）在 1962 年出版的《经济落后的历史透视》。他在文中对不同欧洲国家进行比较，指出后发国家（如俄国）的产业化过程中，政府在集中资金和人力方面发挥了重要作用。同样强调后发国家政府作用的还有基于战后东亚国家经济腾飞的"发展型国家"（developmental state）文献，如查默斯·约翰逊（Chalmers Ashby Johnson）的《通产省与日本奇迹：产业政策的成长（1925—1975）》，以及斯蒂芬·哈格德（Stephan Haggard）2018 年出版的 *Developmental States*，是一个总结性专著。这一类文献对于理解中国的案例有很大的帮助。

但即便如此还是不能完全解释中国，因为中国这个案例有个明显的特殊性在于政府和市场的边界是很模糊的，比如，我们很难定义一个中国的国企究竟是政府行为体还是市场行为体，因为它同时具有两个属性。因此，我们不能用政府—市场二分的叙事框架来解读中国。近十多年来也涌现出一些研究，提出一些新的概念以解读中国的政府—市场关系。比如"regulatory state"（Hsueh 2011）探讨政府对不同产业的调控；"shareholding state"（Wang 2015）和 "investor state"（Chen and Rithmire 2020）

则把国家看作股东,通过持有金融机构而实现经济发展,并希望自己的资产增值。在这个前提下,政府和市场的目标其实是统一的。此外,还有郑永年老师的《制内市场》——"market in state"(Zheng and Huang 2018),德国学者的"state permeates market"的提法(Nölke et al., 2020),都在重新探讨中国发展过程中政府和市场的边界。

基于对中国案例普遍性和特殊性的探讨,第二步我们就可以开始讨论中国崛起是怎样影响了全球政治经济。以我的两个研究领域为例简单分析一下。第一个例子是中国崛起如何影响全球发展治理。IPE 教科书一定会提到世界银行、经合组织、国际货币基金组织等西方主导的国际组织和国际机制如何影响了全球发展治理。实际上,西方传统的发展融资方式具有显著的政府性。因为援助是一种优惠性的资金,本质上是把财政资金从富裕的国家转移到了贫穷的国家。而中国的发展合作则是把国家的支持和企业的商业利益相结合。这种政府—市场结合的方式对发达工业化国家主导的全球发展治理产生了极大影响。第二个例子是中国崛起如何影响全球贸易。传统教科书一般会提到世贸组织、经合组织等国际组织及其发挥的作用。战后西方主导的全球贸易秩序主要基于自由市场的原则,大部分国际规则都旨在限制成员国过度地把政府补贴用以支持本国的私营企业,从而防止成员国之间的恶性竞争。而中国在贸易领域的崛起就对这个机制产生了较为复杂的作用。一方面,中国是一个发展中国家,政府对企业的支持是其产业政策的重要部分,因此挑战了发达工业化国家主导的既有国际规则;另一方面,中国也是经济全球化的获益者,积极维护既有的秩序。因此,中国的政府—市场双重属性对既有国际秩序和全球治理带来影响并不是单一的。

总结来说,主要有三点启示。第一,中国并不是一个异常值,而是全球政治经济的重要组成部分。第二,中国的经济发展是具有政府性和市场性的双重属性。大部分英文研究集中于前者,而忽略了市场性的部分。第三,中国的崛起与既有国际秩序之间不是一个简单的"对抗"关系;基于领域的不同,会有更加混合、复杂的结果。

对外投资合作中本土知识的国际表达 *

陈兆源 **

　　较之人类其他的历史时期,经济全球化时代为包括资本在内的各种生产要素的自由流动提供了前所未有的便利。对外投资合作被认为有助于将世界"拉平",使各国经济发展和个人生产消费的差距收窄。①这种说法在一定程度上是正确的并且影响深远,导致人们在关心跨国资本总体效应的同时,相对忽视了投资者之间的差异。事实上,不同类型投资者的行为方式可能存在显著区别。从纵向看,17世纪的英国东印度公司、明清海外华商社区、20世纪的美国联合果品公司的行为方式各不相同。从横向看,即便在当下,来自发达国家和新兴经济体的跨国投资者也各有特点。以本土政商关系为视角,本文基于对当前中国对外投资合作特点的概括试图为这类投资者差异提供一种解释,并为利用本土知识服务国际关系发展创新提供启示。

一、政商关系是影响对外投资的重要因素

　　母国的政商关系深刻影响了其企业的对外投资实践。1601年诞生的英国东印度公司常被追溯为跨国公司的雏形,并因其强大的经济实力和政治影响而广为人知。其诞生的正式标志便是英国伊丽莎白一世女王授

　　本文为2022年复旦国际关系论坛"自主知识体系与国际关系理论发展创新"研讨会准备的讲稿。

　　陈兆源,中国社会科学院世界经济与政治研究所助理研究员。

①　Thomas Friedman, *The World is Flat*, New York：Farrar, Straus and Giroux, 2005.

予的特许状,准予公司创办者在十五年期间垄断与东印度之间的贸易。①英国国王禁止其他英国人成立公司参与这一贸易。与之后自由竞争的观念不同,通过政府获得垄断贸易和投资特权是当时欧洲从事商业活动的人指望实现的目标。②英国东印度公司不仅从事商业,而且还发展成为拥有部队和土地并可具备收税、铸币、司法和缔约等职能的"准国家组织",这种资本与政治紧密结合的早期公司制度在英国的全球殖民扩张中扮演着重要角色。③类似观点在对西方殖民主义社会科学化的解释中颇具代表性。④

在英国东印度公司经营的同一时期,"下南洋"的华人也从事着贸易和投资等海上活动,但由于海外华商与中央王朝的关系与以英国为代表的帝国主义列强的政商关系显著不同,其对外投资的行为和影响也有明显区别。王庚武先生将明清时期的海外华商称为"没有帝国的商人"(merchants without empires),并富于启发地评论道,"按照进取心和胆量来衡量的话,他们能够做欧洲人所做的一切,然而无法在中国促成必要的制度变化来与欧洲势力甚至日本势力匹敌。他们从来就不是明清政府当局建立商人帝国的任何势力的工具,他们也不能指望为其自身任何创新的努力而获得官吏的支持或意识形态上的支持。"⑤由于缺乏来自朝廷的保护,众多"下南洋"的华商无法与国家支持的特许公司里全副武装的雇员竞争,而是嵌入其他"商人帝国"中成为参与者或代理商。

美国政府在 20 世纪与其跨国公司勾连并对发展中国家,尤其是拉美

---

① 此后英国国王詹姆士一世为公司颁发的特许状不再设期限。

② 羽田正:《東印度公司與亞洲的海洋:跨國公司如何創造二百年歐亞整體史》,林詠純譯,八旗文化 2018 年版,第 75—80 頁。

③ 1602 年成立的荷兰东印度公司也具有一定的可比性。

④ Jeffry A. Frieden, "International Investment and Colonial Control: A New Interpretation," in Jeffry A. Frieden, David A. Lake, and J. Lawrence Broz, eds., *International Political Economy: Perspectives on Global Power and Wealth*, 5th Edition, New York: W. W. Norton, 2010, pp.119—138.

⑤ 王庚武:《没有帝国的商人:侨居海外的闽南人》,《海交史研究》1993 年第 1 期,第 125 页。相关英文论述可参见 Wang Gungwu, "Merchants without Empire: the Hokkien Sojourning Communities," in James D. Tracy, ed., *The Rise of Merchant Empires: Long Distance Trade in the Early Modern World 1350—1750*, New York: Cambridge University Press, 2011.

国家进行了一系列政治和军事干预以保护其海外投资,这被部分学者认定为"新帝国主义"的做法。①1909 年至 1913 年在任的美国总统威廉·塔夫脱(William H. Taft)提出"金元外交"(dollar diplomacy),希望通过鼓励海外投资等经济扩张手段来控制拉美等国。美国政府多次卷入其投资者与外国政府的产权纠纷。其中一个臭名昭著的投资者便是联合果品公司(United Fruit Company)。该公司是美国控制危地马拉经济的典型代表,与美国政府官员有着密切联系。②在危地马拉第一位民选总统哈科沃·阿本斯·古斯曼(Jacobo Árbenz Guzmán)将联合果品公司资产国有化之后,美国中央情报局支持卡洛斯·卡斯蒂略·阿马斯(Carlos Castillo Armas)于 1954 年推翻阿本斯政府,建立了亲美独裁政权。③据解密档案显示,冷战时期美国政府与出口商在联合扩大对外贸易时采用了相似的做法。④美国在 20 世纪后期和新世纪以来更多转向国际投资仲裁等法律手段维护其企业海外利益则是后话了。总的看来,虽然手段并不光彩,但美国政府与企业的勾连扩大了其跨国企业的海外影响力,并且影响了美国 20 世纪对外投资的行为方式。

关于多段历史的描述和研究充分印证了政商关系在对外投资中的重要性。在这些案例中,政商关系虽然更多地体现为国家或政府对其跨国企业及海外利益的重视程度与保护方式,且带有很强的殖民主义和帝国主义时期的色彩,但其中亦不免折射出母国的本土政商关系对企业参与

① Stephen D. Krasner, *Defending the National Interest: Raw Materials Investments and U.S. Foreign Policy*, Princeton: Princeton University Press, 1978. Noel Maurer, *The Empire Trap: The Rise and Fall of U.S. Intervention to Protect American Property Overseas, 1893—2013*, Princeton: Princeton University Press, 2013.

② Jason M. Colby, *The Business of Empire: United Fruit, Race, and U.S. Expansion in Central America*, Ithaca: Cornell University Press, 2011, pp.204—205. 舒建中:《美国与 1954 年危地马拉政变》,南京大学出版社 2018 年版。

③ Stephen Schlesinger and Stephen Kinzer, *Bitter Fruit: The Story of the American Coup in Guatemala*, Cambridge: Harvard University Press, 1999. Nick Cullather, *Secret History: The CIA's Classified Account of Its Operations in Guatemala, 1952—1954*, Stanford: Stanford University Press, 1999.

④ Daniel Berger, William Easterly, Nathan Nunn and Shanker Satyanath, "Commercial Imperialism? Political Influence and Trade During the Cold War," *American Economic Review*, Vol.103, No.2, 2013, pp.863—896.

对外投资合作所产生的影响，对此尚有进一步研究和理论化的空间。

从当下的投资实践和相关理论来看，对外投资一般是企业在国内经营基础上的业务拓展。作为新新贸易理论(New-New Trade Theory)的代表性成果，马克·梅利茨(Marc J. Melitz)及其合作者构建了企业异质性如何影响企业从事出口贸易和对外投资的理论模型，论述了生产率高的企业更倾向于开展对外直接投资。①换句话说，在本土取得某种优势的企业更有可能参与对外投资合作，而这通常意味着这些企业在面对本土政商关系这一战略环境(strategic setting)下具有某种竞争优势，而这种源自本土政商关系的竞争优势会在企业进行对外投资时被有意识地运用或被无意识的体现。②那么，可以推测的是，中国当代对外投资合作的特点和竞争优势也将很大程度上根植于本土政商关系。鉴于政商关系在中国发展的奇迹和构建中国特色哲学社会科学体系中扮演的重要角色，③在对外投资合作中挖掘中国本土知识的国际表达尤其具有必要性和可行性。

二、当前中国开展对外投资合作的主要特点

将中国投资者与以七国集团为代表的传统投资者区分开来的特质主要有三点。一是更长的时间范围(time horizon)，二是更高的风险容忍度，三是更密切的投资者—东道国政府关系。当然，七国集团投资者和中国投资者内部亦存在差异，此处当然仅是就平均而言。

其一，较长的时间范围。与当前的七国集团投资者相比，中国资本拥有更长的时间范围，换言之，中资更为耐心。所谓"耐心资本"，是长期愿景资本的别称。耐心资本意味着投资者对一家企业进行的投资并不指望能

---

① Marc J. Melitz, "The Impact of Trade on Intra-Industry Re-Allocation and Aggregate Industrial Productivity," *Econometrica*, Vol.71, No.6, 2003, pp.1695—1725. Elhanan Helpman, Marc J. Melitz and Stephen R. Yeaple, "Export versus FDI with Heterogeneous Firms," *American Economic Review*, Vol.94, No.1, 2004, pp.300—316.

② 裴长洪、郑文:《国家特定优势:国际投资理论的补充解释》,《经济研究》2011 年第 11 期,第 21—35 页。

③ 林毅夫、蔡昉、李周:《中国的奇迹:发展战略与经济改革》,上海三联书店出版社 1994 年版。周黎安:《地区增长联盟与中国特色的政商关系》,《社会》2021 年第 6 期,第 1—40 页。

很快获得利润。相反,投资者出于对未来更大回报的预期愿意放弃眼前的回报,这与中国大量参与发展中国家基础设施投资合作的事实相一致。中国的许多对外投资合作项目与国家开发银行和中国进出口银行的发展型融资配套,而这些贷款通常拥有较长的偿还年限。中国某家重要政策性银行负责管理海外贷款的官员表示,"中国的投资通常是长期投资;我们不期望在一至两年内得到偿还;我们正在加大对中长期项目的投资,而这些项目十年后才会有回报。"[①]斯蒂芬·卡普兰(Stephen B. Kaplan)对中国在拉美资本的研究指出,由于国有资本的重要地位,中资相较于西方私人资本具有更长期的视野。私人企业大多必须保持短期的盈利能力以安抚公司董事会,而中资更长的时间范围意味着不追求短期利润而期待长期回报。[②]李静君(Ching Kwan Lee)同样强调了海外中资的国有主导,认为中资对经济利益和政治(安全)利益的并重使得中国资本相较"市场导向"更注重"生产导向",故更具长期视野和稳定性。[③]总的来看,中国资本相较于西方传统资本拥有更长的时间范围。

其二,**较高的风险容忍度。**不少研究者注意到,作为发展中资本输出国,中国企业的风险偏好与发达国家企业明显不同。王永钦等、彼得·巴克利(Peter J. Buckley)等和伊瓦尔·科尔斯塔德(Ivar Kolstad)与阿恩·威格(Arne Wiig)传播广泛的研究发现,中国企业在对外投资时不太关心东道国的政治风险,换言之,中国资本对东道国风险有着较高的容忍度。[④]

---

①　Interview conducted by Stephen B. Kaplan in November, 2017. Cited from Stephen B. Kaplan, "The Rise of Patient Capital: The Political Economy of Chinese Global Finance," Institute for International Economic Policy Working Paper, No. 2, 2018, https://www2.gwu.edu/~iiep/assets/docs/papers/2018WP/KaplanIIEP2018-2.pdf.

②　Stephen B. Kaplan, *Globalizing Patient Capital: The Political Economy of Chinese Finance in the Americas*, New York: Cambridge University Press, 2021.

③　Ching Kwan Lee, *The Specter of Global China: Politics, Labor and Foreign Investment in Africa*, Chicago: University of Chicago Press, 2017.

④　王永钦、杜巨澜、王凯:《中国对外直接投资区位选择的决定因素:制度、税负和资源禀赋》,《经济研究》2014 年第 12 期,第 126—142 页。Peter J. Buckley, L. Jeremy Clegg, Adam R. Cross, Xin Liu, Hinrich Voss and Ping Zheng, "The Determinants of Chinese Outward Foreign Direct Investment," *Journal of International Business Studies*, Vol.38, No.4, 2007, pp.499—518. Ivar Kolstad and Arne Wiig, "What determines Chinese outward FDI?" *Journal of World Business*, Vol.47, No.1, 2012, pp.26—34.

这或许是因为相较于发达国家跨国公司在风险区域的水土不服,中国拥有更多的应对经验和较低的适应成本。并且由于中国资本的后发角色,一些企业将经济逆周期视为扩大业务的机会。因为西方投资者往往在逆周期时选择减少投资甚至撤资,而中国企业则希望借此填补其空缺。

其三,**更密切的投资者—东道国政府关系。**与西方传统投资者对东道国的诸多要求条件相比,中国资本在这方面显得更为宽松。①正如一位南苏丹外交部官员所言,"美国和我们的其他(西方)伙伴常常确定无疑地告诉我们,我们需要什么,而中国人则显得更愿意相互探讨,并倾听我们想要什么。"②一项关于对非洲援助的有趣研究显示,与世界银行的援助不同,中国的援助资金更有可能流向领导人的出生地。③这也为此处的判断提供了侧面佐证,中国资本与东道国政府的关系更为紧密。与许多其他领域相似,中国国家行为体的偏好很大程度上塑造了中资企业的行为。④张建红和姜建刚对中国对外直接投资的研究发现,双边友好的外交活动能有效促进对外直接投资;双边外交活动对一些比较敏感和重要的投资能起到保驾护航的作用。⑤类似地,闫雪凌和林建浩发现中国领导人的出访显著促进了中国对该国的直接投资。⑥皮帕·莫安(Pippa Morgan)和郑

---

① 这种特质在中国对外援助和发展金融领域有着更为明显的体现,参见 Zhongzhou Peng and Sow Keat Tok,"The AIIB and China's Normative Power in International Financial Governance Structure," *Chinese Political Science Review*,Vol.1,No.4,2016,pp.736—753。

② International Crisis Group,"China's New Courtship in South Sudan," African Report,No.186,2012,p.8,https://d2071andvip0wj. cloudfront. net/186-china-s-new-courtship-in-south-sudan.pdf.

③ Axel Dreher,Andreas Fuchs,Roland Hodler,Bradley C. Parks,Paul A. Raschky,and Michael J. Tierney,"African Leaders and the Geography of China's Foreign Assistance," *Journal of Development Economics*,Vol.140,2019,pp.44—71.

④ 如曲博在分析东亚国家的汇率政策时指出,国家力量主导政策选择,并决定社会经济行为体参与政策制定的能力。因此,对于东亚国家和地区的政府而言,政府的政策偏好具有决定性作用。曲博:《危机下的抉择:国内政治与汇率制度选择》,上海人民出版社 2012 年版,第 30 页。

⑤ 张建红、姜建刚:《双边政治关系对中国对外直接投资的影响研究》,《世界经济与政治》2012 年第 12 期,第 133—155 页。

⑥ 闫雪凌、林建浩:《领导人访问与中国对外直接投资》,《世界经济》2019 年第 2 期,第 147—169 页。

宇的研究也表明,中国与东道国的国家间关系有助于解释中国在非洲的投资。①由于中国投资多集中在能源、矿产和基础设施等资产专用性较高且投资周期较长的行业,故中资更加注重与东道国政府的关系,也更有意愿通过维持和推动这种关系来保障投资项目顺利进行。西方投资者在与东道国打交道时则更常采取非人格化的、法律化的手段。②根据一些发达国家的国内法,与东道国政府保持密切联系还需承担更大的法律风险。故相较之下,中国投资者与东道国政府的关系显得更加紧密。

上述三个特点是相辅相成的。正是因为中资的长时间范围,所以需要更高的风险容忍度,也需要与东道国政府建立更紧密的关系;同时也正是因为中资更注重与东道国政府建立更紧密的关系,所以能够支持其开展较长时间范围和较高风险的投资。

三、中国对外投资合作特点的本土起源

为了解释中国对外投资合作的上述特点,我们当然可以诉诸国际竞争的角度,即考虑中国在面对发达国家投资者竞争时所采取的差异化策略③,同时也可从国内政商关系的角度挖掘其本土起源。在某种意义上,中国资本是以它们面临的国内环境为锚点,在对外投资——尤其是对发展中国家投资时一定程度上延续并发挥了本土政商关系积累的竞争优势。

其一,基建效率优势。中国对外投资合作之所以具有较长的时间范围,其中一个重要因素是存在大量与基础设施建设有关的项目,如铁路、工业园等。而之所以中国成为基建大国,积累起较为完整且高效的基建产业链,则与本土政商关系密不可分。地方政府在中国基础设施的投资

---

① Pippa Morgan and Yu Zheng, "Tracing the Legacy: China's Historical Aid and Contemporary Investment in Africa," *International Studies Quarterly*, Vol. 63, No. 3, 2019, pp.558—573.

② Yuhua Wang, *Tying the Autocrat's Hands: The Rise of the Rule of Law in China*, New York: Cambridge University Press, 2015.

③ 相似路径的研究可参见黄继朝、陈兆源:《竞争与差异化:日本对东南亚基础设施投资的策略选择》,《日本学刊》2022 年第 2 期,第 64—90 页。陈兆源:《法律化、制度竞争与亚太经济一体化的路径选择》,《东南亚研究》2017 年第 5 期,第 64—76 页。

上扮演着非常重要的角色。经济学家倾向于认为,中国的政治集中模式与财政分权体制相结合创造了地方政府的竞争,而且推动了政府系统向发展型政府治理模式的转型,这是解释中国基础设施投资决定的重要因素。①晚近对中国高铁建设的政治经济学研究亦强调了地方政府通过"就地博弈"向中央政府争取政策资源的方式。②地方政府间的"为增长而竞争"使地方政府与中央、地方以及民营的各类基建企业形成了关系密切的"增长同盟",培养了中国企业在基础设施建设领域投资的效率优势。在发达国家企业对基础设施"硬联通"投入不足的背景下,中国本土基建优势的国际化成为对外投资合作中的一大亮点。

其二,融资成本优势。在对外投资合作中,较高的风险容忍度需要较低的融资成本来支撑。而之所以中国特定企业——尤其是国有企业在对外投资中拥有融资成本优势,部分也缘于本土政商关系的国际表达,其中较为典型的是开发性金融。③在开发性金融模式下,政府与市场合力促进了对基础设施等长周期、高风险项目的融资支持。④一方面通过政府信用背书弥补了公共产品提供中的市场缺陷,另一方面通过强调项目的运营业绩培育了市场机制。此外,对中国的银行贷款发放的研究发现,在信贷市场上国有企业更易获得较大额度和较长期限的贷款。⑤这类本土政商关系的特点虽然提高了特定企业软预算约束的可能性,但同时也有利于为中国投资者在对外投资合作中应对风险提供融资支持。

其三,政府交往优势。中国企业在对外投资合作中注重维护与东道国政府的关系同样可以被视为一种本土政商关系的国际表达。在构建和完善社会主义市场经济的过程中,各级政府依然在优惠政策、项目分配、市场监管等领域扮演着重要角色,与政府保持高水平的良性互动对企业

---

① 张军、高远、傅勇、张弘:《中国为什么拥有了良好的基础设施?》,《经济研究》2007 年第 3 期,第 4—19 页。

② Xiao Ma, *Localized Bargaining: The Political Economy of China's High-Speed Railway Program*, Oxford: Oxford University Press, 2022.

③ 吴雨珊:《开发性金融创世记》,中信出版社 2018 年版。

④ Muyang Chen, "State Actors, Market Games: Credit Guarantees and the Funding of China Development Bank," *New Political Economy*, Vol.25, No.3, 2020, pp.453—468.

⑤ 刘小鲁、聂辉华:《国企混合所有制改革:怎么混? 混得怎么样?》,人大国发院年度研究报告,2015 年 10 月总期第 6 期,第 25—29 页。

发展相当关键。在周黎安看来,"市场+官场"的双重竞争机制构成中国特色的政商关系。在中国的制度背景下,地方官员和企业互动关系面临"双向道德风险"(two-sided moral hazard),因而在跨期投资的决策环境中,企业尤其需要依靠关系契约、非正式网络、个人友谊等媒介与政府建立信任,作为对契约和司法制度的有力补充,这导致地方政府官员与企业家经常有密切的互动和交往,一方面是信息沟通与交流的需要,另一方面是建立双方互信。①在中国对外投资合作中,同样面临因东道国可能的市场失灵和政府失信而产生的道德风险问题,中国企业在本土政商关系中积累的政府交往经验往往会成为打造密切的投资者—东道国政府关系的重要参考。

四、结 论 与 启 示

基于对历史案例的简要梳理和对当代中国对外投资合作的重点讨论,本文概括了中国资本参与对外投资合作的三个特点,强调了本土政商关系是解释一国对外投资行为方式和特点的关键维度。并且对于那些寻求海外投资竞争优势的国家和投资者来说,重视对本土知识的合理化和理论化有助于这一目标的实现。在本文基础上,可进一步研究中国对外投资特点对发展中国家和发达国家的影响,也可尝试运用本土知识对中国对外发展合作的特点加以提炼。②

习近平总书记指出,"加快构建中国特色哲学社会科学,归根结底是

---

① 其中"双向道德风险"指企业家担心实物投资一旦完成,当地官员可以趁机"敲竹杠";官员也担心企业骗取补贴,或者只是套取优惠政策,优惠政策一到期就撤走项目或企业。参见周黎安:《地区增长联盟与中国特色的政商关系》,《社会》2021年第6期,第20—21页。关于"市场+官场"理论的讨论亦可参见周黎安:《"官场+市场"与中国增长故事》,《社会》2018年第2期,第1—45页。

② 中国国务委员兼外交部长王毅2021年4月在"中国国际发展合作成就展"上的讲话提到"中国国际发展合作的理念持续创新"。但是关于中国国际发展合作究竟有何创新,官方尚未作出明确总结。学术界有一些讨论,可参见郑宇:《贫困治理的渐进平衡模式:基于中国经验的理论建构与检验》,《中国社会科学》2022年第2期,第141—161页。郑宇:《新型国际发展合作范式的初现与挑战》,《中国社会科学评价》2021年第2期,第104—117页。

建构中国自主的知识体系"。不难发现,在建构自主的知识体系的过程中,无论是知识的本土化、本土概念的国际表达、本土经验的国际推广,都要求我们在重视本土知识的同时,用本土知识开展国际交流、产生国际影响,这为国际关系理论发展创新提供了契机与启示。一方面在研究路径上,更加注重国际与国内互动的视角,通过对本土知识的挖掘为国际关系研究提供新的解释变量和理论机制。另一方面在理论资源上,更加关注政治经济学、比较政治学、经济社会学等其他社会科学分支中以中国为观照的研究成果,通过整合相关学科资源来创造性地回答国际关系问题、回应国际关系理论。

宗藩体系:东亚古典国际体系的演进及其形态

魏志江 *

长期以来,中外学术界对东亚的宗藩体系进行大量的研究,也取得了一定的成果。然而,现有的研究大多将宗藩体系等同于朝贡体系或所谓的"天下体系"、"华夷秩序"、天朝礼治体系等,并主要以朝贡贸易的视角对宗藩体系加以探讨。但是,朝贡关系仅仅体现的是宗藩体系下行为体间册封与朝贡的行为,而国际体系则必须考察行为体间的权力结构及其互动规则的演进,并分析其权力与义务关系以及社会文化和价值观的认同;而所谓"天下体系",只是先秦时代以周天子为中心以封册关系构建的周王朝与诸侯国之间的封册体系,其内涵并不包括蛮夷戎狄在内的周边国家和地区;所谓"华夷秩序"亦只是东亚国际体系中以汉族中原王朝为中心与周边国家所建立的国际秩序,其所体现的是周边国家对汉族王朝大一统形态和儒家文明的接受以及价值观的认同,但是,在古典东亚国际体系的演进中,"华夷秩序"并非是一以贯之的东亚国际秩序形态,尤其是宋辽金元时期呈现的是"北族王朝"为中心的东亚国际秩序,费正清先生和国内有关学者讨论所谓"华夷秩序"显然忽视了东亚国际关系的不同形态及其特征。因此,本报告主要对东亚古典的国际关系形态—宗藩体系的理论规范及其演进的形态特征进行论述,以建构东亚古典的国际关系形态的理论框架。

笔者认为:以宗藩体系为基础的东亚古典国际体系的理论框架构建,可以借鉴"英国学派"规范性研究方法。"英国学派"的马丁·怀特在《国家体系》中提出东亚存在中国古典的战国体系,沃森主编的《国际社会的扩展》中对西亚、南亚和东亚的古典国际体系也进行了若干论述,然而英国学派对东亚古典的国际体系的内涵及其规范并未进行深入探究。建构中

---

* 魏志江,中山大学韩国研究所所长、国际关系学院教授。

国自主的知识体系应该充分地借鉴和吸收近代西方社会科学的方法论,并加以融合创新,包括借鉴"英国学派"对国际体系和国际秩序的有关规范研究,本报告尝试以规范性研究努力探讨建立东亚古典的国际关系形态的理论框架。根据英国学派怀特、布尔、沃森等代表人物有关国际体系和国际社会、国际秩序的规范研究,本报告认为所谓宗藩体系从长时段东亚国际行为体的互动演进过程进行考察,主要是指先秦以来东亚以中国古代王朝为中心与藩属国通过册封与朝贡关系构建的呈等级差序状的国际体系,其基本内涵包括以中国古代王朝为中心的东亚权力结构的演变和藩属国以"奉正朔"即采用中国王朝的年号与历法,并通过使节交聘制度形成的外交和盟约规范以及以中国儒家文明及其价值观为文化认同与社会规范所形成的东亚古典国际体系。

宗藩体系下行为体的权力和义务关系主要涉及五个方面。第一,中国王朝的册封、藩属国政治合法性的权力授予和藩属国"奉正朔"义务,这是区别一般性朝贡行为与作为宗藩体系下行为体互动性质的主要标志。第二,中国王朝对藩属国贡赋的征收与藩属国朝贡的义务,包括贡品、贡道与贡期的规定,所谓"厚往薄来"问题,并不体现规范的朝贡关系,因为不论是宗藩体系下的"朝贡",还是"回赐",都必须按照国家有关礼部格式的规范来进行。第三,中国王朝对外交权的控制与藩属国"人臣无外交",如清鲜关系、清琉关系等。第四,宗藩体系下内政与军事干涉的权力与藩属国的安全保障,如藩属国发生内乱和外来入侵,中国王朝负有内政与军事干涉的权力和义务,如壬辰(1472 年)倭乱,对明朝即是履行宗主国对藩属国安全保障的义务;而藩属国也必须履行对中国王朝出兵、助征讨之义务,如宋朝雍熙北伐,派特使韩国华去高丽,要求高丽出兵助征讨契丹;清朝康熙年间(1662—1722)出兵征讨俄罗斯,清朝调朝鲜火枪队参战等。第五,非法越境、走私与边界交涉的权利与义务:东亚宗藩体系下,中国王朝具有司法终审权,而藩属国必须履行中国王朝裁决的法律义务。但在实际行使有关司法权时,中国王朝往往尊重藩属国的利益,如清鲜鸭绿江边境经常发生两国边民越境的民事法律纠纷,一般不会单独由清朝地方官员单独审判,而是邀请朝鲜官员进行所谓凤凰城会审;在清朝康熙年间与朝鲜的"定界碑"勘界以及光绪年间清鲜乙酉(1885 年)、丁亥(1887 年)边界交涉中,两国虽有争执,但最终仍由清朝皇帝裁决。

东亚宗藩体系的驱动因素可以归纳为三点：第一，中国古代王朝对东亚国际体系权力结构的主导与推动。东亚古典的国际体系得以运行主要取决于两大因素，一是在该体系内必须存在政治、军事和经济等实力强大的王朝来主导和推动；二是该王朝必须符合儒家"以德柔远"的道义合法性，以使周边国家自觉认同和接受其权威性。在东亚古典时代，只有中国古代王朝具备这样的基本条件。第二，政治合法性与东亚藩属国安全保障的需求。宗藩体系下的藩属国政治合法性来源于中国王朝通过封册行为的授权，如国王、王世子的继位，必须由中国王朝册封方具有国内统治的合法性。此外，藩属国的安全也主要依赖于中国王朝提供的安全保障来维护，包括发生内乱、外来入侵等必须依赖于中国王朝的政治、军事干涉来维护。第三，儒家礼仪规范和价值观的影响与藩属国的认同。中国古代王朝能够为东亚国家提供基于儒家礼仪规范的意识形态和价值观，并使周边国家认同和接受，而儒家的意识形态和价值观逐步内化为东亚国家的社会人伦道德规范和治国理政的意识形态，也是东亚古典国际体系演进的重要条件。

东亚宗藩体系具有其一般性运行机制，主要有五个方面：一是封贡制度，即宗藩体系下中国王朝与藩属国的朝贡制度及其规范。二是使节交聘制度。该制度起源于先秦时代，辽宋丽时期臻于成熟，明清时代则是东亚宗藩体系下使节交聘运作最为制度化和规范化的时期。三是内政干涉。中国王朝对藩属国一般不干涉其国内具体施政行为，但是，如果藩属国国王或世子继位不符合宗藩体系的制度规范，如内乱政变、王位继承不合法、外来入侵等，中国王朝都必须履行其内政干涉的权利和义务。四是盟约规范。东亚宗藩体系的运作机制具有一定的盟约规范和制度化约束，其亦是起源于先秦时代的盟约和盟誓，典型的如葵丘之盟和践土之盟。在东亚宗藩体系下盟约规范形成于契丹与高丽的宗藩关系，而清朝与朝鲜的三田渡之盟则是东亚宗藩体系运作的基本法律规范和依据。五是战争。东亚宗藩体系的建构和运作，一般从汉族王朝的视角而论，主要是依靠中国王朝的政治威望和儒家"道义"的礼仪规范和价值观的吸引，但是，毋庸讳言，从中国北族王朝如辽金元乃至大清王朝而论，则主要是依靠战争的手段加以建立，如辽三次对朝鲜半岛的征伐，迫使高丽断绝与宋朝的外交，而与辽朝建立宗藩关系；元朝对高丽的五次大规模征伐，建立蒙丽宗藩关系;而清朝在入关以前即是以所谓"丁卯(1627 年)胡乱"与"丙子(1636 年)虏祸"二次战役,兵临朝鲜都城汉城,并围困朝鲜国王于南汉山城,迫使朝鲜国王投降,并签署三田渡之盟,从而建立起清鲜宗藩关系。但是,我们也应该注意到虽然战争是北族王朝构建东亚古典宗藩体系的重要机制,但是,维系宗藩体系运作的制度基础仍然是藩属国对中国古代王朝儒家意识形态及其文明价值观的认同和接受。

近代中国国际政治思想史研究的新视角与新方法

赵思洋[*]

近代中国国际政治思想史研究对于发展自主知识体系与创新国际关系理论具有重要的历史启示与思想价值。同时，反思近代中国国际政治思想史传统研究方法，借鉴思想史研究的最新发展路径与研究成果，对于拓宽研究视野、从长时段出发回应国际关系理论中的研究问题具有重要的理论启示与方法论意义。

一、思想史对于国际关系理论研究的价值

首先，思想史的研究对象——根植于自身历史文化脉络中的思想，可以作为发展理论的重要"资源"，为国际关系理论中国学派的创新提供深厚而具有自身特色的概念基础。不论是"道义""天下""关系""仁智"与"共生"等概念的提出与相关理论的生成，都离不开中国传统政治哲学与思想的滋养。而从思想史研究的角度出发，我们不仅能够看到古代中国传统政治思想的具体内涵、沿革路径与可能的当代启示，同时还可以在近代中国政治思想演变的过程中重新发现晚清民国时期中国学人在所受传统文化影响下对于不同思想资源的比附与借鉴，创造性转化与创新性发展的过程。

其次，将思想作为"知识"。在国际关系学的初创时期，学科理论与思想往往密切地联系在一起，而思想史的研究不仅有助于从长时段的角度进行理论演进的反思，而且可以将理论发展放置国际与国内社会的具体语境中进行"知识社会学"意义上的学科史反思。

---

[*] 赵思洋，暨南大学国际关系学院/华侨华人研究院副教授。

第三,将思想作为一般观念与社会规范。广义的思想史研究不仅以社会精英的思想为考察对象,同时还包括一般大众的思想与观念,因而在这种意义上可以将思想史研究及其成果运用到社会规范问题的研究之中。即在社会语境中考察具体国际政治思想、观念与规范的生成、传播、内化和历史演进的整体性过程。这里既涉及如何去认识和对待"文本"之内的符号、叙事、修辞等问题,同时超越文本,还可以看到文本之外的言说、行动,以及社会变迁等问题。

最后,但更为重要的是,近代中国的历史语境对于国际政治思想尤为重要,其原因在于漫长的 19 世纪和 20 世纪上半叶是衔接"传统"中国与"现代"中国的思想史的转型期与概念史的"鞍型期"。对这一时期的深入研究,不仅有助于我们认识现代国际政治思想与观念在中国的形成过程,及其背后中国与世界关系的历史语境;而且在重思传统与现代的"断裂"或"延续"的问题中,可以更为深入地理解中国文化传统的特点对于当代中国外交理念的影响,并在挖掘与揭示"创造性转化"的历史过程及其机制中重新发现"传统"。

二、近代中国国际政治思想史的书写传统及其特点

在传统方法下近代中国国际政治思想史的研究具有以下特点:第一,在研究话题上,主要集中于外交思想、对外战略思想、主权思想、国际法思想等具体思想议题之上,而鲜有从"行为体及其互动关系"这一国际政治学的问题意识中反思相关思想、观念与规范在近代的变迁问题。第二,在书写过程中,主要以列人头的方式将"国际"与"国内"进行二分,在近代中国重要的政治思想家、政治活动家、洋务大臣与外交使臣等精英群体的思想中挖掘和梳理涉外部分的内容,而鲜见普通大众与边缘群体的"国际"思想与世界想象。第三,在以时段或事件为中心的国家政治思想考察中,思想史往往被简单地视作政治史或外交史意义上的社会实践的意识反映。例如,近代中国国际政治思想史的开端和时段划分往往依附于近代中国外交史甚至政治史,鸦片战争、甲午战争、戊戌变法与民国初建等近

代中国的政治与外交事件在国际政治思想史中具有特别重要的意义,其不仅忽视了思想演进的自身逻辑(如非政治化的文化逻辑),也极易陷入西方主导的冲击—反应模式的现代化范式的窠臼。

三、思想史的路径转向及其对近代中国 国际政治思想研究的启示

思想史研究路径的转向对于近代中国国际政治思想研究具有重要启示,主要表现在以下几个方面:

第一,国家政治思想史的学科史转向。国际关系学科史的研究成果和最新成果有助于国际政治思想史的推进,近代中国国际关系学科史的梳理挖掘同样有助于中国国家政治思想史研究的深入发展。一方面,20世纪上半叶,中国国际关系学科的形成与发展既是学科建制从西方向全球扩散的结果,同时也离不开包括马克思主义在内的各种国际政治思想在近代中国的传播与影响。另一方面,学科史丰富的资料有助于从不同层面透视国际政治思想的传播过程及其机制,发现英美国际关系学之外的不同学术传统(如德国的国家学 Staatswissenschaft)及其对近代中国的影响,以及挖掘中国自身"知识传统"视域下的国际问题研究及其"现代转化"。

第二,概念史介入的国际政治思想研究。将德国概念史的研究方法引入近代中国国际政治思想研究之中,不仅可以将以作为政治或文化精英的思想家的思想发生问题转化为"以词语为研究对象"的社会史问题,更重要的是将传统思想史研究中思想的延续抑或断裂的假定"再问题化",并且在挖掘概念的多元意义之后,重新发现(看到)被压抑的边缘意义,进而呈现出近代中国国际政治思想"创造性转化"的历史细部。

第三,思想史研究的"空间"转向应用于近代中国国际政治思想研究。所谓的"空间转向"旨在揭示(国际)政治思想跨越民族国家边界的过程,并认为全球流动的过程重塑了思想本身。这种超越国界的思想传播与演化过程不仅包括从以西方为中心的现代性向边缘地区扩散的模式,同时还强调边缘地区对国际政治思想的重塑作用。另外,空间转向还意味着跳

出民族国家的空间限定,将注意力转移到之前被忽略的跨国群体(例如口岸知识分子、传教士、旅行者等),借助日记、游记、书信、译作等多国史料,考察共同体与国际秩序观念、对外政策的认知以及自我/他者的想象形成过程背后的跨国互动的因素和国际政治的语境。

第四,重视思想生成与传播过程中的"媒介"因素。一方面,媒介是思想的承载体,涉及国际政治的相关思想也必然承载于物质性的媒介之中,从记录国家间战争的青铜铭文与纪功碑刻到电视影像与自媒体上的图片。任何内容的传播离不开媒介的参与,而关于媒介物流传的考察则可以从侧面反映思想的流动。古代东亚世界中儒家经典的传播构成一个以"书籍"为标志的国际社会;而近代东亚国际秩序转型与外交观念变迁的进程中,西方国际法与外交史书籍(以《海国图志》《万国公法》《中东战纪本末》等为代表)在东亚各国的翻译出版则发挥了重要作用。另一方面,由于媒介即讯息,媒介对于思想不是可有可无的中介物,某种程度上作为形式的媒介(如语言、符号)与作为内容的思想之间相互建构,因而符号与语言问题成为思想史研究的重要问题。例如,作为媒介的语言在思想形成过程中产生的影响已为语言学、翻译学和文学等学科所重视,产生的相关理论(如理论旅行、跨语际实践、翻译的现代性等)同样值得为国际政治思想史的研究者借鉴。再如,作为媒介的图像在思想的形成与传播过程中的作用亦不容忽视。图像不仅反映了历史过程中思想"是什么"的问题,而且可以反映思想传播过程中的机制与策略问题(如图像叙事与视觉修辞),进而揭示国际政治思想形成与发展过程背后社会权力关系的问题。

总而言之,近代中国国际政治思想史值得政治思想史的研究者与国际关系学者进一步共同挖掘。打破传统政治思想史研究中国内与国际问题的二分法,将近代中国置于全球化的历史语境中思考其政治思想的变迁,结合学科史、概念史、全球史的研究方法,重视思想史研究的媒介与语言转向,成为搭建思想史研究和实证主义研究的沟通桥梁,以及拓宽近代中国国际政治思想史研究视野可资借鉴的重要路径。

全球国际关系与区域国际关系的建设

伊斯兰国际关系理论:概念阐释与逻辑起点

孙德刚 *

21 世纪以来,国际关系研究领域出现了大理论创新乏力和发展停滞的现象,引发学者普遍的担忧和关注。面对国际关系理论体系长期陷于几大传统范式、难以从内部实现自我更新的现实,诸多学者倡导国际关系理论研究进行"区域转向",关注中东、非洲、拉美等发展中地区"地方化"理论,以求丰富国际关系理论研究的学理深度和知识创新,推动国际关系理论的持续深入发展。本文在呼应自主知识创新与国际关系理论转向的背景下,通过聚焦伊斯兰国际关系思想的基本核心概念和思维逻辑,展现建构伊斯兰国际关系理论的理论价值和现实路径。

从知识供给的区域属性来看,过去两百年,以海洋文明为底色的西方国际关系理论始终占据主导地位,并上升为普适性、全球性国际关系理论。以中东地区为区域归属的国际关系理论,其社会底色主要是游牧文明,又兼具中东地区的伊斯兰文化属性。实际上,伊斯兰与社会科学的融合已相对成熟,在持续探索中发展出诸如"伊斯兰哲学""伊斯兰金融""伊斯兰社会学"等研究议题。本文提出的困惑是,是否存在伊斯兰和国际关系的结合,也即"伊斯兰国际关系"呢? 对此,学术界存有争议,有些人认为"伊斯兰国际关系"代表的是伊斯兰主义者的国际关系观;还有人认为"伊斯兰国际关系"并不具有宗教色彩。当前在国际关系理论研究以及中东区域研究领域,"伊斯兰国际关系"的研究还较为薄弱,有待学者进一步深入研究。

尽管尚无成熟的"伊斯兰国际关系理论",但是我们仍能从一些重要的历史和当代问题入手,探究伊斯兰主义与国际关系相结合的内在路径

---

* 孙德刚,复旦大学中东研究中心研究员。

及作用机理。如为何西方对德国、日本、西班牙、韩国、菲律宾的民主化改造取得了成功,对阿富汗、伊拉克、利比亚、叙利亚、巴勒斯坦、黎巴嫩、埃及等伊斯兰国家的民主化改造却以失败告终？为什么伊斯兰国家会形成"伊斯兰世界"和"伊斯兰体系"且与西方主导的自由主义国际体系难以具有兼容性？为什么世界上最强大的国家,如 19 世纪的英国、20 世纪的苏联以及 21 世纪的美国都无法征服和治理阿富汗？为什么伊斯兰国家内部的教派冲突,甚至超过伊斯兰国家与非伊斯兰国家之间的冲突？对此,我们可以发现,伊斯兰国家容易被打败、却不容易被改造,因为伊斯兰政治与社会具有强大的免疫力、排异性以及自愈力,自成体系。

学术界可以从地域、信仰、社会以及目标四个维度探讨生成伊斯兰国际关系理论的可能性。就地域而言,伊斯兰国际关系以欧亚非的穆斯林地区为主要的地域考察范围;就信仰而言,伊斯兰教是其主要伦理来源;就社会组织形式而言,其以游牧为主要生活方式;就目标而言,其以建立"乌玛"为终极目标。"乌玛"作为超越现代主权国家的"穆斯林共同体",和威斯特伐利亚体系建立以来的西方世俗化、自由主义国际体系有着显著的差异。

概念是理论的基础。基于上述分析,我们可以提炼出伊斯兰国际关系理论的核心概念,如"舒拉"(协商民主,不同于西方的选举民主)、"乌玛"(在信仰上区别于其他人群的穆斯林共同体,超越民族、部落、国家、地域、边界、种族和语言的普世信仰)、"哈里发"(政治领袖、宗教领袖与部落首领三合一)、"忠诚"(从对民族国家的有限忠诚到对伊斯兰的无限忠诚)、"大圣战与小圣战"(克服信仰动摇与发动自卫战争)等等。

伊斯兰国际关系的生成可以归纳为三个要点。首先是游牧文明的生活方式决定了伊斯兰国家奉行有别于西方海洋文明和东亚农耕文明的社会经济形态;其次是政教互动的政治与宗教关系,具体而言,伊斯兰国家要么奉行"教在政上"的模式(如伊朗),要么奉行政教势力联姻(如沙特)模式,要么奉行"教影响政"(如土耳其)模式,宗教力量通过非政府组织、社会运动和组建政党影响政治生态。最后,伊斯兰国际关系自成体系。伊斯兰世界最主要的组织是伊斯兰合作组织,其 57 个成员国在教义和宗教意识形态领域形成了相对独立的体系。

伊斯兰国际关系理论主要有四个逻辑起点,分别是伊斯兰体系观、伊斯兰远敌观、伊斯兰近敌观、伊斯兰正义观。首先，就伊斯兰体系观而言，主权国家不是政治组织的唯一形式，西方的威斯特伐利亚主权国家体系是一种"拼盘式"体系，本质是地缘政治；而伊斯兰国际体系是同心圆结构，国际关系是放大的部落政治，分为"近亲"和"远亲"，而为家族复仇往往成为部落政治文化的一部分。以此视角审视伊斯兰合作组织的成员国及其观察员国，我们会发现伊斯兰世界形成了包括核心区（西亚）、重点区（中亚、北非）、辐射区（西非、东非、南亚及东南亚）和离散区（非伊斯兰合作组织的成员国和观察员，其内部有众多的穆斯林人口）的"中心—外围"结构。伊斯兰不等于伊斯兰教。前者的内涵远远超过伊斯兰教的内容，是一个包含着宗教信仰（精神文明）、价值制度（制度文明）、治理形态（政治文明）以及生活方式（物质文明）的宏大复合体系，按照伊斯兰伦理对政治、经济、文化等所有领域作出规范。

其次，就伊斯兰远敌观而言，世界分为伊斯兰区域、非伊斯兰区域及条约区域三个部分，其中伊斯兰区域为"和平区"，而非伊斯兰区域人民不受保护。回溯历史，在过去三千年间，中东帝国与欧洲帝国始终处于"东进西退""东退西进"动态变化中，生动展现了伊斯兰远敌观。伊斯兰世界的阿拉伯帝国和奥斯曼帝国与欧洲的基督教世界处于二元对立状态。伊斯兰的远敌观认为，伊斯兰区域和非伊斯兰区域之间处于常态化的战争状态。在远敌观中还存在鲜明的宗教动员与身份政治问题。以宗教口号为自己的政治行为谋取合法性，以重建"乌玛"为理想，建构由共同文化、共同宗教、共同历史、共同意识、共同命运连接而成的全球穆斯林联合体，成为伊斯兰世界政治行为体的惯常操作。沙特推行泛伊斯兰主义、伊朗伊斯兰革命等都是例子。

第三，伊斯兰近敌观主要适用于内部的"叛教徒"及"不义"行为。回顾三大一神教的发展史，以及伊斯兰教两大教派及其内部多元教派分支的发展史，我们会发现伊斯兰知识体系的供给具有多元主体，导致其内部产生诸多分歧和矛盾。伊斯兰近敌观体现在1980—1988年两伊战争中，也生动地体现在"阿拉伯之春"爆发以来中东三大强国——沙特、伊朗、土耳其各自政治宗教话语及其竞争关系中，如沙特主导的"中东战略联盟"、伊朗领导的"什叶派抵抗联盟"、土耳其倡导的"亲穆兄会联盟"，三者形成伊斯兰世界内部的三大政治力量。

第四，伊斯兰正义观来源于《古兰经》及圣训，强调禁止攻击平民和非战斗人员，应保护妇女、儿童、教士等。伊斯兰正义观和西方进行"民主改造"所宣扬的所谓正义原则差别较大，前者强调正义源自真主，后者强调自由、民主、人权，这从某种程度上解释了西方长周期以来对伊斯兰国家进行民主改造为什么会遭遇失败。

基于上述分析，我们可简单总结如下：首先，当前的国际关系理论尚未摆脱西方中心主义的桎梏，主要建立在西方海洋文明国家的历史经验之上，以陆权与海权、民主与威权之间的对抗为主要叙事；其次，新形势下，谋求国际关系理论的突破与创新，可以将国际关系理论研究与发展中地区的区域国别研究相结合；第三，伊斯兰国际关系理论的原创研究与学术创新，迫切需要打通社会科学与人文学科之间的藩篱，形成政治学、经济学、社会学、哲学、宗教学等学科交叉，夯实理论创新的基础；第四，我们还应加强次区域国际关系理论的比较研究，除西方国际关系理论体系外，东亚、中东、南亚、非洲和拉美等为代表的发展中地区丰富的国际关系实践，折射出原创性的国际关系自主知识体系。对这些区域性知识进行深度挖掘，研究其核心概念与逻辑起点，加大横向比较，有助于建构更为丰富和多元的国际关系理论体系。

拉美国际关系理论：依附与自主的辩论

曹　廷 *

随着"全球国际关系学"（Global IR）的提出，近年来学术界对于非西方国际关系理论的关注正快速上升。回顾国际关系理论的学科发展史，拉丁美洲的学者做出了积极和有益的探索，拉丁美洲也成为非西方国际关系理论的重要来源地。然而，自冷战结束以来，中国学者对于拉丁美洲国际关系理论研究的新发展关注仍然不足。回顾中国学者对于拉丁美洲国际关系理论的研究，既有研究多侧重于对"依附论"的译介和研究，但对于近年来国际关系理论的最新发展则关注不足。本文拟聚焦拉丁美洲国际关系理论的最新发展，介绍其主要的研究成果。

对于拉丁美洲的国际关系理论，复旦大学张建新教授有一个极深刻的概括，将其分为三类，即"拿来主义"的受欧美深刻影响的国际关系理论、本土原创的以依附论为典型代表的国际关系理论以及"实用主义"的合成理论。本文聚焦拉丁美洲的自主性国际关系理论创新，主要以本土原创的依附理论及"实用主义"的合成理论为主，重点分析其主要的理论内涵和最新学术进展。

首先，笔者着重分析依附论的学术内涵及其演进历程和最新学术进展。实则，究其根本而言，依附论是一种地区主力理论，然而由于依附论对于资本主义世界体系做出了极为深刻的批判，因而成为一种世界体系理论。此外，处于政治经济学意义上的学理批判，大部分依附论学者还基于其理论框架提出了如何处理自身与其他国家关系的政策建议，因而发展成为一支具有较大影响力的国际关系理论。

依附论的起源可以追溯至第一次世界大战以及"大萧条"时期，在巨大经济危机的冲击下，拉丁美洲的学者和知识分子开始反思本国的工业

---

*　曹廷，复旦大学中东研究中心研究员。

化发展道路。"古典依附论"的代表人物是阿根廷学者、后长期担任联合国拉丁美洲和加勒比经济委员会（拉美经委会）秘书长的劳尔·普雷维什（Raúl Prebisch），他于 1949 年 5 月向拉美经委会提交了题为《拉丁美洲的经济发展及其主要问题》的报告，系统阐述了他的"中心—外围"理论，而"中心—外围"理论也成为"古典依附论"的核心观点。"古典依附论"的观点往往极为悲观，将第三世界国家发展的挑战完全归咎于"中心"国家基于自身优势的经济剥削行为，但是忽略了国家发展的内部要素产生的影响，因而提出了一系列与发达国家脱钩、脱离既有资本主义世界体系的政策建议，这些建议经拉美国家实践已被历史证明存在重大缺陷。

第二类依附论学说是新马克思主义的依附论。新马克思主义的依附论以巴西学者多斯桑托斯（Theotonio Dos Santos）和鲁伊·毛罗·马里尼（Ruy Mauro Marini）。多斯桑托斯在《帝国主义与依附》中提出了以改变内部结构的方式打破依附状态，相比于"古典依附论"已经有相当的思想进步，其观点也为学者熟知。中国学者对于马里尼的关注相对较少，实则马里尼作为依附论学派的重要代表学者，近年受到学术界越来越多的关注。马里尼提出了一系列重要的学术概念，如"依赖循环""次帝国主义""超级剥削"等等，深化了依附论的理论框架；其次，马里尼还在国际关系理论方面提出了"大陆相互依存"的概念，指出巴西作为地处南美的国家，就其地理区位而言就是难以完全摆脱源于北美的影响的，相反，巴西应当在战略层面不断地与美国进行协调，历史也证明自 20 世纪 60 年代以来巴西确实奉行了对美积极协调沟通的外交政策。

第三类依附论学说是"依附发展论"，以费尔南多·恩里克·卡多佐（Fernando Henrique Silva Cardoso）为代表人物。卡多佐的核心观点是"依附"和"发展"并不存在天然不可调和的矛盾，不发达国家也可以通过依附关系取得发展。应当指出，卡多佐的理论观点同样具有时代性的背景写照。20 世纪 70 年代，巴西的经济确实取得了快速的发展，此外依附论学者提出诸如"进口替代"等发展战略对拉丁美洲国家产生了普遍的影响，也确实在一定时间内促进了拉美国家的经济发展，然而随着 70 年代全球经济危机的到来以及 80 年代拉美债务危机的爆发，拉美国家的经济发展模式受到了根本性动摇，而依附论也再一次遭遇危机。

随后，介绍拉美国际关系理论中较有影响力的"自主理论"。从 20 世纪 60 年代开始,置身于冷战的大背景之下,拉丁美洲的学者和知识分子在借鉴"依附论"思想精华的基础上,围绕外交自主性问题提出了一系列主张并发展出"自主理论",代表人物是巴西外交官赫利奥·雅瓜里贝(Helio Jaguaribe)。雅瓜里贝提出了国内的"可行性"和国际的"兼容性"两个概念,用于解释国家的自主性。以此为基础,雅瓜里贝还以自主性高低为标准,将国际体系划分为四个层次,并将各类国家依次进行分类。雅瓜里贝为拉美国家指出了三条可行的道路,分别是:中美洲和加勒比小国只能选择"卫星依赖"路径、革命(雅瓜里贝认为在当时历史条件下拉美国家不具备革命的条件)以及"自主发展"。由于"自主发展"是雅瓜里贝学说中的关键点,其理论也被称为"外围自主"理论。此外,在区域化进程方面,雅瓜里贝则认为拉美国家应当将"自主发展"和区域一体化结合起来,以促进自身生存能力建设和自主发展进程。此外,胡安·卡洛斯·普伊格(Juan Carlos Puig)也是自主理论的代表人物,普伊格理论的创新之处在于他倡导更加理性地看待外围国家在追求自主性的过程中面临的限制因素和机会,倡导在与中心国家保持核心利益一致的前提下,战略性地操纵国际体系,以获得更大的自主性,由之普伊格属于改良派,其理论则被称为"非正统自主"理论。第三个流派的自主理论被称为"外围现实主义",这一理论以阿根廷的外交实践为基础。阿根廷学者卡洛斯·埃斯库德(Carlos Escudé)提出了"投资型自主"的概念,他认为随着冷战结束以及两极格局的瓦解,阿根廷需要与美国结盟以促进自身的发展。埃斯库德的思想得到卡洛斯·萨乌尔·梅内姆(Carlos Saúl Menem)政府的采纳,在梅内姆政府前期,阿根廷确实通过与美国改善关系而获得了不少资源,然而,"外围现实主义"的弊端在梅内姆政府的后期充分暴露,随着阿根廷过度接纳美国的新自由主义观念,并进行过度的经济自由化改革,20 世纪 90 年代经济危机再度爆发。

接下来,重点聚焦拉美地区的国际关系学者对依附论、自主理论的反思,并简要介绍一些新近提出的观点。首先,阿根廷学者罗伯特·罗素(Robert Rusell)提出了"关系型自主"的概念。罗素认为,外围国家为适应中心国家而调整政治目标将造成其对外主动能力的巨大损失。他还认为外围国家具有自主性参与国际事务的主观能动性,拉美国家需要扩大自己的自主空间。其次,巴西学者图洛·维杰瓦尼(Tullo Vigevani),于 2009

年出版《巴西外交政策：追求自主，从萨尔内到卢拉》，在书中维杰瓦尼对自主的概念进行分类，指出"多元化自主"是当前适合巴西的发展道路。此外，阿根廷学者克劳迪奥·卡茨（Claudio Katz）于 2018 年发表了《依附理论：五十年之后》一书，该书系统地梳理了依附论的各主要的理论流派，并发表了自己的最新学术批评以及对拉美国家可持续发展道路的洞见。最后，智利政治学家、原智利驻华大使豪尔赫·海涅（Jorge Heine）则提出了"智利学派"的概念，认为智利在国际关系理论发展方面是"概念上的领导者"（*liderato conceptual*）。过去，当谈到拉丁美洲的国际关系理论时，绝大多数学者的关注重点是巴西和阿根廷，智利没有得到学术界应有的重视。然而，从实践维度看，智利确实在国际合作中具有相当多的引领性实践，比如"跨太平洋伙伴关系"（TPP）就是智利首先倡导，从某种程度上体现了理论和实践的结合。

简要总结，长期以来拉美地区的国际关系学者对依附论及其衍生的自主理论的反思与振兴从未停止过，理论探索也进一步带动了拉美地区一体化实践的持续推进。21 世纪以来，新自由主义理论及其实践在拉美再度遭遇挑战，尤其是近几年我们观察到拉美的左翼力量再度兴起。与之相伴，学者对于依附论的关注热度也快速得到提升。我国的国际关系学界对于拉美国际关系理论的研究仍不够完善，有待于更多学者进行更为深入的探索。

英格兰学派的人权研究：议题与进展

马国林[*]

英格兰学派的传统关注点是国际社会中的秩序维持，但注重规范研究的理论偏好使其在人权领域具有一定的优势和潜力。实际上，冷战结束以来，英格兰学派的人权研究影响越来越大。下文从主要议题、冷战时期的研究和后冷战时期的研究三个方面，简单评述英格兰学派对国际人权研究的贡献。

英格兰学派人权研究的主要议题可以归纳为五个方面。第一个议题是作为普遍价值的人权。英格兰学派认为人权具有普遍性，是人类值得追求的重要价值目标。赫德利·布尔观察到，今天所有的社会都谴责任意杀戮、酷刑和监禁。约翰·文森特反对文化相对主义，认为那种"要想理解我们，就必须首先成为我们"的观点是站不住脚的。第二个议题是作为"文明标准"或"新文明标准"的人权。"文明标准"本是国际法上的概念，英格兰学派最先将其引入国际关系理论中。根据江文汉的定义，"文明标准"就是用来区分谁属于特定国际社会成员的一些假定。经典的"文明标准"包括五项基本内容，其中第一条是文明国家保障（尤其是外国人的）生命、尊严和财产等基本人权，以及旅游、经商和传教的自由。在欧洲国际社会向全球扩展的过程中，只有符合"文明标准"的非西方国家才能被承认为国际社会的平等成员。"二战"结束以后，"文明标准"作为一个法律概念遭到唾弃，但其中包含的思维方式并未销声匿迹。冷战结束以来，巴里·布赞、张勇进等很多英格兰学派学者都撰文论述"新文明标准"，人权被认为是其中非常重要的内容。虽然传统的"文明标准"也谈人权，但更多强调要保护外国人的权利。与之相反，"新文明标准"强调政府要保护本国人的权利。从一定程度上说，今天中国跟西

---

[*] 马国林，兰州大学政治与国际关系学院副教授。

方涉及人权方面的很多争论和斗争都有"文明标准"的影子。第三个议题是作为国际社会黑暗面的对土著人的权利侵犯。在经典的国际社会扩展叙事中,欧洲人成功地将其规范扩展到欧洲以外的地区。但爱德华·基恩、保罗·基尔等学者认为,国际社会的扩展不能与对土著人的剥夺、种族灭绝和文化认同的破坏相分离,这体现出国际社会扩展中的道德失败。第四个议题是作为国际正当性来源的国内人权保护。根据伊恩·克拉克的界定,国际社会中的正当性涉及成员身份和行为两个方面,需要从合道德性、合法律性和合宪性三种要素的动态平衡中去把握。他考察了奴隶贸易的废除、战争的"人性化"、种族平等、社会正义等国际关系史上的案例,论证了人权与国际正当性的密切关系。第五个议题是作为人道主义干预理由的人权。这是英格兰学派人权研究中成果最多的部分,以尼古拉斯·惠勒、罗伯特·杰克逊、安德鲁·赫里尔为代表的各派主张激烈争论,难分高下。

在冷战时期,英格兰学派经典作家对人权的研究成果相对较少且不系统,主要贡献在于提出分析框架和形成核心概念,怀特、布尔和文森特是三个最具代表性的人物。马丁·怀特的主要分析框架是广为人知的"三种传统"或"三大主义",他在这一框架下初步讨论了人权问题。一方面,关于主权和人权之间的复杂关系:现实主义质疑"跨文化的道德真理"的存在,对以人道主义证明干预的正当性表示怀疑;理性主义重视调控国际社会的规则和规范,建议国家领导人不应破坏国际社会的整体架构;革命主义则强调保护处于危难中的人民的全球责任,并坚称国家主权在这一基础被破坏的情况下应当被中止。另一方面,怀特谈到了文明国家和未开化人的关系问题:现实主义者主张未开化人不享有权利,所以可以进行剥削甚至灭绝;理性主义者主张未开化人不享有完全的权利,所以可以进行托管;革命主义者认为未开化人享有平等的权利,所以可以进行同化。怀特进而针对革命主义者的观点提出了一些很深刻的问题,例如:如果他们不想被同化,那么他们是否享有不被同化的权利?布尔区分了多元主义与连带主义两种国际社会类型,给后来的英格兰学派人权研究提供了一个基本框架。多元主义者认为国家主权应当得到保护,不干预权利应当得到尊重;而连带主义强调人权之于主权具有更重要的意义,所以为了保护人权可以侵蚀国家主权。在以"国际关系中的正义"为主题的著名演讲中,布尔归纳了非西方国家反抗西方主导地位的五个阶段,其中涉及对民族自决和种族平等权利的追求。文森特提出了基本权利理论,认为包括生存权和安全权在内的生命权作为基本权利是必不可少的(生存权甚至比安全权更重要),用人为构筑的国家边界去稀释这种价值是不合理的。此外,文森特还讨论了种族因素在国际社会扩展中的影响。他认为,在构成欧洲主导地位的因素中,最重要的就是种族。欧洲国际社会向全球国际社会过渡的重要标志之一,就是白人的绝对优越地位一去不复返。但他也清醒地认识到,国际社会向种族平等的过渡尚未完成,世界上很多地方的种族不平等现象仍然存在。

后冷战时期的英格兰学派人权研究具有一定的连续性。一方面,该学派仍然强调国际社会中的法律和道德价值。即便是多元主义,也不同于我们一般所说的现实主义,尤其是单纯强调权力和利益的极端现实主义。另一方面,对于经典作家设定的那些概念框架,如多元主义与连带主义、国际社会与世界社会、秩序与正义,后来的学者基本上全部继承。这一时期的主要变化集中在以下五个方面。一是出现了连带派、多元派、平衡派并立的局面。连带派强调人权的重要性和人道主义干预在特定条件下的必要性;多元派认为为促进人权而干预其他国家内政的做法缺乏足够共识;平衡派则力图在尊重国家主权与保护基本人权之间寻找平衡。二是观点从单向趋近到相互接近和部分融合。英格兰学派的话语变迁曾经一度表现为从多元主义到连带主义的单向趋近,但进入 21 世纪以来接近与融合的趋势越来越明显。三是理论研究更加深入。杰克逊剖析了人道主义干预的家长制做法,认为其在道德上必须予以反对;威廉·贝恩区分了契约关系与信托关系,希望以此阐明国际人权保护中的道德困境;布赞明确区分了以国家为中心的连带主义与世界主义的连带主义,并试图用前者调和主权与人权之间的对立关系。四是经验研究更加细致。例如,惠勒详细考察了冷战时期的三个案例(印度干预巴基斯坦、越南干预柬埔寨、坦桑尼亚干预乌干达)和冷战结束后的四个案例(美英等国在伊拉克设立"安全区"和"禁飞区"、美国和联合国干预索马里、国际社会旁观卢旺达大屠杀、西方国家在波斯尼亚和科索沃进行干预),从而认为即使是没有联合国安理会授权的单方面干预,在特定情况下也应该被国际社会接受。五是努力超越西方视角,更多从非西方视角和底层视角看待人权问题。以文森特的生存权理论为依据,蒂姆·邓恩和惠勒对西方国家在消除全球贫困方面的无所作为进行了道德批判。约翰·威廉姆斯进一步指出,当前国际社会一如既往地将"政治死亡"置于"经济死亡"之上,这是应当予以纠正的。

国际区域治理中的大国角色

郑先武[*]

在百年未有之大变局的背景下,大国竞争日益加剧,全球治理体系陷入困顿,而区域成为大国竞争的核心舞台,国际区域治理进程中的大国角色随之日益凸显。大国竞争和国际治理呈现"回到区域"的发展态势。

一方面全球性大国"回到区域",区域成为国家(地方)与全球互动的"关键节点"。与冷战时期美苏两大国竞争不同的是,目前,以中美竞争为核心的大国竞争呈现相互依赖性、非对抗性、综合性等特征,且没有"中间地带",而区域既是大国竞争的关键场所,又具有相当程度的自主性。因此,没有美苏冷战时期的被全球大国竞争掩盖的"覆盖区域"和置身于大国竞争国际互动之外的"隔离区域"。另一方面地缘政治回归,出现传统地缘政治(硬地缘政治)和新的地缘政治(软地缘政治)的双重强化。这既使得地理接近性显得更加重要,呈现出安全外部性的"邻里"扩散、认同政治和环境政治的"区域化"以及全球问题的"区域聚集"等,又推动再领土化和跨领土化的区域重组,推动跨区域和跨境区域的形成和拓展。前者如"欧亚区域""印太区域"等,后者如"澜湄区域"等。这两种发展态势亦推动了特定区域层次区域大国的群体崛起。区域大国以自己的方式在国际区域治理中扮演重要的角色,包括本区域治理中的"中枢国家"(领导者)和域外大国介入本区域的"支承国家"(追随者)等。它们还经常以"中等强国"身份代表本区域在全球治理进程中发挥重要作用。

与此同时,区域一体化加速重组,国际区域治理进程出现"多类型"新样态。从"大区域观"(即广义的区域观)看,传统上将特定地理区域作为其区域治理核心指向而形成"区域"和"次区域""两分法",开始转向"跨区域""区域—次区域""微区域"(又称"跨境区域")的新的"三分法"转向。这里

---

* 郑先武,南京大学国际关系研究院教授、博士生导师。

的"跨区域"和"微区域"分别是原有"区域—次区域"的地理范围从层次上向上和向下延伸而成。两者均是超越传统民族国家话语体系下领土性地理界定的、基于跨边界社会联系性的再领土化地理重构进程,具有跨国性、超领土性、跨领土性和领土间性等基本特性。据此,国际区域治理便可以区分为跨区域治理、区域—次区域治理和微区域治理三种不同的类型。这种国际区域治理的"多类型"发展推动特定区域的区域组织的国际身份从区域行为体到跨区域和全球行为体的拓展。如欧盟开始基于欧洲区域治理,以跨区域行为体身份推进欧洲—非洲等跨区域治理进程,并经由七国集团、二十国集团等大国合作机制乃至联合国、世界贸易组织等全球组织在全球治理进程扮演重要角色。这成为区域自主性塑造和强化的一个核心来源。

在这种情况下,大国在国际区域治理中的角色日益凸显并呈现明显的差异化。总体上看,大国在区域治理中的角色主要有三种,即积极的支持者、中立的旁观者和消极的搅局者。鉴于大国的实力、能力和影响力,三种不同的角色会不同程度地影响区域治理的进程。通常情况下,积极的支持者会推动区域治理的兴起和发展,如冷战时和当下的美国之于北美、欧洲区域治理;中立的旁观者也会出现区域治理的渐进发展,如冷战结束初期的美国之于欧盟和东盟的新发展;消极的搅局者会引发区域治理受阻,如当下美国实施的"印太战略"对亚太/亚洲/东亚等"宏观区域治理"的负面影响。但当下美国对国际区域治理的选择性介入引发其角色的差异化。这主要体现在,美国针对竞争对手通常扮演"搅局者"角色,如"印太"对中国倡导的"一带一路"建设和美国—湄公河伙伴关系对中国引领的澜湄合作机制等;针对其盟友或战略伙伴通常扮演"支持者"角色,如"印太经济框架"、美墨加自由贸易区及对欧盟、东盟等区域组织主导的区域治理进程的加持等;针对一般的国家通常扮演"旁观者"角色,如非洲、中亚等区域治理。

在区域治理进程中,大国的领导角色格外引人注目。这种领导角色主要有三种,即单独领导,又称直接领导,是指大国自主倡导和推动国际区域治理进程,如美国与美墨加自贸区;组织领导,又称间接领导,指(区域)大国通过在本区域政府组织中发挥领导作用,成为该组织驱动的区域治理进程中的核心行为体,从而履行着本区域内外治理的双重的领导角色,如中国与亚投行;共同领导,又称集体领导,主要指(区域)大国与其他域内和域外大国共同倡导和积极推动大国合作机制建设,亦称大国协调机制。大国在国际区域治理中的领导角色亦推动了竞争性区域主义的发展。这使得特定的区域主义成为大国"软制衡"的主要工具,从而造成国际区域治理的日益复杂化。这反过来加剧了大国在区域层次乃至全球层次的竞争。

从规范权力到地缘政治权力？
欧盟身份认知的转变及其挑战

简军波[*]

当今国际局势正发生深刻变化,欧盟的身份认知转向及相应战略抉择成为外界普遍关心的话题。如今,欧盟在坚持所谓"规范力量"身份的基础上,向地缘政治操盘手的身份转变。那这一转变的内在动力何在？转变又具体体现在哪些方面？这种转向将带来何种后果？在现实中又将会遇到何种挑战？以下详述之。

一、冷战后欧盟身份认知的转变

(一)欧盟的固有认知:规范权力

冷战结束后,欧盟自视为"规范权力"(normative power),这有两层含义:一是欧盟在价值观方面占据全球性引领地位;二是欧盟在全球经济和社会发展议程方面具有规则制定的主导权。然而,这两方面都不具有真正的"权力"(power)意义。权力就其本质而言具备三个不可缺少的特征:在等级制度(hierarchy)下,与具象的和可接触的物质性资源相联系,并最终表现为强制性。然而,基于上述两个维度的"规范权力"不具有这些全部特征。因此,"规范权力"作为欧盟长期以来的身份认知和自我定位,与其说是特殊的"权力",不如说是不太恰当的比喻。

当然,这并不意味着欧盟不具有对外强制力或在国际社会追逐权力的意识,许多欧盟成员同时是北约成员,但欧盟成员国的权力政治意识和行动并不能浓缩为布鲁塞尔的权力政治意识。欧盟不具有这一意识,也

---

* 简军波,复旦大学中欧关系研究中心副研究员。

不具有贯彻这一意识的能力，它没有像样的武装力量。

（二）欧盟身份认知的转变及其动力

欧盟身份认知转向发生在近几年，它开始认为地缘政治具有重要价值，并主动将地缘政治维度纳入欧盟身份建构的进程。在接替容克后，欧盟委员会主席冯德莱恩在上任之初就表示，她将领导一个"地缘政治委员会"。当然，这种地缘政治的自觉性并非一夜产生，或只存在于欧盟委员会内部。2016年欧盟发布的对华战略文本开始强调和中国的"经济竞争与制度性对抗"，2017年法国总统马克龙则宣称要发展欧洲"战略自主"。面对美国特朗普总统对欧洲的"攻势"，德国总理默克尔誓言欧洲"必须将命运掌握在自己手中"。2019年，欧盟外交与安全政策高级代表博雷利更明确表示，欧盟必须学会使用"权力的语言"。

欧盟的地缘政治身份转向源于国际政治的急剧变化。第一，美国前总统特朗普对欧盟的激进立场，包括对钢铁和空客飞机的关税制裁和对国际多边主义的强烈蔑视，让欧洲人感到身在西方世界的孤独感。换言之，欧盟珍视的"规范"已不能发挥应有作用或正在被破坏掉。第二，俄罗斯对乌克兰采取的政治和军事行动打破了欧洲持久和平的幻想。第三，欧盟认为中国在许多维度上正远离欧盟设想的"规范的世界"。第四，威权主义国家在国际社会的兴起势头。为了在这些新的变化中维护欧洲的利益，它就必须改造自身，向适应地缘政治博弈的方向转型。当然，这不代表欧盟将放弃其"规范"，只是开始强调"权力"，它试图通过"权力政治"手段以维护做为目的的"规范"的地位。

二、欧盟的地缘政治转向

欧洲学者米德拉尔（Luuk Van Middelaar）将"地缘政治"含义分解为三个要素：首先，它是一种权力关系，相关方不依靠法律或者市场，而是权力来实现目标。其次，它关乎地缘空间的现实和想象。地缘政治密切关乎"地理问题"，一个国家因其所处地理空间差异而具有不同战略优势或弱点，也涉及一国对地理空间功能的自我想象和设定。最后，它关乎群体认和话语建构。地缘政治深刻塑造特定地理范围内行为体的历史共识和集体认知,最终或将建构成一个共同体。①基于这一理论,欧盟在地缘政治转向上的努力包含三个维度:防务自主、欧盟东扩及重塑他者。

（一）防务自主

欧盟的政治独立性体现在外交政策和防务政策上的自主性,这是直接获取权力的手段。欧盟从《马斯特里赫特条约》开始建立"共同外交与防务政策"（CFSP）,但并没有取得可观进展。如今,共同外交决策受制于政府间主义投票机制,比较而言,防务自主在一定程度上正稳步推进。欧盟通过了指导防务独立的"战略指南针"计划,批准了预算内"防务基金"及预算外"欧洲和平基金",建立了自愿基础上的"永久结构性合作"机制,及试图组建欧盟"快速反应部队"。在成员国层面,在俄乌冲突刺激下,丹麦加入了欧盟共同安全与防务机制,德国戏剧性增加了 1 000 亿欧元预算外国防基金,法国等国家也在提升军事能力,还包括芬兰和瑞典加入北约。

（二）欧盟东扩

东扩一直是欧盟维护国际影响力的重要手段,这属于地缘政治概念中对于地理空间的追逐及对这一空间功能的建构。欧盟与邻国建立了各种不同层次的伙伴关系,包括与西巴尔干国家的"稳定与联系协定"（SAA）,与摩尔多瓦、乌克兰以及格鲁吉亚的东方伙伴关系,及在地中海联盟框架内与北非国家的关系。欧盟将上述国家纳入欧盟经济和政治影响力范围。在俄乌冲突刺激下,东扩即便不是其急迫任务,但也一定是急迫议程。

（三）重塑他者

在地缘政治竞争中,塑造"共同体"的叙述已迫在眉睫。对欧盟而言,它已不能只通过内部叙述——如塑造欧洲"公民身份"——完成"共同体"自我论证。对他者的塑造已成为欧盟地缘政治转型的重要任务,在这方面,欧盟将做三方面工作:明确国际秩序目标;实行对外关系调整;推行对外行动方案。

就国际秩序的确证而言,欧盟将地缘政治斗争置于自由和专制、民主与独裁、规则与无序、道德与邪恶等二元对立价值之争中,并将对这些价

---

① Luuk Van Middelaar, "Europe's Geopolitical Awakening, Groupe D'études Géopolitiques," Working Paper 8, April 2021.

值的追求与维护视作不同国际秩序的竞争与对抗。当然欧盟自视为自由民主国际秩序的捍卫者。

就对外关系调整而言,欧盟天然地选择与美国成为盟友。因此,基于类似种族主义的伙伴选择事实上成为欧盟对外战略的内在逻辑,美国和其他盎格鲁—撒克逊国家是欧盟最主要的战略伙伴。此外,从日本到韩国再到印度,那些广义上属于"西方"的非白人国家也成为欧盟重要伙伴。

就对外行动方案而言,欧盟推行"印太战略",还制定了地区或全球性的"欧亚互联互通战略"和"全球门户战略"。欧盟也有一些内部政策用于重塑外部力量,诸如碳边境税、供应链法和反经济胁迫法等。

三、欧盟地缘政治转向的挑战

(一)欧盟的防务自主与能力缺陷

欧盟防务自主的意愿与能力相差较远。首先,欧盟现有的防务预算资金不能满足自主所需条件,它无法提升北约防务能力同时满足欧盟防务力量需求。其次,欧盟成员国在防务自主上的意愿并不相同,这会使布鲁塞尔推动防务独立的行动容易受挫于成员国间的意见分歧。第三,共同防务政策仍没摆脱政府间主义框架,但其最终目标是建立超国家主义的武装力量。最后,欧盟防务独立与美国领导的北约之间存在不可化约的冲突。

(二)欧盟东扩的困境

尽管在俄乌冲突下,欧盟委员会赞同将乌克兰和摩尔多瓦纳为欧盟候选国,但这种"突击行动"并不符合欧盟"哥本哈根原则"及《里斯本条约》精神。欧盟如今东扩的对象都存在自身问题:土耳其越来越格格不入,塞尔维亚与布鲁塞尔有很多分歧,黑山和北马其顿的民主进程有待提高,乌克兰和摩尔多距离入盟标准非常遥远。然而,西巴尔干和南高加索国家不会在欧盟面前逆来顺受,而其自主性又会影响欧盟影响力。因此,维护东扩以满足地缘政治需求、保障入盟标准权威和确保欧盟"帝国影响"将考验欧盟的平衡能力。

(三)叙述的合法性

第一,欧盟与美国的同盟关系被视作强化和巩固"自由国际秩序"的基石,然而这种同盟关系的巩固却会限制欧盟的独立性。若美国是"自由世界"的主导力量,那么欧盟也将是美国主导的"自由世界"的一部分,而非能"主宰自己命运"的独立力量。

第二,欧盟极力寻求通过与美国为首的外部大国建立伙伴关系、以二元对立叙事塑造对手等方式建构自身的"势力范围"与维护其核心价值,然而这会令其更加深陷地缘政治对抗,而非缓和对立关系。对欧盟而言,上述方式固然可能会加强其内部"共同体"想象的建构,然而激发出来的地缘政治对抗可能会加速其自身成为地缘政治牺牲品——欧盟希望用地缘政治手段捍卫利益,却可能加速让欧洲成为全球地缘政治斗争的对象与场所。

第三,布鲁塞尔的霸权在维护欧盟内部共同意志方面的能力日益衰弱。对欧盟而言,实现内部团结和维护所谓欧洲价值,在这两者之间日益存在不可调和的对立。因此,在对外施加地缘政治影响力前,欧盟在内部建构起"意愿共同体"的能力受到越来越大的挑战。

四、结　语

无论如何,欧盟不会放弃作为全球地缘政治推手的身份建构,但它的悲剧性在于:它会在推进和激化地缘政治对抗的进程中让自己深陷地缘斗争的漩涡,但又没有在获得成功前建立真正独立性的胜算。因此,欧盟的战略方向不应是真正成为一个地缘政治推手,而是继续在自由主义基础上推进真正的全球化和相互依赖的国际关系,这对欧盟和全球都具有特殊的意义。

中国与太平洋岛国交往的安全化

吴澄秋[*]

我今天发言的题目是《中国与太平洋岛国交往的安全化》,是我和我的学生曲荣昊合作撰写的一篇文章。今天的发言主要包括以下四个部分,第一部分介绍太平洋岛国的一些基本情况,第二部分介绍中国与太平洋岛国的交往,第三部分介绍相关的安全化理论,最后关注中国与太平洋岛国交往的安全化问题,分析是如何被安全化的。

首先,太平洋岛国主要分布在三大群岛上,即美拉尼西亚群岛、密克罗尼西亚群岛与波利尼西亚群岛,包括 14 个国家与其他的领地,面积较为广阔,分布在 3 000 平方公里的海洋上。其中承认中华人民共和国的有斐济、基里巴斯、密克罗尼西亚、汤加、瓦努阿图等 10 个国家。同时,还有 4 个与台湾保持所谓"外交"关系的国家,包括马绍尔群岛、瑙鲁、帕劳、图瓦卢等。

中国实际上很早就与某些太平洋岛国建交,经济上的交往也比较久远。例如,2006 年,中国—太平洋岛国经济发展合作论坛建立,2013 年,第二届中国—太平洋岛国经济发展合作论坛举行。2006 年至 2013 年期间,中国对太平洋岛国有大量的投资与 90 多个合作项目的援助。澳大利亚是对太平洋岛国发展援助最多的国家。由于地理位置邻近,澳大利亚也是对太平洋岛国影响力最大的国家,某种程度上澳大利亚认为太平洋岛国是它的后院。中国对太平洋岛国的发展援助从 2011 年到 2015 年呈增长态势,2015 年达到顶峰,2015 年至 2017 年呈下降趋势。美国传统上和太平洋岛国有长期的交往与合作。就双边贸易而言,中美澳新四国中,2015年中国已经超越澳大利亚,成为太平洋岛国的最大贸易伙伴国。美国与太平洋岛国的双边贸易量也在 2015 年有所增长。同时就贸易平衡而言,

---

* 吴澄秋,复旦大学国际关系与公共事务学院副教授。

中国对太平洋岛国基本上都是顺差,而澳大利亚基本上都是逆差,但中国顺差的一个重要原因是作为仅次于巴拿马的世界第二大船舶注册国的马绍尔群岛每年从中国进口大量船只有关。

安全化理论是哥本哈根学派的代表性成果,主要学者有 Barry Buzan、Ole Wæver 等。他们认为,安全是一种言说行动(speech act),安全不是天然的,不是给定的,安全化就是精英或国家行为体把某个议题转化为安全问题的话语过程。安全在很多情况下是社会化的互动过程,而该过程称为安全化。通常安全化具有四个要素,包括行为体(actor)、威胁(threat)、指涉对象(referent object)和观众(audience)。通过言语或行动发起安全化过程的行为体认为某个东西是威胁,包括物理上的或理念上的威胁,威胁到了行为体的某项利益,即某指涉对象受到威胁。安全化的言语行动通常存在某些目标受众,即行为体关于安全威胁的言说的对象,目标受众需要理解或接受某类议题是否是安全威胁。这样的整个过程就是安全化。

中国与太平洋岛国交往的安全化过程也是由这几个要素构成的。澳大利亚、美国、新西兰等传统国家是安全化的主要行为体,它们的言说认为中国与太平洋岛国的交往构成了安全威胁,尽管很大程度上双方只是经济交往。在它们看来,区域经济、民主意识形态与内政等方面受到了威胁,这样的言说行动的受众包括澳大利亚、美国、新西兰等传统国家的国内民众、东南亚国家与国际社会。传统国家向这些行为体传递安全化的话语。安全化的具体话语过程包括:宣传中国的投资项目造成债务陷阱;中国与某些国家的交往造成军备竞赛,如果中国与特定国家存在安全合作的话,那么其他国家就可能会受到威胁,从而导致地区军备竞赛。宣称中国与太平洋岛国的交往会阻碍民主,影响这些国家的内政,因为中国给这些国家的援助不带任何附加条件,区别于澳大利亚、美国等国。这些国家的对外援助基本上都有附加条件,双方之间很大程度上也是一种交易。例如,澳大利亚常常会把非法移民收容中心设在太平洋岛国。

澳大利亚等国对中国的安全化过程有着深刻的国际背景,尤其是近些年来中澳关系的恶化与中美战略竞争的加剧。中澳关系恶化背后的一个非常重要原因在于澳大利亚的身份认同问题。很多澳大利亚人认为,中国人在澳大利亚的经济存在已经威胁到其的身份认同,威胁到长期以来的国民心态。这导致澳大利亚的国内政治产生了很多关于中国人如何干涉澳大利亚内政、如何对澳大利亚构成威胁的言论,尤其是在 2017 年之后。澳大利亚国防部长甚至宣称,如果两岸发生战争,澳大利亚也要参与进来援助台湾。以前很难想象会出现这样的言论。这样的国际背景导致中国与太平洋岛国的交往被进一步安全化。

中国与太平洋岛国交往的安全化过程其实是一个非常复杂的动态过程。很多情况下太平洋岛国是被沉默的,它们自身的话语权很少。因而我们可以看到这样的一种话语不平等。中国的外交行动也被澳大利亚等国污名化,难以避免地构成一种安全化的"回响"。而有意思的是,这种安全化的过程也带来中国的回应,并对这种安全化过程采取进一步的行动。例如,2022 年 4 月 19 日,中国与所罗门群岛签订安全合作框架协议。2022 年 5 月,王毅国务委员对南太平洋地区进行了为期 10 天的访问。这在澳大利亚的国内选举前引发了非常大的反应,当时反对党工党的影子内阁的外交部长黄英贤甚至说"这是二战以来澳大利亚在太平洋地区外交政策的最严重失败"。中国与太平洋岛国的交往成为一个安全化议题,并变成选举中工党批评保守党的一个议题。她就任外交部长后已经多次访问太平洋岛国。因此,我们可以发现,安全化其实是一个非常复杂、动态化的过程。

国际关系理论研究中的新兴议题

案例方法在联盟研究中的应用及其改进

刘　丰 *

一、联盟政治研究中的方法分野

联盟是国际安全中最为持久的现象,既影响战争与冲突的模式、国际秩序构建和维系等体系性后果,又与威慑与强制等国家战略行为紧密相关,因此也是国际关系理论研究的重点议题。在冷战后不同理论流派的争论中,有相当一部分涉及联盟政治相关的问题,特别是联盟的维持、管理及其影响。

早期联盟政治研究主要关注联盟形成问题,很大程度上是在现实主义均势理论范畴内进行探讨的。联盟的形成和变更被认为是维持体系均势、阻止霸权的一种手段。肯尼思·沃尔兹(Kenneth Waltz)预计,体系中权力的失衡会推动制衡性联盟的形成,同时做出了联盟在多极均势的维持中比在两极状态下更重要的论断。斯蒂芬·沃尔特(Stephen Walt)的《联盟起源》一书对权力制衡论做了修订,认为联盟形成不只是针对失衡的权力,更是为了制衡一个更具威胁的对手。联盟会经历从形成到维持再到衰败乃至瓦解的生命历程,在缔结之后,联盟内成员间关系的维系,以及与联盟外的潜在或实际对手的互动,就会产生一系列值得探讨的问题。从20世纪90年代开始,联盟的研究议程大大扩展。

理论命题需要严格的方法进行推导和检验。与国际安全领域的其他议题一样,联盟政治的理论研究主要运用了定量统计、案例研究和形式建模三种方法。早期的理论构建主要依靠经验观察上的概括或逻辑演绎,一些学者也用到了形式模型的方法。比如,格伦·斯奈德(Glenn Snyder)在《联盟政治》一书中就首先采用形式模型方法进行理论构建和推导,再用一战之前欧洲大国间结盟的经验对理论逻辑进行展示和验证。在"战争相关因素"数据库有关联盟的数据集(1816—2012)以及莱斯大学布雷特·利兹(Brett Leeds)主持的"联盟条约义务与条款(1815—2018)"数据库的推动下,联盟相关命题的定量检验大行其道,在主流期刊上的成果也在不断扩展。

需要指出的是,三种研究方法各有所长,并非完全排斥。每一种方法能够解决的问题性质有区别,在研究的不同环节发挥的功能各异,能够验证和支持的结论也有所不同。在理论构思环节,形式模型和案例研究的作用更突出,而理论命题的检验环节多运用回归分析和案例分析。在结论适用范围,形式模型和回归分析的一般性更大,案例研究则囿于具体情景,在外部有效性上有所限制。当然,案例研究在事实细节的呈现上更为丰富,有更强的经验贴合度。

二、案例方法在联盟研究中的问题

作为联盟研究的开拓者,沃尔特似乎对案例研究方法青睐有加。他在1999年撰文猛烈批评依赖形式模型的理性选择路径在安全研究领域大行其道,列举多项联盟有关研究,认为数学建模看似严谨,但并未贡献新知识,许多模型也经不起经验推敲。2013年,他又与约翰·米尔斯海默(John Mearsheimer)一道批评大量基于回归分析的成果只是在进行简单的假设检验,强调基于经验事实基础上构建理论才是社会科学研究的核心任务。不少联盟研究者高度依赖以案例分析为主的定性方法,特别是近年来出版了系统的理论专著。但是,案例方法在联盟研究中的运用也存在一些突出的问题,值得引起重视。

第一,不少研究存在有限案例与一般理论之间的张力。案例研究者通常依靠数量较少的案例,但在理论抱负上,通常期待或宣称自己构建的理论具有更广泛的适用性。沃尔特看似要构建一个关于联盟形成的一般性理论,但他的经验证据高度依赖冷战时期中东地区的结盟经验。尽管他收集了36个中东地区双边或多边联盟形成的信息,但由此构建的理论是否适用于历史上的多极体系,或者冷战结束后"单极时刻"下的结盟模式,仍然是值得讨论的问题。

第二,许多竞争性理论聚焦少数案例,理论解释力难以得到充分评估。其中,一个备受讨论的问题是,为什么美国在欧洲构建了一个多边联盟而在亚洲构建了双边联盟体系。"为什么亚洲没有北约"这个问题吸引了不同理论倾向的学者从各自立场出发,开发出了不少竞争性理论模型或解释框架,见诸《国际组织》《国际安全》《欧洲国际关系》等主流期刊,最近仍有相关文章发表问世。然而,这个问题是否成立本身就值得怀疑。从历史发展看,美国并不是有意在亚洲构建双边联盟,至少东南亚条约组织、美新澳条约都不是双边联盟。即使发展至今形成了欧洲是多边联盟、亚洲是双边联盟的事实,也只有一组对立的案例,难以支撑关于多边与双边联盟形态的理论。

第三,即使所研究对象的案例总体较少,研究者也较少对案例选择的标准做出明确说明。比如,一些专著探讨的是美国对亚太地区盟友的承诺有效性,研究对象的总体数量是非常明确而有限的。但是,关于美国与亚太盟友的研究多数只选择一两个联盟开展案例研究。由于美国在亚太只有五个条约盟友,合理的预计是一个关于承诺有效性的理论框架应该对这五对联盟都能适用。由于案例总体的规模较小,全案例研究相对容易实现。如果不对案例选择作出详细探讨,理论命题的适用范围和可拓展性就会受到影响。

三、开展更加严格的案例研究

过去二十年间,定性研究方法特别是案例研究技术有了长足的发展。在联盟研究领域,对案例方法的运用需要更加严谨的规范,从而提高研究设计的质量和结论的可靠性,真正体现案例方法的价值。

一是明确案例总体,对所涉及的全部案例信息进行收集。这并不意味着研究者需要对所有相关案例都详加讨论,但至少应该提供一份完整的案例清单。多数案例研究仅关注特定时期和空间范围内的联盟,总体规模相对有限,少则三五个,多则一二十个。考虑到目前有两项大型的联盟数据集可供参考,列出案例清单的工作并不难实现。当然,需要指出的是，上述两项数据集对所收录的联盟有明确限定，主要依靠国家间正式条约。不少定性研究者倾向于纳入并没有正式条约的联盟，就需要根据研究需要和事实证据进行补充。虽然在理论的外部有效性和可扩展性上有探讨的空间，但沃尔特收集当时所有中东国家间联盟的做法是值得赞赏的。

二是说明案例选择标准，在经验分析中纳入正面案例和负面案例。研究者通过倾向于讨论对研究假设提供支持的案例，或者是出于便利选择自己更加熟悉的案例，由此有意无意地忽视了那些对研究结论提出质疑的案例。社会科学理论并不要求理论命题是决定性的，例外事件的存在就反映了这一点。一项理论无法被接受，一方面是因为难以解释的反常事实数量过多，另一方面则是有其他更好的替代性理论。为了保证研究的可信度，研究者需要明确指出哪些案例能够被理论所解释，哪些案例位于理论边界之外。沃尔特的联盟形成理论对意识形态的作用持否定态度，但他并没有讨论的是，在一些案例中相近的意识形态会放大威胁的效应，或者是在应对威胁方面提供更大的共同利益。

三是扩展历史和现实中的联盟事实，进行跨地区比较研究。联盟理论的构建多依赖一战之前欧洲大国间的结盟行为和冷战后美国主导的联盟体系，绝大多数联盟案例研究聚焦这两个时段和地区。如果只聚焦特定地区或时间段的联盟现象，研究者很难对提出一般性理论问题作出较好的回答。这个问题不只存在于联盟研究领域，在其他议题上也很普遍。"教学、研究与国际政策项目"数据库对过去十年间 12 本政治学和国际关系主流期刊发文情况的统计表明，超过 70% 的论文仅关注来自一个特定地区的经验，特别是西欧和美国的经验。联盟是一种跨越不同地区的现象，开展更多的跨地区研究或比较地区研究能够发掘更丰富的经验案例。仅就"二战"后的联盟而言，国际关系理论界对前苏联、东欧和社会主义阵营内部联盟关系的形成、维持和瓦解的研究就不充分，对非洲、拉美等地区联盟的讨论更是少见。

总体上，研究方法是工具，服务于研究问题的解决。每一种方法既有优势，也有适用的限制条件。案例研究方法有较好的内部有效性和经验有效性，通过事实细节呈现因果机制。案例研究技术的完善有助于联盟理论的构建和检验，从而提升研究的可靠性。此外，案例研究方法也可以与其他方法协同使用，保证理论逻辑一致性和检验的严谨性。

位置现实主义与国际战略

宋 伟[*]

首先,整体国家利益决定国际战略。国家利益是外交政策的出发点和归宿,但应该如何界定国家利益?国家利益包括经济利益、安全利益、政治利益等多种利益,但这些可能是具体国家利益而非整体国家利益。位置现实主义的基本观点是整体国家利益决定国际战略。为什么会存在整体性的国家利益呢?主要原因在于国家是拥有主权的,是一个紧密的实体。当然,也有其他因素导致这种整体性的国家利益,例如共同的意识形态、民族主义与某种共同的宗教文化等。公共利益不一定是整体国家利益。位置现实主义所说的整体国家利益具有两个基本特点,一是它是各阶层共同享有的。二是它在一定时期内是最为重要的。领土完整是国家利益,但它不一定是整体国家利益。例如,针对钓鱼岛、南海等领土问题,中国提出"搁置争议、共同开发"。领土是非常重要的国家利益,但它并不一定是一定时期内最重要的国家利益。同样,国家安全是非常重要的国家利益,但也不一定是整体国家利益。原因在于,大多数国家不一定面临迫切的生存威胁。中国、美国、俄罗斯等核大国以及拥有核保护伞的国家都不存在迫切的国家生存问题。对于很多中小国家来说,他们自身的军事力量确实可能无法确保安全。但随着"二战"后侵略战争的不可接受性,中小国家的生存威胁也大大降低。即便是俄罗斯发起对乌克兰的"特别军事行动",它一开始宣称的也只是要改变基辅的政权,其最大的目标并不是要消灭乌克兰这个国家,因为这是不可接受的。

位置现实主义认为,整体国家利益决定国家战略,而国家战略不仅包括国际战略,也包括国内战略。位置现实主义认为,不管是对外政策还是对内政策,都需要服务于国家的整体利益。不能简单地说外交是内政的

* 宋伟,中国人民大学国际关系学院教授、博士生导师。

延伸、外交为内政服务，也不是内政为外交服务，它们共同为整体国家利益服务。例如，中国加入世贸组织必须改革国内的很多法律法规。这并不是说内政（法律改革）服务于外交（加入 WTO），而是说内政和外交都服务于整体性的国家利益，即以经济建设为中心，提升中国的综合实力和实力位置。

其次，如何来界定整体国家利益是一个理论难点。位置现实主义的基本观点是应从位置的角度来界定一个国家的整体利益，即位置性利益是大国与许多中小国家的整体利益。为什么要从位置的角度来界定呢？国家就像个人一样，获得一个有利的位置可以确保其他的具体利益。一方面，有利的实力位置可以确保国家的安全、荣耀与国际秩序权力等。另一方面，有利的秩序位置可以促进国家安全、荣耀与更好地利用国际制度为本国服务等。对于大多数国家来说，他们都会关注这两类位置，即本国的实力位置以及在国际秩序中的位置。但不同国家的位置目标是不一样的，这取决于它自身的实力限制与文化传统等因素。例如，中等强国有时候会追求一些位置目标，但它并不一定追求成为一个主导性国家，它可能更多追求的是成为协调者，更加重视多边机制的作用等。在这两种整体性的国家利益中，一般来说实力位置是优先的，即国家尤其是大国应该首先着眼于提升自身的综合实力，然后再去着眼于改变现存的国际秩序。原因在于，一方面，在无政府状态下，实力是根本。另一方面，改变国际秩序的规则和权力分配非常敏感，很容易导致战略竞争。如果战略竞争在本国实力还不够强大的时候出现，就会造成非常大的崛起风险。在改变国际秩序时，位置现实主义认为应首先提升本国的制度性权力，而不是急于提出一套新的规则，因为改变规则比改变权力分配更加敏感。

不同国家的位置目标不同，位置现实主义强调第一步应准确地界定国家的现有位置。第二步是合理地界定本国的目标位置。合理的目标位置应在力所能及的范围内，不能在给本国带来极大战略风险的情况下去确定自己的目标位置。以印度为例，其实力位置是地区性的大国与非争霸国，还没有能力去争夺霸权地位。从秩序位置的角度来说，它是南亚秩序的主导者，但又是全球秩序中的一般性大国。印度在现有位置的基础上，它应该追求什么样的位置性目标呢？位置现实主义认为，印度应首先提升自身的实力地位，至少要变成一个潜在争霸国，达到美国实力的

50%，达到或至少接近日本的综合实力。实力位置方面是成为一个潜在争霸国，秩序位置方面是巩固自己现有的在南亚秩序中的主导地位，以及增加在全球秩序中的制度性权力（最主要的是成为联合国安理会常任理事国）。短期内印度不应该提出一套新的国际秩序规则。

最后一部分是位置性利益与国际战略的制定。不同类型的国家拥有不同的位置性利益，因而会采取不同的战略。位置现实主义把大国分为四类：霸权国、争霸国、潜在争霸国与非争霸国。这主要是基于它们现有的实力位置，但也结合了它们对于现存国际秩序的态度。整体国家利益如何塑造国际战略呢？对霸权国来讲，霸权国的整体国家利益是霸权实力地位和霸权秩序地位。其他大国与霸权国的实力差距越小，对霸权国的挑战就越大；其他大国越倡导新的国际规则，对霸权国的挑战也就越大。所以霸权国最关注的是两类潜在的对手。第一类是与其实力差距越来越小的国家，第二类就是挑战现存国际秩序规则的国家。霸权国主要的对手是争霸国，因为其不仅与霸权国的实力差距很小，而且也试图挑战霸权秩序。霸权国可以容忍一定程度的权力分享，但不会容忍对现存国际资源分配规则的根本改变。

第二类就是争霸国。争霸国要达到两个标准，一是综合实力要达到霸权国综合实力 80%的门槛；二是试图实质性地改变现存国际秩序。这两个标准同时满足才是争霸国。对于是否做争霸国，大国本身存在选择的空间。例如，19 世纪的美国始终选择不做争霸国，虽然其经济实力在 19 世纪末已经超过了英国，但德国就选择做争霸国。所以对于是否做争霸国，国家是有选择空间的。位置现实主义认为，选择做争霸国的风险是比较大的。因为争霸国要面临与霸权国的战略竞争和来自霸权国阵营的全面打压。因此，最好是综合实力达到霸权国的 120%后再去选择做争霸国。在实力明显超过霸权国时，再去改变现有的权力分配与国际规则，其风险要小很多。

第三类就是潜在争霸国。潜在争霸国主要包括两类，一类是实力还未达到霸权国 80%门槛的大国。另一类是达到了这一实力门槛，但不挑战现有国际秩序的大国。对潜在争霸国来说，位置现实主义认为应优先发展自己的综合实力，而不是急于争夺霸权秩序地位。最后一类是非争霸国。非争霸国是纯粹的地区性大国，例如，19 世纪的奥匈帝国，当前的南非、埃及、尼日利亚等。非争霸国的位置性目标应是地区性的主导实力地位和主导秩序地位,这受制于其相对弱小的实力。

由此,我们可以得出位置现实主义的外交政策推论,霸权国、争霸国、潜在争霸国与非争霸国的主要对手与优先盟友各自存在差异。这些是针对大国外交政策的,现实中,各国尤其是中小国家的位置性目标可能丰富多彩得多,因此位置现实主义的国际战略研究有着广阔的发展空间。

空间依赖于国际安全理论的创新

陈　冲[*]

我今天发言的题目是"空间依赖于国际安全理论的创新"。"国际安全理论创新"这个题目其实是非常大的,很难说我在这边做出了多大的理论创新工作,因此只能勉强地结合自己的一些工作谈谈一点粗浅认识。

我将从三个方面简要谈谈。一是什么是空间依赖,二是空间依赖如何影响安全理论的创新;三是简要谈谈挑战和展望。

空间(space)是国际安全理论的核心概念之一。早期的国际安全理论隐含或明示地包含了空间这一概念。近年来,认真对待空间,尤其是空间依赖(spatial dependence)极大地推动了国际安全理论知识的增长,甚至其本身就是一个新知识增长点。例如,在冲突研究中,我们谈为何内战爆发、恐怖袭击在地理上呈现集聚现象?在安全战略里面,我们谈地缘政治竞争等,为何一些大国要发展特定的军事投射能力,都与我们对空间依赖认知的增长相关。

什么是空间依赖呢?简单地讲,**空间依赖就是指一个单元的取值受到另一个单元取值的影响**。这里的影响既包括对因变量也包括对自变量的影响,两者都有。单元包括个体、组织、族群、国家等,而且在涵盖了双边(dyadic)、单边(monadic)或网络层次等不同层次。空间依赖可以通过一个链接矩阵 W 来表达单元之间为何(why)与如何(how)互相影响。我们熟悉的 Tobler 的**地理学第一定律**:任何事情都是相关的,但是相邻的事情更相关。就是一种直观的描述空间依赖性的普遍性。地理学的第二定律,"任何事情都是相似的,但是相邻的事情更相似"也更进一步推进了空间依赖的认知。空间依赖与我们常常谈的与"邻近效应"(neighborhood effect)相关,但是空间依赖性的范围要大于邻近效应。

＊　陈冲,清华大学社会科学学院国际关系学系副教授。

那么,对空间依赖的认知是如何影响安全理论的创新呢? 简言之,它给了我们一种新的理论视角和新的方法工具。由于我自己的领域集中在冲突研究,下面我以冲突研究创新为例。具体表现在三个方面,第一,推动了我们对因果机制与微观基础的强调,使得我们对空间的理解,突破了地理毗邻的空间概念。第二,推动了"开放政体模式"(open-polity model)的研究路径兴起,从外部或者国际因素出发理解国内冲突的爆发、过程、结束,及其后续影响。第三,推动了空间计量模型的发展,使得我们可以较为准确地检验相关理论成为可能。

具体而言,在机制与路径方面,最典型的是空间概念的影响,空间不仅仅是地理空间(space is more than geography),影响冲突的制度、文化、语言、政策、社会互动等都具有空间属性,跳出了传统地缘政治视角。其次,突出了空间聚集不等于空间依赖(spatial clustering 不是 spatial dependence),促使我们对空间依赖的因果机制的探寻。空间依赖的因果机制包含很多,常见的如毗邻(proximity)、学习/模仿(learning and emulation)、外部性(externalities,包括竞争)、强制(coercion),都成为空间依赖性发挥影响的微观机制。目前已经有具体的实证数据与方法去检验区分它们。

在理论发展与检验上,使得我们可以关注超越国家、双边的分析层次,可以整合国际和国内层次(包括个人层次)互动。尤其是不同的空间分辨率(spatial resolution)的数据的存在,使得相关的安全理论可以在不同的空间维度上得到检验。当然,与之相关的空间计量模型也在不断发展,可以让我们更好地将理论与实证检验的匹配。

下面我通过两个近期做的具体小研究说明一下。第一篇研究讨论族群冲突的爆发。那么空间依赖在哪儿呢? 我们关注的依赖,主要是分布在不同国家但是具有亲属关系的族群之间的经济不平等的比较,如何影响它们对自身地位的认知。选择不同的参照对象,可能产生不同的怨恨水平认知,从而影响动员的程度。

第二篇研究关注中国领导人的外交访问如何影响接待国及其邻国对华政策的亲近程度。在考虑空间依赖性的时候,我们关注了基于地理距离的邻近效应如何通过地区邻国的竞争和压力机制,从而影响他们对华政策的趋同。

简要的总结就是,这是研究空间依赖与安全研究的"最好时代"。交叉学科、多样的空间数据、复杂的方法推动都有利于我们进一步推进安全理论的创新。**认真对待空间依赖**，积极推动研究一个单元的取值是如何受到另一个单元取值的影响，以及如何捕捉和检验这种影响，都有助于进一步发展建构相关理论，提升理论与实证模型预测，推动高质量的政策分析。

内外冲突关联与国际安全理论的探索

苏若林 *

战争与冲突一直占据着国际安全研究的核心地位。作为一类重要的冲突现象,内外冲突关联(internal-external conflict nexus)值得引起学术界更系统、广泛的关注。顾名思义,内外冲突关联主要探讨国内冲突与国际冲突之间的因果关系,其基本研究问题可以分为两类:国内冲突/危机如何影响国际冲突/危机,以及国际冲突/危机如何影响国内冲突/危机。

当前,国际安全领域的新发展和现实冲突呈现的新特征都为内外冲突关联研究的发展提供了新的契机。首先,全球化时代的冲突越来越呈现系统性的特征,一国的冲突会带来全球性和系统性的负面溢出效应,因此冲突研究相应地也应该打破边界与类别的限制。内外冲突关联通过考察国际冲突与国内冲突之间的因果关系,既跨越了不同国家的地理边界,也连通了内战与外战这两大主要安全议题,有利于学术界对冲突现象的系统理解。

其次,国际安全与冲突研究的层次在冷战后出现回落为内外冲突关联研究指出了新的发展方向。国际关系研究出现了微观转向的大趋势,尤其是近些年来新行为主义革命的兴起,越来越多的研究关注冲突行为的微观基础。微观路径研究的发展将与内外冲突关联议题相结合,进一步完善国际冲突与国内冲突之间的因果机制研究。

第三,冲突决策研究越来越重视情境特别是特殊情境对冲突发展的重要影响。无论是内部的危机情境,还是外部的危机情境,都是国际安全领域公认的重要决策情境。内外冲突研究恰恰是在关注特殊危机/冲突情境的基础上,打破国内外边界,考虑内部危机与外部危机之间的相互关系。

---

* 苏若林,上海交通大学国际与公共事务学院助理教授。

鉴于以上提到的新研究背景的出现,未来内外冲突关联研究可在以下几个方面进一步深化。从国内冲突对国际冲突的影响方面看,国内冲突存在两种外溢现象,第一种是国内冲突的自然外溢,表现为冲突的跨境传播,例如一国发生冲突,其相邻的国家或相似政体的国家也可能会相应地发生类似的革命、暴动或叛乱等冲突现象,最终导致国家之间的危机或者冲突;第二种外溢现象是国内冲突的人为外溢,转移视线战争就是其中典型的一类,即当国内危机发生时,领导人可能存在祸水外引的意图,通过将内部危机国际化转移国内视线。研究者可以从这些外溢现象出发,通过与新理论路径、新方法、新数据的结合,进行理论创新。以转移视线战争理论为例,转移视线战争理论是分析国内冲突对国际冲突影响的重要理论成果。该理论强调,通过"聚旗效应"机制与"复活赌博"机制,国内危机会促使决策者走向对外战争。既有研究更多强调当面对国内危机时,决策者存在这样一种外溢或者说转移视线的动机,却忽略了从国内危机到对外战争之间存在的逻辑漏洞,需要我们通过进一步的理论建构进行弥补。其逻辑漏洞之一就是冲突对象的选择问题。尽管国际冲突是一个非常小概率的事件,但国内政治引发的冲突在冲突对象选择问题上可能存在不同的逻辑。我目前正在做的一项研究是面对国内危机时国家会选择什么实力水平的国家作为自己的转移视线战争对象。选择实力悬殊的小国未必能产生强大的"聚旗效应",而选择大国则未必能赢,反而会造成不利后果。这从根本上也挑战了实力对比是国家选择战争对象的唯一考虑因素,同时也试图揭示转移视线战争本身的战争逻辑与普通的由国际层面因素导致的战争是不同的。

此外,从国际冲突对国内冲突的影响方面看,国际危机会导致国内冲突的爆发可以有如下两种情况:一是委托对方国内的反叛群体来分裂对手,从而避免两国的直接军事对抗;二是在自身存在危机状况时,通过支持对手国内的反叛群体来削弱对手,降低自身在国际层面的军事压力。这两种情况都体现了国际危机对国内冲突爆发的影响。然而,现有研究却没有很好地回答为什么有些国际危机或是国际冲突导致国内冲突的爆发,但也有国际危机没有导致国内冲突爆发的事实。换言之,目前的理论较少考虑国际危机/冲突会引发国内冲突的条件。这为进一步进行理论构建提供了很好的方向。同时,国内冲突存在非常多的类别,包括族群冲突、内战、叛乱、骚乱等等,而不同类别的国内冲突可能都存在独特的运作逻辑。这启发我们去关注,同样的国际冲突或国际危机在不同条件下对不同类型的国内危机/冲突的影响。

总之,内外冲突关联作为一个重要的国际安全研究议题,理应在未来获得更广泛的关注与发掘。第一,内外冲突关联一方面发展了冲突间因果关系的研究,另一方面内外冲突的这种相关性因果关系为理解内政与外交的关联提供了一个切入口。第二,内外冲突关联一定程度上体现了冲突的系统性。早期的冲突研究可能更多的是把每一场冲突当成一个独立的环节,单独地按事件进行讨论。这很大程度上忽略了冲突的系统性。后面的研究尽管试图了解同一类别的冲突彼此之间的关联,但这还远远不够。因此,内外冲突关联其实是打开了新的冲突研究维度,在冲突系统性的研究上弥补了内外联动这一维度。值得注意的是,这种系统性研究需要多种研究方法的融合来提供实证检验,单一方法可能无法满足这种实证需求。第三,国际安全领域一般分为为国际冲突与内战两大方向。内外冲突关联的研究也可以打破国际冲突研究与内战研究的壁垒,拓展这两类理论的边界。通过打破学术研究的壁垒,彼此交流互鉴,贡献更多的新想法与新理论。

选择效应与国际冲突结果再认识

杨 原[*]

战争与和平、冲突与合作是国际关系学的核心议题,国际战争和冲突是国际关系理论的主要研究对象之一。但是同样都是研究国际冲突,但国际关系学对冲突发生的理解,要明显比对冲突结果的理解要更深入,解释冲突发生的理论,要远远多于解释冲突结果的理论。现有的几乎所有主干性的国际关系理论范式,几乎全部是关于冲突发生的理论。除此之外,从理性主义、行为主义、心理学、国内政治视角等开展的关于国际冲突的大量实证研究,多数是关于冲突为什么会发生。当然也有一些研究什么因素影响冲突的结果,但是总体来说,国际冲突结果的理论化程度是明显低于国际冲突发生的理论化程度的。

学术界更加关注冲突发生的原因,这个也很好理解。因为设立国际关系这个学科的初心,就是研究如何避免冲突和战争。而要研究如何避免冲突,当然前提是必须知道导致冲突发生的原因。所以国际关系理论天然地关心冲突的发生是很正常的。

但问题是,不管我们主观上有多么希望避免冲突,冲突也不可能完全避免。即使到 21 世纪的今天,国际冲突仍然是国际政治的常态。所以,当有些冲突无法避免,特别是当有些冲突已经发生的情况下,我们仍然还是需要从理论上去理解、预测冲突的结果。但遗憾的是,关于国际冲突结果的理论研究不仅数量少,而且认识水平也相对较低。提到影响冲突结果的最主要因素,可能大家最先想到的就是相对实力。相对实力越强,在冲突中获胜的概率就越大,这大概是最符合人们直觉的一种冲突结果理论了。但事实上,用冲突双方的相对实力来预测冲突的结果,准确率非常低。低到什么程度呢? 有学者发现,用战争相关国家实力综合指数预测冲突

---

[*] 杨原,中国社会科学院世界经济与政治研究所副研究员。

结果,预测准确率只比随机瞎猜高 1%。

为什么相对实力这个指标预测冲突结果的准确率会这么低? 我们知道,与国际冲突有关的主流理论,一多半明确或者隐含地假定"相对实力越强,在冲突中的获胜概率就越高"。比如理性选择理论,在建模时的一个基本操作就是,直接将冲突双方各自的实力占比等同为双方各自在冲突中的获胜概率。所以,从这个意义上讲,相对实力预测冲突结果的实际准确率如此之低,在很大程度上反映出我们对国际冲突结果的理论认识还非常有限。

那么问题是,为什么我们对冲突结果规律的认识会存在这么大的偏差呢?

除了学者在这个问题上的投入比较少,把更多的精力都用在了研究冲突的发生上以外,一个学理层面的重要原因是,我们还没有充分认识到选择效应对冲突结果的影响。

选择效应简单来说就是,如果我们把冲突双方看作两个群体,那么冲突发生的过程会对这两个群体的个体的类型进行筛选,会把某些类型的个体给过滤掉,而只保留某些特定类型的个体。由于这种选择效应,所以冲突的结果在很大程度上是由筛选后双方剩下的个体所保留的参数决定的,而不是由未发生冲突时双方个体的参数决定的。如果忽视选择效应,仍然以未发生冲突时双方的参数来预测冲突的结果,就肯定会出现偏差。

这样说好像有点抽象,我们不妨以刚才提到的"相对实力与冲突结果"这个问题为例,来看一下什么是选择效应,以及为什么用相对实力预测冲突结果,准确率会这么低。

实力强的一方在冲突中的获胜概率大于实力弱的一方,这个观点非常符合直觉,但其实是建立在一个隐含的假定之上的,那就是,强弱双方在冲突发生前和冲突发生后,彼此的各项参数都保持不变,除了实力对比之外,双方在其他参数上的平均值都差不多。

但显然,这个假定是不成立的。我们知道,只有在冲突双方都选择了跟对方发生冲突的情况下,冲突才会发生。只要有一方因为畏惧对方或者因为自己决心不够坚定,选择了退让,冲突就不会发生。而很显然,那些敢于挑战强国的弱国,敢于拒绝强国的要求、敢于反抗强国的弱国,一定是决心很强的弱国。在冲突已经发生的情况下,强国面对的弱国通常都是那些决心坚定的个体。但凡决心稍微有一点不够坚定的弱国个体,都会在一开始就选择退让,而不会让自己进入冲突。而反过来,强国因为实力强,所以进入冲突的强国,既可能有决心坚定的个体,也可能有不那么坚定的机会主义个体。

这种选择效应导致的结果就是,在实力不对称的冲突中,弱国的平均决心水平会高于强国的平均决心水平。而弱国的这种决心优势就有可能弥补弱国在物质实力上的不足,甚至还有可能使弱国在冲突中的获胜概率超过强国的获胜概率。这也就能够解释为什么用实力对比来预测冲突结果,误差会那么大。我们最近的一项实证研究也证明,"实力更大的一方获胜概率更高"这个常识有极大可能是错误的。事实的真相可能刚好相反:不对称冲突中实力弱的一方获胜的概率反而大于实力强的一方。根本原因就是存在选择效应。

国际安全研究中另一个需要特别注意选择效应的重要议题是危机管控。但遗憾的是,尽管关于危机管控的研究汗牛充栋,但是大家普遍忽视了选择效应问题。

"中美军事危机管控"毫无疑问是中美关系中的一个非常重要的问题,而且在当前形势下,中美危机管控问题越来越重要。现在中美两国学术界和战略界对中美危机管控问题的讨论也非常多。但是现有的这些讨论存在一个突出的问题,就是大家普遍不区分和平时期的危机管控和危机发生后的危机管控,普遍假定和平时期的危机管控和危机发生后的危机管控本质上是同一个问题,于是往往把这两个问题混在一块研究。

但实际上,和平时期的危机管控和危机发生后的危机管控,是非常不一样的。和平时期的危机管控,任务是避免危机发生。危机发生后的危机管控,任务是避免危机进一步升级。表面看起来,这两种危机管控只是阶段不同而已,一个是在危机发生前,一个是在危机发生后,除了具体目标不同之外,没有什么本质区别;和平时期的危机管控措施如果有效,如果能够防止冲突发生,那么同样也应该能够在冲突发生后防止冲突升级。换句话说,管控好和平时期的危机,不仅有助于防止冲突发生,而且在冲突发生后也有助于防止冲突进一步升级,所以我们的主要精力应该放在和平时期的中美危机管控。现在我们看到的绝大多数关于中美危机管控的讨论,都或明确或隐含地接受这个假定,似乎只要和平时期的冲突管控搞好了,那么即使万一中美之间发生了冲突,我们也不用太担心,两国冲突升级为战争的风险也不会太高。

但是,从选择效应的角度看,这种认识值得商榷。事实上,和平时期的危机管控措施越得当,防止冲突发生越有效,危机一旦发生,防止冲突升级的难度就越大,冲突升级为战争的风险就越高。

这就好比毒品犯罪。在各种刑事犯罪中,对毒品犯罪的打击力度是最严厉的。只要制造或者贩卖毒品超过50克,就可以判处死刑。之所以打击力度这么严厉,目的就是尽可能减少毒品犯罪的发生。但同时我们也知道,毒枭毒贩是各种犯罪分子中最危险最凶残的,一旦制毒贩毒行为暴露,毒枭毒贩的反抗是最激烈、暴力程度最高、制服难度最大的。在各个警种中,缉毒警察的伤亡率是最高的。之所以会这样,恰恰就是因为刑法对毒品犯罪的打击力度非常大,所以但凡胆子小一点、决心弱一点的人,从一开始就不会干这行。那些明知道制毒贩毒抓到就是死罪还敢制毒贩毒的人,一定是制毒贩毒决心非常坚定的亡命之徒。对毒品犯罪的打击力度越大,筛选出来的犯罪分子就越穷凶极恶。

和平时期的危机管控措施,就好比对犯罪的刑事打击。管控措施越得力,对危机发动方的筛选就越严格,在这种情况下发生的危机就越危险,就越难以"制服"。

中美两国自2001年南海撞机事件之后,已经有超过20年没有发生直接的军事危机了,两国至今已经享受二十多年的和平。我们都清楚,中美之间既有权力转移、国际主导权竞争这样的地位之争权力之争,又有台湾、南海这样直接的地缘政治竞争,又有权力转移引发的承诺问题信任问题。在承受这么大的压力的情况下中美都一直还没发生危机,这说明中美和平时期的危机管控是做得不错的,或者说,中美之间是存在一些有效的机制,在抑制着中美之间发生军事危机的。

这些有效的危机管控机制就像制止毒品犯罪的法律,一方面降低了中美发生军事危机的概率,但另一方面,这些机制也对潜在的危机发动方进行着严格的"筛选",只有那些决心非常强、利益攸关度非常高的潜在发动方才会选择发动危机。从这个意义上讲,我们无法预测下一次中美危机什么时候发生,但是我们能够预测,中美之间一旦爆发危机,危机升级为战争的风险会非常高,危机化解的难度会非常大。其中的核心机制,就是上面讲的选择效应。因为存在选择效应,所以和平时期的危机管控和危机阶段的危机管控存在性质上的差异,和平时期的危机管控措施不仅无助于降低危机发生后危机升级的风险,而且和平时期的危机管控措施越有效,危机发生后危机升级为战争的风险就会越大。从这个意义上讲,当我们在研究中美危机管控时,当我们为中美危机管控提建议时,不能笼统地去研究去提建议,而是应该针对和平时期和危机时期的危机管控分别进行研究,分别提出建议。

不对称冲突中弱国获胜概率更高,和平时期危机管控越有效、危机发生后危机越有可能升级,这些都是选择效应影响冲突结果的重要体现。当然选择效应的影响远不止这两点。但通过上面的分析,我想可以得到两个基本认识:一是能够解释国际冲突发生的理论,很多时候是无法直接解释国际冲突结果的,关于冲突结果的规律,是需要我们专门研究的;二是想更准确地理解国际冲突的结果,更准确地提出政策建议,需充分考虑选择效应问题。

"相互依赖的武器化"与霸权的网络性权力

任　琳[*]

　　我此前在《世界经济与政治》发表了一篇题为《经济安全化与霸权的网络性权力》[①]的论文,剖析了相互依赖的武器化、霸权的网络性权力及其侵蚀作用。随着俄乌冲突的爆发,西方发达国家越来越多地依托其在网络性权力方面的优势对俄发起经济制裁。其间表现出诸多相似性和差异性。我开始对之前的这篇文章进行拓展和反思。该文更多地是分析霸权国对崛起国使用网络性权力,并就此描画出霸权国实施网络性权力的逻辑图。但是,在俄乌冲突中,经济制裁的对象是系统中崛起国之外的另一个重要国家俄罗斯,其特性是国内经济嵌入经济全球化的程度不深,但是它又对系统存在重要的影响。霸权国在相互依赖并不是那么紧密的前提下使用网络性权力,加之制裁对象不是崛起国,必然致使相互依赖武器化的作用方式、具体目标和影响不同。基于这个新案例,我希望对之前的研究框架进行修订,进一步拓展解释范围,细化解释对象和增强解释力。

　　首先,回顾三个重要概念。第一个概念是"经济安全化"。在国家对外关系中,经济议题和安全议题的关联越来越突出,霸权国将贸易和投资等经济活动政治化安全化,甚至将这些本该促进和平发展的活动作为武器来使用。经济安全化并非新话题。冷战后初期,美国对华科技优势保持领先两代的地位,[②]因此在美国对华政策制定中,安全部门和商业部门的战略目标是一致的,都是维持国家的全球领导地位。但是,当下的世界政治格局也出现了变动,以往的经济—安全关系被打破。另外两个概念分别

---

　　*　任琳,中国社会科学院世界经济与政治研究所研究员。

　　①　任琳、孙振民:《经济安全化与霸权的网络性权力》,《世界经济与政治》2021 年第 6 期,第 83—109 页。

　　②　Hugo Meijier, *Trading with the Enemy：The Making of US Export Control Policy Toward the People's Republic of China*, New York：Oxford University Press, 2016.

是"网络性权力"和"相互依赖的武器化",这两个概念是相互联系的。网络性权力是建立在各国之间存在不对称相互依赖关系基础上的。网络分析法在国际关系领域的应用很广,用于形容各行为体在全球体系中彼此联动的状态。各国间的网络性权力是不均衡的。网络具有连通性。在经济全球化时代,系统内最主要的国家行为体对系统本身具有非常重要的导向作用。同时,网络也有其特殊的功能。一是网络能够分配资源;二是网络状态是相对稳定的。相互依赖的武器化主要通过全景监狱效应、扼流闸阀效应①两大功能发挥作用。网络的建立者具有较大的网络性权力,能够监控网络中的其他行为体及其行为;网络建立者能够切断与其他行为体与网络之间的连线,从而限制后者从全球系统获取资金、技术、信息等要素的能力。

其次,在俄乌冲突及引发的后续制裁中,经济安全化与霸权的网络性权力呈现一些新特点。在某种意义上,西方发达国家针对俄罗斯发起的经济制裁难以达到预期目标。美国威尔逊总统在 1919 年就曾提及,经济制裁是用一种和平方式、不使用武力、不带来人员伤亡,但能迫使其他国家让步的行为。经济制裁的目标是改变制裁对象的政策取向。但是,在俄乌冲突爆发后,西方发达国家的经济制裁并未达到改变俄罗斯行为取向的目的。

此外,西方发达国家针对俄罗斯发起的经济制裁还存在三个突出特征。第一,制裁是全方位多领域的,既包括对北溪天然气管道的实体制裁,也包括将俄罗斯银行踢出环球银行间金融通信协会(SWIFT)支付系统的虚体制裁。第二,相对以往,霸权国网络性权力的使用在领域和对象上更加精准。即使是针对崛起国,霸权国也开始诉诸"小院高墙"战略,一改全方位制裁,主要在对霸权国产生竞争的核心领域例如高科技领域采取"脱钩"战略。针对俄罗斯,美国的经济制裁精准打击的对象是俄罗斯,并不涉及其他盟国的涉俄企业。例如,在针对北溪二号天然气管道项目的制裁上,美国精准豁免了欧洲盟国相关实体公司和个人。第三,这次霸权国对

---

① Henry Farrell and Abraham L. Newman, "Weaponized Interdependence: How Global Economic Networks Shape State Coercion," *International Security*, Vol.44, No.1, 2019, pp.42—79.

俄罗斯采取的是彻底断网的战略。之前美国对华使用网络性权力则是将后者"锁定"在全球价值链的中低端，使其无法挑战霸权国的霸权。后者实际上是为了建立了一个等级体系，将崛起国嵌入网络的某一个弱势环节上。但是，美国对俄罗斯采取的制裁，是以将俄罗斯直接踢出全球网络体系为目标的，其直接结果将是塑造一个两者并行且撕裂的网络体系。这与之前依赖于全景监狱效应和扼流效应使用网络性权力是有区别的，也是既有研究中有所欠缺的部分。等级体系和平行体系是两种不同的全球网络系统，但在极限条件下也可能相互转化。

最后，美国对俄罗斯行使网络性权力冲击了世界秩序，带来一些直接或间接的影响。一是美国试图将俄罗斯彻底踢出现有的全球网络，对其采取极限制裁，但这也意味着，美国彻底切断了未来对俄使用网络性权力的可能性。网络性权力对网络外的行为体没有影响。二是由于网络是存在孔隙的，网络性权力也不是万能的。虽然俄罗斯的主要银行系统都受到了美国及其盟友的制裁，但这并不能彻底排除俄罗斯对外采取易货贸易的管道。因此，霸权国采取网络性权力无法保障毫无漏洞、百分百有效。三是霸权国在使用网络性权力的过程中，存在滥用其网络主导权、破坏信用体系的现象。尽管，学术界就此存在一定争论，有人认为美元主导的全球网络体系正在崩盘，信用破产意味着世界货币体系步入多元化碎片化的趋势，但也有人认为，短期内不存在其他货币能够迅速成长起来，成为能与美元匹敌的世界储备货币。回忆美国此次使用网络性权力的行为，确实在损伤了美元体系的合法性和信用支撑，但在全球货币体系组成的网络结构中，不对称的相互依赖关系依然存在。面对充满不确定性的世界，我们要下好两手棋，不仅提高自主能力、做好风险应对，也要保证高度嵌入经济全球化和全球网络中，并推动全球治理体系向着更加公正公平合理的方向改革。不对称的相互依赖可以成为霸权国的武器，作为一个高度受益于经济全球化的国家而言，相互依赖也可以成为我们支持经济全球化、维护真正的多边主义、实现世界和平与发展的武器。

斯特兰奇范式与国际政治经济学议题政治的重塑

毛维准[*]

一、斯特兰奇范式

苏珊·斯特兰奇对国际政治经济学的建构与发展做出了若干原创性贡献。以海外基础设施建设和人文交流为例,斯特兰奇的国际政治经济学范式,特别是结构性权力框架,体现出很强的解释力。当然,一种万金油式解释框架很可能只是触及相关议题的某些侧面或者宏观维度,为避免进入类似"三大主义"粗描轮廓困境,我们需要一种更为微中观的视角来关照议题,从而提供一个更为精细的具体化的"范式框架"。

概括起来,斯特兰奇的主要理论贡献包括:其一,探讨国际政治与国际经济之间的关联性,打通国际层面政治与经济之间的分野;其二,聚焦不同体系,例如生产、交换、分配等议题领域在国际政治经济中的角色,增加价值观念因素的相关建构功能,展现理念因素与客观议题之间的互动;其三,展现国际政治经济中的多元主体特性和竞争主体特性,打破现实主义强调的单一国家行为体设定;其四,区分联系性权力与结构性权力,应用安全、生产、金融和知识等四种结构性权力来解释全球政治经济发展,同时提出次级权力结构概念与相关类型;其五,关注全球化趋势与权力变量之间的互动,提出国家撤退或者权力流散等观点,展现全球化对主权和权力的影响。

基于此,斯特兰奇的探索对我们重新思考国际政治经济学理论研究的启示主要有五点。

其一,其研究聚焦复杂多元的主体,国家、跨国公司或者其他的一些

---

　*　毛维准,南京大学国际关系学院教授、博士生导师,南京大学亚太发展研究中心研究员。

更加细分的行为主体被纳入学术视野。其二,其学派聚焦结构性力量,特别强调结构性权力,这种创见深入影响到国际政治经济学研究。其三,她展现出议题分解(disaggregated)视角,与以前的研究相比,斯特兰奇对国际政治经济主要议题进行了分解,将国际政治经济现象及其逻辑分解为不同的产业或者不同的部门;当然,斯特兰奇的议题分解相对比较简单,可以看作一种中观程度的议题分解;在百年未有之大变局之下,学术界现在遇到了若干新的议题,也是一些更为微观的具体议题。其四,其研究展现出初步的权力细分路径,她将权力分为两种类型,还进一步将结构性权力细分为四种类型,又分为若干种次级结构性权力;其中,还有一个更为重要的方向是,斯特兰奇还将权力类型进行了排序,这种排序隐含着不同类型的权力在特定议题中发挥作用的方式或者不同的聚焦点。其五,斯特兰奇的研究蕴含着明显的关联逻辑,这既包括主体的关联,也包括结构性权力之间的关联等。无论是权力关联,还是议题关联,这种关联思维有一点像我们现在提出的"总体性"概念,这对我们当前的国际政治经济学研究也富有启示意义。

二、国际政治经济学面临的当前挑战

当前国际社会面临着不同张力。一方面,我们在国际层面必须重视全球化与反全球化这对"矛盾体";另一方面,我们也需要"下沉"到国家层面,聚焦国家化和国家分化的矛盾互动。其实质是全球化结构下权力在国际和国家两个层次间的演变,在大变局结构之下,权力是一种工具,国家则充当一种载体,结构压力、工具特质、载体特征的互动必然影响政治领域和经济领域的发展,这正是我们现在需要认真关注的动荡变革期中的"变乱交织"因素。

如果深入一个更为微观的层面,全球化不仅面临反全球化的压力,也面临内部的"碎片化"特征。面对全球化的逆转,全球化正在获得一种看似矛盾的新动能。多个国家或国家集团都在重新倡导全球化,但是各个国家倡导的全球化内容却并不一样。同时,反全球化和逆全球化在持续角逐,不过,逆全球化对全球化具备一种不对称的破坏力,可能10%的力量便会瓦解 60% 的全球化成果。这无论是对全球化的未来趋势还是对全球化与反全球化的当前对峙都带来若干不确定性。

在这种情况下，国家并没有如预期一样"撤退"或者"流散"，还变得更加强势。国际政治的第一主体依然是国家，并且，在众主体互动中，国家对其他非国家行为体的控制力有增无减。权力如同大水漫灌，进入不同的议题领域，扭曲了议题领域的政治—技术张力平衡，强化了政治性考量，从而在一定程度上改变了国际政治经济的基本面貌和重点区域，因此，国际层面的政治经济互动也变得更加复杂了。面对日益复杂的国际政治经济互动，致力于简单处理的宏大理论可能会丧失其一部分解释力。

因此，我们在国际政治经济学研究中需要关注一种显著现象，那就是议题政治的兴起。

三、议题政治兴起

议题政治的兴起至少源自两个驱动。一方面致力于时空压缩的全球化推动着主体之间的频繁互动，也同时推动着议题之间的交融，议题被嵌入复杂的相互依赖结构中。另一方面议题领域越来越受到权力政治逻辑的支配。可见，议题领域面临着外部全球化和内部政治化两大力量的塑造。

特别是，在大国战略竞争下，议题便会异化成大国进行全球竞争的工具，并且在全球政治和国内政治的权威性分配过程中，在一些特定议题（如海外基建竞争）里面扮演着越来越显著的角色。无论是近几年吸引注意力的"卡脖子"技术等科技竞争议题，还是在与前沿技术或者国计民生相关的产业等领域中，相关迹象都显示议题已经成为大国战略竞争的"白热化"区域。

与此相关，全球化沿袭政治化的轨道向前深入。如果我们认为全球化是一种"合"的趋势，那么，逆全球化就是一种"分"的趋势。在政治化的价值分配逻辑和敌我区分逻辑之下，不同议题因全球化影响形成议题领域"群"，议题之间的关系已经不是简单的"合"与"分"的关系，若干议题在全球化下已经形成联结，这种联结不仅是单纯的议题联结，还勾连起若干种不一样的国家行为体，逐步在不同国家的国内层次进入到国际和国内公共政策中，甚至可能成为拥有高度优先性的选项。面对逆全球化和反全球化，"合"的状态面临着巨大的"分"的压力，但是，血肉相连，打断骨头连着筋，我们已经不能用以前的简单思维进行分隔了。近年来，美国致力于在不同行业领域操作"脱钩"实际上是一种不合时宜的思维，但是，在应然之外，客观存在的政治驱动依然驱动我们进一步关注议题政治。

议题政治的联结与分隔并不是简单反复过程。特定国家正在利用议题的重要性操纵（强化或者割裂）议题基于国别上的联系。在百年未有之大变局下，我们需要重新思考这种议题逻辑，思考议题领域面临的新状况和新趋势，思考特定议题的发展会如何影响具体国家的国际地位和特定国家在国际竞争中的优势，思考国家力量如何运用特定议题或者议题联结进行更深入的国际博弈。回到国际现实，这种"操纵术"分为两个略显矛盾的维度：其一，美国一直鼓噪的"脱钩"属于议题政治或者议题联结的割裂；其二，美国近来在安全、政治、经济等领域的"模块化"操作（例如"印太经济框架"）则是一种议题联结的强化。

四、议题间联动政治

因此，我们看到了一种正在兴起的现象，就是国际政治经济学中的议题间政治，比如徐秀军明确指出"议题领域的联动关系持续加强"，国际政治经济学研究需要将精力投放到这种联动现象上。

斯特兰奇的研究，特别是她的结构性权力范式，也在一定程度上可以分析这个问题。但是，我个人对所有"万金油式"的分析框架都心存怀疑态度。从学术角度来看，理论不应停留在宏观上，而是应该进一步地"下沉"，将具体的议题逻辑和议题之间的显著差别展现出来。

从思想实验角度来看，议题不仅是一个体系结构，也是一个动态过程。每一个特定议题都在体系建构和过程演变中涉及不同的规则、不同的主体，也会跟其他一些议题"纠缠"在一起。

比如，以海外基础设施建设为例，它自身就是一个包括规则、资源、技术、主体和实践在内的组合体；同时，从过程角度看，它包括设计、施工、投入、监管和评估等环节，每一个要素和每一个环节都牵扯到不同的行为主体和议题领域。因此，每个议题其实都是一种结合若干议题在内的"生态平台"。如果深入下去，无论是网络型权力还是联系性权力或者结构性权力都无法解决这些日益显著却差别性特别大的议题或议题联动。

五、国际政治经济学议题研究的重塑

面对议题间的"联动"，国际政治经济学研究需要诉诸一种复杂科学思维。在简单状况下，一种结构性权力类型对应一种特定议题。但是，在大多数情境下，结构性权力类型和议题领域类型存在着更为复杂的关系。例如，结构性权力中的金融可以通过金融产品、政策和工具等媒介深入不同的议题，举例来说，包括海外基建中的融资、环境和气候变化中的金融化趋势、网络空间中的数字资本主义等。更为经常的一种状况是，结构性权力的全部类型对应着一组"议题群"，这是一种更为复杂的场景，议题之间呈现复杂的联动，进一步来看，这种联通牵扯着更为复杂的结构性权力类型关系。议题与全力复杂联动的衍生后果是，行为体之间的互动转为议题之间的互动，也转为不同行为体与不同议题之间的互动。因此，逐步深入的议题政治及其复杂性架构对斯特兰奇的国际政治经济学范式是有显著冲击的。我们需要进一步发掘，在国际政治经济学框架下，议题自身的逻辑是什么？不同议题接受的权力影响是什么？议题与权力之间互动的一般性逻辑是什么？

一般来说，主体是国际政治经济学进行理论化和模型化的聚焦点之一。国际政治经济学研究成果也沿袭主体这个聚焦点开展由点到线、由线到面、由面到网的演进逻辑；如果我们将具体议题作为关注点，单个议题或者议题联结便会串联起多元的主体，也将不同的主体以不同的方式组合起来。对此，我们需要进一步讨论，这种议题联动和议题与主体互动的具体路径。

由此，议题政治关联着双重的权力来源架构。一方面，在国际政治中，工具化的议题是一种权力来源，特定大国操纵某种议题的基本考量便是政治化，但是这种权力并非最基础的权力，其权力大小或施展程度来源于国家行为体在特定环境和比较优势下的综合考量,不同议题附着的权力也具有不同的优先性。另一方面,议题联动是构成主体相互依赖的支撑。类似于相互依赖,议题的联动结构也成为国际政治经济现象中的权力来源。例如,我们关注与芯片制造相关的光刻机,也赋予了若干特定国家拥有某种权力,而这些国家(荷兰、韩国、德国、美国等)在光刻机制造体系的细分领域都具备一定的话语权,其权力施展和组合方式对国际秩序中的议题领域或者整体国际政治经济秩序都有影响。在议题联动中,这种权力又会造就特定国家在不同产业设计、资源禀赋方面的多元组织方式。

从目前的情况来看,国际政治经济中的议题政治展现出四种特征。其一,议题联动首先展现出的是议题之间的联结性特征,议题之间的联系无处不在,不同议题之间形成了主次相辅的互嵌结构。其二,议题政治具有互动性,特定的议题将不同的主体纳入围绕议题运作的互动体系。其三,议题政治还具有映射性,在特定架构下,一个议题的政治逻辑可以映射到其他议题中,例如,物理世界中的大国竞争可以映射在网络空间治理的争夺中。目前所有的议题都在展现大国战略竞争的这种基本逻辑,甚至会推动大国战略竞争的升级。其四,议题政治会展现一种生态性,议题联结或者议题群形成某种平台效应。

四种特征都有可以操作化的测量指标,能够展现出议题政治的全貌。例如,联结性对应的是议题之间的紧密程度,互动性展现的是议题联动的频繁性,映射性对应的是不同议题之间互动的敏感程度,生态性则涉及议题在特定平台上吸纳或嵌入其他议题的系统程度或者全面性。

政治是社会价值的权威性分配。影响议题政治的内部相关因素至少有五个。第一个因素是与议题相关的权力分布状况。它包括在国际和国内两个层面的产业影响力,特别是特定议题在特定国家中的政策优先程度。以韩国为例,其财团与电子类产业的结合与兴盛便是权力分布与特定议题之间互动的经典案例。第二个因素涉及议题政治中的利益分配设置。它与特定利益集团相关,所有的政策设置都是非中性的,必然区分出受益或受损的利益群体,在国际舞台上也会基于特定的议题而衍生具体的受益国家或受损国家。第三个因素是价值规范排序。议题是中性的技术性领域,但是,所有的议题领域都面临着巨大的价值规范约束,例如,劳工标准、人权规则和所谓的民主自由价值等。第四个因素是政策框架弹性可以框定议题政治展现功能的空间。这既涉及国内治理中的相关政策,也关系全球治理的国际制度,以及两个维度的互动。例如,与特定议题(气候、产业)相关政策的出台和扩散会塑造特定国家在国际政治经济中的利益获取与分配。第五个因素是议题方面的比较禀赋优势。这是特定议题政治展开的基础。技术密集还是资本密集是影响特定国家参与议题政治的重要出发点,国家在国际政治经济舞台上必须考虑自身在特定议题上的禀赋优势,并会影响国家在参与议题联动时的政策考量。

六、结　　语

斯特兰奇的国际政治经济学范式有很强大的解释能力,但是,在新现实驱动之下,这个范式需要进一步深化。未来的国际政治经济学研究应将视野投放到议题政治,向体系要答案、向单元层次要答案、向议题自身要答案。未来研究方向应是致力于打造一种更加注重技术,更加展现专业,更为体现分层、分化和分流的国际政治经济学框架。

专业知识与国际制度中的规则制定

刘宏松[*]

国际制度特别是正式国际组织具有"造法功能"。在国际制度平台上，国家会根据情势变化制定新的规则或修订既有规则。比如世界卫生组织于1969年制定《国际卫生条例》，2005年对条例进行了修订；世界贸易组织在发展中国家提出关于药品专利保护方面的改革诉求后，将相关修订项加入《与贸易有关的知识产权协定》（TRIPS）；近期世界贸易组织第12届部长级会议上各国就新冠疫苗知识产权豁免问题展开讨论，并达成共识。在此过程中，国际行政机构（international bureaucracy），包含国际组织秘书处、研究部门及负责收集各国具体信息的地区办事处，虽然没有投票权，也不能直接参与谈判，但它可以基于专业知识影响国际制度中的规则制定。总体上，国际行政机构掌握了有关问题属性和技术手段的技术性专业知识和有关国际组织运作的程序性专业知识，可以基于这两种专业知识影响规则制定。

国际行政机构要对规则制定产生影响，需要满足一系列条件。[①]治理问题较为复杂，是国际行政机构基于技术性专业知识影响规则制定的必要条件。基于技术性专业知识的影响策略主要表现为框定信息和提出解决方案。

国际行政机构具备有关问题属性、技术手段、政策执行等方面的技术性专业知识，这赋予其某种程度的专业权威（expert authority），但国际行政机构掌握的专业知识并不全面，需要在影响规则制定过程中借助"认知共同体"（epistemic community）、非政府组织、智库、个体科学家、公共政策

* 刘宏松，上海交通大学国际与公共事务学院教授。

① 参见 Steffen Eckhard and Jörn Ege, "International Bureaucracies and Their Influence in Policy-Making: A Review of Empirical Evidence," *Journal of European Public Policy*, Vol.23, No.7, 2016, pp.960—978.

专家等外部行为体的专业知识,进行专业知识共创(co-production)。在此过程中,国际行政机构可以利用外部行为体的专业知识来为其政策方案的合法性、去政治化和有效性背书。[①]

同时,外部行为体也有影响国际制度中规则制定的动机。以科学家群体为例,他们会积极发表自己的研究发现并将其推介给国际组织、各国政府、非政府组织和商业机构,试图影响国际制度中的规则制定。彼得·哈斯(Peter Hass)关于"认知共同体"的研究说明了科学家群体的重要影响,[②]但国际行政机构并不像他说的那样,仅仅是专业知识的被动接受者,国际行政机构会策略性地塑造技术性专业知识的生产过程,致力于生产其需要的专业知识,具体手段包括设置外部专家组、选择特定问题向专家咨询、控制专家组成员任命、确定专家组成员的学科背景等。例如,世界卫生组织在推动粮食安全治理过程中,就有选择地向微生物专家而不是其他学科背景的专家咨询。这就将可能提出其他解决方案的专家排除在外。[③]然而,外部行为体也有自身的能动性。它们可以通过发布政策报告、召开政策研讨会、参与公私伙伴关系机制绕过国际行政机构,直接对各国政府产生影响。当然,外部行为体也会受到自身资源的限制,比如科学家就高度依赖外界资助。如果议题显要性较高,外部行为体就更有可能获得政策导向的研究资助,从而掌握更多的专业知识,国际行政机构就难以控制技术性专业知识的生产过程。此时,国际行政机构会在影响国际制度的规则制定过程中与外部行为体相互竞争,其影响力不如议题显要性较低的情况。

如果政策问题并不复杂,国际行政机构就难以采用基于技术性专业知识的影响策略。在各国政府存在争议的情况下,国际行政机构虽然没有投票权,也不参与谈判,但可以选择与自身立场相同的谈判方合作,并

---

① Annabelle Littoz-Monnet, "Production and Uses of Expertise by International Bureaucracies," in Annabelle Littoz-Monnet, eds, *The Politics of Expertise in International Organizations: How International Bureaucracies Produce and Mobilize Knowledge*, London: Routledge, 2017, pp.7—8.

② Peter Haas, "Introduction: Epistemic Communities and International Policy Coordination," *International Organization*, Vol.46, No.1, 1992, pp.1—35.

③ Annabelle Littoz-Monnet, "Production and Uses of Expertise by International Bureaucracies," p.11.

基于其程序性专业知识影响规则制定。国际行政机构可以通过两种方式与相关谈判方合作。其一,国际行政机构可以在谈判议程设置阶段与相关谈判方合作。由于了解国际组织的运作方式,国际行政机构能够确保双方偏好的事项进入谈判议程。其二,在规则谈判阶段,国际行政机构可以帮助相关谈判方进入某个委员会或主持某个会议。①由于这两种方式都不能对谈判结果产生实质性影响,国际行政机构基于程序性专业知识发挥的影响力是有限的,国际制度中规则制定仍然是各国在特定决策程序下讨价还价的结果。

---

① Jörn Ege, Michael Bauer and Nora Wagner, "How Do International Bureaucrats Affect Policy Outputs? Studying Administrative Influence Strategies in International Organizations", *International Review of Administrative Sciences*, Vol.87, No.4, 2021, pp.737—754.

书　评

国际关系学的全球转向

——《全球国际关系学的构建:百年国际关系学的起源和演进》评介

张　淦[*]

【内容提要】　国际关系理论长期以来为欧美国家所主导,未能有效解释非西方世界的现实情况,也从未将西方以外的国际关系思想纳入学科发展脉络之中。阿米塔·阿查亚和巴里·布赞合著《全球国际关系学的构建:百年国际关系学的起源和演进》建立了新的历史叙事框架,试图超越传统西方国际关系研究的藩篱,找回非西方国际关系思想,为推动国际关系学成为具有全球意义的学科迈出重要一步。但也应注意到,构建全球国际关系存在诸多障碍。

【关键词】　全球国际关系学,全球国际社会,非西方国际关系,深度多元主义

【Abstract】　International relations theory has long been dominated by Europe and the United States, failing to capture and explain the realities of the non-Western world and never incorporating international relations thought from outside the West into the vein of the discipline's development. Amita Acharya and Barry Buzan's co-authored The Making of Global International Relations: Origins and Evolution of IR at its Centenary establishes a new historical narrative framework that attempts to transcend the barriers of traditional Western international relations studies and retrieve non-Western international relations thought, taking an important step towards promoting international relations as a discipline of global significance. However, it should also be noted that there are many obstacles to the construction of global international relations.

【Key Words】　Global International Relations; Global International Society; Non-Western International Relations; Deep Pluralism

＊　张淦,复旦大学国际关系与公共事务学院博士研究生。

长期以来,国际关系学科话语权为欧美大国掌握,国际关系学的制度、理论和历史皆由西方核心国家设计并为其服务,忽视了非西方国家的历史经验和学术探索。在此背景下,学术界开始反思国际关系的性质和范围,其代表人物著名国际关系学家、美利坚大学教授阿米塔·阿查亚(Amitav Acharya)和英国学派代表人物、伦敦经济学院教授巴里·布赞(Barry Buzan),力图构建一个尊重多元文明主体、真正具有包容性的国际关系学科。2019 年国际关系学科诞生 100 周年之际,阿查亚和布赞合著《全球国际关系学的构建:百年国际关系学的起源和演进》一书,①试图超越传统西方国际关系研究的藩篱,找回被忽视的非西方国际关系思想,通过系统梳理从 19 世纪至 21 世纪初的国际秩序演变和学术演进,对国际关系的性质和范围展开了一场雄心勃勃的学术反思,为推动国际关系学成为具有全球意义的学科迈出重要一步。

一、缘 起

谈到国际关系理论,学术界言必称"三大主义";学科发展史为人熟知的也主要是"三大论战",但是这些主流理论和叙事植根于威斯特伐利亚体系欧洲大国的历史经验,诸如种族主义、帝国主义殖民统治等对现当代国际秩序产生深远影响的议题却很少进入学科主流视野。②另外,西方国家提出的一些概念或理论,在遇到拉丁美洲、非洲、中东和东南亚的社会政治现实后常常水土不服。西方国际关系理论未能充分捕捉和有效解释非西方世界的现实情况,也从未将西方以外的国际关系思想纳入学科发展脉络。③学界逐

---

① Amitav Acharya, and Barry Buzan. The making of global international relations: Origins and Evolution of IR at its Centenary. Cambridge University Press, 2019;阿米塔·阿查亚、巴里·布赞:《全球国际关系学的构建:百年国际关系学的起源和演进》,刘德斌译,上海人民出版社 2021 年版。

② Barry Buzan, and Richard Little, "Why international relations has failed as an intellectual project and what to do about it," Millennium, Vol.30, No.1, 2001, pp.19—39; Tickner, J. Ann, "Knowledge is power: Challenging IR's Eurocentric narrative," International Studies Review, Vol.18, No.1, 2016, pp.157—159.

③ Amitav Acharya, "Advancing global IR: Challenges, contentions, and contributions," International Studies Review, Vol.18, No.1, 2016, pp.4—15.

渐意识到,西方历史和政治理论并不能充分代表世界其他地区。

全球国际关系学的出现回应了国际关系学界对学科现状的不满。①早在 2007 年阿查亚和布赞发表的《为什么没有非西方国际关系理论》一文就对国际关系学界存在的欧洲中心主义提出了质疑,主张进行更具包容性的学术研究。②2014 年初任国际研究协会主席时,阿米塔·阿查亚的"主席演说"明确提出"全球国际关系"的概念,并阐述了"全球国际关系学的研究议程",在国际关系学界产生较大影响。③在《全球国际关系学的构建》一书中,阿查亚和布赞从过去两个世纪国际关系和国际关系学之间的联系互动中探讨了核心——边缘结构的延续及其对国际关系研究发展的影响。该书的核心观点认为,国际关系的学术思考和理论变迁来源于且紧密反映现当代国际关系实践。中心与边缘之间的权力、财富和文化权威分配由极不平等转变为相对均衡,与此相对应的国际关系研究也从中心和外围之间的分离走向一体。④

这部新著对于全球国际关系的界定延续了 10 余年来两位作者对全球国际关系研究的观察和反思。全球国际关系学不是一个特定理论范式理论或方法,而是对国际关系多样性进行调查和分析的框架。它充分承认非西方国家和社会的地位、作用和贡献,从人类社会汲取多元的历史起源、模式和特质,敦促国际关系理论界超越美国和西方的主导地位,欢迎理论和方法的多样性,在此基础上推动国际关系学向真正包容和普适的方向发展。⑤这种学科思想史的独特之处在于,"全球"导向的历史叙事不仅包括以欧美国家为代表的"核心地区",还包括以中国、印度等为代表的"边缘地区",体现出倡导宽容、克服种族中心主义以及弥合西方和非西方

① 阿米塔·阿查亚、巴里·布赞:《全球国际关系学的构建:百年国际关系学的起源和演进》,刘德斌译,上海人民出版社 2021 年版,第 302 页。

② Acharya, Amitav, and Barry Buzan, "Why is there no non-Western international relations theory? An introduction," in *non-Western international relations theory*, Routledge, 2009, pp.11—35.

③ Acharya, Amitav, "Global International Relations(IR) and Regional Worlds A New Agenda for International Studies," International Studies Quarterly, Vol.58, No.4, 2014, pp.647—659.

④ 阿米塔·阿查亚、巴里·布赞:《全球国际关系学的构建:百年国际关系学的起源和演进》,刘德斌译,上海人民出版社 2021 年版,第 305 页。

⑤ 同上书,第 305—306 页。

之间鸿沟的规范价值。更重要的是,"全球"在该书中作为一个主体间概念,意在表达国家和社会等行为体与区域和国际秩序之间的相互联系和相互建构。通过考察理论和实践之间相互作用的历史表现,该书以"全球"视野探讨了国际关系的起源和发展,从学理上有助于弥合主流国际关系理论和被忽视的非西方思想之间的分歧。①

二、学科重构:框架、神话与预言

伴随国际格局的变迁,日益多元化的时代背景呼唤着包容创新的全球国际关系学。为了推动学科重构,该书构建了一种弥合中心—外围结构的历史叙事框架,不仅回溯了全球历史实践的缘起和演变,也探索了不同历史进程带来的政治遗产。在此框架基础上,作者打破了西方中心主义话语霸权塑造的学科创建神话,将主流理论忽视的非西方国际关系思想纳入学科发展脉络之中,为全球国际关系学框架奠定了更为深远的历史逻辑起点。最后,该书在展望未来中描绘了具有权力、财富和文化权威多中心的后西方国际秩序图景,为国际关系学科的全球转向提出了新的学术指引。

首先,基于历史实践与理论思考的相互作用,该书构建了新的学科史叙事框架,将国际关系研究与 19 世纪以来的国际关系实践相联,系统地追踪了全球国际社会(Global International Society,GIS)在过去两个世纪的发展,在此基础上解释和批判了国际关系中持续存在的西方中心主义偏见,同时捕捉了非西方国际关系思想的生发和延展,从而形成了新的国际关系认知路径。世界政治现实变化与国际关系学科发展之间存在着重大关联,全球国际关系学注重从长时段来考察和研究国际关系思想与历史实践之间的相互作用,一方面探索了历史实践对思想理论生发的关键影响,另一方面分析了国际关系思想及理论对国际秩序变迁的塑造作用。②

---

① 阿米塔·阿查亚、巴里·布赞:《全球国际关系学的构建:百年国际关系学的起源和演进》,刘德斌译,上海人民出版社 2021 年版,第 307 页。

② 阿查亚和布赞曾指出,历史和理论之间的关系被设想为共同构成的(co-constitutive),理论是在历史中产生的,同时它也有助于创造历史。Acharya, Amitav, and Barry Buzan, "Why is there no non-western international relations theory? Ten years on," *International Relations of the Asia-Pacific*, Vol.17, No.3, pp.341—370;高鹏、朱翊民:《全球国际关系学:国际关系研究认识论的发展与创新》,《国际政治研究》2022 年第 1 期,第 62—86、6—7 页。

为此,该书立足核心与边缘国家之间的关系,沿用了巴里·布赞和劳斯特·舒恩堡(Laust Schouenborg)2018 年提出的时期划分来追踪国际关系的全球转向,主要包括三个历史阶段。西方殖民主义的全球国际社会(19世纪—1945 年),即 1.0 版 GIS,是现代国际关系的初创时期。核心国家通过现代性革命形成了相对于其他多数国家的权力优势,构筑起帝国主义全球政治经济秩序;并以"文明"和"野蛮"的分野对各国进行严格区分,只有"文明国家"才能构成国际社会,"文明国家"之间的互动关系才构成了国际关系;而"野蛮国家"并不被视为国际社会的一员。这一时期"学科之前的学科"几乎完全反映的是西方核心国家的立场和关切。[1]一战的爆发使大国间关系成为核心国家的首要问题,并淡化了西方帝国主义和殖民主义历史。[2]"二战"结束后国际社会进入非殖民化时代,形成了西方—全球形式的 1.1 版 GIS(1945—2008 年)。外围地区的反殖民主义运动相继兴起,依附理论和后殖民主义开始出现。[3]然而,这些发展并没有明显改变国际关系理论在很大程度上以西方为中心的事实,而且大部分理论仍然集中在大国关系和战争管理的问题上,这种趋势由于冷战竞争的加剧和核武器的出现而得到加强。[4]冷战结束后,随着中国和其他国家的崛起,国际社会产生了多个财富、权力和文化权威中心,西方的主导地位逐渐让位于深度多元主义的形式,此即 1.2 版 GIS(2008 年后至今),作者进一步探讨了构建全球国际关系的内涵和意义。[5]在历史与理论相互影响的分析框架之上,该书凸显那些传统上被学科核心忽视的话题。帝国主义和殖民主义对早期国际关系学科的影响(第 2 章),以及 1945 年后世界政治中的非殖民化(第 6 章),成为全球国际关系学发展的重要驱动。

其次,该书挖掘了西方历史之外的地方历史材料,将主流叙事之外基于不同历史文化传统的国际关系思考带入历史描述和理论化过程中,从

---

[1] 阿米塔·阿查亚、巴里·布赞:《全球国际关系学的构建:百年国际关系学的起源和演进》,刘德斌译,上海人民出版社 2021 年版,第 42—45 页。

[2] 同上书,第 66—67 页。

[3] 同上书,第 128 页。

[4] 同上书,第 142 页。

[5] Barry Buzan, and Laust Schouenborg, *Global International Society: A New Framework for Analysis*, Cambridge University Press, 2018.

而为打破1919年学科神话提供了坚实基础。学术界一般认为，1919年国际关系才作为一个正式的研究领域得以出现。①英国著名国际关系学者爱德华·卡尔曾断言，在1914年之前，"无论是在大学还是在更广泛的知识界，都没有对当前国际事务进行有组织的研究……国际政治是外交官的事情"。②该书纠正了这一观念，认为国际关系1919年的创始神话与事实不完全相符。虽然外围地区的国际关系学大多始于"二战"之后，但与国际关系相关的思想早在19世纪之前就出现了。作者们指出，"国际关系的主要基础，无论是其问题议程还是理论方法，都是在1919年之前的数十年间奠定的"。为了解构这一学科创世神话，作者们延续了其早期工作中对理论的广义界定，引入"前理论"（pre-theory）概念，强调"思想的部分不一定是理论，但它们为理论的形成提供了可能的起点"，从而为挖掘国际关系作为学科的全球缘起奠定基础。③比如，拉丁美洲对区域主义和不发达理论的贡献远远早于依附性理论；印度学者贝诺伊·萨卡（Benoy Sarkar）的国际关系理论著作，借鉴了印度教传统和泰戈尔对民族主义的批判，以及他对国际主义和全球主义的坚定主张；中国梁启超关于儒家现代性的思想，孙中山关于亚洲主义和国际发展的观点。④该书将外围国家的国际关系思想置于国际关系学的演进脉络之中，初步系统地展示了非西方世界在中心—外围结构下的国际关系思想变迁。

最后，该书提出"深度多元主义"的概念对后西方国际秩序的可能形式及其发展动力作出预言。伴随英国脱欧、特朗普入主白宫以及中国崛起，人类社会正在走向一个"深度多元化"的后西方世界，即一个去中心化

---

① 英国威尔士阿伯里斯特维斯大学设立第一个国际关系学教席被视为国际关系学科成立的标志。受两次世界大战的影响，1919—1948年则被视为国际关系理论的初创时期。参见秦亚青：《现代国际关系理论的沿革》，《教学与研究》2004年第7期，第56—63页。

② Edward Hallett Carr, Michael Cox, and Michael Cox, *The twenty years' crisis, 1919—1939: an introduction to the study of international relations*, London: Macmillan, 1946.

③ Amitav Acharya and Barry Buzan, "Preface: Why is there no non-Western IR theory: reflections on and from Asia," *International Relations of the Asia-Pacific*, Vol.7, No.3, 2007, pp.285—286.

④ 阿米塔·阿查亚、巴里·布赞：《全球国际关系学的构建：百年国际关系学的起源和演进》，刘德斌译，上海人民出版社2021年版，第101—107页。

的世界秩序,权力、财富和文化权威在多个中心国家之间扩散,各种行为者和思想在全球、区域和地方等不同层面进行竞争和合作的互动。同时,世界秩序决不是"回到未来",而是以现代性观念和制度为基底,文明与文化多元共存,区域文明差异和全球共同命运相融合。①书中提出了"竞争性"与"嵌入式"两种模式来分析通往深度多元主义全球秩序的可能路径。竞争性多元主义(contested pluralism)反映的是对深度多元主义秩序的抵抗,嵌入式多元主义(embedded pluralism)描述的是对深度多元主义秩序的接受和包容。前者涉及一系列反对深度多元主义的行动,比如西方发达国家抵制新兴国家,国家行为体抵制非国家行为体发挥作用;后者则指向一个多元共同体共存的世界,主要行为体尊重彼此差异,维持政治和文化的多样性。这种深度多元主义的后西方国际秩序成为国际关系学科理论构建的基础。立足于近年来国际格局的发展变迁,作者对国际关系理论创新和学科建设提出了新的学术倡议。

三、贡献与不足

《全球国际关系学的构建》一书揭示了国际关系理论和国际关系实践之间的相互作用,显示国际社会如何从核心和边缘的极端分化走向日益融合。全书贯穿了 19 世纪殖民主义(19 世纪到 1919 年)、两次世界大战(1919—1945 年)、冷战与去殖民化(1945—1989 年)、21 世纪全球化(1989—2017 年),以及后西方世界秩序(2017 年始)五个时期,谋篇布局即围绕上述时期划分为五个章节,每个章节先概述该时期的国际关系历史,然后分析该阶段国际关系学的发展演变,从而清晰地呈现了全球视域下国际关系理论与现实的相互作用。可以说,该书一定程度上落实并进一步拓展了阿查亚 2014 年提出的"全球国际关系学研究议程",初步完成了

---

① 阿米塔·阿查亚、巴里·布赞:《全球国际关系学的构建:百年国际关系学的起源和演进》,刘德斌译,上海人民出版社 2021 年版,第 284 页。

10 余年来构建全球国际关系学的设想。①

在学科创建百年之际,阿查亚和布赞为推动国际关系学的全球转向作出了突出的学术贡献。首先,该书通过对国际关系学历史与理论的系统挖掘,让我们重新意识到一个多元世界的存在。伴随财富、权力和文化中心向新兴国家市场的转移,作者指出了西方中心主义视角的褊狭,西方国际关系理论已不足以解释现实世界的演进,这种由传统权力格局塑造的知识生产—传播结构固化了国际关系学的地域偏见。植根于欧美历史经验的西方国际关系理论被视为国际关系的全部,边缘国家的经验知识被视为"地方知识",非西方国家只能成为西方核心国家田野调查、检验理论甚至指导应用的实验田。为了打破"学科神话",该书概述了在国际关系学科成立之前就已经存在的许多非西方思想家和国际关系思想,唤醒了对南方国家历史经验的捕捉和重视,通过全球的视角融合了中心和边缘国家的经验知识,从而挑战了传统主导性的西方国际关系理论视角。其次,全球国际关系学是对非西方国际关系理论研究的超越。从 2006 年亚洲国际关系理论研讨会提出"非西方国际关系理论"到 2014—2019 年提出"全球国际关系学"概念,阿查亚和布赞实现了从"批判""否定"的激进主义向"建构""对话"的改良主义转变。非西方或者后西方国际关系是一个更为激进的议程,否定和取代西方国际关系的现有知识。全球国际关系学则主张,植根于非西方历史经验的国际关系理论要具有活力就不能仅仅停留在解释本土经验,还要能推而广之适用于其他地区情境。②他们认为全球国际关系学要超越欧美主导国际关系理论需要包含西方和非西方的

---

① 全球国际关系学研究议程的内容包括:以多元的普遍主义为基础,承认和尊重多样性;立足世界历史时期和历史背景;涵盖而不是取代现有的国际关系理论和方法;将区域和区域主义纳入研究;避免使用单纯基于民族主义和例外主义而建立的概念和理论;承认一个更广泛的能动性(agency)概念,包括抵抗、规范行动和全球秩序的地方构建等物质和思想因素;全球化的影响不仅体现在财富、权力和文化权威的扩散方面,也体现在日益增进的相互依存和共同命运方面。其中第 7 条为该书新加。参见 Amitav Acharya, "Global International Relations (IR) and Regional Worlds A New Agenda for International Studies," *International Studies Quarterly*, Vol.58, No.4, 2014, pp.647—659。

② Amitav Acharya, "International relations theory and the 'rise of Asia'," *The Oxford Handbook of the International Relations of Asia*, New York: Oxford University Press, 2014, pp.120—137;程多闻:《全球国际关系学视野中的"中国学派"构建》,《国际观察》2021 年第 2 期,第 1—30 页。

理论,超越"西方与非西方"非此即彼的二元对立,以此形成真正意义上的全球知识生产实践。①该书以核心—边缘的融合来挑战并超越西方—非西方之间的对立,生动体现了一种真正包容和多元的国际关系学术探索。

同时,构建全球国际关系也存在诸多障碍。尽管作者们在书中表明"不是要取代现有的西方主导的国际关系知识本身",但是要从学术上对西方国际关系理论的固化思维发起挑战、撼动西方权力—知识生产结构绝非易事。为了推动国际关系学的全球转向,阿查亚和布赞将矛头指向西方霸权地位对国际关系学科的塑造影响,批判了西方国际关系知识生产结构通过期刊、出版社、学习和培训机构等方式压制、排斥非西方国际关系的学术探索。②但是公允而论,仅凭这一本书无法推倒仍支撑国际关系知识生产—传播的等级结构。应该注意到,主流西方国际关系理论继续处于主导地位,非西方国际关系研究处于边缘状态,并未得到足够的重视。这种学科分工不仅难以反映全球国际关系的实际进程,还会阻碍知识的创新和再生产。③其次,要推进建设真正的全球国际关系,迫切需要探索基于非西方国家历史资源之上的理论知识。但是在欧美国家主导的国际关系研究中,实证主义成为唯一合法的知识构建方式。社会建构的本体论是基于历史上不平等的政治、社会和经济结构所构成的社会关系,并不是一个可以进行因果分析的变量。④第三,作者也指出,国际关系学仅仅包括印度、中国、南非和土耳其等较大的非西方国家的观点可能是不够的,因为这不包括小国和弱国的观点。但是金砖国家从 2008 年后开始整体性崛起,在学术方面取得真正进展的新兴大国唯有中国,其他大国如印

---

① 正如秦亚青教授介绍的那样,推动国际关系理论全球转向的主要包括"批判"和"兼容"两个学派。但与批判学派不同的是,以阿查亚和布赞为代表的兼容学派并不是要从根本上与西方知识体系决裂,不是要发起激进的学术革命来推翻西方主导的研究范式,而是采取了一种包容的改良路径,将西方以外的国际关系思想系统地纳入该学科演变的大背景中。秦亚青:《国际关系理论"全球转向"的实践意蕴》,中国社会科学网,2021 年 10 月 14 日,http://news.cssn.cn/zx/bwyc/202110/t20211014_5366978.shtml。

② Amitav Acharya, "Advancing global IR: Challenges, contentions, and contributions," *International Studies Review*, Vol.18, No.1, 2016, pp.4—15.

③ 秦亚青:《全球国际关系学与中国国际关系理论》,《国际观察》2020 年第 2 期,第 27—45 页。

④ J. Ann Tickner, "Knowledge is Power: Challenging IR's Eurocentric Narrative," *International Studies Review*, Vol.18, No.1, 2016, pp.157—159.

度和巴西等仍然较为落后。最后,关于未来国际社会秩序形态的预言,作者假设了未来二三十年间,国际关系的基本面不会发生意料之外的变故,排除了气候变化、大规模核战争、全球性瘟疫等突变的可能性。①可是事与愿违,人类社会不得不直面上述危机的潜在影响。特朗普领导下的美国放弃了国际领导角色,并采取了逆全球化战略,使得正在形成的全球秩序更像是冲突式的而非嵌入式的深度多元主义。②新冠肺炎疫情也没有让国际社会产生有效的国际合作。

　　阿米塔·阿查亚和巴里·布赞多年来致力于发展国际关系的全球视角,对国际关系中的西方中心主义问题有深刻的认识和理解。这部作品来源于阿米塔·阿查亚和巴里·布赞过去十多年工作的知识积累,初步完成了阿查亚 2014 年任国际研究协会主席时提出的"全球国际关系学研究议程"。通过对国际关系历史与理论的系统挖掘,该书不仅让我们重新意识到一个多元世界的存在,而且以核心—边缘的融合路径来改良西方固化的知识结构,超越了西方—非西方之间的对立。全球国际关系学议程的开拓和推进势必进一步激发非西方国家的学术能动性和知识生产。可以说,该书不仅是构建全球国际关系学议程的重要奠基之作,更是国际关系学科发展史上的新起点。

---

① 阿米塔·阿查亚、巴里·布赞:《全球国际关系学的构建:百年国际关系学的起源和演进》,刘德斌译,上海人民出版社 2021 年版,第 270 页。

② 阿米塔·阿查亚、傅强:《"美国世界秩序的终结"与"复合世界"的来临》,《世界经济与政治》2017 年第 6 期,第 14—25 页。

图书在版编目(CIP)数据

国际关系理论的发展创新/陈拯,郑宇主编.—上
海:上海人民出版社,2023
(复旦国际关系评论;第 32 辑)
ISBN 978 - 7 - 208 - 18443 - 5

Ⅰ.①国…　Ⅱ.①陈…　②郑…　Ⅲ.①国际关系理论
-研究　Ⅳ.①D80

中国国家版本馆 CIP 数据核字(2023)第 141732 号

责任编辑　赵荔红
封面设计　夏　芳

复旦国际关系评论　第 32 辑
国际关系理论的发展创新
陈　拯　郑　宇　主编

出　　版　上海人民出版社
　　　　　(201101　上海市闵行区号景路 159 弄 C 座)
发　　行　上海人民出版社发行中心
印　　刷　上海商务联西印刷有限公司
开　　本　635×965　1/16
印　　张　29
插　　页　2
字　　数　438,000
版　　次　2023 年 11 月第 1 版
印　　次　2023 年 11 月第 1 次印刷
ISBN 978 - 7 - 208 - 18443 - 5/D·4172
定　　价　118.00 元